ARCHETYPEN

D1731357

Dit boek maakt deel uit van een reeks publicaties waarin onder andere werken verschijnen van C.G. Jung, opnieuw toegankelijk gemaakt
door middel van een redactionele inleiding en aangevuld met relevant
brievenmateriaal. Behalve werken van C.G. Jung verschijnen in deze
reeks ook boeken over belangrijke thema's op het vlak van de analytische psychologie. Het geheel van publicaties staat onder redactie van
Karen M. Hamaker-Zondag en Hugo Van Hooreweghe.

Carl Gustav Jung

Archetypen

Uitgebreide en volledig herziene editie,
vertaald door Pety de Vries-Ek en ingeleid door
Karen M. Hamaker-Zondag

LEMNISCAAT 🙙 ROTTERDAM

Archetypen is een uitgebreide en volledig herziene editie van de hoofdstukken 1-7 uit *Archetype en onbewuste*: deel 2 van C.G. Jung, *Verzameld Werk in 10 delen*. De oorspronkelijke Duitse tekst is te vinden in de delen 8 en 9/1 van de *Gesammelte Werke*.Vergeleken met de eerdere editie van *Archetypen* (Servire, 1997) is deze editie uitgebreid met de stukken 'De psychologie van het kindarchetype' en 'De geest in het sprookje'. Het boek is eveneens voorzien van een nieuwe, uitgebreide inleiding door Karen M. Hamaker-Zondag.

Negende druk, 2003
Vertaling: Pety de Vries-Ek
Omslag: Gerolf T'Hooft/Pieter Kers
© Vertaling en Nederlandstalige rechten
Lemniscaat bv, Rotterdam, 1985, 1995, 2003
© Inleiding: drs. Karen M. Hamaker-Zondag
ISBN 978 90 5637 354 2
© Walter-Verlag AG Olten, 1971 en 1976

Dit boek is gedrukt op milieuvriendelijk, chloorvrij gebleekt en veroudering sbestendig papier en geproduceerd in de Benelux, waardoor onnodig milieuverontreinigend transport is vermeden.

Inhoud

Het begrip 'archetype' in de jungiaanse psychologie: ontwikkeling en betekenis

Dromen en dagdromen, fantasieën en imaginaties, angsten en projecties in de vorm van zowel emoties als beelden hebben volgens de jungiaanse psychologie één gemeenschappelijke bron of achtergrond: het archetype. We spreken dan ook van 'een archetypische grondslag', 'een archetypische betekenis', enzovoort. Maar wat is een archetype eigenlijk? Het woord wordt veel gebruikt, maar er is minstens evenveel verwarring over, niet in de laatste plaats doordat Jung er zelf aan bleef sleutelen. Laten we daarom eerst eens kijken hoe Jung het begrip archetype uitbouwde en ontwikkelde.

Aartstype en oerbeeld
In zijn vroege werk *Psychologische typen* heeft Jung oorspronkelijk een apart hoofdstuk met definities opgenomen, waarin hij belangrijke begrippen uit zijn psychologie omschrijft en uitlegt. In die lijst zullen we vergeefs zoeken naar het begrip 'archetype'. Dat is een woord dat Jung wat later is gaan gebruiken. Hij stipt al wel een aantal ideeën aan onder het begrip 'beeld', en in dat stuk komen we ook de naam 'aartstype' tegen, een term die geen ingang heeft gevonden in Nederland. Het is bij 'oerbeeld' gebleven, een term die later vervangen is door het woord 'archetype'.

Het begrip archetype heeft bij Jung een belangrijke ontwikkeling ondergaan. Hij heeft de inhoud en betekenis van de verschillende begrippen die hij hanteerde meermalen vernieuwd en veranderd. Telkens wanneer hij in de praktijk op nieuwe betekenissen en mogelijkheden van een al bestaand begrip stuitte, voegde hij die eraan toe.

Jung was gefascineerd door archetypen en was er dag en nacht mee bezig. Archetype is een centraal begrip bij hem, en als je dit thema niet begrijpt, dan zul je de essentie van de jungiaanse psychologie niet kunnen vatten. Juist omdat hij er zo mee bezig was, onderging het begrip archetype een aantal belangrijke veranderingen. De grondgedachte is gelijk gebleven, maar het begrip heeft een veel vollere en meeromvattende betekenis gekregen in zijn latere werk. We kunnen het beste begrijpen wat een archetype is wanneer we Jung in zijn ontwikkeling volgen en kijken wat zijn uitgangspunt was en welke veranderingen hij aanbracht in dit begrip.

Eerste gedachten
In zijn verhandeling 'De structuur van de ziel' (1927-1928) vertelt Jung de anekdote van een geesteszieke man van ongeveer dertig jaar die veel aan hallucinaties leed en bij tijden zeer onrustig was. Jung schrijft:

Daar ontmoette ik hem eens, toen hij in de zon stond te knipogen en daarbij het hoofd op een merkwaardige wijze heen en weer bewoog. Hij nam mij dadelijk bij de arm en zei dat hij mij iets wilde laten zien. Ik moest met mijn ogen knipperen en in de zon zien, dan zou ik de zonnepenis kunnen zien. Wanneer ik mijn hoofd heen en weer zou bewegen, zou de zonnepenis zich ook bewegen en dat was de oorsprong van de wind. Ik deed deze waarneming ongeveer in het jaar 1906. In de loop van het jaar 1910, toen ik mij met mythologische studies bezighield, kreeg ik een boek van Dieterich in handen, een bewerking van een deel van de zogenaamde Parijse Toverpapyrus. Dieterich houdt het deel dat hij bewerkt heeft, voor een liturgie van de Mithrascultus. Het bestaat uit een reeks voorschriften, aanroepingen en visioenen. Een van deze visioenen wordt letterlijk op de volgende wijze beschreven: 'Op een dergelijke wijze zal zichtbaar zijn ook de zogenaamde pijp, de oorsprong van de dienstdoende wind. Want gij zult van de zonneschijf iets als een neerhangende pijp zien. En tegen de westelijke gebieden, alsof een oneindige oostenwind waait.' [...] Het visioen van mijn patiënt uit 1906 en de pas in 1910 uitgegeven Griekse tekst zijn waarschijnlijk wel ver genoeg van elkaar gescheiden, zodat zelfs het vermoeden dat we van zijn kant met een cryptomnesie of van mijn kant met het overbrengen van een gedachte te maken zouden kunnen hebben, uitgesloten is.

Jung was van dit voorval onder de indruk, en het is niet het enige op dit vlak dat hij meemaakte. Hij schrijft dan ook over dit voorval:

Daarom kan ik in deze visioenen niets toevalligs ontdekken, maar alleen maar een opnieuw tot leven komen van de van oudsher aanwezige voorstellingsmogelijkheden, die door de meest verschillende breinen in de meest uiteenlopende tijden opnieuw ontdekt kunnen worden, dus geen overgeërfde voorstellingen!

Géén beeld, géén plaatje!
Deze anekdote van Jung draait om een beeld, namelijk het beeld van de zonnepenis als oorsprong van de wind. Dat beeld blijkt in de menselijke geschiedenis al eerder te zijn voorgekomen, en het heeft een eigen symbolische betekenis. De anekdote is heel 'beeldend' voor de vele ervaringen die Jung had. Aanvankelijk was hij verbaasd over de sterke overeenkomsten tussen enerzijds bestaande thema's in kunst, mythologie en religie en anderzijds beelden die zijn patiënten produceerden, zoals dat van de zonnepenis, maar ook beelden in de vorm van tekeningen die patiënten maakten, droombeelden die ze aan hem vertelden, enzovoort. Daardoor is Jung zich op deze beelden en hun mogelijke betekenissen gaan richten. Dat is ook de reden waarom we in zijn vroege werk *Psychologische typen* de eerste aanzet voor het begrip archetype onder het kopje 'Beeld' vinden.

Ik denk dat Jung daar later toch wel spijt van moet hebben gehad, want voor een aantal mensen is het latere begrip 'archetype' gelijk gebleven aan het begrip 'beeld' in de letterlijke zin van het woord: een afbeelding of een plaatje. Jung ontdekte echter al snel dat wij in ons onbewuste géén 'voorraad plaatjes' hebben of, zoals hij het omschrijft, 'geen overgeërfde voorstellingen', maar dat de beelden die in ons bewustzijn verschijnen uitingen zijn van of het gevolg zijn van een veel diepere dynamiek. Het is die diepere dynamiek waar hij op doelt als hij verdergaat met het begrip archetype.

Maar doordat hij zich aanvankelijk zelf sterk op beelden heeft gericht, aangezien de beelden uitdrukkingsvormen van innerlijke processen zijn, is bij sommigen de indruk ontstaan als zou het onbewuste vol zitten met algemeen menselijke 'plaatjes' en er dus uitzien als een soort van 'prentenboek', waarbij de archetypen de afzonderlijke plaatjes zouden zijn. Niets is echter minder waar, en Jung heeft tegen deze misvatting zijn leven lang stelling genomen.

Aan het einde van zijn anekdote raakt Jung dan ook aan een heel belangrijk punt: niet alleen zijn de beschreven visioenen allesbehalve toevallig, maar vooral ook benadrukt hij dat het gaat om voorstellingsmógelijkheden, en dus niet om de beelden als zodanig. Een archetype biedt mógelijkheden om tot een beeld te komen, maar het ís dus zelf géén beeld! Daarmee wordt het archetype weggehaald uit een statische toestand (zoals een beeld of plaatje dat is) en ontwikkelt het begrip zich in de richting van een bepaalde dynamiek.

De eerste aanzet daartoe kunnen we al proeven in Jungs beschrijving van 'oerbeelden'. Hij heeft het dan niet langer alleen over beelden, maar ook over 'motieven'. Een motief is niet langer een plaatje, maar een abstractere omschrijving, en ook iets dat een heel verhaal kan zijn en dus een verloop en een ontwikkeling kan hebben.

Aanvankelijk verstaat hij onder 'oerbeelden' alle motieven uit mythen, sagen en sprookjes die algemeen menselijke houdingen en verhoudingen weten te vatten in een aanschouwelijke 'afbeelding'. Dat het woord tussen aanhalingstekens staat, is het gevolg van het feit dat het niet langer om een letterlijk plaatje hoeft te gaan, maar, zoals we net zagen, een psychologisch thema in verhaalvorm kan zijn. De afbeelding is dan het tot verhaal geworden thema. In het sprookje van Roodkapje bijvoorbeeld wordt het thema van het (plusminus) driejarige kind dat in conflict raakt tussen de noodzaak tot geborgenheid (gehoorzaamheid aan de moeder) en de ontluikende eigen instincten en het ontdekken van de eigen wil (de wolf), tot beeld in het verloop van het verhaal. Het onbewuste herkent dat thema feilloos en weet er ook de boodschap uit op te pikken.

Algemeen menselijke motieven
Er is nog een ander facet dat bij archetypen van belang is. Jung benadrukt dat het gaat om motieven die we in essentie overal en altijd weer tegenkomen in talrijke vormen, uiteenlopend van voorstellingen van wat hij primitieven noemde tot religieuze ideeën van alle volkeren, tot dromen, visioenen en fantasieën van de moderne mens. Om terug te keren naar Roodkapje: het beschreven conflict in het jonge kind is een universeel thema. In alle delen van de wereld zien we het optreden. Met andere woorden: het is een algemeen menselijke dynamiek. Dat het bij de een wat sterker werkt dan bij de ander is niet van belang. Feit is dat het een universeel herkenbaar thema is dat op de een of andere manier is 'afgebeeld', bij Roodkapje dus in een verhaal.

Jung ging het begrip 'oerbeeld' vanaf 1912 gebruiken om deze steeds weer terugkerende algemeen menselijke motieven in dromen van de meest uiteenlopende mensen aan te duiden. Hij gebruikte ook regelmatig het woord 'oorspronkelijk beeld', dat hij ontleende aan het werk van Jacob Burckhardt.

In 1916 kwam hij in zijn boek *Das Unbewusste im normalen und kranken Seelenleben* met een nieuwe omschrijving en noemde hij deze motieven 'dominanten van het collectieve onbewuste'. Hij had inmiddels gemerkt dat archetypen een soort aanzuigende werking leken te hebben, of in elk geval een centrale rol leken te vervullen. In zijn latere werk echter ging hij een onderscheid maken tussen de dominantie van complexen in het onbewuste en de rol van archetypen.

K. Kerényi schrijft in zijn *Einführung in das Wesen der Mythologie* (p. 12) dat Jung in 1919 het begrip archetype introduceerde. Toch vinden we in Jungs werk alle genoemde begrippen nog door elkaar gebruikt terug tot ongeveer 1927. Daarna spreekt hij alleen nog maar over archetypen en vindt het begrip archetype algemene ingang. In 1946 geeft hij nog een nieuwe wending aan het begrip – daarover straks meer.

Jung gebruikte aanvankelijk zelf de termen motieven, afbeeldingen en voorstellingen, wat verwijst naar het beeldgedeelte van een archetype. Maar een archetype is uiteindelijk veel meer, en hij geeft er een beschrijving van in het toegankelijke werk *De mens en zijn symbolen*.

Daarin schrijft Jung in het hoofdstuk 'Het archetype in de symboliek van de droom' dat gewone dromen uitstekend geanalyseerd kunnen worden aan de hand van associaties van de dromer. 'Gaat het echter om een obsederende of sterk emotionele droom, dan zijn de door de dromer geleverde persoonlijke associaties meestal niet toereikend om een bevredigende interpretatie te vinden. In dergelijke gevallen moeten wij het (voor het eerst door Freud waargenomen en van een uitleg voorziene) feit in aanmerking nemen, dat in een droom dikwijls elementen optreden die niet individueel zijn en daarom niet uit de persoonlijke ervaring van de dromer kunnen worden afgeleid. Deze elementen zijn, zoals ik al eerder vermeldde, datgene wat Freud "archaïsche resten" noemde – psychische vormen, waarvan de aanwezigheid niet verklaard kan worden door iets in het persoonlijk leven van de enkeling en die blijkbaar oorspronkelijke, aangeboren en vererfde modellen van de menselijke geest zijn.'

Jung wijst al vroeg in de ontwikkeling van het begrip archetype in deze richting, zoals we kunnen lezen in zijn eerder genoemde omschrijving van het begrip 'beeld' in de definities van *Psychologische typen*. Hij schrijft daar:

Ik noem dit beeld 'primitief' wanneer het een archaïsch karakter heeft. Van een archaïsch karakter spreek ik wanneer het beeld een opvallende overeenstemming vertoont met bekende mythologische motieven. [...] Het primitieve beeld, dat ik elders ook 'aartstype' heb genoemd, is altijd collectief, dat wil zeggen, het is minstens het bezit van gehele volken of tijdperken. Waarschijnlijk zijn de voornaamste mythologische motieven aan alle rassen en tijden gemeen. Zo kon ik een aantal motieven der Griekse mythologie aantonen in de dromen en fantasieën van zielszieke volbloednegers.

Het primitieve beeld is een herinneringsneerslag, die door condensatie van ontelbare onderling overeenkomstige gebeurtenissen is ontstaan. Het is in de eerste plaats een neerslag en daarmee een typische grondvorm van een bepaalde en telkens weer terugkerende zielservaring. Daarom is het als mythologisch motief ook een steeds werkzame en telkens opnieuw terugkerende uitdrukkingsvorm, welke de betreffende zielservaring hetzij wakker roept, hetzij op passende wijze formuleert.

Deze beschrijving is een centraal deel van de betekenis van het begrip archetype gebleven. Het is vooral het 'beeld'-deel van de beschrijving dat aanpassingen onderging.

Archetypen als organen van de ziel
Persoonlijke ervaringen en persoonlijke associaties hangen samen met zowel ons bewustzijn als de laag van het persoonlijk onbewuste. De 'oorspronkelijke, aangeboren en vererfde modellen van de menselijke geest' behoren niet tot deze gebieden van de psyche. Ze worden door Jung in de (diepere) laag van het collectieve onbewuste geplaatst. Jung schrijft:

Zoals het menselijk lichaam een heel museum van organen vertegenwoordigt, die ieder een lange geschiedenis in de zin van een evolutie achter zich hebben, zo zouden wij verwachten dat de geest op een dergelijke wijze georganiseerd is. Evenmin als het lichaam waarin hij leeft, kan de geest een voortbrengsel zonder geschiedenis zijn. Met 'geschiedenis' bedoel ik hier niet het feit dat de geest zich ontwikkelt doordat hij zich door middel van taal en van andere culturele tradities bewust tot het verleden wendt. Ik heb hier de biologische, prehistorische en onbewuste ontwikkeling van de geest in een archaïsche mens op het oog, die mens waarvan de psyche nog dicht bij die van het dier stond.

Ook in andere werken heeft Jung erop gewezen dat niet alleen onze organen en ons lichaam in de loop van de menselijke evolutie hun eigen vorm en functie hebben gekregen, maar dat onze psyche een soortgelijk proces heeft moeten doormaken. Hij heeft de archetypen daarom wel eens de 'organen van de psyche' genoemd. Ook de archetypen hebben dus een evolutie achter de rug en hebben een eigen functie gekregen.

Vervolgens schrijft Jung:

Deze oneindig oude psyche vormt de basis van onze geest, zoals de structuur van ons lichaam op het algemene anatomische patroon van het zoogdier gebaseerd is. Het geoefende oog van de anatoom of de bioloog vindt veel sporen van dit oorspronkelijke patroon in ons lichaam. De ervaren onderzoeker van de geest kan op overeenkomstige wijze analogieën zien tussen de droombeelden van de moderne mens en de producten van de primitieve geest, zijn 'collectieve beelden' en zijn mythologische motieven.

Daarna neemt hij ook hier krachtig stelling tegen de misvatting als zouden in de diepste lagen van ons onbewuste allerlei beelden en voorstellingen sluimeren die met de oudste ervaringen van de mensheid te maken hebben.

Kijken we nu heel in het kort naar de ontwikkeling van het begrip archetype bij Jung, dan zien we dat hij aanvankelijk onder een archetype alleen 'modelmotieven' en begrippen die zich beeldend lieten uitdrukken verstond. Maar in de loop van zijn leven verbreedde hij het begrip archetype door ze te beschouwen als grondpatronen, configuraties en het verloop van dingen, wat verwijst naar dynamische processen. Het idee van statische voorstellingen liet hij ver achter zich en ten slotte zag hij archetypen als 'alle psychische uitingen van het leven voorzover ze een algemeen menselijke en typerende aard hebben, zowel op het biologische en psycho-biologische vlak als op het niveau van de begripsvorming'.

Archetypen zijn daarmee als het ware de vertegenwoordigers van oermenselijke levensprocessen geworden, die aan de basis liggen van alle menselijke dynamieken.

Het archetype an sich
Jung zocht naar een manier om duidelijk te maken dat het bij archetypen als zodanig niet om de beelden draait, en dat beelden en voorstellingen slechts *uitingen* zijn van de werkzaamheid van een archetype. In 1946 zette hij een belangrijke stap. In zijn *Theoretische Überlegungen zum Wesen des Psychischen* (eerder verschenen onder de titel *Der Geist der Psychologie*) komt hij met de term 'Archetype an sich', die hij omschrijft als niet waarneembaar doch potentieel aanwezig. Hij zet dat tegenover het al stevig ingeburgerde gewone begrip 'archetype', en met dit laatste bedoelt hij het wél waarneembare, tot voorstelling gekomen archetype. Hij spreekt ook over 'archetypische voorstelling' of 'archetypisch beeld' en dringt erop aan dat we deze uitingsvormen altijd onderscheiden van een dieper liggende en nimmer tot vorm komende dynamiek, en deze laatste is het eigenlijke archetype.

Om het aan de hand van een voorbeeld duidelijk te maken: de afbeelding van een zogende moeder, of die van een grot of bron, is een archetypische weergave van het moederarchetype. In veel boeken worden zulke beelden omschreven als het moederarchetype zelf, maar Jung dringt aan op een scherper onderscheid. Een beeld van de moeder met kind is een tot vorm gekomen uiting van het 'moederarchetype an sich'. De diepste vorm van dit archetype, dus het 'moederarchetype an sich', kunnen we nooit zien en nooit ontmoeten.

Het archetype an sich kan zich in talloze verschillende beelden, voorstellingen, processen en dynamieken uitdrukken. Het moederarchetype an sich hoeft zich dus niet te beperken tot het beeld van de moeder met kind, maar kan ook de eerdergenoemde grot of bron als beelden produceren. Maar deze tot vorm gekomen archetypen zijn dus altijd mínder dan hun dieper liggende achtergrond, het 'archetype an sich'. Jung sprak daarom liever van archetypische voorstellingen om aan te geven dat het om een geactualiseerde en daardoor waarneembare uiting van een archetype ging. Soms noemde hij het ook een archetypisch beeld.

Het probleem dat zich vanaf 1946 voordeed, is dat het begrip archetype inmiddels al stevig ingeburgerd was en in talloze artikelen en boeken gebruikt werd, niet alleen voor wat Jung later de archetypische voorstelling is gaan noemen, maar ook voor het archetype an sich. Ook nadat Jung dit onderscheid had gepostuleerd, werd er in de jungiaanse literatuur eigenlijk weinig mee gedaan. Het bleek moeilijk te zijn om niet langer te praten over het moederarchetype als je er de archetypische voorstelling van de moeder mee bedoelde. Tot op de dag van vandaag wordt het begrip 'archetype' eigenlijk voor beide categorieën gebruikt.

Het archetype an sich is dus het échte archetype. Het ligt als een onzichtbaar knooppunt in het collectieve onbewuste in wat Jung de psychoïde sfeer noemt, waarmee hij aangeeft dat het archetype an sich zelf eigenlijk niet tot onze psyche behoort, maar in een diepere laag zit. Pas als gevolg van individueel psychisch materiaal kan het een gestalte krijgen die door het bewustzijn kan worden waargenomen.

Om dat verder uit te werken: de archetypen an sich liggen sluimerend in de diepste lagen van ons onbewuste. Elk heeft een eigen universeel menselijke thematiek en een eigen geheel aan voorstellingsmogelijkheden. Als we nu door het samenspel van ons individuele bewustzijn en ons persoonlijke onbewuste een thema raken dat bij een bepaald archetype an sich hoort, dan zal dit archetype via onze complexen de dynamiek zijn achter de beelden die zich vormen in onze dromen, fantasieën, imaginaties, enzovoort. Het archetype zelf maakt die beelden niet en bepaalt evenmin welke beelden zich vormen. Dat laatste doen onze complexen, die in ons persoonlijk onbewuste liggen.

Laten we teruggaan naar ons voorbeeld van het moederarchetype an sich en ons twee verschillende mensen voorstellen. Beiden hebben vanzelfsprekend de algemeen menselijke archetypen in zich. Stel nu dat mevrouw A in een levensfase zit waarin ze enerzijds graag zwanger wil worden, en anderzijds door slechte herinneringen aan haar eigen jeugd en moeder de neiging heeft om kinderen krijgen af te wijzen. Het is het terrein van het moederarchetype dat nu geactiveerd is.

Het moederarchetype in het collectieve onbewuste werkt samen met het complex in het persoonlijk onbewuste, en wel op de volgende manier: het complex betreft onze individuele problemen, verdringingen en onbewuste talenten, en dat bepaalt welke beelden passend zijn om ons het probleem bewust te worden en het aan te pakken. Het moederarchetype bepaalt binnen welk geheel aan voorstellingsmógelijkheden die beelden zullen vallen. Met andere woorden: het moederarchetype beperkt de schier oneindige hoeveelheid mogelijke beelden tot een bepaalde groep, en het complex kiest daaruit die beelden die passen bij de individuele situatie van de betrokkene. Mevrouw A kan nu bijvoorbeeld dromen krijgen met vruchtbaarheidsthema's, positieve algemene moederbeelden en dergelijke als tegenhanger voor haar aarzeling om kinderen te krijgen, waardoor ze zich bewust wordt van haar eigen mogelijkheden om er als moeder wél iets van terecht te brengen.

Mevrouw B, die de relatie met haar moeder als uitstekend omschrijft en er trots op is dat zij en haar moeder dikke vriendinnen zijn, raakt ook aan het moederarchetype. Het risico van een (te) goede band met de moeder is een onbewuste neiging om 'kind' te blijven en je te laten blijven bemoederen. Psychisch kan dit betekenen dat je ongewild en onbedoeld gevangen zit in een negatieve moederenergie. Het onbewuste kan dan uit alle mogelijkheden van beelden van het moederarchetype het beeld van de moeder als heks kiezen om de droomster op het gevaar van een te goede relatie te wijzen. Natuurlijk is de moeder dan geen echte heks. De droom vertelt slechts dat er een innerlijk psychisch gevaar kan zijn dat het bewustzijn van de droomster onvoldoende in de gaten heeft.

Twee vrouwen dus, die elk het gebied van het moederarchetype raken, maar de beelden die ze aan dat archetype ontlenen zijn totaal verschillend. Die beelden zijn door hun complexen 'gekozen' op grond van hun individuele situatie. Zo liggen de archetypen aan de basis van álle beeldende uitingen van onze psyche, in de breedst mogelijke zin. Ze zijn de levensdynamieken waarmee alle psychische uitingen samenhangen. Maar hoewel ze heel bepalend zijn, zijn te tegelijkertijd ongrijpbaar en onzichtbaar en houdt hun diepere werkelijkheid en grootsheid zich schuil achter het enkele beeld of motief waarin ze zich kenbaar maken. Of we nu fantaseren, dromen, dagdromen, ons voorstellen, vrij tekenen, vrij dansen of op welke wijze dan ook onze psyche spontaan uitdrukken, daarachter ligt altijd de dynamiek van het archetype.

Drs. Karen M. Hamaker-Zondag

Voorwoord

In dit deel van mijn psychologische verhandelingen heb ik een aantal werken bijeengebracht die voor het grootste deel hun ontstaan te danken hebben aan lezingen die op de Eranos-conferenties gehouden werden. Ze zijn gedeeltelijk herzien, gedeeltelijk uitgebreid, gedeeltelijk helemaal omgewerkt. Het algemene thema van dit boek is het *archetype*. Het wezen en de betekenis van het archetype worden van verschillende kanten beschreven en toegelicht, en wel vanuit de gezichtspunten van de geschiedenis, de casuïstiek en de psychologie – zowel praktisch als theoretisch.

Er is al veel over dit onderwerp geschreven, zowel door mijzelf als door andere schrijvers, zoals bijvoorbeeld H. Zimmer, K. Kerényi, E. Neumann, M. Eliade en anderen. Desondanks is gebleken dat het onderwerp enerzijds nog niet uitgeput en anderzijds zeer moeilijk te begrijpen is, als men tenminste geloof mag schenken aan de kritiek die door vooroordeel en wanbegrip is vertroebeld. Men kan zich hierbij bijna niet onttrekken aan de verdenking dat velen het psychologische gezichtspunt en de daaruit voortvloeiende consequenties onsympathiek vinden en het alleen daarom al niet aan het woord laten komen. Terwijl enerzijds vereenvoudigende beschouwingswijzen die de belofte inhouden dat zij het antwoord op bepaalde moeilijke problemen overbodig maken, zonder meer zeker kunnen zijn van de bijval van de massa, zijn er anderzijds ook op goede motieven berustende overwegingen die iets dat schijnbaar eenvoudig en zeker is als problematisch voorstellen en daarom het ongenoegen opwekken. De leer van de archetypen behoort blijkbaar tot deze laatste categorie. Voor de een is zij eenvoudig iets dat geen nadere toelichting behoeft en een welkom hulpmiddel voor het begrijpen van de wijze waarop individuele, collectieve en historische symbolen gevormd worden; voor de ander stelt zij blijkbaar het summum van ergerlijke dwaling voor die men met alle – zelfs met de meest belachelijke – middelen moet proberen uit te roeien.

Hoewel men het bestaan en de activiteit van de archetypen gemakkelijk kan bewijzen, stelt de fenomenologie ervan ons toch voor zeer moeilijke problemen, waarvan ik in dit boek enige voorbeelden geef. Voorlopig is het niet mogelijk vereenvoudigingen aan te brengen en wegen te bouwen *ubi stulti non errent* – waar de dwazen niet gaan.

C.G. Jung

I

Theoretische gedachten over het wezen van het psychische

'Theoretische Überlegungen zum Wesen des Psychischen.' Oorspronkelijk verschenen in het *Eranos-Jahrbuch* 1946, Zürich 1947, onder de titel 'Der Geist der Psychologie'. Deze titel verwijst naar het thema van de Eranos-conferentie: 'Geist und Natur'. In uitgebreidere versie gepubliceerd in *Von den Wurzeln des Bewusstseins. Studien über den Archetypus* (Psychologische Abhandlungen ix), Zürich 1954. Zie ook *Gesammelte Werke* 8, par. 343-442. Opgenomen in *Archetypen*, Utrecht 1997.

1 Over de geschiedenis van het onbewuste

Er bestaat vermoedelijk nauwelijks een wetenschappelijk gebied dat de geestelijke transformatie vanaf de Oudheid tot en met onze tijd duidelijker illustreert dan de psychologie. Haar geschiedenis[1] tot aan de zeventiende eeuw bestaat hoofdzakelijk uit het noteren van leerstellingen over de ziel, terwijl de ziel zelf nooit object van onderzoek was. Als een rechtstreeks ervaringsgegeven leek ze iedere denker dermate bekend, dat hij ervan overtuigd kon zijn dat er geen aanvullende of zelfs objectieve ervaring meer nodig was. Deze instelling is het moderne standpunt geheel vreemd, want tegenwoordig zijn we van mening dat er naast alle subjectieve zekerheid ook nog objectievere ervaring nodig is om een mening die aanspraak maakt op wetenschappelijkheid te funderen. Ondanks alles blijkt het ook nu nog moeilijk om in de psychologie een zuiver empirisch, respectievelijk fenomenologisch standpunt consequent door te voeren, want de oorspronkelijke naïeve mening dat de ziel als het direct gegevene overbekend is, is een overtuiging die diep in ons is geworteld. Niet alleen iedere leek matigt zich eventueel een oordeel aan, maar elke psycholoog doet dat ook, en niet alleen over het subject, maar eveneens, wat zwaarder weegt, over het object. Men weet of meent veeleer te weten wat er in een ander omgaat en wat goed voor hem is. Dit hangt niet zozeer samen met een superieur negeren van verschillen, als wel met de stilzwijgende veronderstelling dat alle mensen gelijk zijn. Daarom neigt men onbewust tot het geloof aan de algemene geldigheid van subjectieve meningen. Ik noem dit feit slechts om te laten zien dat ondanks een in drie eeuwen gegroeid empirisme de oorspronkelijke instelling nog geenszins is verdwenen. Haar voortbestaan laat alleen maar zien hoe moeizaam de overgang van de oude, filosofische naar de moderne, empirische opvatting zich voltrekt.

De vertegenwoordigers van het vroegere standpunt hebben natuurlijk niet ingezien dat hun leerstellingen niets anders dan psychische fenomenen waren, want men veronderstelde naïef genoeg dat de mens zich via zijn verstand of rede in zekere zin aan zijn psychische gebondenheid kon ontworstelen en zich in een bovenpsychische, rationele toestand kon verplaatsen. Zelfs nu schrikt men er nog voor terug zich serieus af te vragen of de uitspraken van de geest uiteindelijk geen *symptomen* van bepaalde psychische condities zijn.[2] Deze vraag ligt uiteindelijk voor de hand, maar ze heeft zulke verreikende, revolutionaire gevolgen dat het maar al te begrijpelijk is waarom men er niet alleen vroeger maar ook nu zoveel mogelijk aan voorbijgaat. We zijn er thans nog verre van om met Nietzsche de filosofie of zelfs de theologie als een 'ancilla psychologiae' (dienares van de psychologie) te beschouwen. Zelfs de psycholoog is niet zonder meer genegen zijn uitspraken tenminste gedeeltelijk te beschouwen als subjectief bepaalde verklaringen. We kunnen slechts over een gelijksoortigheid van individuen spreken voorzover deze in hoge mate zichzelf onbewust zijn, dat wil zeggen onbewust inzake hun feitelijke verschillen. Hoe onbewuster een mens namelijk is, des te meer zal hij met het algemene koor van het psychologisch gebeuren instemmen. Hoe meer hij zich echter bewust wordt van zijn individualiteit, des te meer komen zijn verschillen met anderen naar voren, en des te minder zal hij beantwoorden aan de algemene verwachting. Ook kunnen zijn reacties veel minder voorspelbaar worden. Dit laatste hangt samen met het feit dat een individueel bewustzijn altijd gedifferentieerder en ruimer is. Hoe ruimer het echter wordt, des te meer zal het verschillen onderscheiden, en des te meer zal het zich ook losmaken van de collectieve wetmatigheid, want de empirische vrijheid van de wil groeit in dezelfde mate als de bewustzijnsverruiming.

Naarmate de individuele differentiatie van het bewustzijn toeneemt, wordt de objectieve geldigheid van zijn opinies minder en wordt hun subjectiviteit groter – misschien niet in werkelijkheid, maar dan toch in de ogen van de omgeving. Want wanneer een mening geldig moet zijn, dan moet ze voor de meeste mensen de bijval van een zo groot mogelijk aantal hebben, ongeacht de argumenten die deze mening ondersteunen. Waar en geldig is datgene wat de meerderheid gelooft, want dat bevestigt de gelijkheid van allen. Voor een gedifferentieerd bewustzijn is het echter niet langer vanzelfsprekend dat de eigen veronderstellingen ook voor anderen opgaan, en omgekeerd. Deze logische ontwikkeling had tot gevolg dat in de zeventiende eeuw – een zo belangrijke eeuw voor de ontwikkeling van de wetenschap – de psychologie naast de filosofie naar voren kwam. Het was Christian August Wolff (1679-1754) die voor het eerst sprak over een 'empirische' of 'experimentele' psychologie[3] en daarmee de noodzaak erkende haar een nieuwe basis te geven. De psychologie moest onttrokken worden aan de rationele filosofische definitie van waarheid, want geleidelijk aan werd het duidelijk dat geen enkele filosofie algemeen geldig genoeg was om aan de diversiteit van individuele mensen recht te doen. Aangezien ook over principiële vragen een onbepaald aantal subjectief verschillende uitspraken mogelijk was, waarvan de geldigheid op hun beurt slechts weer subjectief bestreden kon worden, werd het vanzelfsprekend noodzakelijk om van het filosofische argument af te zien en dit te vervangen door de ervaring. Daarmee echter werd de psychologie een *natuurwetenschap*.

Overigens behield de filosofie in eerste instantie haar greep op het ruime gebied van de zogenaamde rationele of speculatieve psychologie en theologie, en pas in de loop van de volgende eeuwen kon de psychologie zich geleidelijk aan tot een natuurwetenschap ontwikkelen. Dit transformatieproces is ook nu nog niet voltooid. Nog steeds is de psychologie als studievak bij veel universiteiten ingedeeld bij de 'filosofische faculteit I'. Gewoonlijk is ze in handen van vakfilosofen, en er bestaat ook nog steeds een 'medische' psychologie die bij de medische faculteit een onderkomen zoekt. Officieel is de situatie dus grotendeels nog middeleeuws, aangezien zelfs de natuurwetenschappen aan de 'filosofische faculteit II' quasi onder de dekmantel van 'natuurfilosofie' zijn toegelaten.[4] Hoewel het al minstens twee eeuwen lang duidelijk is dat de filosofie in allereerste instantie van psychologische premissen afhankelijk is, werd toen de ontdekking van de rotatie van de aarde rond de zon en van de manen van Jupiter niet meer kon worden onderdrukt, toch al het mogelijke gedaan om de autonomie van de ervaringswetenschappen zoveel mogelijk te versluieren. Van alle natuurwetenschappen is de psychologie er tot dusverre het minst in geslaagd zelfstandigheid te veroveren.

Deze achterstand lijkt me belangrijk. De toestand van de psychologie kan vergeleken worden met een psychologische functie die vanuit het bewustzijn geremd wordt. Van zo'n functie worden zoals bekend slechts die delen toegelaten die overeenstemmen met de tendens van het bewustzijn. Wat daarmee niet overeenstemt, wordt zelfs het bestaansrecht ontzegd, ondanks het feit dat er talrijke fenomenen respectievelijk symptomen zijn die het tegendeel bewijzen. Iedere kenner van dit soort psychologische processen weet met welke uitvluchten en zelfmisleiding de afsplitsing van wat niet past tot stand wordt gebracht. Precies zo gaat het met de empirische psychologie: als een discipline die ondergeschikt is aan een algemene filosofische psychologie, wordt de experimentele psychologie, rijkelijk verpakt in filosofische vaktaal, getolereerd als concessie aan de natuurwetenschappelijke empirie. De psychopathologie blijft echter ingedeeld bij de medische faculteit als merkwaardig aanhangsel van de psychiatrie.

De 'medische' psychologie ten slotte krijgt geen of geringe aandacht aan de universiteiten.[5]

Ik druk me opzettelijk enigszins drastisch uit, om de toestand van de psychologie aan het eind van de negentiende en het begin van de twintigste eeuw reliëf te geven. Voor de toenmalige situatie was vooral het standpunt van Wundt representatief, ook omdat uit zijn school een reeks psychologen van naam zijn voortgekomen, die aan het begin van de twintigste eeuw de toon aangaven. In zijn *Grundriss der Psychologie* zegt Wundt: 'Een psychisch element dat uit het bewustzijn verdwenen is, wordt in zoverre echter door ons een *onbewust* geworden element genoemd, wanneer wij daarbij de mogelijkheid van zijn vernieuwing, dat wil zeggen van zijn opnieuw verschijnen in de actuele samenhang van de psychische processen veronderstellen. Onze kennis van onbewust geworden elementen heeft alleen betrekking op deze mogelijkheid van vernieuwing. Ze vormen daarom [...] slechts een *aanleg* of dispositie tot het ontstaan van toekomstige bestanddelen van het psychisch gebeuren. [...] Veronderstellingen over de toestand van het "onbewuste" of over welke "onbewuste processen" dan ook [...] zijn dientengevolge *voor de psychologie volstrekt onvruchtbaar.*[6] Er bestaan echter *wel fysische* bijverschijnselen van deze psychische disposities, die gedeeltelijk rechtstreeks aangetoond, gedeeltelijk uit een groot aantal ervaringen geconcludeerd kunnen worden.'[7]

Een vertegenwoordiger van de school van Wundt meent 'dat een psychische toestand niet psychisch genoemd kan worden, wanneer deze niet minstens de drempel van het bewustzijn heeft bereikt'. Dit argument veronderstelt, of liever stelt, dat alleen het bewuste psychisch en dus al het psychische bewust is. De auteur zegt per ongeluk: een 'psychische' toestand. Logischerwijs had hij moeten zeggen: 'een toestand' want hij bestrijdt nu net dat zo'n toestand psychisch is. Een ander argument luidt dat het eenvoudigste psychische feit de *gewaarwording* is. Deze kan niet in eenvoudiger feiten gesplitst worden. Daarom is datgene wat aan een gewaarwording voorafgaat of eraan ten grondslag ligt, nooit psychisch maar fysiologisch, ergo: er bestaat geen onbewuste.

J.F. Herbart zei eens: 'Wanneer een voorstelling onder de bewustzijnsdrempel komt, leeft ze latent voort, voortdurend ernaar strevend weer boven de drempel te komen om de overige voorstellingen te verdringen.'[8] In deze vorm is zijn uitspraak ongetwijfeld onjuist, want helaas heeft datgene wat werkelijk vergeten is, geen enkele neiging weer terug te keren. Had Herbart echter in plaats van 'voorstelling' 'complex' gezegd, in de moderne zin van het woord, dan zou zijn uitspraak absoluut juist zijn. We zullen ons wel niet vergissen wanneer we aannemen dat hij ook werkelijk zoiets bedoeld heeft. Over deze uitspraak maakt een filosofisch tegenstander van het onbewuste de zeer verhelderende opmerking: 'Geeft men dit eenmaal toe, dan levert men zich uit aan alle mogelijk hypothesen inzake het onbewuste, hypothesen die door geen enkele waarneming gecontroleerd kunnen worden.'[9]

Men ziet dat het er bij deze auteur niet om gaat een feit te erkennen, maar dat de vrees in allerlei moeilijkheden te raken beslissend is. Bovendien: hoe weet hij eigenlijk dat deze hypothese door geen enkele waarneming gecontroleerd kan worden? Dat staat voor hem alleen maar a priori vast. Op de waarneming van Herbart echter gaat hij nergens in. Dit incident noem ik niet omdat het enige zakelijke betekenis heeft, maar alleen omdat het zo karakteristiek is voor de ouderwetse filosofische instelling tegenover de empirische psychologie. Wundt zelf is van mening dat het bij de zogenaamde 'onbewuste processen' 'niet om onbewuste, maar overal slechts om *vaag bewuste* psychische elementen gaat', en dat 'de hypothetische onbewuste processen inderdaad vervangen kunnen worden door aantoonbare of in ieder geval minder hypothetische bewustzijnsprocessen.'[10] Deze houding betekent een duidelijke afwijzing van het onbewuste als psychologische hypothese. De gevallen van 'dubbel bewustzijn' verklaart hij als '*veranderingen* van het individuele bewustzijn [...] die niet zelden zelfs continu, in voortdurende opeenvolging plaatsvinden, en die hier via een gewelddadige interpretatie, in strijd met de feiten, vervangen worden door een meervoud aan bewustzijnsindividuen.' Deze laatsten – zo argumenteert Wundt – 'zouden toch [...] *gelijktijdig* in één en hetzelfde individu moeten kunnen optreden'. Dit is, zegt hij, 'naar we moeten toegeven niet het geval'.[11] Het is zonder twijfel niet goed mogelijk dat zich twee bewustzijnen tegelijk op duidelijk herkenbare wijze in één individu uiten. Daarom wisselen deze toestanden elkaar gewoonlijk af. Janet heeft echter aangetoond dat terwijl het ene bewustzijn als het ware het hoofd beheerste, het andere bewustzijn zich tegelijkertijd via een code die door vingerbewegingen werd uitgedrukt, met de waarnemer in verbinding stelde.[12] Het dubbele bewustzijn kan dus heel goed gelijktijdig zijn.

Wundt meent dat de gedachte van een dubbel bewustzijn, dus van een 'boven-' en 'onderbewustzijn' in de zin van Fechner, nog een 'overblijfsel van het psychologisch mysticisme' uit de school van Schelling is. Hij stoort zich kennelijk aan het feit dat een onbewuste voorstelling er een is die niemand 'heeft'.[13] In dit geval wordt natuurlijk ook het woord 'voorstelling' overbodig, aangezien dit op zich al een subject dat zich iets voorstelt, of dat een voorstelling krijgt, suggereert. Dit is vermoedelijk de eigenlijke oorzaak waarom Wundt het onbewuste afwijst. We kunnen dit probleem echter gemakkelijk vermijden door in plaats van over 'voorstellingen' of 'gewaarwordingen' over *inhouden* te spreken, zoals ik gewoonlijk doe. Ik moet hier overigens vooruitlopen op wat ik straks nog uitvoerig zal bespreken, namelijk het feit dat onbewuste inhouden iets van 'voorgesteld-zijn', respectievelijk bewustzijn hebben, waardoor de mogelijkheid van een onbewust subject serieus in aanmerking komt. Dit onbewuste subject is echter niet identiek met het ik. Dat het hoofdzakelijk de 'voorstellingen' zijn die het bij Wundt gedaan hebben, zien we ook aan zijn nadrukkelijke afwijzing van het idee van 'aangeboren voorstellingen'. Hoe letterlijk hij dit neemt, blijkt uit het volgende: 'Wanneer het pasgeboren dier werkelijk van tevoren een voorstelling zou hebben van alle handelingen die het zal gaan uitvoeren, wat zou er dan een rijkdom aan geanticipeerde levenservaring in de dierlijke en menselijke instincten liggen, en hoe onbegrijpelijk zou het ons lijken dat niet alleen de mens, maar ook de dieren zich de meeste dingen alleen eigen maken

27

door ervaring en oefening!'[14] Niettemin bestaan er aangeboren 'patterns of behaviour' (gedragspatronen), en eveneens bestaat er een schat aan niet geanticipeerde, maar verworven levenservaring; alleen gaat het niet om 'voorstellingen', maar om schetsen, plannen of beelden die, ook al stelt het ik ze zich niet voor, toch zo werkelijk zijn als Kants honderd talers die in de zoom van een jas waren genaaid en vergeten door de eigenaar. Wundt zou hier aan Wolff hebben kunnen denken – hij noemt hem zelf – en diens onderscheiding van 'onbewuste toestanden', waartoe men slechts kan concluderen op grond van datgene wat we in ons bewustzijn vinden.[15]

Tot de 'aangeboren voorstellingen' horen ook Adolf Bastians 'Elementargedanken'[16] (elementaire gedachten). We moeten hieronder de alom aanwezige analoge basisvormen van 'hoe men de dingen opvat' verstaan, dus ongeveer hetzelfde wat wij tegenwoordig 'archetypen' noemen. Vanzelfsprekend wijst Wundt deze mening af, steeds met de suggestie dat het om 'voorstellingen' en niet om *disposities* gaat. Hij zegt: 'De oorsprong van één en hetzelfde fenomeen op verschillende plaatsen' is 'weliswaar niet absoluut onmogelijk, maar volgens empirisch psychologische gezichtspunten in hoogste graad onwaarschijnlijk.'[17] Hij ontkent een 'gezamenlijk zielsbezit van de mensheid' in deze zin, en verwerpt ook het idee van een interpreteerbare symboliek van mythen, met de karakteristieke motivering dat de veronderstelling van een 'begrippensysteem', verborgen achter de mythe, onmogelijk is.[18] De pedante veronderstelling dat het onbewuste uitgerekend een begrippensysteem zou zijn, was niet eens in de tijd van Wundt houdbaar, laat staan daarvoor of daarna.

Het is onjuist om aan te nemen dat de afwijzing van het idee van het onbewuste in de academische psychologie rond de eeuwwisseling algemeen was. Dat is geenszins het geval, want niet alleen bijvoorbeeld Theodor Fechner,[19] maar ook Theodor Lipps na hem kende het onbewuste zelfs een doorslaggevende betekenis toe.[20] Hoewel voor Lipps de psychologie een 'wetenschap van het bewustzijn is', spreekt hij toch over 'onbewuste' gewaarwordingen en voorstellingen, die hij echter als 'processen' beschouwt. 'Een "psychisch proces" is naar zijn aard of, juister, zijn *begrip,* niet een bewustzijnsinhoud of een bewustzijnsbeleving,' zegt hij, 'maar het is de psychische *realiteit* die noodzakelijkerwijs *gedacht* moet worden ten grondslag te liggen aan het bestaan van zo'n proces [...].'[21] 'De observatie van het bewustzijnsleven brengt ons echter tot de overtuiging dat onbewuste gewaarwordingen en voorstellingen [...] zich niet alleen nu en dan in onszelf bevinden, maar dat de psychische samenhang van het leven zich op elk moment in hoofdzaak *daarin afspeelt. Slechts af en toe, op speciale momenten, manifesteert datgene wat in ons werkt zich rechtstreeks in bijpassende beelden* [...].[22] Zo gaat het psychische leven steeds ver uit boven de grenzen van datgene wat in de vorm van bewustzijnsinhouden of -beelden in ons aanwezig is of kan zijn.'

De uiteenzettingen van Lipps zijn niet tegenstrijdig met de huidige opvattingen: ze betekenen integendeel de theoretische basis van de psychologie van het onbewuste in het algemeen. Desondanks bleef de weerstand tegen de hypothese van het onbewuste nog tamelijk lang bestaan. Zo is het bijvoorbeeld karakteristiek dat Max Dessoir in zijn *Geschichte der neueren deutschen Psychologie* Carl Gustav Carus en Eduard Hartmann niet eens noemt.

2 De betekenis van het onbewuste voor de psychologie

De hypothese van het onbewuste plaatst een groot vraagteken achter het begrip 'psyche'. De ziel, tot dan toe door het filosofisch intellect gepostuleerd en met alle benodigde vermogens uitgerust, dreigde zich als een ding met onverwachte en nog niet onderzochte eigenschappen te ontpoppen. Ze betekende niet langer het rechtstreeks gewetene en bekende, waarover verder niets meer ontdekt kon worden dan min of meer bevredigende definities. Integendeel: ze verscheen thans in een merkwaardige dubbelgedaante, als iets volkomen bekends en tegelijk onbekends. Daarmee was de oude psychologie uit het zadel gewipt en onderging zij een even grote revolutie[23] als de klassieke fysica door de ontdekking van de radioactiviteit. Het verging de eerste empirische psychologen ongeveer hetzelfde als de mythische ontdekker van de getallenreeks: hij reeg de ene erwt na de andere tot een rij en deed niets anders dan steeds een nieuwe eenheid aan de reeds aanwezige toevoegen. Toen hij het resultaat beschouwde, waren er weliswaar ogenschijnlijk slechts honderd identieke eenheden, maar de getallen die hij slechts als naam had bedacht, bleken onverwacht en onvoorzien karakteristieke entiteiten met onmiskenbare eigenschappen. Er waren bijvoorbeeld even en oneven getallen, priemgetallen, positieve, negatieve, irrationele, imaginaire getallen, enzovoort.[24] Zo is het ook met de psyche: wanneer de ziel werkelijk alleen een begrip is, dan heeft alleen al dit begrip een onsympathieke onoverzichtelijkheid – het is een wezen met eigenschappen die niemand achter hem had gezocht. Men kan lang en breed vaststellen dat de ziel het bewuste en diens inhouden is, maar dat verhindert geenszins, en bevordert zelfs, de ontdekking van een aanvankelijk niet vermoede achtergrond, een ware matrix van alle bewustzijnsfenomenen, een voor en na, een boven- en onderbewuste. Op het moment dat men zich een begrip over een zaak vormt, is men erin geslaagd één van haar aspecten vast te leggen, waarbij men steeds weer het slachtoffer wordt van de illusie het geheel te hebben gevat. Men pleegt zich daarbij geen rekenschap te geven van het feit dat een volledig begrijpen volstrekt onmogelijk is. Niet eens een begrip dat als 'totaal' wordt gepostuleerd is totaal, want het is ook nog een op zichzelf staande eenheid, met onvoorspelbare eigenschappen. Deze zelfmisleiding bevordert overigens de zielenrust – het onbekende is benoemd, het verafgelegene is nabij gehaald, zodat men er de hand op kan leggen. Men heeft het in bezit genomen en het is een onwrikbaar eigendom geworden, zoals een gedood wild dier dat niet meer weg kan lopen. Het is een magische procedure die de primitieve mens op de dingen toepast, en de psycholoog op de ziel. Men is er niet meer aan overgeleverd, maar men vermoedt niet dat juist door het begripsmatig vastleggen van het object dit laatste de kans bij uitstek krijgt alle eigenschappen te ontwikkelen die nooit tevoorschijn waren gekomen wanneer men het niet in een begrip had gevangen (denk aan de getallen!).

De pogingen, gedurende de laatste drie eeuwen, om de ziel begripsmatig vast te leggen, maken deel uit van de geweldige uitbreiding van de kennis der natuur, waardoor de kosmos ons in een bijna onvoorstelbare mate nabij is gekomen. De duizendvoudige vergrotingen door middel van de elektronenmicroscoop wedijveren met de afstanden van vijfhonderd miljoen lichtjaren die de telescoop verovert. De psychologie heeft echter bij lange na niet eenzelfde ontwikkeling doorgemaakt als de andere natuurwetenschappen; ook heeft ze zich tot dusverre veel minder uit de ketenen van de filosofie weten te bevrijden, zoals we al zagen. De hele wetenschap echter is een functie van de ziel, en alle kennis wortelt in haar. De ziel is het grootste van alle kosmische wonderen, en de conditio sine qua non van de wereld als object. Het is uiterst merkwaardig dat de westerse mensheid op enkele – en steeds minder – uitzonderingen na dit feit blijkbaar zo weinig erkent. Bij de veelheid aan louter uiterlijke kenobjecten verdween het subject van alle kennis van tijd tot tijd zover naar de achtergrond dat het schijnbaar niet bestond.

De ziel was een stilzwijgende veronderstelling die zichzelf volledig bekend leek. Met de ontdekking van de mogelijkheid van een onbewust zielsgebied was de gelegenheid tot een groot avontuur van de geest geschapen, en men had kunnen verwachten dat een hartstochtelijke belangstelling zich op deze mogelijkheid zou werpen. Zoals bekend was dit niet alleen niet het geval, maar er rees zelfs een algemene weerstand tegen deze hypothese. Niemand trok de conclusie dat wanneer inderdaad het subject van het kennen, namelijk de ziel, ook een duistere, niet direct voor het bewustzijn toegankelijke vorm bezit, dat dan al onze kennis in een onbepaalde graad onvolledig moet zijn. De geldigheid van het bewuste kennen werd in een heel andere en bedreigender mate in twijfel getrokken dan door de kritische overwegingen van de kennistheorie. Deze laatste stelde weliswaar zekere grenzen aan het menselijke kennen in het algemeen, grenzen waarvan de Duitse idealistische filosofie van na Kant zich trachtte te emanciperen, maar de natuurwetenschappen en het gezond verstand hadden er geen moeite mee, vooropgesteld dat ze er notitie van namen. De filosofie verzette zich ertegen om zich, omwille van een ouderwetse eis van de menselijke geest, boven zichzelf te kunnen verheffen en om dingen te kunnen kennen die eenvoudig buiten de reikwijdte van het menselijk verstand liggen. De overwinning van Hegel op Kant betekende voor de rede en de verdere geestelijke ontwikkeling, allereerst die van de Duitsers, een zeer ernstige bedreiging. Deze was des te gevaarlijker aangezien Hegel een verkapte psycholoog was, die grote waarheden uit de subjectieve sfeer projecteerde in een zelfgeschapen kosmos. We weten hoever thans Hegels invloed reikt. De krachten die deze noodlottige ontwikkeling compenseerden, personifieerden zich gedeeltelijk in de latere Schelling, gedeeltelijk in Schopenhauer en Carus, terwijl daarentegen bij Nietzsche de tomeloze 'bacchantische God', die reeds Hegel in de natuur bespeurde, volledig doorbrak.

Carus' hypothese van het onbewuste moest de destijds heersende richting in de Duitse filosofie des te harder treffen, aangezien deze zojuist ogenschijnlijk de kritiek van Kant had overwonnen en de bijna goddelijke soevereiniteit van de menselijke geest – de geest zonder meer – niet hersteld, maar *opnieuw ontworpen* had. De geest van de middeleeuwse mens was, in het goede zowel als in het kwade, nog de geest van God die hij diende. De kenniskritiek betekende enerzijds nog de uitdrukking van de bescheidenheid van de middeleeuwse mens, maar anderzijds al een negeren of ontkennen van de geest van God, en dus een moderne verruiming en versterking van het menselijke bewustzijn binnen de grenzen van het intellect. Overal waar de geest van God buiten de berekeningen van de mens wordt geplaatst, treedt een onbewust surrogaat op. Bij Schopenhauer vinden we de onbewuste wil als een nieuwe godsdefinitie; bij Carus het onbewuste en bij Hegel de identificatie en inflatie, het praktisch gelijkstellen van de filosofische rede met de geest zonder meer, waardoor schijnbaar alle uitbanning van het object mogelijk werd. Dit bereikte een hoogtepunt in Hegels staatsfilosofie. Hegel vertegenwoordigt een oplossing van het probleem dat door de kennistheoretische kritiek was opgeworpen, een oplossing die de begrippen een kans gaf hun onbekende zelfstandigheid te bewijzen. Ze verschaften het intellect de hybris die tot de 'Übermensch' van Nietzsche leidde, en daarmee tot de catastrofe die Duitsland heet. Niet alleen kunstenaars, maar ook filosofen zijn soms profeten.

Het is immers duidelijk dat alle filosofische uitspraken die het gebied van het intellect overschrijden, antropomorf zijn, en dat ze geen andere geldigheid bezitten dan die van uitspraken die door de psyche bepaald zijn. Een filosofie als die van Hegel is een zelfopenbaring van de psychische achtergronden en in filosofische zin een aanmatiging. Psychologisch betekent het eigenlijk een doorbraak van het onbewuste. De merkwaardige, overdreven taal van Hegel past in deze opvatting. Het doet al denken aan de schizofrene 'machtstaal' die zich van krachtige 'tover'-woorden bedient, om iets transcendents te reduceren tot een subjectieve vorm, of om het banale de charme van het nieuwe te geven, of om het onbeduidende een diepzinnige wijsheid te laten lijken. Een dergelijke opgeschroefde taal is een symptoom van zwakheid, van onvermogen en van gebrek aan substantie. Dat verhindert echter niet dat juist de nieuwste Duitse filosofie zich weer van dezelfde 'macht'- en 'kracht'-termen bedient, om zichzelf de schijn te geven dat het niet om een onwillekeurige psychologie gaat. Iemand als Friedrich Theodor Vischer kende nog een beminnelijker gebruik van deze Duitse eigenaardigheid.

Naast deze elementaire doorbraak van het onbewuste in het westerse gebied van de menselijke rede, vonden Schopenhauer en Carus geen van beiden een bodem waarop ze verder konden groeien en hun compensatoire effect konden ontplooien. De heilzame onderworpenheid aan een goede God en de veilige afstand van de duistere demon – deze grote erfenis uit het verleden – bleef bij Schopenhauer in principe gewaarborgd. Bij Carus bleef dat onaangetast voorzover hij het probleem bij de wortels trachtte aan te pakken, door het over te brengen van het al te aanmatigende filosofische standpunt naar de psychologie.

33

We moeten hier even van de filosofische allure afzien, als we zijn essentieel psychologische hypothese het volle gewicht willen geven. Hij was op z'n minst in de buurt van de conclusie die wij al eerder aanduidden, toen hij een wereldbeeld ging opbouwen dat het duistere deel van de ziel bevatte. Maar aan dit gebouw ontbrak iets even essentieels als ongehoords, dat ik hier wat begrijpelijker wil maken.

Daartoe moeten we eerst duidelijk inzien dat kennis alleen maar tot stand komt doordat de reacties van het psychische systeem die naar het bewustzijn stromen in een zekere orde worden gebracht – een orde die overeenkomt met het gedrag van metafysische dan wel op zich reële zaken. Valt het psychische systeem nu, zoals ook modernere standpunten dat nog willen, samen met het bewustzijn en is het identiek daarmee, dan kunnen we in principe alles kennen wat er ook maar gekend kan worden, dat wil zeggen wat binnen het kennistheoretisch kader ligt. In dat geval bestaat er geen reden tot een verontrusting die verder zou gaan dan wat anatomen en fysiologen inzake de functie van het oog of het gehoororgaan ervaren. Zou het echter zo zijn dat de ziel *niet* met het bewustzijn samenvalt, maar ook nog onbewust hetzelfde of *anders* functioneert dan het deel van de ziel dat tot bewustzijn in staat is, dan zou onze verontrusting vermoedelijk groter zijn. In dat geval gaat het namelijk niet meer om algemene kennistheoretische grenzen, maar alleen om een *bewustzijnsdrempel* die ons scheidt van onbewuste psychische inhouden. De hypothese van de bewustzijnsdrempel en het onbewuste betekent dat de onmisbare grondstof voor alle kennis, namelijk psychische reacties, en misschien zelfs onbewuste 'gedachten' en 'kennis' direct naast, onder of boven het bewustzijn liggen, slechts door een 'drempel' van ons gescheiden en toch ogenschijnlijk onbereikbaar. We weten niet hoe dit onbewuste functioneert, maar aangezien het als psychisch systeem wordt vermoed, heeft het mogelijkerwijs alles wat het bewustzijn ook bezit, namelijk perceptie, apperceptie, geheugen, fantasie, wil, emoties, gevoel, overwegingen, oordelen enzovoort, maar dit alles in subliminale vorm.[25]

34

Hier stuiten we overigens op het reeds door Wundt gemaakte bezwaar dat men onmogelijk kan spreken over onbewuste 'ervaringen', 'voorstellingen', 'gevoelens' of zelfs 'wilshandelingen', aangezien deze fenomenen volstrekt niet zonder een belevend subject voorgesteld kunnen worden. Bovendien veronderstelt het idee van een bewustzijnsdrempel een energetische beschouwingswijze, volgens welke de bewustheid van de psychische inhouden wezenlijk afhankelijk is van hun intensiteit, dat wil zeggen van hun energie. Aangezien slechts een prikkel met een zekere sterkte boven de bewustzijnsdrempel komt, moeten ook, zoals we met enig recht kunnen veronderstellen, de overige psychische inhouden een zekere hogere energie bezitten om de drempel te kunnen overschrijden. Bezitten ze deze energie slechts in mindere mate, dan blijven ze, zoals overeenkomstige zintuiglijke prikkels, subliminaal.

Zoals Lipps al heeft aangetoond kan het eerste bezwaar weerlegd worden door te verwijzen naar het feit dat het psychische proces op zich hetzelfde blijft, of het nu 'voorgesteld' wordt of niet. Wie nu op het standpunt staat dat de fenomenen van het bewustzijn de hele psyche vormen, moet erop aandringen dat de 'voorstellingen' die we niet hebben[26] ook geen 'voorstellingen' genoemd mogen worden. Men moet dan ook datgene wat er nog van overblijft elke psychische eigenschap ontzeggen. Voor mensen met dit rigoureuze standpunt kan de psyche slechts het fantasmagorisch bestaan van voorbijvliedende bewustzijnsfenomenen hebben. Deze opvatting past echter slecht bij de algemene ervaring die ten gunste van een mogelijke psychische activiteit ook zonder bewustzijn spreekt. Het idee van Lipps van een bestaan van psychische processen op zich doet de feiten meer recht. Ik wil hier geen moeite doen om dit punt te bewijzen, maar stel me tevreden met de verwijzing naar het feit dat geen enkel verstandig mens twijfelt aan het bestaan van psychische processen bij honden, hoewel nog nooit een hond zich heeft uitgesproken over de bewustheid van zijn psychische inhouden.[27]

3 Het vermogen tot dissociatie van de psyche

Er bestaat a priori geen reden om te veronderstellen dat onbewuste processen zonder meer een subject moeten hebben. Evenmin hebben we aanleiding om aan de realiteit van psychische processen te twijfelen. Het probleem wordt inderdaad moeilijk zodra we onbewuste wilshandelingen veronderstellen. Wanneer het niet om zuivere 'driften' en 'neigingen', maar om ogenschijnlijk weloverwogen 'keuzen' en 'beslissingen' gaat – wat immers bij de wil hoort – kunnen we niet goed buiten de noodzaak van een controlerend subject aan wie iets is 'voorgesteld'. Daarmee echter postuleren we – per definitie – een bewustzijn in het onbewuste, een conceptuele operatie waar de psychopatholoog overigens geen moeite mee heeft. Hij kent namelijk een psychisch fenomeen dat de 'academische' psychologie onbekend pleegt te zijn: namelijk de dissociatie of de dissociabiliteit van de psyche. Deze eigenaardigheid bestaat hierin dat de samenhang van de psychische processen onderling slechts zeer beperkt is. Niet alleen zijn onbewuste processen vaak opmerkelijk onafhankelijk van de belevingen van het bewustzijn, maar ook de bewustzijnsprocessen zelf laten al een duidelijke onderlinge losheid, respectievelijk scheiding zien. Ik herinner slechts aan alle door complexen veroorzaakte ongerijmdheden die bij het associatie-experiment met alle wenselijke nauwkeurigheid geobserveerd kunnen worden. Aangezien de door Wundt in twijfel getrokken gevallen van een dubbel bewustzijn inderdaad voorkomen, zijn gevallen waarin niet meteen de hele persoonlijkheid gesplitst is maar slechts kleinere delen losgeraakt zijn, nog veel waarschijnlijker en komen die in de praktijk ook veel meer voor. Het gaat zelfs om oeroude ervaringen van de mensheid, die zich weerspiegelen in de universele veronderstelling van meerdere zielen binnen één en hetzelfde individu. Zoals de op primitief niveau ervaren veelheid van psychische componenten laat zien, betekent de oorspronkelijke toestand een zeer losse samenhang van de psychische processen onderling en geenszins een gesloten eenheid hiervan. Bovendien bewijst de psychiatrische ervaring dat er vaak weinig voor nodig is om de in de loop van de ontwikkeling moeizaam bereikte eenheid van het bewustzijn te splitsen en deze weer in haar oorspronkelijke elementen op te lossen.

Vanuit dit feit van dissociabiliteit kunnen nu ook de problemen die voortvloeien uit de eigenlijk noodzakelijke veronderstelling van een bewustzijnsdrempel, gemakkelijk worden opgelost. Als het op zich juist is dat bewustzijnsinhouden door energieverlies onder de drempel komen en daarmee onbewust worden, en omgekeerd dat door energietoename onbewuste processen bewust worden, dan zou, wanneer bijvoorbeeld onbewuste wilsdaden mogelijk zouden moeten zijn, verwacht mogen worden dat deze energie bezitten waardoor bewustzijn, of in ieder geval een secundaire bewustheid, mogelijk wordt. Deze zou hierin bestaan dat het onbewuste wordt 'voorgesteld' aan een kiezend en beslissend subject. Dit proces zou zelfs noodzakelijkerwijs een hoeveelheid energie moeten bezitten die voor bewustheid beslist vereist is. Het zou op een gegeven moment zijn 'bursting point' moeten bereiken.[28] Als dit zo is, dan moeten we ons afvragen waarom het onbewuste proces niet zonder meer over de drempel komt en daarmee voor het ik waarneembaar wordt. Aangezien dat kennelijk niet zo is, maar dit proces schijnbaar binnen het bereik blijft van een subliminaal secundair subject, moeten we nu verklaren waarom dit subject – waaraan de hypothese immers een hoeveelheid energie heeft toebedacht die voor bewustheid noodzakelijk is – niet van zijn kant over de drempel komt en zich invoegt in het primaire ik-bewustzijn. Ter beantwoording van deze vraag vinden we bij de psychopathologie het nodige materiaal klaarliggen. Dit secundaire bewustzijn namelijk betekent een persoonlijkheidscomponent die niet toevallig van het ik-bewustzijn is afgesplitst, maar die haar afsplitsing aan bepaalde oorzaken dankt. Een dergelijke dissociatie heeft twee verschillende aspecten: in het ene geval gaat het om een oorspronkelijk bewuste inhoud, die echter wegens zijn onverenigbare aard door verdringing onder de drempel is geraakt – en in het andere geval bestaat het secundaire subject uit een proces dat nog geen ingang in het bewustzijn heeft gevonden, aange-

37

zien daar geen mogelijkheden bestaan om het waar te nemen. Dat wil zeggen: het ik-bewustzijn kan dit proces ten gevolge van een gebrek aan begrip niet vatten en daardoor blijft het in hoofdzaak subliminaal, hoewel het, energetisch beschouwd, zeker in staat is tot bewustzijn. Het dankt zijn bestaan niet aan verdringing, maar betekent een resultaat van subliminale processen dat als zodanig tevoren nog nooit bewust was. Aangezien echter in beide gevallen een hoeveelheid energie aanwezig is die bewustheid mogelijk maakt, heeft het secundaire subject toch invloed op het ik-bewustzijn, maar indirect, dat wil zeggen via 'symbolen' – een uitdrukking die overigens niet erg gelukkig is. De inhouden die in het bewustzijn verschijnen zijn namelijk in eerste instantie *symptomatisch*. Voorzover we weten of menen te weten waarop ze wijzen of waarop ze berusten, zijn ze *semiotisch*. De freudiaanse literatuur gebruikt hiervoor steeds de uitdrukking 'symbolisch', ongeacht het feit dat 'symbolen' altijd datgene uitdrukken wat we in werkelijkheid niet weten. De symptomatische inhouden zijn ten dele werkelijk symbolisch en betekenen indirecte representanten van onbewuste toestanden of processen. Uit de inhouden die in het bewustzijn verschijnen, kan hun aard slechts onvolledig worden opgemaakt en bewustgemaakt. Het is dus mogelijk dat het onbewuste inhouden herbergt die een zo grote energetische spanning bezitten dat ze onder andere omstandigheden waarneembaar zouden moeten worden voor het ik. Meestal gaat het daarbij geenszins om verdrongen, maar om *nog niet bewuste,* dat wil zeggen als subjectief besefte inhouden, zoals bijvoorbeeld de demonen en goden van de primitieven, of de '-ismen', waaraan de moderne mens zo fanatiek gelooft. Deze toestand is noch pathologisch, noch anderszins uitzonderlijk, maar betekent de *oorspronkelijke normale toestand,* terwijl de psychische totaliteit, samengevat in de eenheid van het bewustzijn, een ideaal en nooit bereikt doel voorstelt.

We zien het bewustzijn niet geheel ten onrechte graag analoog aan de zintuiglijke functies. Het begrip 'drempel' is overigens aan de fysiologie ontleend. De frequenties van het geluid, waarneembaar voor het menselijk oor, reiken ongeveer van 20

tot 20.000 trillingen per seconde, en de golflengten van het zichtbare licht reiken van 7700 tot 3900 Angström. Vanuit deze analogie lijkt het denkbaar dat er voor psychische processen niet alleen een onder- maar ook een bovendrempel bestaat, en dat dus
het bewustzijn – immers het waarnemingscentrum bij uitstek –
kan worden vergeleken met het waarneembare geluid- of licht-
scala, eveneens niet alleen met een onder-, maar ook met een
bovengrens. Wellicht zou deze vergelijking uitgebreid kunnen
worden tot de psyche in het algemeen. Dat zou mogelijk zijn als
er *psychoïde* processen aan beide uiteinden van het psychische scala zouden bestaan. Volgens de stelregel 'de natuur maakt geen
sprongen' zou deze hypothese niet helemaal misplaatst zijn.

Wanneer ik de uitdrukking 'psychoïde' gebruik, ben ik me ervan bewust dat ik hier in botsing kom met het begrip van Driesch
met dezelfde naam. Hij verstaat onder psychoïde: het sturende,
'reactiebepalende', de 'prospectieve potentie' van het kiem-
element. Het is het 'elementaire agens van de handeling',[29] de
'entelechie van het handelen'.[30] Zoals Eugen Bleuler treffend
heeft opgemerkt, is het begrip van Driesch meer filosofisch dan
natuurwetenschappelijk. Bleuler daarentegen gebruikt de term
het 'psychoïde'[31] als een verzamelbegrip voor alle hoofdzakelijk
subcorticale processen, voorzover het om biologische 'aanpas-
singsfuncties' gaat. Daaronder verstaat hij 'reflex en ontwikkeling
van de soort'. Zijn definitie is als volgt: 'Het psychoïde […] is de
som van alle doelgerichte en conceptuele en naar instandhouding
van het leven strevende lichamelijke functies, inclusief die van
het centrale zenuwstelsel (met uitzondering van die functies van
de hersenschors die we vanouds psychisch noemen).'[32] Elders zegt
hij: 'De lichaamspsyche van het afzonderlijke individu en de fylopsyche (van de soort) vormen samen weer een eenheid die juist
in onze huidige beschouwing het meest moet worden gebruikt,
en die wellicht het best de naam *psychoïde* kan krijgen. Psychoïde en psyche hebben gemeenschappelijk […] een doelgericht-
heid en het gebruik van vroegere ervaringen tot het […] bereiken van het doel, wat geheugen (engrafie en ecforie) en associatie,
dus iets analoogs met het denken inhoudt.'[33] Hoewel het duide-

lijk is wat met 'psychoïde' bedoeld wordt, raakt deze uitdrukking in de praktijk toch verstrengeld met het begrip 'psyche', zoals dit citaat laat zien. Daarmee wordt het onduidelijk waarom deze subcorticale functies eigenlijk 'quasi-psychisch' genoemd moeten worden. De verstrengeling komt blijkbaar doordat Bleuler met termen als 'hersenschors' en 'hersenstam' werkt – een standpunt dat duidelijke neiging vertoont de overeenkomstige psychische functie uit deze delen van de hersenen te laten voortkomen, hoewel het altijd de functie is die haar orgaan schept, in stand houdt en wijzigt. Het organologische standpunt heeft het nadeel dat uiteindelijk alle doelgerichte activiteiten van de materie als 'psychisch' gelden, zodat 'leven' en 'psyche' identiek worden, wat we bijvoorbeeld zien bij Bleulers gebruik van de termen 'fylopsyche' en 'reflex'. Het is beslist niet alleen moeilijk, maar zelfs onmogelijk om het wezen van een psychische functie onafhankelijk van haar orgaan te denken, hoewel we inderdaad het psychische proces zonder zijn relatie met het organische substraat beleven. Voor de psycholoog is echter juist de totaliteit van deze belevingen het object van zijn wetenschap, en daarom moet hij afzien van een terminologie die aan de anatomie is ontleend. Wanneer ik dus de uitdrukking 'psychoïde' gebruik,[34] dan doe ik dit ten eerste niet als zelfstandig naamwoord, maar als een *bijvoeglijke bepaling*; ten tweede wordt daarmee geen eigenlijk psychische respectievelijk zielenkwaliteit bedoeld, maar een *quasi-psychische* hoedanigheid, zoals reflexprocessen ook bezitten; en ten derde moet hiermee een categorie van fenomenen onderscheiden worden van enerzijds de zuivere levensverschijnselen en anderzijds de eigenlijk *psychische* processen. Het laatste onderscheid verplicht ons ook om de aard en de omvang van het psychische en heel speciaal van het *onbewust psychische* te definiëren.

Wanneer het onbewuste alles kan bevatten wat als functie van het bewustzijn bekend is, dringt zich de mogelijkheid op dat het uiteindelijk, evenals het bewustzijn, zelfs een *subject,* dat wil zeggen een soort *ik* bezit. Deze conclusie drukt zich uit in de algemeen gebezigde, steeds weer gebruikte term 'onderbewustzijn'. Deze term is overigens enigszins misleidend, aangezien het namelijk óf datgene betekent wat 'onder het bewustzijn' is, óf een 'onder'-, dat wil zeggen secundair, bewustzijn veronderstelt. Tegelijkertijd brengt het vermoeden van een 'onderbewustzijn' – dat zich meteen laat vergezellen van een 'bovenbewustzijn'[35] – datgene naar voren waar het mij hier eigenlijk om gaat: het feit dat het bestaan van een tweede psychisch systeem naast het bewustzijn – ongeacht de vraag van hoeveel eigenschappen wij het verdenken – van absoluut revolutionaire betekenis is, aangezien ons wereldbeeld hierdoor grondig zou kunnen veranderen. Als we alleen al de waarnemingen die in een tweede psychisch systeem plaatsvinden naar het ik-bewustzijn zouden kunnen overbrengen, dan zou daarmee de mogelijkheid tot een ongehoorde verruiming van ons wereldbeeld geschapen zijn.

Als we ernstig rekening houden met de hypothese van het onbewuste, dan moeten we inzien dat ons wereldbeeld slechts voorlopig kan zijn. Als we aan het subject van het waarnemen en kennen een zo diepgaande verandering als die van een ongelijke verdubbeling voltrekken, dan moet er wel een wereldbeeld ontstaan dat anders is dan we tot nu toe kennen. Dat is overigens slechts dán mogelijk, wanneer de hypothese van het onbewuste terecht zou zijn. Dit laatste kan alleen maar bewezen worden wanneer onbewuste inhouden veranderd kunnen worden in bewuste, dus wanneer het lukt om de van het onbewuste uitgaande storingen, namelijk de effecten van spontane manifestaties als dromen, fantasieën en complexen, door interpretatie te integreren in het bewustzijn.

4 Instinct en wil

Terwijl het in de loop van de negentiende eeuw nog wezenlijk om de filosofische fundering van het onbewuste ging – vooral bij Von Hartmann[36] – werden tegen het eind van deze eeuw ongeveer gelijktijdig en onafhankelijk van elkaar in verschillende delen van Europa pogingen gedaan om het onbewuste experimenteel of empirisch te begrijpen. De pioniers op dit gebied waren in

Frankrijk Pierre Janet[37] en in het oude Oostenrijk Sigmund Freud.[38] De eerste maakte zich hoofdzakelijk verdienstelijk op het gebied van onderzoek van het formele aspect, de laatste op dat van de inhouden van psychogene symptomen. Ik ben hier niet in de gelegenheid om de transformatie van onbewuste inhouden in bewuste uitvoerig te schilderen, maar moet me tevreden stellen met aanduidingen. Eerst slaagde men erin de structuur van de zogenaamde *psychogene symptomen* te verklaren door de hypothese van onbewuste processen. Vanuit de symptomatologie van de neurosen heeft Freud ook de *dromen* als overdragers van onbewuste inhouden plausibel gemaakt. Wat hij daarbij als inhouden van het onbewuste aantrof, scheen te bestaan uit elementen van persoonlijke aard die volstrekt tot bewustzijn in staat leken en daarom onder andere omstandigheden ook bewust waren. Ze waren naar het hem scheen ten gevolge van hun morele onverenigbaarheid 'verdrongen'. Ze waren dus, evenals de vergeten inhouden, ooit bewust geweest en ten gevolge van een tegenwerking van de kant van de bewustzijnsinstelling subliminaal en relatief onreproduceerbaar geworden. Door zich te concentreren op en te laten leiden door associaties, dat wil zeggen via merktekens die in het bewustzijn waren achtergebleven, kon men de verloren gegane inhouden ongeveer op dezelfde manier associatief reproduceren als bij een geheugenoefening. Terwijl vergeten inhouden wegens het dalen van hun drempelwaarde onreproduceerbaar worden, danken de verdrongen inhouden hun relatieve onreproduceerbaarheid aan een remming door het bewustzijn.

Deze eerste ontdekking leidde logischerwijs tot de interpretatie van het onbewuste als een personalistisch op te vatten verdringingsfenomeen. Zijn inhouden waren verloren gegane elementen die ooit bewust waren geweest. Later heeft Freud ook het voortbestaan van archaïsche resten in de vorm van primitieve wijzen van functioneren erkend. Maar ook deze werden personalistisch verklaard. In deze opvatting verschijnt de onbewuste psyche als een subliminaal aanhangsel van de bewuste ziel.

De inhouden die door Freud bewust werden gemaakt, zijn inhouden die wegens hun vermogen tot bewustzijn en hun oorspronkelijke bewustheid het gemakkelijkst te reproduceren zijn. Wat betreft de onbewuste psyche bewijzen ze dus alleen dat er iets psychisch buiten het bewustzijn bestaat. Vergeten inhouden die nog reproduceerbaar zijn, bewijzen hetzelfde. Over de aard van de onbewuste psyche zouden ze ons vrijwel niets vertellen wanneer er geen onbetwiste binding van deze inhouden met het *gebied der instincten* bestond. Dit laatste wordt gedacht als iets fysiologisch, en wel hoofdzakelijk als *klierfunctie*. Deze mening wordt zeer krachtig ondersteund door de moderne leer van de interne secretie, de hormonen. De leer van de menselijke instincten bevindt zich overigens in een enigszins netelige positie, aangezien het niet alleen bijzonder moeilijk is om instincten begripsmatig te bepalen, maar ook om hun aantal en begrenzingen vast te stellen.[39] In dit opzicht lopen de meningen ver uiteen. Alles wat met enige zekerheid kan worden vastgesteld, is dat de instincten een fysiologisch en een psychologisch aspect hebben.[40] Wat betreft de beschrijving is Pierre Janets mening over een 'partie supérieure et inférieure d'une fonction'[41] (een hoger en lager deel van een functie) heel nuttig.

Het feit dat alle psychische processen die voor waarneming en ervaring toegankelijk zijn op de een of andere wijze aan een organisch substraat gebonden zijn, bewijst dat ze zijn ingepast in het totale leven van het organisme en daarom deel uitmaken van de dynamiek ervan, namelijk van de instincten, ofwel dat de psychische processen in zekere zin resultaten van de acties van de instincten zijn. Dit betekent geenszins dat de psyche hiermee uitsluitend afgeleid kan worden uit de instinctieve sfeer en dus uit haar organisch substraat. De ziel als zodanig kan nooit uitsluitend door een fysiologische chemie verklaard worden, aangezien ze samen met het 'leven' zelf de enige natuurfactor is die de ordeningen van de natuurwetten, dat wil zeggen statistische ordeningen, kan veranderen in 'hogere', respectievelijk 'onnatuurlijke' toestanden, in tegenstelling tot de wet van de entropie waardoor de anorganische natuur wordt beheerst. Hoe het leven vanuit de anorganische toestand de organische complexiteiten voortbrengt, weten we niet, maar we ervaren wel rechtstreeks hoe de psyche dat doet. Het leven heeft daarom zijn eigen wetten die niet kunnen worden afgeleid uit de bekende fysische natuurwetten. Desondanks bevindt de psyche zich in een zekere afhankelijkheid van de processen in haar organisch substraat. Het is in ieder geval zeer waarschijnlijk dat dit zo is. De instinctieve basis beheerst de partie inférieure van de functie. De partie supérieure daarentegen komt overeen met het overwegend 'psychisch' deel hiervan. De partie inférieure blijkt het relatief onveranderlijke, automatische deel van de functie te zijn, de partie supérieure het willekeurige en veranderlijke deel.[42] Hier dringt zich nu de vraag op: wanneer mogen we over 'psychisch' spreken en hoe definiëren we eigenlijk het 'psychische' in tegenstelling tot het 'fysiologische'? Het zijn beide levensverschijnselen, die zich echter onderscheiden door het feit dat dat deel van de functie dat de partie inférieure wordt genoemd, een onmiskenbaar fysiologisch aspect heeft. Het zijn of niet-zijn ervan schijnt gebonden aan de hormonen. Het functioneren ervan heeft een *dwangmatig karakter*, vandaar de term 'drift'. Rivers schrijft het de aard van een 'all-or-none reaction'[43] (alles-of-nietsreactie) toe, dat wil zeggen: de functie handelt óf helemaal óf helemaal niet, wat specifiek is voor het dwangmatig karakter. De partie supérieure daarentegen, die men het beste 'psychisch' kan noemen en ook als zodanig ervaart, heeft het dwangmatig karakter verloren. Deze kan worden onderworpen aan de willekeur[44] en zelfs toegepast op een manier die tegengesteld is aan het oorspronkelijke instinct.

Het psychische lijkt na deze overweging een emancipatie van de functie uit de instinctieve vorm en diens dwangmatigheid, die deze laat verstarren tot een mechanisme als uitsluitende bestemming van de functie. De psychische conditie of kwaliteit begint waar de functie zich losmaakt van haar uiterlijke en innerlijke bepaaldheid en in staat is een ruimere en vrijere toepassing te vinden, dat wil zeggen: waar ze toegankelijk blijkt te worden voor de wil die vanuit andere bronnen wordt gemotiveerd. Op het gevaar af vooruit te lopen op mijn programma moet ik er hier op wijzen dat wanneer we het psychische afgrenzen van de fysiologische driftsfeer, dus in zekere zin naar beneden toe, zich dan een soortgelijke begrenzing naar boven toe opdringt. Naarmate de bevrijding van het zuiver instinctieve toeneemt, bereikt de partie supérieure uiteindelijk een niveau waarop de energie die de functie eigen is, helemaal niet meer georiënteerd is op de oorspronkelijke zin van de drift, maar een zogenaamde *geestelijke* vorm bereikt. Daarmee bedoel ik geen substantiële verandering van de instinctieve energie, maar alleen een verandering van haar verschillende toepassingen. De zin of het doel van de drift is geen ondubbelzinnige zaak, aangezien in de drift een doelmatige betekenis, anders dan een biologische, verborgen kan zijn, een betekenis die pas in de loop van de ontwikkeling zichtbaar wordt.

Binnen het psychische gebied kan de functie door de invloed van de wil worden omgebogen en op de meest uiteenlopende manieren gewijzigd. Dit is mogelijk omdat het systeem van de driften geen werkelijk harmonieuze compositie vertoont, maar uitgeleverd is aan veelvuldige interne botsingen. De ene drift verstoort en verdringt de andere, en hoewel driften over het geheel genomen het bestaan van een individu mogelijk maken, geeft hun blind dwangmatig karakter vaak aanleiding tot wederzijdse beschadigingen. De differentiatie van de functie van dwangmatige instinctiviteit tot een willekeurige toepassing is van eminent belang met het oog op de instandhouding van het leven. Het vermeerdert echter de mogelijkheid van botsingen en brengt splitsingen teweeg – precies die dissociaties die de uniformiteit van het bewustzijn steeds weer in gevaar brengen.

Binnen het psychische gebied heeft, zoals we hebben gezien, de *wil* invloed op de functie. Dat gebeurt dankzij het feit dat de wil zelf een energievorm vertegenwoordigt, die een andere vorm kan overweldigen of minstens beïnvloeden. Binnen dit gebied, dat ik als psychisch definieer, is de wil in laatste instantie *door instincten gemotiveerd,* overigens niet absoluut, want anders zou het niet gaan om de wil die volgens de definitie een zekere vrijheid van keuze moet bezitten. *De wil betekent een bepaalde hoeveelheid energie die het bewustzijn vrij ter beschikking staat.* Er moet een dergelijke hoeveelheid beschikbare libido (= energie) bestaan. Anders zouden veranderingen van de functies onmogelijk zijn, aan-

gezien deze dan dermate uitsluitend gebonden zouden zijn aan
de op zich uiterst conservatieve en dus onveranderlijke instincten, dat er geen enkele variatie zou kunnen plaatsvinden, tenzij
door organische veranderingen. Zoals gezegd moet de motivering van de wil in eerste instantie als essentieel biologisch gewaardeerd worden. Aan de – als deze uitdrukking op z'n plaats
is – 'boven'-grens van het psychische, waar de functie zich als het
ware van haar oorspronkelijke doel losmaakt, verliezen de instincten als wilsmotief hun invloed. Door deze verandering van
hun vorm komt de functie in dienst van andere determinanten
en motivaties, die schijnbaar niets meer te maken hebben met de
instincten. Ik probeer hiermee met name het opmerkelijke feit
duidelijk te maken dat de wil de grenzen van het psychische gebied niet kan overschrijden: hij kan het instinct niet dwingen en
evenmin heeft hij macht over de geest, voorzover men onder het
laatste niet bijvoorbeeld alleen het intellect verstaat. *Geest en instinct zijn naar hun aard autonoom* en beide beperken in gelijke mate
het gebied waarin de wil werkt. Later zal ik laten zien waaruit
volgens mij de relatie tussen geest en drift lijkt te bestaan.

Precies zoals de ziel zich naar beneden toe in de organisch-
materiële basis verliest, gaat ze naar boven toe over in een zogenaamde geestelijke vorm, waarvan we in wezen even weinig weten als van de organische basis van de drift. Wat ik de eigenlijke
psyche wil noemen, reikt zo ver als de *functies door een wil beïnvloed* worden. Zuivere driftmatigheid doet geen bewustheid vermoeden en heeft dat ook niet nodig. Maar wel heeft de wil, wegens zijn empirische keuzevrijheid, een superieure instantie
nodig, iets als een *bewustheid van zichzelf*, om de functie te wijzi-
gen. Hij moet iets 'weten' van een doel dat anders is dan dat van
de functie. Zou dat niet zo zijn, dan zou hij met de instinctieve
kracht van de functie samenvallen. Terecht benadrukt Driesch:
'Geen willen zonder weten.'[45] Willekeur veronderstelt een kiezend subject dat verschillende mogelijkheden onder ogen ziet.
Gezien van deze kant is psyche wezenlijk *een conflict tussen blinde
drift en wil, ofwel vrijheid van keuze*. Waar de drift overheerst, beginnen de *psychoïde processen* die als elementen *die niet tot bewust-*

zijn in staat zijn, tot het gebied van het onbewuste horen. Het psychoïde proces daarentegen is niet het onbewuste zonder meer, want dit onbewuste kon wel eens een aanzienlijk grotere uitbreiding hebben. In het onbewuste bestaan er buiten de psychoïde processen denkbeelden en willekeurige handelingen, dus iets als bewustzijnsprocessen[46] – in het gebied van de drift echter verdwijnen deze fenomenen zo ver naar de achtergrond dat de term 'psychoïde' wel gerechtvaardigd is. Wanneer we echter de psyche beperken tot de reikwijdte van de wilshandeling, dan zouden we in eerste instantie tot de conclusie komen dat de psyche min of meer identiek is met het bewustzijn, want we kunnen ons een wil en een vrijheid van keuze niet goed zonder een bewustzijn voorstellen. Daarmee keer ik kennelijk terug tot het standpunt waar we altijd al waren, namelijk bij het axioma: psyche = bewustzijn. Waar blijft dan echter de gepostuleerde psychische aard van het onbewuste?

5 Bewustzijn en onbewuste

Met de vraag naar de aard van het onbewuste beginnen de buitengewone moeilijkheden voor het denken waarmee de psychologie van de onbewuste processen ons confronteert. Dit soort hindernissen treedt altijd op wanneer het verstand een dappere poging waagt om door te dringen in de wereld van het onbekende en onzichtbare. Onze filosoof heeft er inderdaad verstandig aan gedaan om door een eenvoudige ontkenning van het onbewuste alle complicaties meteen uit de weg te gaan. Zo verging het ook de natuurkundigen uit de oude school, die uitsluitend geloofden in het golfkarakter van het licht en die moesten ontdekken dat er fenomenen zijn die volstrekt niet anders verklaard kunnen worden dan door lichtpartikels. Gelukkig heeft de moderne natuurkunde de psychologie laten zien dat ze ook met een schijnbare contradictie kan omgaan. Aangemoedigd door dit voorbeeld mag de psycholoog zich daarom wagen aan de oplossing van dit controversiële probleem, zonder het gevoel te hebben dat hij met zijn avontuur buiten de grenzen van de wereld van de natuurwetenschappelijke geest is terechtgekomen. Het gaat er immers niet om een *bewering* op te stellen, maar integendeel om een *model* te ontwerpen dat een min of meer nuttige vraagstelling belooft. Een model zegt niet dat iets zo is, maar illustreert eenvoudig een bepaalde zienswijze.

Voordat we ons dilemma nader beschouwen, zou ik het *begrip* *'het onbewuste'* in een zeker opzicht willen verduidelijken. Het onbewuste is niet het onbekende zonder meer. Het is daarentegen enerzijds het *onbekende psychische*, dat wil zeggen alles waarvan we veronderstellen dat het wanneer het bewust werd, zich in niets zou onderscheiden van de ons bekende psychische inhouden. Anderzijds moeten we er ook het psychoïde systeem toe rekenen, waarvan we niets rechtstreeks kunnen zeggen. Dit aldus gedefinieerde onbewuste omschrijft een ongemeen wankel feit: alles wat ik weet, maar waaraan ik op dit moment niet denk, alles wat me ooit bewust was, maar wat nu vergeten is, alles wat door mijn zintuigen wordt waargenomen, maar door mijn bewustzijn niet beseft wordt, alles wat ik onopzettelijk en onopmerkzaam, dat wil zeggen onbewust, voel, denk, herinner, wil en doe; al het toekomstige dat zich in mij voorbereidt en pas later tot bewustzijn zal komen: dat alles is inhoud van het onbewuste. Deze inhouden zijn als het ware alle min of meer tot bewustzijn in staat of waren tenminste ooit bewust en ze kunnen het volgend moment ook weer bewust worden. In zoverre is het onbewuste 'a fringe of consciousness', een bewustzijnszoom, zoals William James het ooit noemde.[47] Tot dit randfenomeen dat ontstaat door afwisselende belichting en verduistering, behoren eveneens de ontdekkingen van Freud, zoals we hebben gezien. Tot het onbewuste moeten we echter ook, zoals gezegd, psychoïde functies rekenen die niet tot bewustzijn in staat zijn en waarvan we het bestaan slechts indirect kennen.

We komen nu tot de vraag: in welke toestand bevinden zich de psychische inhouden wanneer ze niet op het bewuste ik betrokken zijn? Deze betrokkenheid namelijk maakt datgene uit wat 'bewustzijn' kan worden genoemd. Volgens de regel van

William Ockham, 'Principes moeten niet meer dan noodzakelijk vermeerderd worden',[48] zou de voorzichtigste conclusie zijn
dat er behalve de betrokkenheid op het bewuste ik volstrekt niets
verandert wanneer een inhoud onbewust wordt. Om deze reden
wijs ik de opvatting af dat tijdelijk onbewuste inhouden slechts
fysiologisch zijn. Hiervoor ontbreken de bewijzen, en bovendien
levert de psychologie van de neurosen treffende tegenargumen-
ten. Denk bijvoorbeeld alleen maar aan die gevallen van een double personalité (dubbele persoonlijkheid), automatismus ambula-
torius, enzovoort. Zowel de ontdekkingen van Janet als die van
Freud laten zien dat in een onbewuste toestand alles schijnbaar
functioneert alsof het bewust was. Het wordt waargenomen, gedacht, gevoeld, gewild, bedoeld alsof er een subject aanwezig was.
Er bestaan zelfs niet weinig gevallen, zoals bijvoorbeeld de hierboven genoemde double personalité, waarin er inderdaad een
tweede ik verschijnt dat concurreert met het eerste. Dergelijke
ontdekkingen lijken te bewijzen dat het onbewuste inderdaad
een 'onderbewustzijn' is. Maar bepaalde ervaringen – gedeeltelijk al opgedaan door Freud – laten zien dat de toestand van de
onbewuste inhouden toch niet helemaal dezelfde is als die van de
bewuste inhouden. Zo veranderen bijvoorbeeld emotioneel beladen complexen in het onbewuste niet in dezelfde zin als in het
bewustzijn. Ze kunnen zich weliswaar verrijken met associaties,
maar worden niet gecorrigeerd. Ze worden juist gehandhaafd in
hun oorspronkelijke vorm, wat gemakkelijk vastgesteld kan worden aan de hand van hun constant en gelijkblijvend effect op het
bewustzijn. Ze nemen eveneens het onbeïnvloedbare dwangmatige karakter van een automatisme aan, waarvan ze pas kunnen worden ontdaan zodra ze bewust worden gemaakt. De laatste procedure hoort daarom terecht tot de belangrijkste
therapeutische factoren. Uiteindelijk krijgen dergelijke complexen door zelfamplifictie een archaïsch-mythologisch karakter
– vermoedelijk evenredig met hun afstand tot het bewustzijn –
en daarmee *numinositeit,* wat gemakkelijk vastgesteld kan worden
bij schizofrene dissociaties. Numinositeit is echter geheel onttrokken aan de bewuste willekeur, want het brengt het subject

in een toestand van gegrepen-zijn, dat wil zeggen van willoze overgave.

Deze karakteristieken van de onbewuste toestand staan in tegenstelling tot het gedrag van de complexen in het bewustzijn. Hier worden ze corrigeerbaar, ze verliezen hun automatisch karakter en kunnen wezenlijk veranderd worden. Ze ontdoen zich van hun mythologisch omhulsel, ze worden persoonlijk en – doordat ze terechtkomen in het aanpassingsproces dat plaatsvindt in het bewustzijn – rationaliseren zich, zodat een dialectische uiteenzetting mogelijk wordt.[49] Blijkbaar is de onbewuste toestand daarom toch een andere dan de bewuste. Hoewel op het eerste gezicht het proces in het onbewuste voortgaat alsof het bewust is, lijkt het toch naarmate de dissociatie toeneemt min of meer tot een primitief, dat wil zeggen archaïsch-mythologisch niveau af te dalen, en qua karakter het onderliggende instinctieve patroon te benaderen. Het lijkt eigenschappen aan te nemen die kenmerkend zijn voor de drift, namelijk automatisme, onbeïnvloedbaarheid, een all-or-none reaction, enzovoort. Wanneer we de vergelijking met het spectrum gebruiken, kunnen we het afdalen van de onbewuste inhouden vergelijken met een verschuiving naar de rode kant hiervan – een vergelijking die vooral suggestief is, omdat rood van oudsher als de kleur van het bloed het gebied van de emoties en driften karakteriseert.[50]

Het onbewuste betekent daarom een ander medium dan het bewustzijn. In de gebieden dichtbij het bewustzijn verandert er overigens niet veel, want hier wisselen licht en donker elkaar te vaak af. Het is echter juist dit grensgebied dat van de grootste waarde is voor de beantwoording van ons grote probleem of psyche = bewustzijn. Het laat ons namelijk zien hoe betrekkelijk de onbewuste toestand is, en wel dermate betrekkelijk dat men in de verleiding komt een begrip als 'onderbewustzijn' te gebruiken om het duistere deel van de ziel op juiste wijze te karakteriseren. Even betrekkelijk is echter het bewustzijn zelf, want het omvat niet een bewustzijn zonder meer, maar een heel intensiteitsscala van bewustzijn. Tussen het 'ik doe' en het 'ik ben me bewust van wat ik doe' bestaat niet alleen een hemelsbreed verschil, maar soms zelfs een uitgesproken tegenstelling. Er bestaat daarom zowel een bewustzijn waarin onbewustheid de overhand heeft, als een bewustzijn waarin bewustheid domineert. Deze paradox wordt meteen duidelijk wanneer men inziet dat er geen bewustzijnsinhoud bestaat waarvan men met zekerheid kan beweren dat hij volledig bewust is.[51] Daartoe zou een onvoorstelbare totaliteit van het bewustzijn vereist zijn, die op haar beurt een even ondenkbare heelheid of volledigheid van de menselijke geest zou veronderstellen. Zo komen we tot de paradoxale conclusie dat er *geen enkele bewustzijnsinhoud bestaat die niet in een ander opzicht onbewust is*. Wellicht bestaat er ook niets onbewust psychisch dat niet tegelijk bewust is.[52] Het is moeilijker deze laatste stelling te bewijzen dan de eerste. Ons ik – het enige dat iets dergelijks kan constateren – is immers het referentiepunt van het bewustzijn, en juist ons ik heeft niet een zodanige verbinding met de onbewuste inhouden dat het iets over hun aard zou kunnen zeggen. Van deze onbewuste inhouden is het ik zich *in de praktijk* onbewust, wat echter niet betekent dat het zich hiervan niet in een ander opzicht wel bewust is. Het ik kent dus deze inhouden soms onder een bepaald aspect, maar weet niet dat ze onder een ander aspect storingen in het bewustzijn veroorzaken. Bovendien bestaan er processen waarbij geen enkele relatie met het bewuste ik kan worden aangetoond en die desondanks worden 'voorgesteld', respectievelijk gelijkenis met bewustzijn vertonen. Ten slotte bestaan er gevallen waarin ook een onbewust ik en daarmee een tweede bewustheid bestaat, zoals we hebben gezien. Maar dit zijn uitzonderingen.[53]

In het gebied van de psyche treedt het 'pattern of behaviour' met zijn dwangmatigheid terug ten gunste van een gedragsvariant die door ervaring en door wilshandelingen, dat wil zeggen door bewuste processen bepaald is. In vergelijking met de psychoïde, reflexmatig-instinctieve toestand betekent de psyche daarom een losser maken van de gebonden toestand en een steeds verder terugdringen van onvrije processen, ten gunste van 'gekozen' modificaties. Deze selecterende activiteit vindt ten dele binnen het bewustzijn plaats en ten dele daarbuiten, dat wil zeggen zonder relatie met het bewuste ik en dus onbewust. Dit laatste proces is slechts bewustzijnsverwant, alsof het 'voorgesteld' werd, respectievelijk bewust was.

Aangezien er niet voldoende redenen zijn om te veronderstellen dat in elk individu een tweede ik bestaat, respectievelijk dat iedereen een dissociatie van de persoonlijkheid bezit, moeten we afzien van het idee van een tweede ik-bewustzijn als bron voor wilsbeslissingen. Omdat echter het bestaan van zeer complexe, bewustzijnsverwante processen in het onbewuste door observaties van zowel de psychopathologie als de droompsychologie op z'n minst buitengewoon waarschijnlijk is gemaakt, worden we goedschiks of kwaadschiks tot de conclusie gedwongen dat de toestand van onbewuste inhouden, hoewel deze niet dezelfde is als die van de bewuste, er toch op de een of andere manier op lijkt. Er blijft onder deze omstandigheden niets anders over dan tussen het begrip van een onbewuste en een bewuste toestand iets halverwege aan te nemen, namelijk een *approximatief bewustzijn*, een 'bewustzijn-bij-benadering'. Aangezien onze directe ervaring slechts een gereflecteerde toestand kent, dat wil zeggen een als zodanig bewuste en gekende toestand, namelijk de relatie van voorstellingen of inhouden met een ik-complex dat de empirische persoonlijkheid vormt, lijkt een andersoortig bewustzijn – een bewustzijn zonder ik of een bewustzijn zonder inhouden – nauwelijks denkbaar. We hoeven het probleem echter niet zo absoluut te stellen. Reeds op een iets primitiever menselijk niveau verliest het ik-complex aanzienlijk aan betekenis en het bewustzijn verandert daardoor op karakteristieke wijze. Het is met name niet langer gereflecteerd. En wanneer we naar de psychische processen bij de hogere vertebraten en vooral bij de gedomesticeerde dieren kijken, zien we bewustzijnsverwante verschijnselen die het bestaan van een ik nauwelijks doen vermoeden. Het licht van het bewustzijn kent, zoals we uit directe ervaring weten, veel gradaties van helderheid, en het ik-complex komt in vele nuances tot uitdrukking. Op animaal en primitief niveau heerst er slechts een 'luminositas' (licht) dat zich nauwelijks nog onderscheidt van de lichtsterkte van gedissocieerde ikfragmenten. Op infantiel en primitief niveau is het bewustzijn al evenmin een eenheid, aangezien het niet gegroepeerd is rond een stevig geworteld ik-complex, maar hier en daar opflakkert wanneer het door uiterlijke of innerlijke gebeurtenissen, instincten of emoties wordt gewekt. Op dit niveau heeft het nog het karakter van een eiland of archipel. Het bewustzijn is zelfs op hoger en hoogste niveau nog geen volledig geïntegreerde heelheid, maar wel in staat tot een onbepaalde verruiming. Nog steeds kunnen opdoemende eilanden of zelfs hele continenten worden toegevoegd aan het moderne bewustzijn – een verschijnsel dat voor de psychotherapeut een dagelijkse ervaring is. Daarom doen we er goed aan om ons het ik-bewustzijn voor te stellen als omgeven door vele kleine luminositeiten of lichtpuntjes.

6 Het onbewuste als meervoudig bewustzijn

De hypothese van multipele luminositeiten berust enerzijds, zoals we gezien hebben, op de bewustzijnsverwante toestand van onbewuste inhouden, en anderzijds op het optreden van bepaalde beelden die als symbolisch moeten worden opgevat. Deze beelden kunnen worden gevonden in dromen en visuele fantasieën van mensen uit deze tijd of in historische documenten. Zoals bekend is één van de voornaamste historische bronnen voor symbolische voorstellingen de alchemie. Hieraan ontleen ik met name het idee van de scintillae, de vonken die als visuele illusies in de transformatie substantie[54] opduiken. Zo zegt de *Aurora consurgens*: 'Weet dat de stinkende aarde weldra witte vonkjes ontvangt.'[55] Deze vonkjes verklaart Khunrath als de 'wortels of vonkjes' van de 'Anima Catholica' – de Alziel, die identiek is met de geest van God.[56] Uit deze interpretatie blijkt duidelijk dat bepaalde alchemisten reeds de psychische aard van deze luminositeiten hebben vermoed. Het zijn lichtzaadjes, uitgestrooid in de chaos die Khunrath 'het zaadbed van de toekomstige wereld' noemt.[57] Een van deze scintillae is het menselijk verstand.[58] Door het 'vuurwerk van de wereldziel' is de arcane (geheime) substantie

– de 'universele en waterige aarde of aards water (leem, modder)' 'universeel bezield', overeenkomstig het boek *Wijsheid* van Salomo 1:7 '[...] want de cirkel der wereld is vol van de geest des Heren.'[59]

In het 'water der kunst', in 'ons water' dat ook de chaos is,[60] bevinden zich de 'vuurvonken van de ziel der wereld als zuivere vormen van de essentiële dingen'.[61] Deze 'vormen'[62] komen overeen met de platonische ideeën, waaruit dus een *gelijkstelling van de scintillae met de archetypen zou kunnen voortvloeien*, wanneer we aannemen dat de eeuwige, 'in bovennatuurlijke hemelse oorden bewaarde' beelden van Plato een filosofische versie van de psychologische archetypen zijn. Uit datgene wat deze alchemisten schouwden, zou men de conclusie moeten trekken dat de archetypen op zich een zeker licht of een bewustzijnsverwantschap zouden moeten bezitten, en dus dat de *numinositas* overeenkomt met een *luminositas*. Iets dergelijks schijnt ook Paracelsus vermoed te hebben. In zijn *Philosophia sagax* vindt men de volgende passage: 'En zomin als er in de mensen iets kan zijn zonder het goddelijke numen, zomin kan er ook iets in de mensen zijn zonder het natuurlijke lumen. Want numen en lumen moeten de mens volkomen maken, deze twee alleen. Van deze twee is alles afkomstig en deze twee zijn in de mens. Zonder hen is de mens niets, maar zij bestaan zonder de mens.'[63] Khunrath bevestigt deze gedachte. Hij schrijft: 'Het zijn vurige vonken van de anima mundi, lichten van de natuur, vurige vonken van de wereldziel, verstrooid of verspreid in en door het weefsel van de grote wereld en alom in alle vruchten van de elementen.'[64] De vonken zijn afkomstig van de 'Ruach Elohim', de geest Gods.[65] Bij de scintillae onderscheidt hij een 'volmaakte vonk van machtige en sterke eenheid' die het elixer, dus de arcane-substantie zelf is.[66] Als we de archetypen mogen vergelijken met de vonken, dan benadrukt Khunrath één hiervan in het bijzonder. Deze ene wordt dan ook als 'monas' en 'zon' benoemd, die beide op de godheid duiden. Een soortgelijk beeld vinden we in een brief van Ignatius van Antiochië aan de Efeziërs, waarin hij over de komst van Christus schrijft: 'Hoe werd hij nu aan de aeonen geopenbaard?

Een ster lichtte op aan de hemel, stralender dan alle sterren, en zijn licht was onuitsprekelijk, en een dergelijke verschijning wekte verwondering. Alle andere sterren stonden samen met zon en maan in een kring rond deze ster [...].'[67] Psychologisch moet de *ene* scintilla of monas worden opgevat als symbool van het zelf – een aspect dat ik hier alleen maar wil noemen.

Voor Dorneus hebben de vonken een duidelijk psychologische betekenis. Hij zegt: 'Zo zal hij met zijn geestelijk oog waarnemen hoe een paar vonken van dag tot dag meer en meer doorschemeren en tot zulk een groot licht aangroeien dat in de tijd daarna alles bekend wordt wat voor hem [de adept] noodzakelijk is.'[68] Dit licht is het lumen naturae, het licht van de natuur dat het bewustzijn verlicht, en de scintillae zijn kiemende luminositeiten die uit het duister van het onbewuste stralen. Dorneus heeft, evenals Khunrath, veel te danken aan Paracelsus. Hij stemt met de laatste overeen wanneer hij in de mens een 'onzichtbare zon die velen onbekend is' veronderstelt.[69] Over dit natuurlijke licht dat de mens is aangeboren, zegt Dorneus: 'Want het leven als een licht der mensen[70] schijnt vaag in ons, zoals in de duisternis, [een licht] dat ons niet ontnomen kan worden hoewel het *in ons en [toch] niet van ons* is, maar van degene die zich zelfs verwaardigd heeft ons tot woonplaats te maken. [...] Deze heeft zijn licht in ons geplant, opdat we in zijn licht het licht mogen zien van hem die in het ontoegankelijke licht woont. Juist hierdoor zijn we boven alle schepselen uitverkoren. Om deze redenen zijn we waarlijk aan hem gelijk gemaakt, omdat hij ons *een vonk van zijn licht* heeft gegeven. De waarheid moet dus *niet in ons worden gezocht, maar in het beeld Gods dat zich in ons bevindt*.'[71]

Het ene archetype waar Khunrath de nadruk op legt, kent Dorneus dus ook als de onzichtbare zon of het beeld Gods. Bij Paracelsus is het lumen naturae in eerste instantie afkomstig van de 'ster' of 'sydus', het 'gesternte' in de mens.[72] Het 'firmament' (een synoniem voor gesternte) is het natuurlijke licht.[73] Daarom is de 'hoeksteen' van alle waarheid de 'astronomia', die 'een moeder is van alle andere kunsten [...] na haar vangt de goddelijke wijsheid aan, na haar vangt het licht der natuur aan',[74] zelfs de 'voortreffelijke religies' zijn afhankelijk van de 'astronomia'.[75] Het gesternte namelijk 'begeert de mens te brengen tot grote wijsheid [...] opdat hij in het licht der natuur in zijn wonderbaarlijkheid verschijnt, en opdat de mysteriën van het wonderwerk Gods in hun grootheid worden ontdekt en geopenbaard.'[76] Ja, de mens zelf is een 'ster': 'niet alleen door zichzelf, maar voor altijd en altijd, met alle apostelen en heiligen; iedereen is een ster, de hemel is een ster [...] daarom zegt ook de Schrift: Gij zijt de lichten der wereld.'[77] 'Aangezien nu in het gesternte het zeer natuurlijke licht is en de mens het licht hieruit moet nemen zoals hij het voedsel neemt van de aarde waar hij is geboren, aldus moet hij ook in het gesternte worden geboren.'[78] Ook de dieren hebben het natuurlijke licht dat een 'aangeboren geest' is.[79] Bij zijn geboorte is de mens 'begiftigd met het volmaakte licht der natuur'.[80] Paracelsus noemt het 'de eerste en waardevolste schat die het koninkrijk der natuur in zich bergt'.[81] (Dit in overeenstemming met de algemeen bekende benamingen van de 'ene' als een kostbare parel, een verborgen schat, 'een moeilijk te bereiken kostbaarheid' enzovoort.) Het licht is geschonken aan de 'innerlijke mens', respectievelijk aan het innerlijke lichaam (het corpus subtile, fijnstoffelijk lichaam), zoals uit de volgende passage blijkt: 'Een mens mag met hoogheid, wijsheid enzovoort uit zijn uiterlijk lichaam voortkomen, want alle wijsheid en verstand die de mens nodig heeft, is met dit lichaam eeuwig verbonden als een innerlijke mens,[82] opdat de mens mag leven, en niet als een uiterlijk mens. Want deze innerlijke mens is eeuwig verlicht en waarachtig en als hij in het sterfelijk lichaam niet volmaakt verschijnt, dan verschijnt hij toch volmaakt na het verscheiden hiervan. Dat wat we nu vertellen heet het lumen naturae en is eeuwig. God heeft ook het lumen naturae geschonken, opdat hij door het innerlijk lichaam geregeerd wordt en in overeenstemming met het verstand [...] want het licht der natuur is het verstand en niets anders [...] het licht is dat wat geloof schenkt. [...] God heeft eenieder voldoende licht gegeven, waarmee hij voorbeschikt is, zodat hij niet kan dwalen. [...] Als we echter de oorsprong van de innerlijke mens of het lichaam beschrijven, besef dan dat *alle innerlijke lichamen slechts één lichaam zijn, en één enkel ding in alle mensen,* maar verdeeld volgens de goed geordende getallen van het lichaam, de één anders dan de andere. En wanneer *ze allen tezamen komen, is er slechts één licht, slechts één verstand.*[83]

'Nu is verder het licht der natuur een licht dat ontstoken is door de Heilige Geest en dat niet uitdooft, want het is goed ontstoken. [...] Nu is het licht zodanig dat het wil branden,[84] en hoe langer hoe meer wil schijnen en hoe langer hoe groter. [...] Daarom is ook in het licht der natuur een sterke begeerte om aan te steken.'[85] Het is een 'onzichtbaar' licht: 'Hieruit volgt nu dat de mens slechts in het onzichtbare zijn wijsheid, zijn kunst heeft van het licht der natuur.'[86] De mens is een 'profeet van het natuurlijke licht'.[87] Men 'leert' het lumen naturae ook door dromen,[88] '[...] aangezien het licht der natuur niet kan spreken, zo geeft het in de slaap beelden door de kracht van het woord' (Gods).[89] Ik heb de vrijheid genomen wat langer bij Paracelsus stil te staan en een aantal authentieke teksten te citeren, om de lezer een indruk te geven hoe deze auteur het lumen naturae opvat. Met het oog op onze hypothese van de multipele bewustzijnsfenomenen lijkt het me vooral belangrijk dat bij Paracelsus het karakteristieke visioen van de alchemisten – de oplichtende vonken in de zwarte arcane substantie – verandert in de aanblik van het 'innerlijk firmament' en zijn sterren. Hij ziet de duistere psyche als een met sterren bezaaide nachtelijke hemel, waarvan de planeten en constellaties met vaste sterren de archetypen vertegenwoordigen, in al hun luminositeit en numinositeit.[90] De sterrenhemel is inderdaad het opengeslagen boek van de kosmische projecties, de weerspiegeling van mythologemen, namelijk de archetypen. In deze zienswijze reiken astrologie en alchemie, de twee klassieke representanten van de psychologie van het collectieve onbewuste, elkaar de hand. Paracelsus is rechtstreeks door Agrippa von Nettesheim beïnvloed,[91] die een 'luminositeit van de sensus naturae' (de zin der natuur) veronderstelt. Van hieruit 'daalden stralen van profetie neer op de viervoetige dieren, de vogels en andere levende wezens'. Zij stelden hen in staat toekomstige zaken te voorspellen.[92] Voor de 'zin der natuur' beroept hij zich op

Guilielmus Parisiensis. In hem herkennen we Willem van Auvergne (G. Alvernus †1249), die omstreeks 1228 bisschop van Parijs was. Hij is auteur van een groot aantal werken, waardoor bijvoorbeeld Albertus Magnus beïnvloed werd. Alvernus neemt aan dat de sensus naturae een hogere zin is dan het menselijk bevattingsvermogen, en hij legt er vooral de nadruk op dat ook dieren het bezitten.[93] De leer van de sensus naturae ontwikkelde zich uit het idee van de alles doordringende wereldziel, waarmee een andere Guilielmus Parisiensus, een voorganger van Alvernus, namelijk de platonische scholasticus Guillaume de Conches[94] (1080–1154), die in Parijs doceerde, zich heeft beziggehouden. De Conches heeft de anima mundi, ofwel de sensus naturae, met de *Heilige Geest* gelijkgesteld, zoals Abelard dat ook deed. De wereldziel betekent dus een *natuurkracht* die voor alle fenomenen van het leven en van de psyche verantwoordelijk is. Zoals ik elders heb laten zien is deze opvatting van de anima mundi gebruikelijk in de hele alchemistische traditie, aangezien Mercurius nu eens geïnterpreteerd wordt als anima mundi, en dan weer als Heilige Geest.[95] Gezien de voor de psychologie van het onbewuste zo belangrijke alchemistische ideeën zou het lonend kunnen zijn enige aandacht te schenken aan een verhelderende variant van deze vonkensymboliek.

Namelijk nog vaker dan het motief van de scintillae komt dat van de *vissenogen* voor, die dezelfde betekenis hebben. Zoals ik hierboven al zei, wordt als bron van de 'leer' van de scintillae door de auteurs een Morienus-citaat aangegeven. In het traktaat van Morienus Romanus bevindt zich inderdaad zo'n passage. Deze luidt echter: 'de zuivere lato wordt zo lang gekookt, tot ze als vissenogen straalt'.[96] Deze zinsnede lijkt ook hier al een citaat uit een nog vroegere bron te zijn. Bij de latere auteurs komen de vissenogen vaker voor. Bij Sir George Ripley vinden we de variant dat bij het 'opdrogen van de zee' een substantie achterblijft die 'als vissenogen' straalt,[97] wat een duidelijke toespeling is op het goud en de zon (als het oog Gods). Het is dan niet meer verwonderlijk wanneer een alchemist uit de zeventiende eeuw zijn uitgave van Nicolas Flamel de woorden uit *Zacharia* 4:10 als motto meegeeft[98]:

'Zij allen zullen met vreugde de sluitsteen in de hand van Zerubbabel zien. Deze zeven zijn de ogen van de Heer, die over de hele aarde zwerven.' (Vertaling uit de oertekst.[99]) Bij deze zeven ogen gaat het blijkbaar om de zeven planeten, die evenals zon en maan de ogen van God zijn, die nooit rusten, overal heen zwerven en alziend zijn. Hetzelfde motief zou aan de reus Argus met de vele ogen ten grondslag kunnen liggen. Hij droeg de bijnaam Panoptes (de Alziende) en werd verondersteld de sterrenhemel te symboliseren. Hij heeft nu eens een oog, dan weer vier ogen, of honderd. Hij is soms zelfs 'myriopos' (duizendogig). Ook gaat hij voor slapeloos door. Hera veranderde de ogen van Argus Panoptes in de pauwenstaart.[100] In de Aratuscitaten van Hippolytus krijgt, evenals de wachter Argus, ook het sterrenbeeld Draco (draak, slang) een positie van waaruit hij alles overziet. Hij wordt daar beschreven als degene 'die van de hoogte van de Pool op alles neerkijkt en alles ziet, zodat niets van wat er gebeurt voor hem verborgen blijft'.[101] Deze draak is als het ware slapeloos, aangezien de Pool 'nooit ondergaat'. Vaak wordt hij verwisseld met de slangachtige baan van de zon langs de hemel. 'Daarom ziet men soms de tekens van de dierenriem als de cirkelbewegingen van het reptiel,' zegt Cumont.[102] De tekens van de dierenriem worden soms door de slang op de rug gedragen.[103] Zoals Eisler opmerkt, gaat via de tijdsymboliek de alziende kwaliteit van de Draco over op Kronos, die bij Sofokles de 'alziende Kronos' en in het grafschrift van de gevallenen van Charonea de 'allesziende demon' wordt genoemd.[104] De oeroboros, de slang die zichzelf in de staart bijt, betekent bij Horapollo eeuwigheid (aion) en kosmos. Uit deze identiteit van de alziende met de tijd kunnen de ogen op de wielen uit het visioen van Ezechiël worden verklaard: '[...] bij alle vier [de wielen] waren de velgen rondom geheel bezet met ogen' (Ez. 1:19). We noemen hier de identiteit van de alziende en de *tijd* wegens de bijzondere betekenis ervan; het geeft immers de relatie aan van de mundus archetypus (archetypische wereld) van het onbewuste met het 'fenomeen' van de tijd, namelijk de synchroniciteit van archetypische gebeurtenissen. Hierop zal ik nog wat nader ingaan in de samenvatting aan het eind van dit stuk.

Uit de autobiografie van Ignatius de Loyola, die hij dicteerde aan Loys Gonzales,[105] vernemen we dat hij vaak een stralend licht zag dat, zo leek het hem, soms de gedaante van een *slang* had. Dat licht leek vol stralende ogen, die toch eigenlijk geen ogen waren. Hij voelde zich door de schoonheid van deze verschijning eerst zeer getroost, maar later zag hij dat het een boze geest was.[106] Dit visioen vat alle hier behandelde aspecten van het oogmotief samen en betekent een zeer indrukwekkend beeld van het onbewuste met zijn uitgezaaide luminositeiten. We kunnen ons gemakkelijk de opperste verbazing voorstellen die een middeleeuws mens moest ervaren bij een zo eminent 'psychologische' intuïtie, vooral omdat hem geen enkel dogmatisch symbool en geen passende allegorie van de kerkvaders te hulp kwam. Ignatius zat er echter niet al te ver naast, want de duizend ogen zijn ook karakteristiek voor de oermens, de poeroesa. Zo heet het in de *Rigveda*, x, 90: 'Duizendkoppig is de poeroesa, duizendogig, duizendvoetig. Hij houdt de aarde rondom omsloten en torent uit boven de ruimte van de tien vingers.'[107] Monoimos de Arabier onderwees in navolging van Hippolytus dat de oermens (Anthropos) een enkele monade is, niet samengesteld en ondeelbaar, en tegelijk wel samengesteld en deelbaar. Deze monade is het puntje van de i, en deze kleinste eenheid, die overeenkomt met de ene 'scintilla' van Khunrath, heeft 'vele aangezichten' en 'vele ogen'.[108] Daarbij steunt Monoimos hoofdzakelijk op de proloog van het *Johannesevangelie*! Zijn oermens is, evenals de poeroesa, het universum.[109]

Dergelijke visioenen moeten hoogstwaarschijnlijk worden beschouwd als introspectieve intuïties, die de toestand van het onbewuste vatten en tegelijk een assimilatie van het centrale christelijke idee betekenen. Vanzelfsprekend komt het motief in dezelfde betekenis ook in moderne dromen en fantasieën voor, bijvoorbeeld als sterrenhemel, als weerschijn van sterren in donker water, als goudklompjes[110] of goudzand uitgestrooid in de zwarte aarde, als een nachtelijk feest op het water, met lampions op de donkere waterspiegel, als één oog in de diepte van de aarde of van de zee, of als parapsychologisch visioen van lichtgevende bollen, enzovoort. Aangezien het bewustzijn van oudsher wordt gekarakteriseerd door uitdrukkingen die ontleend zijn aan lichtverschijnselen, is het mijns inziens niet al te vergezocht te veronderstellen dat de multipele luminositeiten overeenkomen met kleine bewustzijnsfenomenen. Verschijnt het licht monadisch, bijvoorbeeld als één ster of als zon of als oog, dan neemt het bij voorkeur de vorm van een mandala aan, en het moet dan als het *zelf* worden geïnterpreteerd. Het gaat echter niet om een double conscience, omdat hierbij geen dissociatie van de persoonlijkheid valt te bewijzen. Integendeel: de symbolen van het zelf hebben een 'verenigende' betekenis.[111]

7 *Pattern of behaviour en archetype*

We hebben gesteld dat de onderste regionen van de psyche beginnen waar de functie zich losmaakt van de dwangmatige drift en zich door de wil laat beïnvloeden, en we hebben de wil gedefinieerd als een beschikbare hoeveelheid energie. Daarmee wordt echter, zoals al gezegd, een beschikkend subject verondersteld, dat in staat is te oordelen en dat we bewustheid moeten toekennen. Zo kwamen we ertoe als het ware juist datgene te bewijzen wat we aanvankelijk verwierpen, namelijk de identificatie van psyche met bewustzijn. Dit dilemma verdwijnt nu, wanneer we beseffen hoe relatief het bewustzijn is, aangezien zijn inhouden *tegelijk bewust en onbewust*, dat wil zeggen onder een bepaald aspect bewust en onder een ander onbewust zijn. Zoals bij iedere paradox lijkt ook deze constatering niet gemakkelijk te begrijpen.[112] Maar we zullen wel moeten wennen aan de gedachte dat het bewustzijn niet hier en het onbewuste niet daar is. *De psyche is veeleer een bewust-onbewuste totaliteit.* Het kan gemakkelijk worden aangetoond dat de inhouden van het grensgebied dat ik het 'persoonlijk onbewuste' heb genoemd precies overeenkomen met onze definitie van het psychische. Maar bestaat er volgens onze definitie iets psychisch onbewusts dat geen 'fringe of consciousness' is en niet iets persoonlijks?

Ik heb al gezegd dat reeds Freud archaïsche resten en primitieve wijzen van functioneren in het onbewuste heeft vastgesteld. Latere onderzoekingen hebben dit resultaat bevestigd. Er is een rijke hoeveelheid observatiemateriaal verzameld. Gezien de structuur van het lichaam zou het verbazingwekkend zijn wanneer de psyche het enige biologische fenomeen was dat geen duidelijke sporen van zijn ontwikkelingsgeschiedenis zou vertonen. Het is zeer waarschijnlijk dat deze sporen juist nauw verbonden zijn met het instinctieve fundament. In het biologische begrip 'pattern of behaviour' ontmoeten drift en archaïsche modus elkaar. Er bestaat namelijk geen amorfe drift, aangezien elke drift het patroon van zijn situatie in zich draagt. Het vult altijd een beeld, een beeld met vaststaande eigenschappen. De drift van de bladsnijdersmier wordt vervuld in het beeld van de mier, de boom, het blad, het afsnijden en het schimmeltuintje.[113] Ontbreekt één van deze condities, dan functioneert de drift niet, want zonder zijn patroon, zonder zijn beeld, kan hij niet eens bestaan. Een dergelijk beeld is een type a priori. Het is de mier aangeboren voordat hij tot enige activiteit komt, want deze activiteit vindt alleen maar plaats wanneer een corresponderende drift daartoe aanleiding en mogelijkheid geeft. Dit schema geldt voor alle driften en wordt in een identieke vorm gevonden in alle individuen van dezelfde soort. Hetzelfde geldt voor de mens: hij draagt het patroon van deze instincttypen a priori in zich, die de aanleiding en het patroon van zijn activiteiten vormen, voorzover hij instinctief functioneert. Als biologisch wezen kan hij zich nu eenmaal alleen maar specifiek menselijk gedragen en zijn pattern of behaviour vervullen. Daarmee worden nauwe grenzen gesteld aan de mogelijkheden van zijn willekeur. Hoe nauwer deze grenzen zijn, hoe primitiever hij is, en des te meer is zijn bewustzijn dan afhankelijk van de instinctieve sfeer. Hoewel het vanuit een bepaald standpunt volstrekt juist is om over het pattern of behaviour te spreken als over een nog aanwezige archaïsche rest, zoals bijvoorbeeld Nietzsche dat deed over de functie van de dromen, doet zo'n houding de biologische en psychologische betekenis van deze typen toch geenszins recht. Het zijn namelijk niet al-

leen relicten of overblijfsels van vroegere wijzen van functioneren, maar het zijn *altijd* aanwezige, biologisch onmisbare regulatoren van de instinctieve sfeer. De activiteit hiervan strekt zich
uit over het hele gebied van de psyche en verliest pas haar abso-
luutheid wanneer zij beperkt wordt door de relatieve vrijheid van
de wil. Het beeld betekent de *zin* van de drift.

Hoewel de aanwezigheid van een instinctief patroon (of 'gestalt') in de menselijke biologie waarschijnlijk is, blijkt het toch
moeilijk om uitgesproken typen empirisch te bewijzen. Het orgaan waarmee we deze typen zouden kunnen begrijpen – namelijk het bewustzijn – is op zich immers niet alleen een transformatie, maar ook een transformator van het oorspronkelijke
instinctieve beeld. Het is daarom geen wonder dat ons menselijk
verstand er niet in slaagt zulke exacte typen van mensen op te
stellen als we die uit het dierenrijk kennen. Ik moet toegeven dat
ik me geen rechtstreekse oplossing van dit probleem kan inden-
ken. En toch is het me, naar ik meen, gelukt om tenminste een
indirecte toegang tot het instinctieve beeld te ontdekken.

Ik zal in het kort beschrijven hoe deze ontdekking verliep.
Vaak observeerde ik patiënten wier dromen op een rijk fantasiemateriaal wezen. Van de patiënten zelf kreeg ik eveneens de indruk dat ze letterlijk propvol zaten met fantasieën, zonder te kunnen aangeven waaruit de innerlijke druk bestond. Ik nam daarom
een droombeeld of inval van de patiënt als uitgangspunt en gaf
hem opdracht dit thema uit te werken of te ontwikkelen als een
vrije fantasie. Al naar gelang de individuele smaak en begaafdheid
kon dit worden gedaan in een dramatische, dialectische, visuele
of akoestische vorm, of als dans, schilderij, tekening of beeld-
houwwerk. Het resultaat van deze techniek was een groot aantal gecompliceerde vormgevingen. Jarenlang wist ik niet wat ik
met dit zeer gevarieerde materiaal moest beginnen, totdat ik inzag dat het bij deze methode ging om een spontane manifestatie
van een op zich onbewust proces dat slechts werd ondersteund
door het technisch vermogen van de patiënt. Dit proces noemde ik later het 'individuatieproces'. Maar al lang voordat dit inzicht me daagde, constateerde ik dat deze methode vaak de fre-

quentie en intensiteit van de dromen sterk verminderde en dat daarmee ook de onverklaarbare druk van de kant van het onbewuste afnam. Dit betekende in vele gevallen een aanzienlijk therapeutisch succes, dat zowel mijzelf als de patiënten aanmoedigde door te gaan, ondanks de onbegrijpelijkheid van de inhouden die aan het licht waren gekomen.[114] Ik moest op deze onbegrijpelijkheid de nadruk leggen, om mezelf te verhinderen op grond van bepaalde theoretische veronderstellingen interpretaties te geven waarvan ik voelde dat ze niet alleen ontoereikend waren, maar ook de naïeve uitbeeldingen van de patiënt zouden beïnvloeden. Hoe meer ik vermoedde dat in het materiaal van de patiënt een bepaald doel was verborgen, des te minder waagde ik het hierover een of andere theorie op te stellen. Deze terughoudendheid werd me vaak niet gemakkelijk gemaakt, omdat het bijvoorbeeld om patiënten ging die een bepaald intellectueel houvast nodig hadden om niet helemaal de weg kwijt te raken in het duister. Ik moest proberen alleen maar voorlopige interpretaties te geven, zo goed als ik kon, en onder voorbehoud van 'wellicht' en 'als' en 'maar'. Ik trachtte nooit buiten de grenzen van het aanwezige materiaal te gaan. Ik lette er steeds nauwkeurig op de interpretatie van een beeld niet te laten doorklinken in een vraag. Want het antwoord moest worden overgelaten aan de activiteit van de vrije fantasie van de patiënt.

De aanvankelijk chaotische variatie van de beelden verdichtte zich in de loop van het werk tot bepaalde motieven en formele elementen die zich in een identieke of analoge gestalte bij de meest uiteenlopende mensen herhaalden. Ik noem als voornaamste kenmerken: chaotische veelheid en ordening, dualiteit, tegenstelling van licht en donker, boven en beneden, rechts en links, vereniging van de tegenstellingen in het derde, quaterniteit (vierkant, kruis), rotatie (cirkel, bol) en uiteindelijk het naar voren komen van een centrum en een straalvormige ordening, gewoonlijk volgens een quaternair systeem. Triadische vormen waren, behalve de complexio oppositorium (vereniging der tegenstellingen), in een 'derde' relatief zeldzaam en vormden uitgesproken uitzonderingen die door bijzondere omstandigheden te verklaren waren.[115] Het naar voren komen van een centrum vormt het naar mijn ervaring nooit overtroffen hoogtepunt van de ontwikkeling.[116] Het karakteriseert zich als zodanig door het feit dat het samenvalt met een bijzonder groot therapeutisch effect. De hierboven genoemde karakteristieken betekenen extreme abstracties en tegelijk de eenvoudigste uitdrukkingen van de structurele principes die hier aan het werk zijn. De concrete werkelijkheid van de structuren of patronen is echter oneindig kleurrijker en aanschouwelijker. Hun gevarieerdheid gaat elk voorstellingsvermogen te boven. Ik kan er alleen maar over zeggen dat er waarschijnlijk geen enkel motief uit welke mythologie dan ook bestaat dat niet op een bepaald moment in deze producten opduikt. Als mijn patiënten inderdaad noemenswaardige kennis van mythologische motieven bezaten, dan werd deze veruit overtroffen door de invallen van de vormgevende fantasie. Gewoonlijk was de mythologische kennis van mijn patiënten minimaal.

Deze feiten tonen op onmiskenbare wijze aan hoe de door onbewuste regulatoren geleide fantasieën overeenkomen met gegevens van menselijke geestesactiviteit die we kennen uit de geschiedenis en etnologisch onderzoek. Alle hiervoor genoemde abstracte kenmerken zijn in zeker opzicht bewust: iedereen kan tot vier tellen en weet wat een cirkel en wat een vierkant is. Maar als structurele principes zijn ze onbewust. Ook hun psychologische betekenis is niet bewust. Mijn meest fundamentele visies en begrippen zijn van deze ervaringen afgeleid. Eerst waren er de observaties en pas naderhand heb ik me hierover met veel moeite bepaalde opvattingen gevormd. En zo gaat het ook met de hand die een potlood of penseel gebruikt, met de voet die een danspas maakt, met zien en horen, woord en gedachte: een duistere impuls beslist uiteindelijk over de vormgeving, een onbewust a priori dwingt naar vormgeving en men vermoedt niet dat het bewustzijn van een ander mens door dezelfde motieven wordt geleid, omdat men immers het gevoel heeft overgeleverd te zijn aan een grenzeloos subjectief toeval. Over het hele proces schijnt een duistere *voorkennis* te zweven, niet alleen over de vormgeving maar ook over de betekenis daarvan.[117] Beeld en zin

zijn identiek en terwijl het beeld zich vormt, wordt de zin duidelijk. Het beeld heeft in feite geen interpretatie nodig, het representeert zijn eigen betekenis. Er bestaan bijvoorbeeld gevallen
waar ik geheel kan afzien van interpretatie als therapeutische vereiste. Maar met de wetenschappelijke kennis ligt het anders. Hier
moeten we uit de totale som van de ervaring bepaalde, zo mogelijk algemeen geldige begrippen destilleren die niet a priori gegeven zijn. Dit speciale werk betekent een vertaling van het tijdloze, altijd aanwezige en werkzame *archetype* in de wetenschappelijke
taal van dat moment.

Deze ervaringen en overwegingen brachten me tot het inzicht
dat er bepaalde *collectief aanwezige onbewuste voorwaarden bestaan* die
als regulatoren en stimulatoren van de creatieve fantasie-activiteit optreden en die corresponderende vormen oproepen, door
het aanwezige bewustzijnsmateriaal dienstbaar te maken aan hun
doeleinden. Ze gaan precies zo te werk als de motoren van de
dromen. Daarom vervangt de actieve imaginatie, zoals ik deze
methode heb genoemd, ook tot op zekere hoogte de dromen.
Het bestaan van deze onbewuste regulatoren, die ik wegens hun
wijze van functioneren ook wel *dominanten* heb genoemd,[118] leek
me zo belangrijk dat ik hierop mijn hypothese van een zogenaamd *onpersoonlijk, collectief onbewuste* heb gebaseerd. Hoogst opmerkelijk leek me bij deze methode dat ze geen reductie tot het
eenvoudigste betekende. Zij zijn eerder een *synthese* – weliswaar
ondersteund door een willekeurige instelling, maar verder geheel
natuurlijk – van passief bewustzijnsmateriaal en onbewuste invloeden, met andere woorden een soort *spontane amplificatie* van
de archetypen. De verkregen beelden laten zich geenszins kennen door bijvoorbeeld de inhouden van het bewustzijn te herleiden tot hun eenvoudigste noemer. Dat zou de directe weg tot
de oerbeelden of archetypen betekenen, die ik al eerder onvoorstelbaar noemde. De bedoelde beelden verschijnen echter
pas tijdens het amplificatieproces.

Op dit natuurlijke amplificatorische proces is ook mijn methode van het achterhalen van de *droombetekenis* gebaseerd, want
de dromen gaan precies zo te werk als de actieve imaginatie, al-

leen ontbreekt hierbij de ondersteuning door bewuste inhouden. Voorzover de archetypen nu regulerend, modificerend en motiverend in de vormgeving van de bewustzijnsinhouden ingrijpen, gedragen ze zich als instincten. De veronderstelling ligt daarom voor de hand om deze factoren in verband te brengen met de driften en de vraag te stellen of de typische situatiebeelden die deze collectieve vormprincipes ogenschijnlijk vertegenwoordigen, uiteindelijk niet identiek zijn met de driftstructuren, namelijk met de patterns of behaviour. Ik moet erkennen dat ik tot nu toe geen enkel argument heb gevonden dat deze mogelijkheid steekhoudend weerlegt.

Voordat ik verderga met mijn overwegingen, moet ik de nadruk leggen op één aspect van de archetypen dat vooral duidelijk zal zijn voor diegenen die zich in de praktijk met deze materie hebben beziggehouden. Het verschijnen van de archetypen heeft namelijk een uitgesproken *numineus* karakter, dat men zo niet 'magisch', dan toch 'geestelijk' moet noemen. Daarom is dit fenomeen van het grootste belang voor de godsdienstpsychologie. Overigens is het effect ervan zeker niet ondubbelzinnig. Het kan genezend of verwoestend zijn, maar nooit indifferent, vooropgesteld dat er een zekere mate van duidelijkheid is.[119] Dit aspect verdient de benaming 'geestelijk' bij uitstek. Het komt namelijk niet zelden voor dat het archetype in de gedaante van een *geest* in dromen of in fantasievormen verschijnt, of zich zelfs als spook gedraagt. De numinositeit ervan heeft vaak een mystieke kwaliteit en een overeenkomstig effect op het gemoed. Het mobiliseert filosofische en religieuze aanschouwingen juist bij die mensen die zich hemelsbreed verwijderd voelen van dergelijke aanvallen van zwakheid. Het dringt vaak met een ongehoorde hartstocht en onverbiddelijke consequentie door tot zijn doel en slaat de mens in een ban, waaraan hij ondanks een vaak vertwijfeld verzet niet kan ontkomen en uiteindelijk ook niet meer wil ontkomen. Dit laatste is zo, omdat de beleving een tot dan voor onmogelijk gehouden gevoel van *zinvolheid* met zich meebrengt. Ik begrijp de weerstand van alle stevig gewortelde overtuigingen tegen dit soort psychologische ontdekkingen heel goed. Meer op grond van vermoedens dan met werkelijke kennis voelt men angst voor de bedreigende macht die in het diepste innerlijk van elke mens geketend ligt. Die wacht in zekere zin slechts op het toverwoord dat de ban verbreekt. Dit toverwoord eindigt altijd op -isme en heeft het meeste succes juist bij die mensen die het minst toegang tot de innerlijke feiten hebben, die het verst van hun instinctieve fundament zijn afgedwaald in de waarlijk chaotische wereld van het *collectieve bewustzijn*.

Ondanks of wellicht juist wegens de verwantschap met de instincten betekent het archetype het eigenlijke element van de geest – een geest echter die niet identiek is met het verstand van de mens, maar diens spiritus rector (geestelijk leider) is. De wezenlijke inhoud van alle mythologieën en alle religies en alle -ismen is van archetypische aard. Het archetype is geest of ongeest en hoe het zich uiteindelijk zal voordoen, hangt hoofdzakelijk van de instelling van het menselijk bewustzijn af. Archetype en instinct vormen de grootst denkbare tegenstellingen, wat we gemakkelijk kunnen inzien wanneer we een mens die geregeerd wordt door een drift vergelijken met iemand die gegrepen is door de geest. Maar zoals er tussen alle tegenstellingen een zo nauwe relatie bestaat dat geen enkele positie gevonden of gedacht kan worden zonder de overeenkomstige negatie ervan, zo geldt ook hier de uitspraak: 'Les extrêmes se touchent' ('De uitersten raken elkaar'). Als elkaars tegenhanger horen ze bij elkaar; niet in de zin dat het één uit het ander afgeleid kan worden, maar ze bestaan naast elkaar als voorstellingen die wij ons maken van de tegenstelling die ten grondslag ligt aan alle psychische energie. De mens ervaart zichzelf minstens als gedreven tot iets en tegelijk als zich iets voorstellend. Deze tegenstelling heeft op zich geen morele betekenis, want de drift is niet slecht en de geest niet goed. Beide kunnen goed of slecht zijn. Positieve elektriciteit is net zo goed als negatieve; het is in de eerste plaats elektriciteit. De psychologische tegenstellingen moeten ook op dezelfde manier vanuit een natuurwetenschappelijk standpunt bekeken worden. Werkelijke tegenstellingen zijn geen onvergelijkbare grootheden, want anders zouden ze zich nooit kunnen verenigen. Ondanks

alle tegengesteldheid vertonen ze steeds weer de neiging tot vereniging. Nicolaus Cusanus heeft zelfs God als een complexio oppositorum (geheel van tegenstellingen) gedefinieerd.
    Tegenstellingen zijn extreme aspecten van een toestand, waar-
door deze als werkelijk kan worden waargenomen, want ze
vormen een potentiaal. De psyche bestaat uit processen waarvan
de energie afkomstig kan zijn van een vereffening van de uit-
eenlopendste tegenstellingen. De tegenstelling geest-drift betekent slechts een zeer algemene formulering, die het voordeel
heeft het grootste aantal van de belangrijkste en gecompliceerd-
ste psychische processen onder één gemeenschappelijke noemer
te brengen. Zo beschouwd doen de psychische processen zich
voor als een energievereffening tussen geest en drift, waarbij het
in eerste instantie volledig duister blijft of een proces geestelijk of
driftmatig genoemd moet worden. Deze waardering of interpretatie is geheel afhankelijk van het standpunt of de toestand van
het bewustzijn. Een weinig ontwikkeld bewustzijn bijvoorbeeld,
dat wegens een grote hoeveelheid projecties hoofdzakelijk onder
de indruk komt van concrete of ogenschijnlijk concrete zaken en
toestanden, zal vanzelfsprekend de driften als bron van de werkelijkheid zien. Daarbij is het zich volledig onbewust van het
geestelijk aspect van zijn filosofische constatering, en het beeldt
zich in dat het door zijn oordeel de essentiële instinctiviteit van
psychische processen heeft vastgesteld. Omgekeerd kan een bewustzijn dat zich in een oppositie tot de driften bevindt, deze
driften ten gevolge van een dan optredende bovenmatige beïn-
vloeding door de archetypen ondergeschikt maken aan de geest.
Uit onbetwist biologische processen kunnen dan waarlijk groteske 'geestelijke' complicaties voortkomen. Daarbij wordt de
driftmatigheid van het fanatisme dat voor zo'n operatie noodzakelijk is, niet ingezien.
    De psychische processen gedragen zich daarom als een schaal
waar het bewustzijn 'langs glijdt'. Nu eens zit het in de buurt van
de instinctieve processen, dan weer nadert het het andere einde,
waar de geest de overhand heeft en zelfs de daaraan tegengestelde
instinctieve processen assimileert. Deze voor illusies zo vrucht-

69

bare tegengestelde posities zijn volstrekt geen abnormale verschijnselen, maar vormen voor de huidige normale mens typische psychische eenzijdigheden. Deze laatste manifesteren zich vanzelfsprekend niet alleen in het gebied van de tegenstelling geest-drift, maar nog in vele andere vormen die ik gedeeltelijk in mijn boek *Psychologische typen* heb beschreven.

Dit 'glijdende' bewustzijn is voor de mens van tegenwoordig nog zeer karakteristiek. Maar de eenzijdigheid die dit veroorzaakt kan worden opgeheven door wat ik de 'realisering van de schaduw' heb genoemd. We zouden voor deze operatie gemakkelijk een minder poëtische en meer wetenschappelijk klinkende Graeco-Latijnse hybride hebben kunnen bedenken. Dergelijke ondernemingen moeten echter in de psychologie om praktische redenen worden afgeraden, tenminste op terreinen waar het om uiterst praktische problemen gaat. Hiertoe behoort ook de 'realisering van de schaduw', dat wil zeggen het beseffen van het inferieure deel van de persoonlijkheid, wat niet verwrongen mag worden tot een intellectualistisch fenomeen. Het betekent immers een beleven en doorlijden dat de hele mens aangaat. De aard van datgene wat ingezien en geassimileerd moet worden, heeft de poëtische taal met het woord 'schaduw' zó treffend en beeldend uitgedrukt dat het eigenlijk arrogant zou zijn het gebruik van dit taalkundig erfgoed te negeren. Alleen al de uitdrukking 'inferieur deel van de persoonlijkheid' is ongeschikt en misleidend, terwijl de term 'schaduw' daarentegen niets aangeeft dat zijn inhoud zou vastleggen. De 'man zonder schaduw' is namelijk het type mens dat statistisch het meest voorkomt, de mens die meent slechts datgene te zijn wat hij van zichzelf wenst te weten. Helaas vormt noch de zogenaamd religieuze mens, noch de onbetwiste wetenschapsman een uitzondering op deze regel.

De confrontatie met het archetype of de drift betekent een *ethisch probleem* van de eerste orde. De urgentie daarvan wordt slechts gevoeld door mensen die zich geplaatst zien voor de noodzaak het onbewuste te assimileren en hun persoonlijkheid te integreren. Dit is overigens slechts het lot van mensen die inzien dat ze een neurose hebben of dat het met hun psyche niet al te best gesteld is. Het gaat hier zeker niet om een meerderheid. Wie meer een massamens is, ziet principieel niets in, hoeft ook niets in te zien, want de enige die werkelijke fouten kan maken is de grote onbekende, traditioneel 'staat' of 'maatschappij' genaamd. Maar zodra iemand weet dat iets van hemzelf afhangt of zou moeten afhangen, voelt hij zich verantwoordelijk voor zijn psychische gesteldheid. Dit voelt hij meer naarmate hij duidelijker inziet hoe hij zou moeten zijn om gezonder, stabieler en efficiënter te worden. En als hij zich op de weg naar de assimilatie van het onbewuste bevindt, dan kan hij er zeker van zijn geen enkele moeilijkheid te ontlopen die onderdeel van zijn eigen aard is. De massamens heeft daarentegen het voorrecht altijd volledig onschuldig te zijn aan de grote politieke en sociale catastrofes waarin de hele wereld verwikkeld is. Zijn eindbalans ziet er ook dienovereenkomstig uit. De ander echter heeft de mogelijkheid een geestelijk standpunt te vinden, een koninkrijk dat 'niet van deze wereld' is.

Het zou een onvergeeflijke nalatigheid en zonde zijn wanneer men de *gevoelswaarde* van het archetype zou vergeten. Dit is zowel praktisch als theoretisch van het grootste belang. Als numineuze factor bepaalt het archetype de wijze en het verloop van het vormgevende proces. Het lijkt erop dat het een voorkennis heeft, alsof het *reeds het doel zou bezitten* dat door het centrerend proces omcirkeld wordt.[120] De manier waarop het archetype functioneert zou ik willen illustreren met een eenvoudig voorbeeld: toen ik in equatoriaal Afrika verbleef, op de zuidelijke helling van Mount Elgon, zag ik dat de mensen daar bij zonsopgang voor hun hutten gingen staan, hun handen voor de mond hielden en daarin spuwden of bliezen. Daarna hieven ze hun armen op en hielden hun handpalmen naar de zon gekeerd. Ik vroeg hen wat dit betekende, maar niemand kon me een verklaring geven. Ze hadden het altijd al zo gedaan en het van hun ouders geleerd. De medicijnman zou wel weten wat het betekende. Dus vroeg ik het aan de medicijnman. Hij wist het net zo min als de anderen, maar verzekerde me dat zijn grootvader het nog had geweten. Men deed dat nu eenmaal zo, bij iedere zonsopgang, en

71

ook wanneer na nieuwe maan de maansikkel weer verschijnt. Voor deze mensen is, zoals ik kon aantonen, het verschijnings- moment van zon of nieuwe maan 'moengoe', een woord dat overeenkomt met het Melanesische 'mana' of 'moeloengoe' en dat door de missionarissen met 'God' wordt vertaald. Inderdaad betekent het woord *athîsta*[121] bij de Elgonyi zowel zon als God, hoewel ze ontkennen dat de zon God is. Alleen het moment van opgang is moengoe respectievelijk athîsta. Speeksel en adem be- tekenen zielensubstantie. Ze bieden God dus hun ziel aan, maar weten niet wat ze doen en hebben dat ook nooit geweten. Ze doen het, gemotiveerd door hetzelfde voorbewuste archetype dat de Egyptenaren op hun gedenktekens toeschreven aan de bavia- nen die de zon vereerden, overigens in het volledig bewustzijn dat het bij deze rituele geste om een verering van God ging. Dit gedrag van de Elgonyi lijkt ons heel primitief, maar we vergeten daarbij dat ook de ontwikkelde westerling niet anders handelt. Wat de kerstboom zou kunnen betekenen hebben onze voor- ouders nog minder geweten dan wijzelf, en pas in de jongste tijd hebben we pogingen gedaan uit te vinden wat het zou kunnen betekenen.

Het archetype is zuivere, onvervalste natuur,[122] en het is de na- tuur die de mens ertoe brengt woorden te spreken en handelin- gen uit te voeren waarvan de betekenis hem niet bewust is, en wel dermate onbewust dat hij er niet eens over nadenkt. Een latere bewustere mensheid kwam op het idee – met het oog op deze zo zinvolle zaken waarvan desondanks niemand de beteke- nis kon aangeven – dat het ging om resten van een 'Gouden Tijd', toen er mensen leefden die alwetend waren en die de vol- keren wijsheid leerden. Latere, gedegenereerde tijden zouden deze leringen vergeten zijn en slechts nog mechanisch onbegre- pen gebaren herhalen. Gezien de resultaten van de moderne psy- chologie kan het niet meer worden betwijfeld dat er voorbewuste archetypen bestaan, die nooit bewust waren en die slechts indirect kunnen worden vastgesteld door hun effect op de bewustzijns- inhouden. Er bestaat mijns inziens geen steekhoudend argument tegen de veronderstelling dat alle psychische functies die ons nu bewust lijken, vroeger onbewust waren en toch vrijwel zo werkten alsof ze bewust waren geweest. We zouden ook kunnen zeggen dat alles wat de mens aan psychische fenomenen produceert, al van tevoren in een natuurlijke onbewuste toestand bestond. Hiertegen zou men kunnen inbrengen dat het dan niet duidelijk is waarom er eigenlijk een bewustzijn bestaat. Ik moet er echter aan herinneren dat, zoals we al hebben vastgesteld, elk onbewust functioneren een automatisch instinctief karakter heeft en dat instincten meer of minder botsen of door hun dwangmatigheid verlopen, zonder dat ze te beïnvloeden zijn, zelfs onder omstandigheden die voor het individu soms levensgevaarlijk zijn. Het bewustzijn daarentegen maakt geordende aanpassingen mogelijk, dat wil zeggen remmingen van de drift. Daarom kan het niet gemist worden. Het feit dat de mens het vermogen tot bewustzijn bezit, maakt hem pas werkelijk tot een mens.

De synthese van bewuste en onbewuste inhouden en de bewustmaking van archetypische invloeden op bewustzijnsinhouden betekenen wanneer ze bewust worden voltrokken, een concentratie van psychische kracht en een topprestatie van het psychisch streven. Maar de synthese kan ook onbewust worden voorbereid, in banen geleid en tot op zekere hoogte worden voltrokken, namelijk tot aan William James' 'bursting point'. Ze breekt dan spontaan in het bewustzijn door en plaatst dit voor de geweldige taak om de doorgebroken inhouden zo te assimileren dat de bestaansmogelijkheid van beide systemen gewaarborgd blijft: enerzijds van het ik-bewustzijn en anderzijds van het doorgebroken complex. Klassieke voorbeelden van dit proces zijn de bekeringsbeleving van Paulus en het zogenaamde triniteitsvisioen van Niklaus von Flüe.

Door de 'actieve imaginatie' worden we in staat gesteld het archetype te ontdekken, en wel zonder te verzinken in het instinctieve gebied, wat slechts leidt tot onbewustheid waar geen kennis mogelijk is of, erger nog, tot een intellectualistisch surrogaat van de instincten. Uitgedrukt in de beeldspraak van het zichtbare spectrum zou het betekenen dat het instinctieve beeld niet aan het rode, maar aan het violette uiteinde van het spectrum wordt ontdekt. De driftdynamiek ligt in zekere zin in het infrarode, het instinctieve beeld echter in het ultraviolette deel van het spectrum. Denken we daarbij aan de welbekende kleursymboliek, dan past zoals gezegd rood helemaal niet slecht bij drift. Bij de geest echter zou volgens onze verwachtingen[123] blauw beter passen dan violet. Violet is de zogenaamde 'mystieke' kleur, die overigens het onbetwist 'mystieke' of paradoxale karakter van het archetype bevredigend weergeeft. Violet bestaat uit blauw en rood, hoewel het in het spectrum een kleur op zich is. Het is helaas niet alleen maar een stichtelijke overweging wanneer we er de nadruk op leggen dat het archetype met violet *nauwkeuriger* gekarakteriseerd wordt: het is nu eenmaal *niet alleen op zichzelf een beeld, maar tegelijk ook een dynamisme* dat zich openbaart in de numinositeit, de fascinerende kracht van het archetypische beeld. De realisering en assimilatie van de drift vindt nooit aan het rode uiteinde plaats, dat wil zeggen niet door een verzinken in het gebied van de drift, maar uitsluitend door de assimilatie van het beeld dat tegelijk ook de drift betekent en oproept, zij het in een heel andere gedaante dan waarin we deze op het biologisch vlak aantreffen. Wanneer Faust tot Wagner zegt:

Je bent je slechts van de ene drift bewust,
O, leer nooit de andere kennen...[124]

kan deze uitspraak op de drift in het algemeen worden toegepast. De drift heeft namelijk twee aspecten: enerzijds wordt hij als fysiologische dynamiek beleefd, anderzijds treden zijn veelvuldige vormen als beelden en groepen van beelden in het bewustzijn en ontplooien ze numineuze effecten, die in totale tegenstelling tot de fysiologische drift staan of lijken te staan. Voor iemand die bekend is met de religieuze fenomenologie is het immers geen geheim dat fysieke en geestelijke hartstocht weliswaar vijandige broeders, maar hoe dan ook toch broeders zijn, en dat er daarom vaak slechts een kleinigheid nodig is om het één in het ander te doen omslaan. Beide zijn werkelijk en samen vormen ze een tegenstellingspaar dat één van de vruchtbaarste bronnen voor psychische energie is. We kunnen niet het één uit het ander afleiden en zo het één of het ander het primaat verlenen. Wanneer we aanvankelijk alleen maar het ene kennen en van het andere pas veel later iets merken, bewijst dat niet dat ook niet dit andere reeds lang aanwezig was. Warm kan niet uit koud, en boven kan niet uit beneden worden afgeleid. Een tegenstelling bestaat uit een tweedeling óf ze bestaat helemaal niet, en een zijnde zonder zijn tegengestelde is volledig ondenkbaar, aangezien de aanwezigheid ervan dan niet eens vastgesteld zou kunnen worden. Het verzinken in de driftsfeer leidt daarom niet tot een bewuste realisering en assimilatie van de drift, aangezien het bewustzijn zich er zelfs panisch tegen verzet verslonden te worden door de primitiviteit en onbewustheid van de driftsfeer. Deze angst is immers het eeuwige onderwerp van de heldenmythe en het motief van talloze taboes. Hoe dichter men in de buurt van de instinctieve wereld komt, des te heftiger wordt de drang zich ervan los te maken en het licht van het bewustzijn te beschermen tegen de duisternis van gloeiende afgronden. Psychologisch echter is het archetype als beeld van de drift een geestelijk doel waar de menselijke aard naar streeft: de zee waarnaar alle rivieren hun kronkelige weg zoeken, de prijs die de held in de strijd met de draak bevecht. Aangezien het archetype een structureel principe van de instinctieve kracht is, bevat zijn blauw ook rood; dat wil zeggen het verschijnt als violet. We zouden deze gelijkenis ook kunnen interpreteren als een apokatastasis van de drift op een niveau met hogere frequentie, evenals we de drift zouden kunnen afleiden uit een latent (dat wil zeggen transcendent) archetype dat zich in het gebied met een grotere golflengte manifesteert.[125] Hoewel het natuurlijk slechts om een vergelijking kan gaan, voel ik me toch in de verleiding om mijn lezer dit beeld van de violette kleur aan te bevelen, als illustratie van de innerlijke verwantschap van het archetype met zijn eigen tegenstelling. De fantasie van de alchemisten heeft gepoogd dit moeilijk te begrijpen geheim der natuur uit te drukken met een ander, niet minder aanschouwelijk symbool, namelijk met de *oeroboros*, de slang die zichzelf in de staart bijt.

Ik zou deze gelijkenis niet tot het uiterste willen doorvoeren, maar zoals de lezer zal begrijpen: men is altijd verheugd wanneer men bij het bespreken van een moeilijk probleem kan steunen op een behulpzame analogie. Bovendien helpt deze gelijkenis een vraag te verduidelijken die we tot nu toe niet gesteld en nog minder beantwoord hebben, namelijk de vraag naar de aard *van het archetype*. De archetypische beelden die het onbewuste ons toont mogen we nooit met het *archetype an sich* verwisselen. Het zijn rijk gevarieerde vormgevingen die alle verwijzen naar een op zich *niet aanschouwelijke* basisvorm. Deze basisvorm wordt gekenmerkt door zekere vormelementen en door principiële betekenissen, die echter slechts bij benadering begrepen kunnen worden. Het archetype an sich is een psychoïde factor, die als het ware tot het onzichtbare ultraviolette deel van het psychisch spectrum behoort. Het lijkt als zodanig niet tot bewustzijn in staat te zijn. Ik waag deze hypothese op te stellen, aangezien al het archetypische dat door het bewustzijn wordt waargenomen, variaties op een basisthema lijkt uit te drukken. Het meest indrukwekkend zien we dat wanneer we de eindeloze variaties van het mandalamotief onderzoeken. Het gaat om een relatief eenvoudige basisvorm, waarvan de betekenis ongeveer kan worden aangegeven met de term 'centraal'. Hoewel de mandala verschijnt als de structuur van een centrum, blijft het toch onzeker of binnen deze structuur de nadruk meer ligt op het centrum of op de omtrek; op de verdeling of de ondeelbaarheid. Aangezien andere archetypen aanleiding geven tot soortgelijke twijfels, lijkt het me waarschijnlijk dat het eigenlijke wezen van het archetype niet tot bewustzijn in staat is, dat wil zeggen transcendent is. Daarom noem ik het psychoïde. Bovendien is elke aanschouwelijkheid van een archetype reeds bewust en daarom in onbepaalde mate verschillend van datgene wat tot het beeld aanleiding gaf. Zoals Lipps al heeft gezegd is het wezen van het psychische onbewust. Al het bewuste hoort tot de wereld van de verschijnselen die, zoals ons de moderne natuurkunde leert, niet die verklaringen oplevert die de objectieve realiteit vereist. De objectieve realiteit vraagt om een mathematisch model dat op onzichtbare en onaanschouwelijke factoren berust.

De psychologie kan zich niet onttrekken aan de universele geldigheid van dit feit, aangezien de waarnemende psyche al besloten is in de formulering van de objectieve realiteit. Evenmin kan de psychologische theorie een mathematische vorm aannemen, omdat we geen maatstaf bezitten om psychische *kwantiteiten* te meten. We zijn uitsluitend aangewezen op *kwaliteiten,* dat wil zeggen op waarneembare verschijnselen. Daarmee echter wordt de psychologie elke uitspraak over onbewuste toestanden onmogelijk gemaakt, dat wil zeggen er bestaat geen hoop dat de geldigheid van een uitspraak over onbewuste toestanden of processen ooit wetenschappelijk bewezen zou kunnen worden. Wat we ook over archetypen zeggen, het blijven visualisaties of concretiseringen die tot het bewustzijn behoren. Want anders zouden we niet eens over archetypen kunnen spreken. We moeten ons er steeds van bewust blijven dat datgene wat we met 'archetypen' bedoelen onaanschouwelijk is, maar effecten heeft die visualisatie mogelijk maken, namelijk de archetypische beelden. Precies zo'n zelfde situatie ontmoeten we in de natuurkunde. Er bestaan daar kleinste deeltjes die niet waarneembaar zijn, maar die effecten veroorzaken waaruit men een bepaald model kan afleiden. Een dergelijke constructie komt overeen met het archetypische beeld, het zogenaamde motief of mythologeem. Wanneer de aanwezigheid van twee of meer niet waarneembare factoren wordt aangenomen, wordt daarmee ook de mogelijkheid geponeerd dat het niet om twee of meer factoren gaat, maar slechts om *één.* Hiervan geeft men zich niet altijd voldoende rekenschap. De identiteit of niet-identiteit van twee niet aanschouwelijke grootheden kan namelijk niet bewezen worden. Wanneer de psychologie op grond van haar waarnemingen de aanwezigheid van bepaalde niet zichtbare psychoïde factoren veronderstelt, doet ze in principe hetzelfde als de natuurkunde wanneer deze een model van een atoom construeert. De psychologie treft het ongeluk dat ze haar object, namelijk het onbewuste, juist deze vaak bekritiseerde naam geeft die een negativum betekent. Ditzelfde gebeurt echter ook in de natuurkunde, die het niet kon vermijden de reeds vanouds bestaande term 'atoom' (het ondeelbare) voor het kleinste deeltje van de

77

materie te gebruiken. Net zomin als het atoom ondeelbaar is, is het onbewuste uitsluitend onbewust, zoals we nog zullen zien. En zoals de natuurkunde in psychologisch opzicht niet meer presteert dan de aanwezigheid van een waarnemer vast te stellen zonder een uitspraak over diens aard te kunnen doen, zo kan ook de psychologie de relatie tussen psyche en materie slechts aanduiden, zonder daarbij ook maar iets over het wezen ervan te kunnen bepalen.

Omdat psyche en materie zich in één en dezelfde wereld bevinden, bovendien in voortdurend contact met elkaar staan en uiteindelijk beide op onzichtbare transcendente factoren berusten, bestaat niet alleen de mogelijkheid maar zelfs ook een zekere waarschijnlijkheid dat materie en psyche twee verschillende aspecten van één en dezelfde zaak zijn. De synchroniciteitsfenomenen wijzen in deze richting, lijkt me, aangezien iets niet-psychisch zich kan gedragen als iets psychisch en omgekeerd,[126] zonder dat er een causaal verband bestaat. Onze huidige kennis veroorlooft ons overigens niet veel meer dan de relatie van de psychische en de materiële wereld te vergelijken met twee kegels waarvan de toppen elkaar raken en niet raken in een punt dat niet te vergroten is, het eigenlijke nulpunt.

In mijn vorige geschriften heb ik archetypische fenomenen als psychische behandeld, omdat het bij het materiaal dat ik beschreef of moest onderzoeken altijd alleen om voorstellingen ging. De hier geponeerde psychoïde aard van het archetype is daarom niet in tegenspraak met vroegere formuleringen, maar betekent alleen een verdere differentiatie van het begrip. Deze differentiatie werd onvermijdelijk op het moment dat ik me genoodzaakt zag tot een algemenere analyse van het wezen van de psyche en tot een verheldering van haar empirische begrippen en hun onderlinge relatie.

Het 'psychisch-infrarood', dat wil zeggen de biologische driftziel, gaat geleidelijk aan over in de fysiologische levensprocessen en daarmee in het systeem van chemische en fysische condities. Zo beschrijft het 'psychisch-ultraviolette', dat wil zeggen het archetype, ook een gebied dat enerzijds geen fysiologische karakteristieken vertoont, maar anderzijds en in laatste instantie ook niet meer als psychisch beschouwd kan worden, hoewel het zich op psychische wijze manifesteert. Dat is echter ook met de fysiologische processen het geval, zonder dat men deze daarom tot psychisch verklaart. Hoewel er geen enkele zijnsvorm bestaat die ons niet uitsluitend op psychische wijze bereikt, kan men toch niet zeggen dat alles zuiver psychisch is. Dit argument moeten we dus ook op de archetypen toepassen. Aangezien hun 'zijn an sich' ons onbewust is en ze toch als iets spontaan werkends ervaren worden, blijft ons voorlopig niets anders over dan hun aard, overeenkomstig hun voornaamste effect, 'geest' te noemen, en wel in de zin die ik geprobeerd heb te verduidelijken in mijn artikel over de fenomenologie van de geest.[127] Daarmee zou de positie van het archetype aan gene zijde van het psychisch gebied bepaald zijn, in analogie met de positie van de fysiologische drift, die rechtstreeks in het materiële organisme wortelt en die met zijn psychoïde aard de brug naar de materie in het algemeen vormt. In de archetypische voorstelling en in de ervaring van de drift staan geest en stof tegenover elkaar op een psychisch niveau. Stof en geest verschijnen allebei in het gebied van de ziel als kenmerkende eigenschappen van bewustzijnsinhouden. Beide zijn volgens hun uiteindelijke aard transcendentaal, dat wil zeggen onaanschouwelijk, aangezien de psyche en haar inhouden de enige werkelijkheid betekenen die ons rechtstreeks gegeven is.

9 Algemene overwegingen en vooruitzichten

De problematiek van de complexe psychologie die ik hier getracht heb te beschrijven, leidde tot conclusies die mijzelf verrast hebben. Ik meende dat ik natuurwetenschappelijk te werk ging in de beste zin: feiten vaststellen, waarnemen, classificeren, causale en functionele samenhangen beschrijven, maar ten slotte ontdekte ik dat ik verstrikt was geraakt in een netwerk van overwegingen die ver buiten het gebied van de natuurwetenschap reikten tot in dat van de filosofie, de theologie, de vergelijkende godsdienstwetenschap en de geesteswetenschap in het algemeen. Ik heb me heel wat zorgen gemaakt over deze even onvermijdelijke als bedenkelijke grensoverschrijding. Nog helemaal afgezien van mijn persoonlijke incompetentie op dit gebied leken mijn overwegingen me ook principieel dubieus, omdat ik diep overtuigd ben van het belangrijke effect van de zogenaamde persoonlijke formule op de resultaten van psychologische observaties. Het tragische is dat de psychologie niet over een wiskundig systeem beschikt dat overal aan zichzelf gelijk is. Daarmee mist ze het immense voordeel van een archimedisch punt waarin de natuurkunde zich kan verheugen. Zij neemt vanuit een psychisch standpunt fysische zaken waar en kan deze vertalen in iets psychisch. De psyche daarentegen observeert zichzelf en kan het psychische dat ze waarneemt, alleen maar vertalen in iets anders psychisch. Zou de natuurkunde zich in zo'n situatie bevinden, dan zou ze niets anders kunnen doen dan het fysische proces aan zichzelf overlaten, omdat het op deze manier het duidelijkst zichzelf kan zijn. De psychologie kan zich nergens anders in uitbeelden: ze kan zich alleen maar in zichzelf portretteren en zichzelf beschrijven. Dat is ook, logischerwijs, het principe van mijn eigen methode: het is in wezen zuiver een belevingsproces, waarbij ingreep en misgreep, interpretatie en dwaling, theorie en speculatie, arts en patiënt een 'symptosis' of een 'symptoma', een 'ontmoeting' en tegelijkertijd symptomen zijn van bepaalde processen. Wat ik beschrijf is dus in wezen niets anders dan een schets van psychische gebeurtenissen die een bepaalde statistische frequentie vertonen. Daarbij hebben we ons wetenschappelijk geenszins op een niveau begeven dat zich ergens boven of naast het psychische bevindt, noch hebben we dit psychische in een ander medium vertaald. De natuurkunde daarentegen is in staat om een wiskundige formule die door zuiver psychische activiteit tot stand is gekomen, te laten exploderen en daarmee 78.000 mensen in één klap te doden.

Dit doorslaggevende argument zou waarachtig de psychologie tot zwijgen moeten brengen. Ze mag er echter in alle bescheidenheid op wijzen dat het mathematische denken eveneens een

psychische functie is waardoor de materie zo geordend kan worden dat zelfs atomen, die met reusachtige kracht gebonden zijn,
ontploffen – iets waar ze van nature volstrekt niet op zouden komen, tenminste niet in deze vorm. De psyche is een verstoorder
die door natuurwetten wordt beheerst. Zouden we er ooit in slagen de maan iets aan te doen via atoomsplitsing, dan zou dat veroorzaakt worden door de psyche.

De psyche is het draaipunt van de wereld, en niet bijvoorbeeld
alleen maar de ene grote voorwaarde dat er inderdaad een wereld bestaat. Ze betekent ook nog een ingreep in de bestaande
natuurlijke orde, en niemand kan zeggen waar deze inmenging
zal eindigen. Het is overbodig de waarde van de ziel als object
van een wetenschap te onderstrepen. Integendeel, we moeten er
des te krachtiger op wijzen dat zelfs de kleinste verandering in de
psychische factor, voorzover deze van principiële aard is, van de
grootste betekenis is voor de kennis van de wereld en het beeld
dat wij er ons van maken. De integratie van onbewuste inhouden in het bewustzijn, die het voornaamste werk van de analytische psychologie is, betekent een principiële verandering in die
zin dat de alleenheerschappij van het subjectieve ik-bewustzijn
terzijde wordt geschoven en dat hiertegenover onbewuste collectieve inhouden worden geplaatst. Het ik-bewustzijn lijkt afhankelijk van twee factoren: ten eerste van de voorwaarden van
het collectieve respectievelijk maatschappelijk bewustzijn, en ten
tweede van de onbewuste collectieve dominanten, of de archetypen. Deze vallen fenomenologisch in twee categorieën uiteen:
instinctief en archetypisch. De eerste categorie representeert de
natuurlijke driften, de tweede die dominanten die als algemene
ideeën in het bewustzijn verschijnen. Tussen de inhouden van
het collectieve bewustzijn, die zich presenteren als algemeen erkende waarheden, en die van het collectieve onbewuste bestaat
een tegenstelling. Deze is dermate uitgesproken dat het collectieve onbewuste verworpen wordt als volledig irrationeel, zelfs
als zinloos, en dat het – overigens op een zeer ongerechtvaardig-
de manier – uitgesloten wordt van wetenschappelijk onderzoek,
alsof het niet eens zou bestaan. Maar dit soort psychische feno-

menen bestaat wel, en als ze ons onzinnig toeschijnen, dan bewijst dat alleen dat we ze niet begrijpen. Als hun bestaan eenmaal
erkend is, dan kunnen ze niet meer uit het wereldbeeld verbannen worden, ook als de wereldbeschouwing die het bewustzijn
beheerst, niet in staat blijkt de betreffende fenomenen te begrijpen. Een nauwkeurige bestudering van deze verschijnselen toont
hun buitengewone belang aan en kan zich daarom niet onttrekken aan de erkenning dat er tussen het collectieve bewustzijn en
het collectieve onbewuste een bijna onoverbrugbare tegenstelling bestaat. Daar is het subject tussenin geplaatst.

Gewoonlijk zegeviert het collectieve bewustzijn met zijn 'verstandige' algemene begrippen, die geen problemen opleveren
voor het doorsneeverstand. Dit verstand gelooft nog steeds aan
de noodzakelijke samenhang van oorzaak en gevolg en heeft nauwelijks kennis genomen van de relativering van de causaliteit.
Nog steeds is de kortste verbinding tussen twee punten een rechte lijn, waar de natuurkunde met talloze kortste verbindingen re-
kent, iets dat onze huidige schoolmeesters nog uitermate on-
gerijmd lijkt. Toch heeft de indrukwekkende gebeurtenis van
Hirosjima zelfs aan de meest duistere constateringen van de moderne natuurkunde een bijna griezelig respect verleend. Wij in
Europa waren getuige van een explosie waarvan de effecten nog
veel verschrikkelijker waren. Maar deze wordt voorlopig nog
slechts door een zeer klein aantal mensen erkend als een zuiver
psychische catastrofe. Men prefereert de meest absurde politieke
en economische theorieën, die even passend zijn als wanneer we
de explosie van Hirosjima zouden willen verklaren als een toe-
valstreffer van een grote meteoriet.

Als het subjectieve bewustzijn de voorkeur geeft aan de ideeën
en meningen van het collectieve bewustzijn en zich daarmee
identificeert, dan worden de inhouden van het collectieve onbewuste verdrongen. Deze verdringing heeft typische gevolgen: de
energetische lading van de verdrongen inhouden wordt tot op
zekere hoogte[128] opgeteld bij die van de verdringende factor,
waardoor de effectieve betekenis daarvan evenredig groter wordt.
Hoe meer de lading hiervan toeneemt, des te meer krijgt de ver-

dringende instelling een fanatiek karakter en des te dichter komt de omslag in het tegendeel nabij, de zogenaamde enantiodromie. Hoe hoger de lading van het collectieve bewustzijn, des te meer verliest het ik zijn praktische betekenis. Het wordt in zekere zin geabsorbeerd door meningen en neigingen van het collectieve bewustzijn, en daardoor ontstaat de massamens, het eeuwige slachtoffer van een -isme. Het ik kan alleen zijn zelfstandigheid bewaren wanneer het zich niet identificeert met één van de tegenstellingen, maar het midden hiertussen weet te bewaren. Dit kan echter alleen wanneer niet slechts het één, maar ook het ander bewust is. Zo'n inzicht wordt hem overigens verre van gemakkelijk gemaakt, noch door zijn maatschappelijke en politieke noch door zijn religieuze leiders. Ze willen allemaal een beslissing ten gunste van één bepaalde kant, en daarmee een volledige vereenzelviging van het individu met een noodzakelijk eenzijdige 'waarheid'. Zelfs als het om een grote waarheid zou gaan, dan zou de identificatie daarmee toch een catastrofe zijn, aangezien dit de verdere geestelijke ontwikkeling blokkeert. In plaats van inzicht heeft men dan alleen nog maar een overtuiging, en dat is vaak veel gemakkelijker en daarom aantrekkelijker.

Als daarentegen de inhoud van het collectieve onbewuste bewust wordt gemaakt, dat wil zeggen het bestaan en de werkzaamheid van archetypische voorstellingen erkend worden, dan ontstaat gewoonlijk een heftig conflict tussen datgene wat Fechner een 'dag- en nachtmening' heeft genoemd. De middeleeuwse mens (en ook nog de moderne, voorzover deze de instelling van het verleden heeft bewaard) leefde in een bewuste tegenstelling tussen het wereldse leven – dat onderworpen was aan de 'vorst van deze wereld' (duivel)[129] – en de wil van God. Deze tegenstelling werd hem door de eeuwen heen voorgeleefd door de tegenstelling tussen de keizerlijke en de pauselijke macht. Op moreel gebied spitste het conflict zich steeds toe op de kosmische strijd tussen goed en kwaad, waar de mens middenin stond door de oerzonde. Deze middeleeuwse mens was nog niet zo duidelijk onderworpen aan het wereldse als de moderne massamens. Want tegenover de klaarblijkelijke en als het ware tastbare machten van deze wereld erkende hij een even invloedrijke metafysische macht, een macht waarmee men rekening moest houden. Hoewel hij enerzijds politiek en maatschappelijk vaak onvrij en rechteloos was (bijvoorbeeld als lijfeigene) en anderzijds zich in een even onplezierige situatie bevond voorzover hij getiranniseerd werd door duister bijgeloof, stond hij althans biologisch dichter bij die onbewuste totaliteit die het kind en de primitieve mens in grotere mate bezitten en die het wilde dier in volmaakte graad bezit. Vanuit het standpunt van het moderne bewustzijn lijkt de situatie van de middeleeuwse mens beklagenswaardig en voor veel verbetering vatbaar. Maar de zo noodzakelijke verruiming van het bewustzijn door de wetenschap heeft de middeleeuwse eenzijdigheid, namelijk de vanouds heersende, verouderde onbewustheid, vervangen door een andere eenzijdigheid: een overwaardering van 'wetenschappelijk' gefundeerde meningen. Deze hebben in het algemeen betrekking op de kennis van het uiterlijke object, en wel op een dermate eenzijdige wijze dat vandaag de dag de achterlijke toestand van de psyche en vooral de zelfkennis één van de dringendste problemen is geworden. Maar ten gevolge van de heersende eenzijdigheid en ondanks de verschrikkelijke, zichtbare demonstratie van een onbewuste dat vreemd staat tegenover het bewustzijn, bestaan er nog talloze mensen die blind en hulpeloos zijn overgeleverd aan deze conflicten en die hun wetenschappelijke scrupules alleen toepassen op het uiterlijke object en niet op hun eigen psychische toestand. Desondanks moeten de psychische feiten objectief onderzocht en gewaardeerd worden. Er bestaan objectieve psychische factoren die praktisch gezien minstens even belangrijk zijn als de auto of de radio. Uiteindelijk komt het erop aan (vooral bij de atoombom) hoe men deze zaken gebruikt, en dit laatste wordt bepaald door de heersende mentale situatie. Deze wordt het meest bedreigd door de huidige -ismen, die niets anders zijn dan de gevaarlijke identiteiten van het subject met het collectieve bewustzijn. Een dergelijke identiteit produceert onvermijdelijk een massapsyche met haar onweerstaanbare neiging tot catastrofen. Het subjectieve bewustzijn moet, om aan deze verschrikkelijke dreiging te ontkomen, de identificatie met het collectieve bewustzijn vermijden door de erkenning van zijn eigen schaduw en van de betekenis van de archetypen. Deze vormen een effectieve bescherming tegen de overmacht van het maatschappelijk bewustzijn en van de massapsyche die daarmee samenhangt. Wat betreft effectiviteit komen de religieuze overtuiging en houding van de middeleeuwse mens ongeveer overeen met een instelling van het ik die door de integratie van onbewuste inhouden tot stand komt, overigens met dit verschil dat in het laatste geval wetenschappelijke objectiviteit en bewustheid in de plaats zijn gekomen van de suggestieve invloed van de omgeving en van de onbewustheid. Maar voorzover religie voor het hedendaagse bewustzijn in wezen nog *confessie* betekent en dus een collectief erkend systeem vormt van religieuze uitspraken die in dogmatische stellingen worden gevat, hoort ze eerder thuis in het gebied van het collectieve bewustzijn, hoewel haar symbolen de oorspronkelijk werkzame archetypen uitdrukken. Zolang er objectief een confessioneel collectief bewustzijn bestaat, verheugt de psyche zich, zoals reeds gezegd, in een min of meer evenwichtige toestand. Er bestaat dan in ieder geval een voldoende effectieve bescherming tegen de *inflatie* van het ik. Als echter de ecclesia en haar moederlijke eros wegvalt, dan wordt het individu hulpeloos uitgeleverd aan een of ander collectief -isme en de daarbij behorende massapsyche. Hij vervalt tot een maatschappelijke of nationale inflatie, tragisch genoeg met dezelfde instelling waarmee hij tevoren tot een kerk behoorde.

Als men daarentegen zelfstandig genoeg is om de geborneerdheid van de maatschappelijke -ismen te erkennen, dan wordt men door een subjectieve inflatie bedreigd. Gewoonlijk is men niet in staat om in te zien dat religieuze ideeën eigenlijk niet alleen op traditie en geloof berusten, maar afgeleid zijn van de archetypen. De 'zorgvuldige waarneming' (religere = waarnemen!) hiervan vormt het wezen van de religie. De archetypen zijn voortdurend aanwezig en actief; ze vereisen niet speciaal geloof, maar kennis van hun betekenis, en wijsheid en schroom, een 'godvrezendheid' die hun betekenis nooit uit het oog verliest. Een gescherpt bewustzijn kent de catastrofale gevolgen die het negeren van de archetypen zowel voor het individu als voor de maatschappij heeft. Zoals het archetype voor een deel een geestelijke factor is en voor een ander deel een verborgen betekenis die bij de drift behoort, zo is ook de geest, zoals ik heb laten zien, dubbelzinnig en paradoxaal: een grote steun en een even groot gevaar.[130] Het lijkt alsof de mens is voorbeschikt om een beslissende rol te spelen bij het oplossen van deze onzekerheid, en wel dankzij zijn bewustzijn dat ooit als een licht in de duistere afgrond van de oerwereld is verrezen. Maar vrijwel nergens weet men iets van deze dingen af, en wel het minste daar waar het -isme bloeit, want dat is slechts een verzonnen surrogaat voor een samenhang met de psychische werkelijkheid die verloren is gegaan. De massificatie van de ziel die hieruit onvermijdelijk voortvloeit, vernietigt de zin van het individu en daarmee de cultuur in het algemeen.

De psyche verstoort dus niet alleen de natuurlijke orde, maar ze verwoest ook haar eigen schepping wanneer ze haar evenwicht verliest. Daarom is de zorgvuldige waarneming van de psychische factoren van belang voor het tot stand komen van een evenwicht, niet alleen binnen in het individu, maar ook binnen in de maatschappij. Gebeurt dat niet, dan krijgen destructieve neigingen gemakkelijk de overhand. Zoals de atoombom een middel tot *fysieke* massale vernietiging is zoals dat nooit eerder is geproduceerd, zo leidt een verkeerd gerichte ontwikkeling van de psyche tot *een psychische* massale verwoesting. De huidige situatie is dermate bedenkelijk dat men de verdenking niet kan onderdrukken dat de wereldschepper opnieuw een zondvloed voorbereidt, om de huidige mensheid uit te roeien.

Wie echter mocht geloven dat men de mensen de heilzame overtuiging van het bestaan van de archetypen zou kunnen bijbrengen, denkt even naïef als mensen die de oorlog of de atoombom willen uitbannen. Dit doet denken aan de bisschop die de meikevers in de ban deed omdat ze zich ontoelaatbaar vermenigvuldigden. De verandering van het bewustzijn begint bij de enkeling. Het is een proces van eeuwen, dat hoofdzakelijk afhankelijk is van de vraag tot hoever de psyche tot ontwikkeling in staat is. We weten op dit moment alleen maar dat er inderdaad een aantal mensen bestaat dat zich verder kan ontwikkelen. Van het totale aantal zijn we niet op de hoogte, en ook weten we niet wat de suggestieve kracht van een bewustzijnsverruiming is, dat wil zeggen welke invloed deze op de verdere omgeving heeft. Dit soort effecten is immers nooit afhankelijk van de verstandigheid van een idee, maar eerder van de vraag of de tijd rijp is voor zo'n verandering of niet – een vraag die slechts achteraf beantwoord kan worden.

Zoals gezegd bevindt de psychologie zich in vergelijking met de andere natuurwetenschappen in een netelige positie, aangezien ze een basis buiten haar object van onderzoek mist. Ze kan zichzelf slechts in haar eigen taal vertalen of in haar eigen beelden uitbeelden. Hoe meer ze haar onderzoeksgebied verruimt en hoe complexer haar object wordt, des te sterker mist ze een standpunt buiten haar object. Als de complexiteit zich zelfs uitstrekt tot de empirische mens, dan vermengt zijn psychologie zich onvermijdelijk met het psychische proces zelf. De psychologie kan zich niet langer van dit psychische proces onderscheiden, maar wordt dit zelf. Het effect hiervan is echter dat het proces bewust wordt. Daarmee verwerkelijkt de psychologie de drang van het onbewuste naar bewustheid. Het is een bewustwording van het psychische proces, maar het is in diepere zin geen verklaring hiervan, aangezien elke verklaring van het psychische niets anders kan zijn dan het levensproces van de psyche zelf. Ze moet als wetenschap zichzelf opheffen, en juist hiermee bereikt ze haar wetenschappelijke doel. Elke andere wetenschap heeft een standpunt buiten zichzelf – behalve de psychologie, want haar object is het subject van alle wetenschappen.

De psychologie vindt dus noodzakelijkerwijs haar hoogtepunt in het voor de psyche karakteristieke ontwikkelingsproces dat bestaat uit de integratie van inhouden die tot bewustzijn in staat zijn. Het betekent de heelwording van de psychische mens, wat voor het ik-bewustzijn opmerkelijke gevolgen heeft die moeilijk te beschrijven zijn. Ik betwijfel of ik de veranderingen die het subject door het individuatieproces ondergaat toereikend kan beschrijven. Het gaat immers om iets dat relatief weinig voorkomt. Het is een proces dat slechts diegene meemaakt die de langdurige, maar voor de integratie van het onbewuste onmisbare confrontatie met de onbewuste componenten van de persoonlijkheid heeft doorgemaakt. Als onbewuste delen van de persoonlijkheid bewust worden gemaakt, dan is het resultaat niet alleen een assimilatie hiervan in de reeds lang bestaande ik-persoonlijkheid, maar het betekent juist ook een verandering van de persoonlijkheid. De grote moeilijkheid is de *aard* van de verandering te karakteriseren. Het ik is gewoonlijk een stevig complex dat door het daarmee verbonden bewustzijn en de continuïteit daarvan niet gemakkelijk kan en mag worden veranderd, wanneer men tenminste geen pathologische storingen wil oproepen. Op het terrein van de psychopathologie vinden we nog de beste voorbeelden van een verandering van het ik. Daar zien we niet alleen neurotische dissociaties, maar ook een schizofrene fragmentering of zelfs oplossing van het ik. Op ditzelfde terrein zien we ook pathologische pogingen tot integratie – wanneer deze uitdrukking geoorloofd is. Deze bestaan echter uit min of meer heftige *doorbraken* van onbewuste inhouden in het bewustzijn, waarbij het ik niet in staat blijkt deze indringers te assimileren. Is daarentegen de structuur van het ik-complex sterk genoeg om de stormloop van de onbewuste inhouden te verdragen, zonder dat zijn structuur fataal wordt aangetast, dan kan er een assimilatie plaatsvinden. In dit geval echter veranderen niet alleen de onbewuste inhouden, maar ook het ik zelf. Het ik kan weliswaar zijn structuur bewaren, maar wordt als het ware uit zijn centrale en heersende positie geschoven en komt aldus in de rol van de passieve toeschouwer terecht, die de noodzakelijke middelen mist om zijn wil onder alle omstandigheden door te zetten. Dat laatste komt niet zozeer door het feit dat de wil op zich verzwakt is, als wel doordat bepaalde overwegingen storend tussenbeide komen. Het ik ontdekt namelijk onvermijdelijk dat de toevloed van onbewuste inhouden de persoonlijkheid levendiger en rijker maakt en een gestalte schept die wat betreft omvang en intensiteit het ik overtreft. Door deze ervaring

wordt een al te egoïstische wil verlamd en het ik raakt ervan overtuigd dat een stap terug tot de tweede rang ondanks alle moeilijkheden altijd nog beter is dan een uitzichtloze strijd waarbij het
ik uiteindelijk toch aan het kortste eind trekt. Op deze manier
komt de wil als beschikbare energie steeds meer onder de invloed
van de sterkere factor, dat wil zeggen van de nieuwe, alomvattende 'gestalt' die ik het *zelf* heb genoemd. In deze situatie is de
verleiding natuurlijk groot om eenvoudig het machtsinstinct te
volgen en het ik voorlopig met het zelf te identificeren, om zo de
illusie van een beheerst ik te bewaren. In andere gevallen blijkt
het ik te zwak om de nodige weerstand te bieden aan de door-
brekende stroom van onbewuste inhouden. Het ik wordt dan
door het onbewuste geassimileerd, waardoor er een vervaging en
verduistering van het ik-bewustzijn ontstaat, en een identificatie
met een voorbewuste totaliteit.[131] Beide ontwikkelingen maken
de verwerkelijking van het zelf onmogelijk en veroorzaken schade aan het ik-bewustzijn. Het zijn daarom pathologische effecten.
De psychische fenomenen die we onlangs in Duitsland konden
waarnemen, horen in deze categorie thuis. Op zeer grote schaal
is daar gebleken dat zo'n verlaging van het bewustzijnsniveau –
namelijk de overweldiging van het ik door onbewuste inhouden
en de daaruit voortvloeiende identiteit met de voorbewuste totaliteit – een enorme psychische virulentie ofwel besmettelijkheid
bezit en daarom de meest desastreuze effecten kan hebben. Dit
soort ontwikkelingen moet dus zorgvuldig worden geobserveerd
en zeer nauwkeurig worden gecontroleerd. Mensen die door dit
soort neigingen worden bedreigd, zou ik willen aanraden een
prent van de heilige Christoffel aan de muur te hangen en daarover te mediteren. Het zelf heeft namelijk alleen maar een functionele betekenis wanneer het als *compensatie* voor een ik-bewustzijn kan werken. Wordt het ik door een identificatie met het zelf
opgelost, dan ontstaat hieruit een soort vage supermens met een
opgeblazen ik en een leeggelopen zelf. Een dergelijk mens, hoezeer hij zich ook als een heiland of juist onheilzaam mag gedragen, mist de scintilla, het vonkje van de ziel, dat kleine, goddelijke licht. Dat licht schijnt nooit zo stralend als wanneer het stand

moet houden tegen de stormloop van de duisternis. Wat zou de regenboog zijn als hij zich niet aftekende tegen een donkere wolk? Met deze vergelijking wil ik er graag aan herinneren dat de pathologische analogieën met het individuatieproces niet de enige zijn. Er bestaat nog heel ander geestelijk goed dat ons proces positief kan illustreren. Met name wijs ik hier op de koans van het zenboeddhisme, die juist door hun paradoxie als in een flits de moeilijk te doorschouwen relaties tussen ik en zelf belichten. In een heel andere en voor westerlingen veel toegankelijker taal heeft Johannes van het Kruis hetzelfde probleem als de 'duistere nacht van de ziel' beschreven. De noodzaak om analogieën te vinden, enerzijds in het gebied van de psychopathologie en anderzijds in dat van de oosterse en westerse mystiek, ligt in de aard der zaak: het individuatieproces is een psychisch grensfenomeen dat heel bijzondere voorwaarden nodig heeft om bewust te worden. Het is wellicht het begin van een ontwikkelingsweg die een toekomstige mensheid zal inslaan, maar die als pathologische afdwaling in eerste instantie tot de Europese catastrofe heeft geleid.

Wellicht lijkt het de kenner van de analytische psychologie overbodig om het reeds lang vastgestelde onderscheid tussen bewustwording en 'zelfwording' (individuatie) nogmaals te noemen. Ik zie echter steeds weer dat het individuatieproces wordt verwisseld met de bewustwording van het ik en dat het ik aldus met het zelf wordt geïdentificeerd, waaruit natuurlijk een heilloze begripsverwarring ontstaat. Daarmee wordt de individuatie namelijk alleen maar egocentrisme en auto-erotisme. Het zelf echter omvat oneindig veel meer dan alleen maar een ik, zoals de symboliek van oudsher bewijst: het is evenzeer de ander of de anderen als het ik. De individuatie sluit de wereld niet uit, maar in. Hiermee wil ik mijn overwegingen beëindigen. Ik heb getracht de ontwikkeling en de wezenlijke problematiek van onze psychologie in het kort te beschrijven en daarmee geprobeerd de quintessens, namelijk de geest van deze wetenschap, duidelijk te maken. Gezien de buitengewone moeilijkheden van mijn thema moge de lezer mij verontschuldigen voor de mate waarin ik zijn bereidwilligheid en aandacht op de proef heb gesteld. Fundamentele beschouwingen behoren tot de zelfbezinning van een wetenschap, maar zijn zelden onderhoudend.

Nawoord

De gezichtspunten die in aanmerking komen voor de verklaring van het onbewuste, worden vaak verkeerd begrepen. Ik zou daarom juist in samenhang met mijn voorgaande principiële uiteenzettingen ten minste twee van de belangrijkste vooroordelen iets nader willen bespreken.

Wat met name een beter begrip in de weg staat, is de vaak onwrikbare veronderstelling dat met het archetype een *aangeboren voorstelling* wordt bedoeld. Geen enkele bioloog zou het in zijn hoofd halen aan te nemen dat elk individu zijn algemene gedrag steeds weer opnieuw verwerft. Het is integendeel waarschijnlijk dat de jonge wevervogel zijn karakteristieke nest bouwt omdat hij nu eenmaal een wevervogel en geen konijn is. Het is ook waarschijnlijker dat een mens met een specifiek menselijke gedragswijze en niet met die van een nijlpaard of zelfs zonder gedragswijze wordt geboren. Bij zijn karakteristieke gedrag hoort ook zijn fysische fenomenologie die zich van die van een vogel of van een viervoeter onderscheidt. *Archetypen zijn typische gedragsvormen* die, wanneer ze bewust worden, als voorstellingen verschijnen, zoals alles wat een bewustzijnsinhoud wordt. Omdat het om karakteristiek menselijke gedragswijzen gaat, is het niet verbazingwekkend dat we in het individu psychische vormen kunnen constateren die niet alleen bij onze tegenvoeters voorkomen, maar ook bij mensen uit andere tijdperken met wie we slechts door de archeologie zijn verbonden.

Wanneer we nu willen bewijzen dat een bepaalde psychische vorm niet alleen een unieke, maar ook een typerende gebeurtenis is, kan dit slechts door middel van mijn eigen verklaring dat ik bij verschillende individuen, met inachtneming van de nodige voorzorgsmaatregelen, hetzelfde heb waargenomen. Daarna moeten andere onderzoekers eveneens bevestigen dat ze deze

zelfde of soortgelijke waarnemingen hebben gedaan. Uiteindelijk moet nog worden vastgesteld dat dezelfde of soortgelijke verschijnselen kunnen worden aangetoond in de folklore van andere volkeren en rassen en in teksten die uit vroeger eeuwen
bewaard zijn gebleven.

Mijn methode en mijn gedachtegang gaan daarom uit van individuele psychische feiten die niet alleen ikzelf, maar ook andere onderzoekers hebben vastgesteld. Het verzamelde folkloristi-
sche, mythologische en historische materiaal doet in de eerste
plaats dienst als bewijs voor de gelijkvormigheid van het psychisch
gebeuren in ruimte en tijd. Aangezien echter de betekenis en inhoud van de archetypische vormen die individueel zijn ontstaan
praktisch van groot belang zijn en de kennis hiervan in individuele gevallen een aanzienlijke rol speelt, is het onvermijdelijk
dat hierdoor ook het mythologische motief en zijn inhoud op
een bepaalde manier belicht worden.

Dat wil overigens geenszins zeggen dat het doel van het onderzoek de interpretatie van het mythologisch motief zou zijn.
Maar juist in dit verband bestaat er een vooroordeel dat de psychologie van de zogenaamde onbewuste processen een soort *filosofie* zou zijn die tot doel heeft mythologische motieven te verklaren. Dit helaas nogal wijdverbreide vooroordeel ziet opzettelijk
over het hoofd dat onze psychologie van waarneembare feiten
uitgaat, en geenszins van filosofische speculaties. Kijken we bijvoorbeeld naar de mandalastructuren die in dromen en fantasieën
optreden, dan zou een onnadenkend criticus het bezwaar kunnen maken – wat ook inderdaad gebeurd is – dat we Indische of
Chinese filosofieën in de psyche projecteren. Maar in feite hebben we alleen maar individuele psychische voorvallen vergeleken met blijkbaar verwante collectieve verschijnselen. De introspectieve tendens van de oosterse filosofie heeft nu eenmaal het
materiaal aan het licht gebracht dat in principe alle introspectieve instellingen uit alle tijden en streken naar voren brengen. Het
grote probleem voor de criticus ligt natuurlijk in het feit dat hij
de desbetreffende feiten net zomin kent als de geestestoestand van
een lama die een mandala 'opbouwt'. Deze beide vooroordelen

staan de toegang tot de moderne psychologie voor heel wat mensen met een overigens wetenschappelijke aanleg in de weg. Daarnaast bestaan er nog vele andere hindernissen, die echter niet uit
de weg te ruimen zijn door een verstandelijke benadering. Daarom zal ik die hier niet bespreken.

De onmacht om te begrijpen, of de onwetendheid van het pu-
bliek, kan niet verhinderen dat de wetenschap werkt met waar-
schijnlijkheidswaarden waarvan de onzekerheid haar voldoende
bekend is. We weten exact dat we de eigenlijke toestanden en
processen van het onbewuste net zo min kunnen kennen als de
natuurkundige het proces kan kennen dat ten grondslag ligt aan
fysische verschijnselen. Wat aan gene zijde van de wereld der verschijnselen ligt, kunnen we ons eenvoudig niet voorstellen, want
er bestaat geen enkele voorstelling die een andere oorsprong heeft
dan de wereld der verschijnselen. Wanneer we echter principiële
le overwegingen willen opstellen over het wezen van het psychische, dan hebben we een archimedisch punt nodig waardoor
in feite pas een oordeel mogelijk wordt. Dit archimedische punt
kan slechts het *niet-psychische* zijn, want als levensverschijnsel ligt
het psychische ingebed in een ogenschijnlijk niet-psychische natuur. Hoewel we deze laatste slechts als psychisch gegeven waarnemen, bestaan er toch toereikende redenen om van haar objectieve realiteit overtuigd te zijn. Overigens vangen we deze
realiteit, voorzover ze buiten onze lichaamsgrenzen ligt, hoofdzakelijk slechts op via lichtpartikels die ons netvlies raken. De ordening van deze deeltjes produceert een beeld van de wereld der
verschijnselen dat enerzijds afhankelijk is van de aard van de waarnemende psyche, anderzijds van de aard van het lichtmedium.
Het waarnemend bewustzijn heeft bewezen in staat te zijn tot
een hoge graad van ontwikkeling en het heeft instrumenten geconstrueerd waarmee het terrein van zien en horen aanzienlijk
verruimd wordt. Daarmee is de wereld der verschijnselen, die als
werkelijk werd verondersteld, evenals de subjectieve bewust-
zijnswereld in hoge mate uitgebreid. Het bestaan van deze opmerkelijke correlatie tussen bewustzijn en wereld der verschijnselen, tussen subjectieve waarneming en objectief werkelijke

processen, dat wil zeggen hun energetische werkingen, hoeft niet meer bewezen te worden.

Aangezien de wereld der verschijnselen een verzameling processen van atomaire grootte is, is het natuurlijk van het grootste belang te weten of en hoe bijvoorbeeld de fotonen ons een ondubbelzinnige kennis mogelijk maken van de realiteit die ten grondslag ligt aan de bemiddelende energetische processen. De ervaring heeft ons geleerd dat zowel het licht als de materie zich enerzijds als afzonderlijke deeltjes, en anderzijds als golven gedraagt. Dit paradoxale resultaat maakte het noodzakelijk op het niveau van de atomaire structuur een causale natuurbeschrijving in het gewone ruimte-tijd-continuüm te verwerpen. In de plaats hiervan kwamen de onaanschouwelijke *waarschijnlijkheidsvelden* in meerdimensionale ruimten. Dit is in feite de stand van onze huidige kennis. Aan dit abstracte verklaringsschema ligt een realiteitsbegrip ten grondslag dat rekening houdt met fundamenteel onvermijdelijke effecten van de waarnemer op het waar te nemen systeem. Hierdoor verliest de realiteit ten dele haar objectieve karakter en krijgt het fysische wereldbeeld een subjectief aspect.[132]

De toepassing van statistische wetmatigheden op processen op atomair niveau in de natuurkunde heeft een opmerkelijke tegenhanger in de psychologie, voorzover deze de fundamenten van het bewustzijn onderzoekt, dat wil zeggen de bewuste processen nagaat tot op het punt dat ze in het onvoorstelbare verdwijnen en er slechts nog effecten vastgesteld kunnen worden die een *structurerende* invloed op bewustzijnsinhouden hebben.[133] Het onderzoek van deze effecten levert het merkwaardige feit op dat ze door een onbewuste, dat wil zeggen objectieve realiteit worden veroorzaakt, die zich echter tevens gedraagt als een subjectieve realiteit, dus als iets bewusts. De realiteit die ten grondslag ligt aan de werkingen van het onbewuste omvat dus eveneens het waarnemend subject en heeft daarom een aard die we ons niet kunnen voorstellen. Het is inderdaad het allerintiemste subjectieve, en tegelijk algemeen waar. Dat wil zeggen: er kan worden aangetoond dat het overal aanwezig is, wat geenszins opgaat voor bewustzijnsinhouden van persoonlijke aard. Het vluchtige, willekeurige, nevelachtige en unieke dat de leek altijd associeert met de voorstelling van het psychische, geldt slechts voor het bewustzijn, maar niet voor het absoluut onbewuste.

De niet kwantitatief, maar slechts kwalitatief te bepalen werkzame eenheden van het onbewuste, namelijk de zogenaamde *archetypen,* zijn daarom van een aard *die men niet met zekerheid psychisch kan noemen.*

Hoewel ik er door zuiver psychologische overwegingen toe ben gekomen te twijfelen aan de uitsluitend psychische aard van de archetypen, ziet de psychologie zich er ook door de resultaten van de natuurkunde toe gedwongen haar zuiver psychische veronderstellingen te herzien. De natuurkunde heeft namelijk gedemonstreerd dat op atomair niveau de waarnemer in de objectieve realiteit mede voorondersteld is, en dat slechts onder deze voorwaarde een bevredigend verklaringsschema mogelijk is. Dit betekent enerzijds dat het natuurkundige wereldbeeld een subjectief aspect bezit, anderzijds dat voor de verklaring van de psyche de verbinding van de psyche met het objectieve ruimte-tijd-continuüm onmisbaar is. Zoals we ons het fysische continuüm niet kunnen voorstellen, zo is ook het noodzakelijk aanwezige psychische aspect daarvan onaanschouwelijk. Niettemin is de relatieve of gedeeltelijke identiteit van de psyche en het fysische continuüm van het grootste theoretische belang, want dit betekent een geweldige *vereenvoudiging,* aangezien ze de schijnbare onverenigbaarheid van de fysische en de psychische wereld overbrugt. Dit gebeurt overigens niet op een aanschouwelijke manier, maar in de natuurkunde door wiskundige vergelijkingen en in de psychologie door postulaten die empirisch zijn afgeleid, namelijk de archetypen. De inhouden van de archetypen, voorzover ze inderdaad aanwezig zijn, kunnen we ons niet voorstellen. Archetypen worden pas waarneembaar en ervaarbaar doordat ze voorstellingen *structureren.* Dit gebeurt altijd onbewust en kan dus pas achteraf gezien worden. Ze assimileren voorstellingsmateriaal waarvan de afkomst uit de wereld der verschijnselen niet bestreden kan worden, en worden daardoor zichtbaar en *psychisch.*

Ze worden daarom in eerste instantie uitsluitend als psychische grootheden gekend en als zodanig opgevat, met hetzelfde recht als waarmee we onze rechtstreeks waargenomen fysische verschijnselen baseren op de euclidische ruimte. Pas de verklaring van bepaalde, tamelijk onduidelijke psychische verschijnselen noodzaakt ons tot de veronderstelling dat archetypen een niet-psychisch aspect moeten bezitten.

Aanleiding tot deze conclusie geven de synchroniciteitsfenomenen[134] die verbonden zijn met de activiteit van onbewuste factoren en die men tot nu toe als 'telepathie' enzovoort heeft opgevat of verworpen.[135] We zouden onze scepsis echter moeten bewaren voor onjuiste theorieën en niet voor feiten die echt bestaan. Geen enkele onbevooroordeelde onderzoeker kan deze feiten loochenen. De weerstand tegen de erkenning hiervan berust hoofdzakelijk op de afkeer die men voelt tegen helderziendheid, een verondersteld bovennatuurlijk vermogen van de psyche. Maar de zeer uiteenlopende en verwarrende aspecten van dergelijke fenomenen worden vrijwel volkomen duidelijk, zoals ik tot nu toe kon concluderen, wanneer we een psychisch relatief ruimte-tijdcontinuüm veronderstellen. Zodra een psychische inhoud de drempel van het bewustzijn overschrijdt, verdwijnen de synchronistische randfenomenen ervan. Ruimte en tijd hernemen hun gebruikelijke absolute karakter en het bewustzijn is weer in zijn subjectiviteit geïsoleerd. Er is hier sprake van één van die gevallen die men het beste kan omschrijven met het uit de natuurkunde bekende begrip 'complementariteit'. Als een onbewuste inhoud in het bewustzijn komt, dan houdt zijn synchronistische manifestatie op, en omgekeerd kunnen doordat het subject zich in een onbewuste toestand (trance) verplaatst, synchronistische fenomenen opgeroepen worden. Dezelfde complementariteitsverhouding kan overigens evengoed worden waargenomen bij al die welbekende medische gevallen waarin bepaalde klinische symptomen verdwijnen, zodra de overeenkomstige onbewuste inhoud bewust wordt. Zoals bekend kan ook een hele serie psychosomatische verschijnselen, waar de wil anders geen enkele invloed op heeft, opgeroepen worden door hypnose, dat wil zeggen door beperking van het bewustzijn. Pauli formuleert de complementaire relatie die hierin tot uitdrukking komt, vanuit de natuurkunde als volgt: 'De vrije keus van de experimentator (respectievelijk onderzoeker) bepaalt [...] welke kennis hij wil verwerven en welke hij wil verwaarlozen of, populair gezegd, of hij A wil meten en B wil vernietigen of dat hij A wil vernietigen en B wil meten. Het is hem echter *niet* vergund kennis te verwerven zonder tegelijk kennis te verliezen.'[136] Dit geldt in bijzondere mate voor de relatie van het fysische standpunt tot het psychologische.

De natuurkunde bepaalt kwantiteiten en hun relatie tot elkaar, de psychologie echter kwaliteiten, zonder hoeveelheden te kunnen meten. Desondanks komen beide wetenschappen tot begrippen die elkaar sterk benaderen. Op de parallellen tussen de psychologische en natuurkundige verklaring heeft reeds C.A. Meier in zijn artikel 'Moderne Physik – Moderne Psychologie' gewezen.[137] Hij zegt: 'Beide wetenschappen hebben over jaren onafhankelijk van elkaar waarnemingen en bijbehorende adequate denksystemen verzameld. Beide wetenschappen zijn op bepaalde grenzen gestoten die [...] een vergelijkbaar principieel karakter dragen. Datgene wat onderzocht moet worden enerzijds, en de mens met zijn zintuiglijke organen en kennisorganen en hun uitbreidingen – de meetinstrumenten en meetprocessen – anderzijds, staan onlosmakelijk met elkaar in relatie. Dit is complementariteit, zowel in de natuurkunde als in de psychologie.' Tussen natuurkunde en psychologie bestaat er zelfs 'een echte en waarachtige complementariteitsrelatie'.

Zodra men zich eenmaal kan bevrijden van de onwetenschappelijke uitvlucht dat het alleen maar om een *toevallige* coïncidentie gaat, zal men zien dat de fenomenen in kwestie geenszins zeldzame, maar relatief veelvuldig optredende gebeurtenissen zijn. Dit komt volstrekt overeen met de resultaten van J.B. Rhine, die boven de grenzen van de waarschijnlijkheid liggen. De psyche is volstrekt geen uit willekeurigheden en toevalligheden bestaande chaos, maar een objectieve realiteit die toegankelijk is voor onderzoek via natuurwetenschappelijke methoden. Bepaalde aanwijzingen pleiten ervoor dat psychische processen een energetische relatie hebben met de fysiologische fundamenten. Voorzover het om objectieve gebeurtenissen gaat, kunnen deze niet anders geïnterpreteerd worden dan als energetische processen'[138], dat wil zeggen: ondanks de onmeetbaarheid van psychische processen kunnen we het feit van waarneembare, door de psyche bewerkte veranderingen alleen maar begrijpen als een energetisch gebeuren. Daardoor ontstaat voor de psycholoog een situatie die voor de natuurkundige zeer aanstootgevend is: de psycholoog spreekt ook over energie, hoewel hij niets meetbaars in handen heeft, en bovendien betekent het energiebegrip een wiskundig nauwkeurig gedefinieerde grootheid die op het psychische zeker niet als zodanig kan worden toegepast. De formule van de kinetische energie, $E = mv^2:2$, bevat de factoren m (massa) en v (snelheid) die ons onverenigbaar lijken met het wezen van de empirische psyche. Wanneer de psychologie er desondanks op staat een eigen energiebegrip toe te passen om de werkzaamheid *(energeia)* van de ziel uit te drukken, gebruikt ze vanzelfsprekend geen mathematisch-fysische formule, maar slechts een analogie daarvan. Deze analogie echter betekent tegelijkertijd een oudere opvatting waaruit het fysische energiebegrip zich oorspronkelijk heeft ontwikkeld. Dit laatste berust namelijk op vroegere toepassingen van een niet-mathematisch gedefinieerd begrip *energeia,* dat in laatste instantie herleid kan worden tot een primitieve, respectievelijk archaïsche opvatting van het 'buitengewoon werkingsvolle'. Het gaat hier om het begrip 'mana' dat zich niet alleen tot Melanesië beperkt, maar ook terug te vinden is in Nederlands-Indië en aan de Afrikaanse Oostkust[139], en dat nog doorklinkt in het Latijnse 'numen', en ten dele ook in 'genius' (bijvoorbeeld genius loci). Het gebruik van de term libido in de jongere medische psychologie heeft zelfs een verrassende geestverwantschap met het primitieve 'mana'.[140] Deze archetypische opvatting is dus zeker niet alleen primitief, maar onderscheidt zich van het natuurkundige energiebegrip door het feit dat ze *niet kwantitatief,* maar *hoofdzakelijk kwalitatief* is. In de plaats van de exacte meting van kwantiteiten komt in de psychologie een schatting van intensiteiten, waartoe de *gevoelsfunctie* (waardering) wordt gebruikt. Deze neemt in de psychologie de plaats in van het *meten* in de natuurkunde. De psychische intensiteiten en hun graduele verschillen duiden op kwantitatief gekarakteriseerde processen, die echter ontoegankelijk zijn voor de directe waarneming, respectievelijk meting. Aangezien de psychologische vaststellingen in wezen kwalitatief zijn, bezitten ze echter ook een als het ware latente 'fysische' energie, want psychische fenomenen vertonen een zeker kwantitatief aspect. Zouden deze kwantiteiten op de een of andere manier gemeten kunnen worden, dan zou de psyche moeten verschijnen als iets dat in de ruimte beweegt en waarop de energieformule toegepast kan worden. Dat wil zeggen: aangezien massa en energie eenzelfde aard bezitten, zouden voor de psyche – voorzover deze inderdaad effecten heeft die in de ruimte vastgesteld kunnen worden – massa en snelheid passende concepten moeten zijn. Met andere woorden: de psyche zou een aspect moeten bezitten, waaronder ze als *bewogen massa* verschijnt. Wanneer men met betrekking tot het fysische en psychische gebeuren niet direct een 'harmonie préétabli' (van tevoren vastgestelde harmonie) wil postuleren, kan het slechts om interactie gaan. De laatste hypothese vereist echter een psyche die ergens de materie raakt, en omgekeerd een materie met een *latente psyche*, een postulaat dat niet al te ver meer verwijderd is van bepaalde formuleringen van de moderne natuurkunde (Eddington, Jeans en anderen). Ik moet in dit verband aan het bestaan van parapsychische fenomenen herinneren, waarvan de werkelijkheidswaarde overigens slechts erkend kan worden door die mensen die voldoende eigen waarnemingen hebben kunnen doen.

Zijn deze overwegingen gerechtvaardigd, dan zouden daaruit zwaarwegende conclusies inzake het wezen van de psyche getrokken kunnen worden, aangezien dan haar objectiviteit niet alleen in nauwste samenhang met fysiologische en biologische fenomenen zou staan, maar ook met de fysische, en het allermeest met die van de atoomfysica. Zoals uit mijn uiteenzetting duidelijk mag zijn, gaat het in eerste instantie alleen om de vaststelling van bepaalde analogieën. We mogen uit het bestaan hiervan bijvoorbeeld niet de conclusie trekken dat een samenhang al aangetoond zou zijn. Bij de huidige stand van zowel de fysische als de psychologische kennis moeten we ons tevreden stellen met een zuivere gelijkenis van bepaalde fundamentele overwegingen. De bestaande analogieën zijn echter als zodanig belangrijk genoeg om er met recht de nadruk op te leggen.

2
Archetypen van het collectieve onbewuste

'Über die Archetypen des kollektiven Unbewussten.' Oorspronkelijk gepubliceerd in *Eranos-Jahrbuch* 1934, Zürich 1935. Een bewerking hiervan verscheen in *Von den Wurzeln des Bewusstseins*, Zürich 1954. Zie ook *Gesammelte Werke* 9/I,1. Opgenomen in *Archetypen*, Utrecht 1997.

De hypothese van een collectief onbewuste behoort tot de begrippen die mensen aanvankelijk vreemd vinden, maar die ze al snel als vertrouwde ideeën aanvaarden en daarna gebruiken. Ook met het begrip onbewuste is dat zo gegaan. Nadat het filosofische idee van het onbewuste, zoals we dat voornamelijk bij C.G. Carus en E. von Hartmann vinden, ten onder was gegaan in de alles overspoelende golf van materialisme en empirisme zonder duidelijke sporen achter te laten, dook het geleidelijk aan weer op in de natuurwetenschappelijk georiënteerde medische psychologie.

In eerste instantie was het begrip onbewuste beperkt tot de beschrijving van de toestand van verdrongen of vergeten inhouden. Bij Freud is het onbewuste, hoewel het – tenminste metaforisch – reeds als handelend subject optreedt, in wezen niets anders dan de vergaarbak van juist deze vergeten en verdrongen inhouden en heeft het slechts hierdoor een praktische betekenis. Daarom is volgens deze opvatting het onbewuste van uitsluitend persoonlijke aard[1], hoewel anderzijds Freud ook al de archaïsch-mythologische denkwijze van het onbewuste heeft gezien.

Een in zekere zin oppervlakkige laag van het onbewuste is ongetwijfeld persoonlijk. We noemen deze het *persoonlijke onbewuste*. Dit rust echter op een diepere laag die niet ontstaan is op grond van persoonlijke ervaringen en verworvenheden, maar die aangeboren is. Deze diepere laag is het zogenaamde *collectieve onbewuste*. Ik heb de uitdrukking 'collectief' gekozen, omdat dit onbewuste geen individuele, maar een algemene aard bezit, dat wil zeggen: het kent in tegenstelling tot de persoonlijke psyche inhouden en gedragswijzen die overal en in alle individuen min of meer dezelfde zijn. Het is, met andere woorden, bij alle mensen aan zichzelf identiek en vormt aldus een algemeen psychisch fundament van onpersoonlijke aard dat in iedereen aanwezig is.

Een psychische existentie wordt alleen maar herkend aan de aanwezigheid van *inhouden die tot bewustzijn in staat zijn*. We kunnen daarom alleen maar over een onbewuste spreken voorzover we inhouden hiervan kunnen aantonen. De inhouden van het persoonlijke onbewuste zijn in hoofdzaak de zogenaamde *gevoelsbeladen complexen* die de persoonlijke intimiteit van het zielenleven vormen. De inhouden van het collectieve onbewuste daarentegen zijn de zogenaamde *archetypen*.

De uitdrukking 'archetypus' vinden we al bij Philo Judaeus[2] met betrekking tot het imago Dei (Godsbeeld) in de mens. Eveneens vinden we bij Irenaeus[3] deze uitspraak: 'De schepper van de wereld vormde deze dingen niet rechtstreeks uit zichzelf, maar maakte ze volgens archetypen buiten hemzelf.' In het *Corpus Hermeticum*[4] wordt God het *archetypos phos* (archetypisch licht) genoemd. Bij Dionysius Areopagita komt de uitdrukking meermalen voor, zoals in de *De caelesti hierarchia*[5]: 'onstoffelijke archetypen', en in de *De divinis nominibus*[6]: 'archetypische steen'. Bij Augustinus vinden we weliswaar niet de term archetype, maar wel hetzelfde idee, bijvoorbeeld in de *De diversis quaestionibus*: 'Ideeën [...] die niet zelf gevormd zijn [...] die zich bevinden in het goddelijk weten.'[7] 'Archetypus' is een verklarende omschrijving van het platonische *eidos* (idee). Voor onze doeleinden is deze benaming treffend en behulpzaam, want ze vertelt ons dat het bij de collectief-onbewuste inhouden om vanouds bestaande of, beter nog, om oeroude typen gaat, dat wil zeggen: om algemene beelden die van oudsher aanwezig zijn. De uitdrukking 'représentations collectives' (collectieve voorstellingen) die Lévy-Bruhl gebruikt ter omschrijving van de symbolische figuren in primitieve wereldbeschouwingen, zou ook zonder problemen toegepast kunnen worden op de onbewuste inhouden, want het betreft vrijwel dezelfde zaak. Primitieve stamleren gaan namelijk over archetypen die op een speciale wijze gevormd zijn. Het zijn hier niet langer inhouden van het onbewuste, maar ze hebben zich al omgezet in bewuste formules die volgens de traditie onderwezen worden, meestal in de vorm van een geheime leer. Deze laatste is trouwens in het algemeen een typische uitdrukking voor de overlevering van collectieve inhouden die oorspronkelijk uit het onbewuste afkomstig zijn.

Andere welbekende uitdrukkingen van de archetypen zijn de mythe en het sprookje. Maar ook hier gaat het om bepaalde specifieke vormen die gedurende een lange periode overgeleverd werden. Het begrip 'archetype' is daarom slechts indirect van toepassing op de 'représentations collectives', aangezien het alleen betrekking heeft op die psychische inhouden die nog niet aan een bewuste bewerking onderworpen zijn geweest, en die dus een nog rechtstreekse psychische ervaring vertegenwoordigen. Als zodanig verschilt het archetype niet onaanzienlijk van de historisch gegroeide of bewerkte formule. Met name op hogere niveaus van geheime leren verschijnen de archetypen in een vorm die gewoonlijk onmiskenbaar de oordelende en evaluerende invloed van de bewuste bewerking vertoont. Hun rechtstreekse verschijning daarentegen, zoals deze ons tegemoet treedt in dromen en visioenen, is veel individueler, minder onbegrijpelijk of naïever dan bijvoorbeeld in de mythe. Het archetype vertegenwoordigt in wezen een onbewuste inhoud die door zijn bewustwording en waargenomen-worden verandert, en wel in de zin van het bepaalde individuele bewustzijn waarin het op een gegeven moment opduikt.[8]

Wat met 'archetype' bedoeld wordt, is wel duidelijk uit zijn relatie met de mythe, de geheime leer en het sprookje. Proberen we daarentegen *psychologisch* te peilen wat een archetype is, dan wordt de zaak gecompliceerder. Men heeft zich bij het onderzoek van mythen tot nu toe steeds tevreden gesteld met solaire, lunaire, meteorologische, plantaardige en dergelijke hulpvoorstellingen. Dat de mythen echter in eerste instantie psychische manifestaties zijn die het wezen van de ziel uitbeelden, heeft men tot nu toe vrijwel nergens ingezien. De primitieve mens heeft in eerste instantie weinig behoefte aan een objectieve verklaring van het voor de hand liggende, maar hij heeft daarentegen een dwingende behoefte, of beter gezegd, zijn ziel heeft een onoverwinnelijke drang om alle uiterlijke zintuiglijke ervaringen te assimileren aan de psyche. Voor een primitief mens is het niet voldoende om de zon te zien op- en ondergaan, maar deze uiterlijke waarneming moet tegelijkertijd ook een psychisch gebeuren zijn, dat wil zeggen: de zon moet in haar transformaties een god of held vertegenwoordigen die in wezen nergens anders woont dan in de ziel van de mens. Alle gemythologiseerde natuurprocessen, zoals zomer en winter, de schijngestalten van de maan, regenseizoenen enzovoort, zijn geenszins allegorieën[9] van deze objectieve ervaringen. Het zijn integendeel symbolische uitdrukkingen van het innerlijke en onbewuste drama van de ziel, dat via de weg van de projectie, dat wil zeggen gespiegeld in natuurverschijnselen, voor het menselijk bewustzijn toegankelijk wordt. De projectie is dermate grondig dat er tientallen eeuwen cultuur voor nodig waren om haar enigszins los te maken van het uiterlijke object. In het geval van de astrologie bijvoorbeeld kwam het zelfs tot een absolute verkettering van deze oeroude 'scientia intuitiva' (intuïtieve wetenschap), omdat men niet in staat was de psychologische karakterologie te scheiden van de sterren. En wie tegenwoordig nog of weer in astrologie gelooft, vervalt bijna altijd opnieuw tot de oude bijgelovige veronderstelling dat de sterren invloed hebben, hoewel iedereen die een horoscoop kan berekenen moest weten dat sinds de dagen van Hipparchos van Alexandrië het voorjaarspunt gesteld is op 0° Ram en dat daarom elke horoscoop op een arbitraire dierenriem berust, omdat sindsdien het voorjaarspunt geleidelijk aan verschoven is naar de eerste graden van het sterrenbeeld Vissen, ten gevolge van de precessie van de dag- en nachtevening.

De primitieve mens bezit een zo indrukwekkende subjectiviteit dat men eigenlijk al lang had moeten vermoeden dat mythen betrekking hebben op de ziel. Zijn kennis van de natuur is in wezen de taal en het uiterlijk gewaad van onbewuste zielsprocessen. Juist onbewustheid met dit proces is er de oorzaak van dat men ter verklaring van de mythe aan alles heeft gedacht, behalve aan de ziel. Men heeft simpelweg niet geweten dat de ziel alle beelden bevat waaruit mythen zijn ontstaan, en dat ons onbewuste een handelend en lijdend subject is wiens drama de primitieve mens terugvindt in alle grote en kleine natuurprocessen.[10]

'In uw boezem zijn de sterren van uw noodlot,' zegt Seni zu Wallenstein[11], waarmee de hele astrologie genoegdoening is gedaan, als men tenminste iets zou weten van dit hartsgeheim. Maar tot nu toe heeft men daarvoor slechts weinig begrip gehad. En dat het daarmee in onze tijd in principe beter zou zijn gesteld, waag ik niet te beweren.

De leer van de stam is heilig-gevaarlijk. Alle geheime leren proberen het onzichtbare gebeuren van de ziel te vatten, en alle eisen voor zichzelf de hoogste autoriteit op. Wat waar is voor deze primitieve leren, geldt in nog hogere mate voor de heersende wereldreligies. Ze bevatten geopenbaarde kennis die oorspronkelijk geheim was, en ze hebben de geheimen van de ziel uitgedrukt in schitterende beelden. Hun tempels en heilige geschriften verkondigen in woord en beeld de van oudsher geheiligde leer die toegankelijk is voor ieder gelovig gemoed, voor iedere fijngevoelige visie en voor iedere diepgaande denkwijze. Ja, we moeten zelfs zeggen: hoe mooier, geweldiger en meeromvattend het tot stand gekomen en traditioneel overgeleverde beeld is, des te verder is het verwijderd van de individuele ervaring. We kunnen het alleen nog maar aanvoelen, er ons in inleven, maar de oerervaring is verloren gegaan.

Waarom is de psychologie eigenlijk de allerjongste van de empirische wetenschappen? Waarom heeft men het onbewuste al niet veel eerder ontdekt en zijn schat aan eeuwige beelden aan het licht gebracht?

Heel eenvoudig hierom: we hadden al een religieuze formule voor alle dingen van de ziel, die veel mooier en meeromvattend is dan de rechtstreekse ervaring. En als voor veel mensen de christelijke belevingswereld verbleekt is, dan zijn de symbolische schatkamers van het Oosten nog altijd vol wonderen die de passie voor show en nieuwe kleren voorlopig lang genoeg kunnen bevredigen. Bovendien zijn deze beelden – of ze nu christelijk of boeddhistisch of wat dan ook zijn – fraai, geheimzinnig en doen zij veel vermoeden. Natuurlijk, hoe gewoner ze voor ons zijn, des te meer zijn ze versleten door veelvuldig gebruik, zodat alleen hun banale uiterlijkheid en hun bijna zinloze paradoxie overblijven. Het geheim van de maagdelijke geboorte of de wezenseenheid van de Zoon en de Vader, of de triniteit die geen triade is, geeft niet langer vleugels aan de filosofische fantasie. Het zijn slechts geloofsobjecten geworden. Het is daarom niet verbazingwekkend dat de religieuze behoefte, de gelovige instelling en de filosofische speculatie van de ontwikkelde Europeaan zich aangetrokken voelen door de symbolen van het Oosten, de grandioze opvattingen van de godheid in India en de afgronden van de Chinese taoïstische filosofie. Zo werden ook lang geleden geest en gemoed van de antieke mens gegrepen door de christelijke ideeën. Er zijn heel wat mensen die zich eerst overgaven aan de inwerking van het christelijke symbool, totdat ze verwikkeld raakten in de kierkegaardse neurose of totdat hun relatie tot God, ten gevolge van een toenemende verarming aan symboliek, zich ontwikkelde tot een onverdraaglijk toegespitste Ik–Gij-relatie – om daarna het slachtoffer te worden van de magie en het nieuwe van de vreemde oosterse symbolen. Deze overgave behoeft overigens niet altijd een nederlaag te zijn, maar het kan de ontvankelijkheid en de vitaliteit van de religieuze ervaring bewijzen. Iets dergelijks zien we bij de ontwikkelde mens uit het Oosten, die zich maar al te vaak aangetrokken voelt door het christelijke symbool of door de voor de oosterse geest zo inadequate wetenschap, en die hiervoor zelfs een benijdenswaardig begrip ontwikkelt. Dat men door deze eeuwige beelden wordt gegrepen, is een normale zaak: in feite bestaan deze beelden met dit doel. Ze móeten aantrekken, overtuigen, fascineren en overweldigen. Ze zijn immers geschapen uit de oerstof van de openbaring en beelden de altijd unieke ervaring van de godheid uit. Daarom ge-

ven ze de mens ook steeds weer het vermoeden van het goddelijke en beschermen ze hem tegelijkertijd tegen de rechtstreekse
ervaring ervan. Deze beelden zijn, dankzij een vaak eeuwenlan-
ge bewerking door de menselijke geest, ingebed in een veelomvattend systeem van gedachten die aan de wereld een ordening
toekennen. Daarnaast worden ze gerepresenteerd door een machtige, wijdvertakte, eerbiedwaardige instelling, genaamd kerk.

Wat ik hier bedoel kan ik het beste illustreren aan de hand van
het voorbeeld van een Zwitserse mysticus en kluizenaar, de onlangs heilig verklaarde broeder Niklaus von Flüe.[12] Zijn belangrijkste beleving was wel het zogenaamde Triniteitsvisioen,
dat hem dermate bezighield dat hij het op de muur van zijn cel
schilderde of liet schilderen. Het visioen is te zien op een schilderij van een tijdgenoot dat in de parochiekerk van Sachseln
wordt bewaard: het is een in zessen verdeelde mandala waarvan
het centrum het gekroonde gelaat van God is. We weten dat
broeder Klaus aan de hand van een geïllustreerd boekje van een
Duits mysticus het wezen van zijn visioen onderzocht en dat hij
zijn best heeft gedaan om zijn oerervaring in een voor hem begrijpelijke vorm te gieten. Daarmee is hij jarenlang bezig geweest.
Dit is wat ik de 'bewerking' van het symbool noem. Het nadenken over het wezen van het visioen, beïnvloed door de mystieke diagrammen die hij als leidraad gebruikte, bracht hem noodzakelijkerwijs tot de conclusie dat hij de heilige Drievuldigheid
zelf gezien moest hebben, dus het 'summum bonum', het hoogste goede, de eeuwige liefde zelf. Dat komt ook overeen met de
bezonken afbeelding in Sachseln.

De oerervaring echter was heel anders. In de extase namelijk
opende zich voor broeder Klaus een visioen, zo verschrikkelijk
dat daardoor zijn eigen gezicht veranderde, en wel zozeer dat de
mensen van hem schrokken en bang voor hem waren. Wat hij namelijk gezien had, was een visioen van superintensiteit. Woelflin
schrijft hierover: 'Allen die tot hem kwamen, werden bij de eerste aanblik vervuld van een grote angst. Over de oorzaak van deze
angst placht hij zelf te zeggen dat hij een allesdoordringend licht
had gezien dat een menselijk gelaat voorstelde. Bij deze aanblik

had hij gevreesd dat zijn hart zou barsten. Door angst overvallen had hij daarom zijn gezicht onmiddellijk afgekeerd en zich ter aarde geworpen. Daardoor was zijn gezicht nu voor anderen angstaanjagend.[13]

Heel terecht wordt dit visioen in verband gebracht[14] met het visioen uit de *Apocalyps* 1:13 e.v., namelijk met het merkwaardige apocalyptische Christusbeeld dat in griezeligheid en ongewoonheid alleen nog overtroffen wordt door het monstrueuze zevenogige lam met de zeven horens (*Apocalyps* 5:6 e.v.). Deze figuur staat in een moeilijk te begrijpen relatie tot de Christus uit de Evangeliën. Reeds vroeg werd het visioen van broeder Klaus daarom op een bepaalde manier door de traditie geïnterpreteerd. Zo schrijft de humanist Karl Bovillus in 1508 aan een vriend: 'Ik wil berichten over een visioen dat hem aan de hemel verscheen, in een heldere sterrennacht toen hij in gebed en contemplatie verzonken was. Hij zag namelijk de vorm van een menselijk gelaat, met een angstaanjagende uitdrukking, toornig en dreigend', enzovoort.[15]

Deze interpretatie komt voortreffelijk overeen met de moderne amplificatie uit de *Apocalyps* 1:13.[16] Ook mag men andere visioenen van Broeder Klaus niet vergeten, zoals Christus met een berenvel, God als Heer en Vrouwe, en broeder Niklaus zelf als zoon, enzovoort. Ze vertonen voor een deel zeer ondogmatische trekken.

Met dit grote visioen werd traditioneel het schilderij van de Drievuldigheid in de kerk van Sachseln en eveneens de symboliek van het wiel in het zogenaamde *Pilgertraktat*[17] in verband gebracht: Broeder Niklaus toonde de hem bezoekende pelgrims de afbeelding van het wiel. Blijkbaar heeft dit beeld hem beziggehouden. Blanke is van mening dat er, tegen de traditie in, geen samenhang bestaat tussen het visioen en het schilderij van de Drievuldigheid.[18] Het lijkt me dat deze scepcis iets te ver gaat. De belangstelling van broeder Klaus voor de afbeelding van het wiel moet een oorzaak hebben gehad. Dergelijke visioenen hebben vaak verwarring en dissociatie tot gevolg (het hart dat 'in stukken springt'). De ervaring leert dat de 'beschermende cirkel', de mandala, het traditionele tegengif voor chaotische geestestoe-standen is. Het is daarom maar al te begrijpelijk dat broeder Klaus gefascineerd was door het symbool van het wiel. De interpreta-tie van het angstvisioen als godsbeleving zou evenmin zo verge-zocht zijn. Om innerlijke, psychologische redenen lijkt het me daarom zeer waarschijnlijk dat er een samenhang bestaat tussen het grote visioen en het Drievuldigheidsschilderij in Sachseln.

Dit zonder meer angstaanjagende visioen, dat zonder dogma-tische inleiding en zonder exegetisch commentaar als een vulkaan doorbrak in de religieuze levensbeschouwing van broeder Klaus, vereiste natuurlijk een lang aanpassingswerk om geïntegreerd te worden in de ziel en aldus het verstoorde evenwicht weer te her-stellen. Broeder Klaus kwam in het reine met deze beleving dank-zij de destijds rotsvaste basis van het dogma dat zijn assimilerende kracht bewees door iets angstaanjagends levends om te zetten in het prachtige beeld van het Triniteitsidee. De uiteenzetting had echter ook kunnen uitgaan van een heel andere basis: het visioen zelf, en de griezelige feitelijkheid ervan – waarschijnlijk ten nade-le van het christelijke godsbegrip, en tot ongetwijfeld nog groter nadeel voor broeder Klaus zelf. Deze was dan namelijk geen hei-lige geworden, maar wellicht een ketter (of zelfs een zieke) die zijn leven misschien op de brandstapel beëindigd had.

Dit voorbeeld laat het nut van het dogmatische symbool zien: het formuleert een even geweldige als gevaarlijk-beslissende psy-chische beleving – die omwille van zijn overweldigend aspect te-recht een 'godservaring' wordt genoemd – op een manier die voor het menselijk bevattingsvermogen draaglijk is, zonder de omvang van de beleving wezenlijk te beïnvloeden of afbreuk te doen aan de overweldigende betekenis ervan. Het visioen van de goddelijke toorn, dat wij in zekere zin ook bij Jakob Boehme te-genkomen, kan moeilijk worden verenigd met de God uit het Nieuwe Testament, de liefhebbende Vader in de hemel. Daar-om had het gemakkelijk een bron van innerlijk conflict kunnen worden. Zoiets had zelfs in de geest van de tijd gepast: het ein-de van de vijftiende eeuw, de tijd van een Nicolaas van Cusa, die met zijn formule van het 'complexio oppositorum' (geheel van tegenstellingen) vooruitliep op het dreigende schisma! Niet lang daarna maakte het jahwistische godsbegrip een serie wedergeboorten door in het protestantisme. Jahwe is een godsbegrip dat de nog ongescheiden tegenstellingen bevat.

Broeder Klaus heeft zich buiten het gewone en gebruikelijke geplaatst door huis en gezin te verlaten, lang alleen te leven en diep in de donkere spiegel te kijken, zodat hem het wonder en de verschrikking van de oerervaring overkwam. In deze situatie werkte het dogmatische beeld van de godheid, zoals dat door de eeuwen heen was ontwikkeld, als een genezende drank. Door dit beeld kon hij de fatale doorbraak van een archetypisch beeld assimileren en zo vermijden verscheurd te worden. Angelus Silesius was niet zo gelukkig: hij werd door het innerlijke contrast verwoest, want in zijn tijd was de soliditeit van de kerk, die het dogma garandeert, al aangetast.

Jacob Boehme kende een God van het 'toornig vuur', een ware Deus absconditus (verborgen God). Maar enerzijds kon hij de diep gevoelde tegenstelling overbruggen door de christelijke formule van de Vader en de Zoon en deze speculatief inpassen in zijn weliswaar gnostische, maar op alle wezenlijke punten toch christelijke levensbeschouwing, want anders was hij een dualist geworden. Anderzijds kwam de alchemie, die al lang in het geheim de vereniging van de tegenstellingen voorbereidde, hem ongetwijfeld te hulp. In ieder geval heeft de tegenstelling nog duidelijke sporen achtergelaten in zijn mandala die bij de *Viertzig Fragen von der Seelen...*[19] hoort en die het wezen van de godheid toont. Deze mandala is namelijk in een donkere en een lichte helft verdeeld, en deze halve cirkels vormen niet één geheel, maar staan rug aan rug.[20]

Het dogma neemt de plaats van het collectieve onbewuste in, doordat het de inhouden ervan zo veelomvattend formuleert. De katholieke levenswijze kent daarom in principe geen psychologische problematiek in deze zin. Het leven van het collectieve onbewuste is bijna volledig gekanaliseerd in de dogmatische, archetypische voorstellingen en stroomt als een getemde rivier in de symboliek van het credo en het ritueel. Zijn leven openbaart zich in het innerlijk van de katholieke ziel. Het collectieve on-bewuste zoals wij het tegenwoordig kennen, was in feite nooit een zaak van 'psychologie', want lang voor de christelijke kerk bestonden er al antieke mysteries die tot in de grijze oudheid van het Neolithicum teruggingen. Nooit heeft het de mensheid ont-broken aan krachtige beelden die magische bescherming verle-nen tegenover alle griezelige zaken die in de diepte van de ziel leven. Altijd al werden de gestalten van het onbewuste uitgedrukt door beschermende en genezende beelden en zo naar buiten toe verplaatst, naar de kosmische ruimte buiten de psyche.

De beeldenstorm van de Reformatie heeft echter letterlijk een bres in de beschermende wal van de heilige beelden geslagen, en sindsdien brokkelt het ene beeld na het andere af. Ze werden du-bieus, want ze botsten met het ontwakend intellect. Bovendien had men al lang vergeten wat ze betekenden. Had men dat in-derdaad vergeten? Of had men wellicht nooit werkelijk geweten wat ze betekenden, en viel het de protestantse mensheid pas sinds kort op dat men in feite helemaal niet wist wat er bedoeld werd met de maagdelijke geboorte, met de goddelijkheid van Christus of de complexiteiten van de Drie-eenheid? Het lijkt bijna alsof deze beelden alleen maar hebben geleefd en hun levend bestaan eenvoudig is geaccepteerd zonder dat men ooit eraan twijfelde of erover nadacht, ongeveer zoals we allemaal de kerstboom versie-ren of paaseieren verstoppen, zonder te weten wat deze gebrui-ken betekenen. Archetypische beelden zijn nu eenmaal a priori zo betekenisvol dat men zich nooit afvraagt wat er eigenlijk mee bedoeld wordt. Daarom sterven de goden van tijd tot tijd, omdat men plotseling ontdekt dat ze niets betekenen, dat het nutteloze dingen zijn, geschapen door mensenhanden, gevormd uit hout en steen. Maar eigenlijk heeft de mens alleen maar ontdekt dat hij tot op dat moment helemaal niets bij zijn beelden heeft gedacht. En als hij erover gaat denken, dan doet hij dat met behulp van wat hij 'verstand' noemt – wat in feite niets anders is dan de som van zijn vooroordelen en kortzichtigheden.

De geschiedenis van het protestantisme is een chronische beel-denstorm. De ene muur na de andere viel om. Deze verwoesting was ook niet zo moeilijk nadat de autoriteit van de kerk eenmaal was aangetast. Wij weten hoe in grote dingen en in kleine, zowel in het algemeen als in het bijzonder, het één na het ander instortte, en hoe de alarmerende armoede aan symbolen die thans heerst, tot stand kwam. En hiermee is ook de kracht van de kerk verdwenen; een vesting die beroofd is van haar bastions en kazematten; een huis waarvan de muren zijn afgebroken, prijsgegeven aan alle winden der wereld en aan alle gevaren.

Hoewel het in wezen een beklagenswaardige ineenstorting is die ons historisch gevoel pijnlijk treft, geeft toch de versplintering van het protestantisme in een paar honderd kerkgenootschappen onmiskenbaar aan dat de onrust voortduurt.

De protestantse mens is eigenlijk in een onbeschermde toestand – een uitgestotene. De natuurlijke mens zou die toestand verafschuwen. Het verlichte bewustzijn wil daar overigens niets van weten, maar zoekt in alle stilte elders naar datgene wat in Europa verloren ging. Men zoekt naar werkzame beelden, naar zienswijzen die de onrust van hart en geest bevredigen, en men vindt de schatten van het Oosten.

Op zich is daar niets tegen in te brengen. Niemand heeft de Romeinen gedwongen om Aziatische culten bij wijze van massaartikel te importeren. Zou het zogenaamde wezensvreemde christendom werkelijk niet bij het diepste innerlijk van de Germaanse volkeren hebben gepast, dan hadden ze het gemakkelijk weer kunnen afstoten toen het prestige van de Romeinse legioenen was verbleekt. Het christendom blééf echter, want het paste in de aanwezige archetypische structuur. Maar het is in de loop der eeuwen veranderd in iets waarover zijn stichter zich beslist verbaasd zou hebben als hij het had kunnen meemaken; zoals ook het christendom van negers en indianen enige aanleiding geeft tot historische reflecties. Waarom zou het Westen dus geen oosterse vormen assimileren? De Romeinen gingen immers ook naar Eleusis, Samothrake en Egypte om zich te laten inwijden. In Egypte schijnt er op dit gebied zelfs een echte toeristische industrie te hebben bestaan.

De goden van Hellas en Rome gingen aan dezelfde ziekte ten

onder als onze christelijke symbolen: zowel toen als nu ontdekte men dat men helemaal niet over het onderwerp had nagedacht. De goden van de vreemdelingen echter bezaten een nog ongebruikt mana. Hun namen waren merkwaardig en onbegrijpelijk, en hun daden waren vol duistere diepte, heel wat anders dan de afgezaagde chronique scandaleuse van de Olympus. Deze Aziatische symbolen begreep men tenminste niet, en daarom waren ze niet banaal zoals de goden van vroeger. Dat men het nieuwe echter even ongezien opnam als men het oude had weggegooid, was destijds geen probleem.

Wordt dat thans een probleem? Zullen wij kant-en-klare symbolen, gegroeid op exotische bodem, doordrenkt met vreemd bloed, gesproken in vreemde talen, verweven met een onbekende geschiedenis, kunnen aantrekken als een nieuw stel kleren? Zoals een bedelaar die zich in een koninklijk gewaad hult; een koning die zich als bedelaar verkleedt? Ongetwijfeld: dat is mogelijk. Of horen wij ergens een innerlijk bevel niet mee te doen aan de verkleedpartij, maar wellicht zelf een nieuw kostuum te vervaardigen?

Ik ben ervan overtuigd dat de toenemende verarming aan symbolen een betekenis heeft. Deze ontwikkeling heeft een innerlijke consequentie. Alles waarover we nog nooit hebben nagedacht en wat daardoor een zinvolle samenhang miste met het bewustzijn, dat zich immers verder heeft ontwikkeld, is verloren gegaan. Wanneer we nu zouden proberen onze naaktheid te verhullen met oosterse pronkgewaden, zoals de theosofen dat doen, dan zouden we onze eigen geschiedenis ontrouw worden. Iemand daalt niet eerst af tot het niveau van een bedelaar om daarna als een Indische toneelkoning te poseren. Mij dunkt dat wij ons veel beter vastberaden kunnen bekennen tot de geestelijke armoede van een gebrek aan symbolen, dan te doen alsof we een rijkdom bezitten waarvan we in ieder geval niet de legitieme erfgenamen zijn. Wij zijn wel de rechtmatige erfgenamen van de christelijke symboliek, maar deze erfenis hebben we op de een of andere manier verkwanseld. We hebben het huis dat onze vaders gebouwd hebben in verval laten raken, en proberen nu in

oosterse paleizen in te breken die onze vaders nooit gekend hebben. Wie de historische symbolen verloren heeft en zich niet tevreden kan stellen met een 'surrogaat', bevindt zich in onze tijd
in een moeilijke situatie: vóór hem gaapt het niets, waarvan men
zich angstig afkeert. Erger nog: het vacuüm vult zich met absurde politieke en maatschappelijke ideeën, die alle uitmunten door
geestelijke leegte. Wie zich echter niet tevreden kan stellen met
een schoolmeesterachtige betweterij, ziet zich gedwongen serieus gebruik te maken van zijn zogenaamd godsvertrouwen, waarbij dan meestal blijkt dat de angst voor God nog overtuigender
is. Deze angst is overigens niet onterecht, want waar God het
meest nabij is, lijkt het gevaar het grootst. Het is namelijk gevaarlijk zich te bekennen tot geestelijke armoede, want wie arm
is, begeert, en wie begeert, trekt een noodlot naar zich toe. Een
Zwitsers spreekwoord drukt het drastisch uit: 'Achter elk rijk
mens staat één duivel, en achter elk arm mens – twee.'

Zoals in het christendom de gelofte van wereldse armoede de
geest van de aardse rijkdommen afwendde, zo wil ook de geestelijke armoede de valse rijkdommen van de geest verwerpen. Ze
trekt zich terug, niet alleen van de karige resten van een groot
verleden, die zich tegenwoordig protestantse 'kerk' noemen,
maar ook van alle verlokkingen van het geurige Oosten. Men
keert tot zichzelf in, waar in het koude licht van het bewustzijn
de kaalheid van de wereld reikt tot aan de sterren.

Deze armoede hebben wij reeds van onze vaders geërfd. Ik
herinner me nog heel goed mijn catechesatielessen, die door mijn
eigen vader gegeven werden. De catechismus verveelde me ont-
zettend. Ik zat eens het kleine boekje door te bladeren om ergens iets interessants te vinden, toen mijn blik op de paragrafen
over de Drie-eenheid viel. Dat interesseerde me en ik wachtte
vol ongeduld tot we met de lessen bij dit deel waren. Maar toen
het lang verbeide tijdstip aanbrak, zei mijn vader: 'Dit stuk zullen we overslaan, want ik begrijp er zelf niets van.' Daarmee ver-
vloog mijn laatste hoop. Ik bewonderde weliswaar de eerlijkheid
van mijn vader, maar dat deed niets af aan het feit dat vanaf dat
moment elk religieus gepraat me dodelijk verveelde.

Ons intellect heeft een enorme prestatie geleverd, maar intussen is ons geestelijk thuis in verval geraakt. We zijn er volledig van overtuigd dat we zelfs niet met de nieuwste en grootste spiegeltelescoop, die nu in Amerika gebouwd wordt, achter de verste sterrenevels een empyreum zullen ontdekken, en we weten dat onze blik vertwijfeld door de dodelijke leegte van de ruimte zal dwalen. En het wordt er niet beter op wanneer de wereld van het oneindig kleine door de mathematische natuurkunde onthuld wordt. Ten slotte doorwoelen we de wijsheid van alle tijden en alle volkeren en ontdekken we dat al het dierbaarste en kostbaarste al lang in de mooiste taal gezegd is. Als begerige kinderen strekken we onze handen hiernaar uit en denken we dat wanneer we dat grijpen, we het ook bezitten. Maar wat we bezitten, heeft geen waarde meer, en onze handen worden moe van het grijpen, want de rijkdom ligt overal, zover ons oog reikt. Al dit bezit verandert in water, en meer dan één tovenaarsleerling is in deze zelf opgeroepen wateren uiteindelijk verdronken, tenzij hij eerder op het reddende waandenkbeeld kwam dat de ene wijsheid goed en de andere slecht is. Uit deze adepten groeien die angstaanjagende zieke geesten die een profetische missie menen te hebben. Want door de kunstmatige scheiding van ware en valse wijsheid ontstaat een enorme spanning in de ziel, en daaruit een grote eenzaamheid en verslaving als van een morfinist die steeds broeders in het kwaad hoopt te vinden.

Als onze natuurlijke erfenis vervlogen is, dan is, om met Heraclitus te spreken, ook de geest afgedaald vanuit zijn vurige hoogte. Als echter de geest zwaarte krijgt, dan verandert hij in water en het intellect maakt zich, in een luciferische verheffing, meester van de zetel waarop eens de geest troonde. Wel mag de geest zich de 'vaderlijke macht' over de ziel aanmatigen, maar het aardgebonden intellect, dat een zwaard of een hamer van de mens is en geen schepper van geestelijke werelden, is niet de vader van de ziel. Klages had het bij het rechte eind, en Schelers eerherstel van de geest was ook bescheiden genoeg, want beiden horen thuis in een tijdperk waarin de geest niet meer boven, maar beneden, niet meer vuur, maar water is.

De weg van de ziel, die zoals Sophia op zoek is naar Bythos, de verloren vader, leidt daarom naar het water, naar die donkere spiegel die op haar bodem rust. Iedereen die de geestelijke armoede, de ware erfenis van een consequent tot in het uiterste doorleefd protestantisme, heeft gekozen, komt terecht op de weg van de ziel die naar het water leidt. Dit water is geen metaforische uitdrukking, maar een levend symbool voor de duistere psyche. Ik kan dit het best illustreren met een concreet voorbeeld – één uit vele:

Een protestants theoloog droomde vaak dezelfde droom, namelijk *dat hij op een berghelling staat – beneden ligt een diep dal en daarin een donker meer. Hij weet in zijn droom dat iets hem er tot nu toe van weerhouden heeft naar het meer toe te gaan. Dit keer besluit hij naar het water te lopen. Terwijl hij de oever nadert, wordt het donker en griezelig, en plotseling strijkt er een windvlaag over het wateroppervlak. Dan wordt hij gegrepen door een panische angst, en hij ontwaakt.*

Deze droom laat ons de natuurlijke symboliek zien. De dromer daalt in zijn eigen diepte af en de weg voert naar het geheimzinnige water. En hier gebeurt het wonder van de vijver van Bethesda: een engel daalt neer en raakt het water aan, dat hierdoor genezende kracht verkrijgt. In de droom is het de wind, het pneuma, dat waait waar het wil. Om het wonder van deze waterbeleving op te roepen, moet de mens tot het water afdalen. Maar de geestesadem die over het donkere water waait, is griezelig, zoals alles wat we niet zelf veroorzaken of wat we niet kennen. Hij wijst op een onzichtbare tegenwoordigheid, een numen, dat niet tot leven is gekomen door menselijke verwachtingen of door manipulaties van de wil. Het leeft uit zichzelf en het doet de mens huiveren, voor wie geest altijd alleen dat was wat men gelooft, wat men zelf doet, wat in boeken staat of waarover gepraat wordt. Als de geest echter spontaan naar voren komt, dan is deze iets spookachtigs, en het naïeve verstand wordt overvallen door een primitieve angst. Op deze manier beschreven de dorpsoudsten bij de Elgonyi in Kenia hun nachtelijke god, die ze de 'maker van de angst' noemen. 'Hij komt bij je,' zeiden ze, 'als een koude windvlaag, en je rilt; soms waart hij fluitend rond in het

hoge gras' – een Afrikaanse Pan, die in het spookachtig middag-
uur fluitend in het riet ronddoolt en de herders schrik aanjaagt.
Zo heeft de pneumatische adem in de droom ook een andere
dominee, een herder van de kudde, bang gemaakt. Hij betrad in
het duister van de nacht de rietoever van het water in het diepe
dal van de ziel. De eens zo vurige geest is afgedaald in de natuur,
in boom en rots en water van de ziel, zoals de oude man in Nietzsches *Zarathoestra* die, de mensheid moe, het bos introk, om samen met de beren ter ere van de schepper te brommen.

De weg van het water, die altijd naar beneden leidt, moeten
we inderdaad gaan wanneer we de schat, de kostbare erfenis van
de vader, weer naar boven willen halen. In de gnostische hymne van de ziel[21] wordt de zoon door zijn ouders erop uitgestuurd
om de parel te zoeken die uit de kroon van de koninklijke vader is gevallen. De parel rust op de bodem van een diepe, door
een draak bewaakte bron in het land van de Egyptenaren – het
land van vleespotten en dronkenschap, vol aardse en geestelijke
rijkdommen. De zoon en erfgenaam trekt erop uit om het ju-
weel te halen, maar vergeet zichzelf en zijn opdracht in de orgie
van de Egyptische wereldse lust, totdat een brief van zijn vader
hem aan zijn plicht herinnert. Hij gaat naar het water toe en duikt
in de duistere diepte van de bron. Op de bodem vindt hij de parel, en hij brengt deze uiteindelijk naar de hoogste godheid.

Deze hymne, toegeschreven aan Bardesanus, is afkomstig uit
een tijd die in meer dan één opzicht op de onze lijkt. De mensheid zocht en verwachtte, en het was de vis – 'opgehaald uit de
diepte'[22] – uit de bron, die het symbool van de Verlosser werd.

Toen ik deze regels schreef, ontving ik uit Vancouver een brief
van een onbekende. De schrijver verbaast zich over zijn dromen,
die zich steeds alleen maar met water bezighouden: 'Bijna iedere keer dat ik droom gaat het over water: ik ga in bad, of de was-
tafel loopt over, of een pijp springt, of mijn huis is afgedreven
naar de waterkant, of ik zie een kennis die op het punt staat te
verdrinken, of ik probeer uit het water te komen, of ik ga in bad
en het bad loopt bijna over, enzovoort.'

Water is het meest gebruikelijke symbool voor het onbewuste. Het meer in het dal is het onbewuste, dat in zekere zin beneden het bewustzijn ligt. Daarom wordt het ook vaak het 'onderbewuste' genoemd, niet zelden met de onaangename bijbetekenis van een minderwaardig bewustzijn. Het water is de 'geest van het dal', de waterdraak van de Tao, wiens aard op het water lijkt, een Yang, opgenomen in Yin. Water betekent daarom psychologisch: geest, die onbewust is geworden. Daarom zegt de droom van de theoloog ook heel terecht dat hij bij het water de werking van de levende geest zou kunnen beleven als een genezingswonder in de vijver van Bethesda. De afdaling in de diepte lijkt altijd vooraf te gaan aan de weg naar boven. Zo droomde een andere theoloog[23] *dat hij op een berg een soort Kasteel van de Graal zag. Hij liep op een weg, die ogenschijnlijk rechtstreeks naar de voet van de berg en het opwaartse pad leidde. Maar toen hij dichterbij kwam, ontdekte hij tot zijn grote teleurstelling dat hij door een afgrond gescheiden was van de berg: een duistere, diepe kloof, waarin een onderaards water ruiste. Weliswaar liep er een steil pad naar de diepte, dat aan de andere kant weer moeizaam omhoog klom. Maar het vooruitzicht lokte hem niet aan* – en de dromer ontwaakte. Ook hier moet de dromer, die naar de lichte hoogte streeft, eerst onderduiken in een donkere diepte. Dat blijkt een onontkoombare voorwaarde voordat hij hoger kan klimmen. Een verstandig mens vermijdt het gevaar dat in deze diepte dreigt, maar daardoor verspeelt hij ook het goede dat hij door een moedig, maar onverstandig waagstuk had kunnen veroveren.

De uitspraak van de droom stuit op hevige weerstand van de kant van het bewustzijn, dat 'geest' slechts kent als iets dat in de hoogte verblijft. 'Geest' komt kennelijk altijd van boven. Van beneden komt al het troebele en verwerpelijke. Geest betekent in deze zienswijze de hoogste vrijheid, een zweven boven de diepte, een bevrijding van de gevangenis van het aardse, en daarom een toevlucht voor alle angstige lieden die niet willen 'worden'. Water echter is iets aards en tastbaars, het is ook de vloeistof van het door driften beheerste lichaam, het is het bloed en de bloeddorstigheid, de geur van het dier en de zwaar met hartstocht beladen lichamelijkheid. Het onbewuste is die psyche die vanuit het daglicht van een geestelijk en moreel helder bewustzijn tot diep in het zenuwstelsel reikt dat van oudsher sympathicus wordt genoemd. De sympathicus beheerst niet, zoals het cerebrospinale systeem, waarneming en spieractiviteit en daarmee de ruimtelijke omgeving, maar houdt zonder zintuiglijke organen het levensevenwicht in stand. Hij vangt via geheimzinnige wegen van meevoelende opwinding niet alleen boodschappen van het diepste wezen van andere levens op, maar straalt omgekeerd ook hierop een innerlijk effect uit. In deze zin is het een uiterst collectief systeem, de eigenlijke basis van elke participation mystique, terwijl de cerebrospinale functie zijn hoogtepunt vindt in de afzondering van de ik-bepaaldheid, en altijd alleen via het medium van de ruimte oppervlakten en uiterlijkheden raakt. Het ene systeem beleeft alles als iets uiterlijks, het andere echter als iets innerlijks.

Het onbewuste nu gaat gewoonlijk door voor een soort ingekapselde persoonlijke intimiteit, iets dat de bijbel het 'hart' noemt en onder andere als broedplaats van alle slechte gedachten opvat. In de kamers van het hart wonen de kwade bloedgeesten, snel opgezweepte toorn en zinnelijke zwakheid. Zo ziet het onbewuste er van de kant van het bewustzijn uit. Het bewustzijn echter lijkt in essentie een aangelegenheid van de grote hersenen te zijn, die alles onderscheiden en als afzonderlijke entiteit zien. Dus wordt ook het onbewuste uitsluitend als *mijn* onbewuste gezien. Daarom gelooft men algemeen dat iedereen die in het onbewuste afdaalt, in de benauwende sfeer van egocentrische subjectiviteit terechtkomt, en dat men op deze doodlopende weg overgeleverd is aan de aanvallen van alle boosaardige dieren die in de holen van de psychische onderwereld zouden wonen.

Wie in de spiegel van het water kijkt, ziet overigens allereerst zijn eigen beeld. Wie in zichzelf keert, riskeert de ontmoeting met zichzelf. De spiegel flatteert niet, hij geeft een getrouw beeld van wat voor hem staat, namelijk het gezicht dat wij nooit aan de wereld tonen, omdat we het verhullen door de persona, het masker van de toneelspeler. De spiegel ligt echter achter het masker en toont ons ware gezicht.

Dit is de eerste proeve van onze moed op het innerlijke pad, een proeve die voldoende is om de meeste mensen af te schrikken, want de ontmoeting met onszelf is een onaangename zaak die we uit de weg gaan zolang we al het negatieve op onze omgeving kunnen projecteren. Zijn we in staat de eigen schaduw te zien en deze kennis te verdragen, dan hebben we nog maar een klein deel van onze taak uitgevoerd: we hebben tenminste het persoonlijk onbewuste naar boven gebracht. De schaduw is echter een levend onderdeel van de persoonlijkheid en wil daarom in de een of andere vorm meeleven. We kunnen hem niet met bewijzen wegredeneren of tot iets onschuldigs rationaliseren. Het is een buitengewoon moeilijk probleem, want het daagt niet alleen de hele mens uit, maar herinnert hem tegelijk aan zijn hulpeloosheid en zijn onmacht. Sterke naturen – of moeten we eerder zwakke zeggen? – willen hier niet graag aan herinnerd worden, maar verzinnen een of ander heldhaftig 'Jenseits von Gut und Böse' en hakken de gordiaanse knoop door, in plaats van hem te ontwarren. De rekening moet echter na korte of lange tijd toch betaald worden. We moeten onszelf toegeven: er bestaan problemen die we op eigen kracht eenvoudig niet kunnen oplossen. Deze erkenning heeft het voordeel van eerlijkheid, waarheid en werkelijkheid, en daarmee is het fundament gelegd voor een compensatoire reactie van het collectieve onbewuste, dat wil zeggen: we zijn op dat moment geneigd te luisteren naar een reddende inval of gedachten waar te nemen die we eerst niet aan het woord lieten komen. We gaan wellicht ook op dromen letten die we dan krijgen, of denken na over bepaalde gebeurtenissen die zich juist op dat moment in ons afspelen. Met zo'n instelling kunnen de behulpzame krachten die in de diepere natuur van de mens sluimeren, ontwaken en ingrijpen, want hulpeloosheid en zwakte zijn de eeuwige ervaring en het eeuwige probleem van de mensheid. Daarop bestaat ook een eeuwig antwoord, want anders was de mens al lang geleden te gronde gegaan. Wanneer we alles hebben gedaan wat we konden doen, dan blijft alleen maar datgene over dat we zouden kunnen doen als we het maar wisten. Hoeveel weet een mens echter van zich-

zelf? De ervaring leert dat dat maar heel weinig is. Voor het onbewuste blijft er daarom nog veel ruimte over. Het gebed vereist zoals bekend een instelling die hier sterk op lijkt, en heeft
daarom een overeenkomstig effect.

De noodzakelijke en nodige reactie van het collectieve onbewuste drukt zich uit in archetypisch gevormde voorstellingen. De
ontmoeting met onszelf betekent allereerst de ontmoeting met de
eigen schaduw. De schaduw is overigens een nauwe pas, een smal-
le poort, en niemand die in de diepe put afdaalt, blijft de pijnlijke benauwenis hiervan bespaard. We moeten echter onszelf leren
kennen, opdat we weten wie we zijn, want datgene wat na de
poort volgt, is onverwacht een grenzeloze, ongehoorde en onbepaalde ruimte. Er is schijnbaar geen binnen en buiten, geen boven en beneden, geen hier en daar, geen mijn en dijn, geen goed
en kwaad. Het is de wereld van het water waarin al het levende
zweeft, waar het rijk van de 'sympathicus' begint, de ziel van al
het levende; een rijk waar ik ondeelbaar dit *en* dat ben, waar ik de
ander in mijzelf beleef en de ander dan ikzelf mij beleeft.

Het collectieve onbewuste is allesbehalve een ingekapseld, persoonlijk systeem, het is objectiviteit, zo ruim als de wereld en
open voor de hele wereld. Ik ben daar het object van alle sub-
jecten, in een volledige omkering van mijn gewone bewustzijn,
waar ik altijd het subject ben dat objecten *heeft*. Daar echter ben
ik dermate één met de wereld, er zozeer mee verbonden, dat ik
al te gemakkelijk vergeet wie ik werkelijk ben. 'In zichzelf verloren' is een goede uitdrukking om deze toestand te karakteriseren. Dit zelf echter is de wereld, of zuiver gezegd, een wereld zoals tenminste een bewustzijn het zou kunnen zien. Daarom
moeten we weten wie we zijn.

Zodra we maar even door het onbewuste worden geraakt, zijn
we het immers zelf ook: we raken dan onbewust van onszelf. Dit
is het oergevaar dat de primitieve mens – die immers zelf nog zo
dicht bij dit pleroma ('eeuwigheid') staat – instinctief kent en
vreest. Zijn bewustheid is namelijk nog onzeker en staat op wan-
kele voeten. Ze is nog kinderlijk, zojuist opgedoken uit de oer-
wateren. Een golf uit het onbewuste kan haar gemakkelijk over-

spoelen, en dan vergeet hij wie hij was en doet dingen waarin hij zichzelf niet meer herkent. Primitieve mensen zijn bang voor onbeheerste emoties, omdat daarin het bewustzijn al te gemakkelijk verdwijnt en ruimte maakt voor bezetenheid. Alle streven van de mensheid is daarom gericht geweest op de versterking van het bewustzijn. Hiertoe dienden de riten, de 'représentations collectives', de dogma's: dat waren dijken en muren, gebouwd om de mens te beschermen tegen de gevaren van het onbewuste, de 'perils of the soul' (gevaren van de ziel). De primitieve rite bestaat daarom uit het verbannen van geesten, opheffen van betoveringen, afwenden van het boze oog, verzoenen, zuiveren en het bij wijze van analogie, dat wil zeggen op magische wijze, tot stand brengen van ondersteunende gebeurtenissen.

Het zijn deze muren, gebouwd vanaf de oertijd, die later het fundament van de kerk werden. Het zijn daarom ook deze muren die instorten wanneer de symbolen door ouderdom verzwakt raken. Dan stijgt het water steeds hoger, en oeverloze catastrofes overspoelen de mensheid. De religieuze leider van de Taospueblo-indianen, de zogenaamde Loco Tenente Gobernador, zei eens tegen me: 'De Amerikanen moeten ophouden met het verstoren van onze religie, want als deze sterft en wij de zon, onze vader, niet meer kunnen helpen zijn tocht langs de hemel te volbrengen, dan zullen de Amerikanen en de hele wereld binnen tien jaar iets beleven: dan zal namelijk de zon niet meer opgaan.' Dat wil zeggen: dan wordt het nacht, het licht van het bewustzijn dooft uit en de duistere zee van het onbewuste breekt door.

Primitief of niet, de mensheid staat altijd aan de grens van de dingen die ze zelf doet en toch niet beheerst. De hele wereld wil vrede en de hele wereld bewapent zich voor een oorlog, volgens het axioma: 'Als ge de vrede wilt beleven, streef dan naar oorlog', om maar *een* voorbeeld te noemen. De mensheid vermag niets tegen de mensheid zelf en de goden, zoals altijd, wijzen haar de weg en van het lot. Tegenwoordig noemen we de goden 'factoren', wat is afgeleid van facere, maken. De makers staan altijd achter de coulissen van het theater der wereld. Zo is het in grote dingen en in kleine. In ons bewustzijn zijn we eigen baas; we zijn ogenschijnlijk de 'factoren' zelf. Als we echter door de poort van de schaduw gaan, dan worden we er ons met schrik van bewust dat wij objecten van factoren zijn. Deze kennis is beslist onaangenaam, want er bestaat geen grotere teleurstelling dan de ontdekking van de eigen ontoereikendheid. Het geeft zelfs aanleiding tot primitieve paniek, want de angstvallig geloofde en behoede suprematie van het bewustzijn, die inderdaad een geheim van het menselijk succes is, wordt gevaarlijk in twijfel getrokken. Aangezien echter onwetendheid geen garantie is voor veiligheid, maar integendeel de onveiligheid alleen maar groter maakt, is het waarschijnlijk beter om ondanks alle vrees te weten dat we bedreigd worden. Een juiste vraagstelling betekent al de halve oplossing van een probleem. We weten dan in ieder geval dat het grootste gevaar dat ons bedreigt, hierin bestaat dat de psychische reactie zo onafzienbaar is. Mensen met inzicht weten daarom al geruime tijd dat uiterlijke historische omstandigheden alleen maar de aanleiding tot werkelijk levensbedreigende gevaren zijn. Ik doel hier op politiek-maatschappelijke waandenkbeelden. Deze moeten niet worden beschouwd als noodzakelijk causale gevolgen van uiterlijke omstandigheden, maar als beslissingen van het onbewuste.

Deze problematiek is nieuw, want alle tijden voor ons geloofden nog aan goden in een of andere vorm. Er was een verarming aan symboliek zonder weerga voor nodig, om de goden opnieuw te ontdekken als psychische factoren, namelijk als archetypen van het onbewuste. Ongetwijfeld is deze ontdekking voorlopig nog ongeloofwaardig. Om overtuigd te worden, hebben we de ervaring nodig die in de droom van de theoloog is geschetst, want alleen dan zullen we de zelfstandige activiteit van de geest boven de wateren ervaren. Sinds de sterren van de hemel zijn gevallen en onze hoogste symbolen zijn verbleekt, heerst er een geheim leven in het onbewuste. Daarom hebben we tegenwoordig een psychologie, en daarom spreken we over het onbewuste. Dit alles was en is inderdaad ook volstrekt overbodig in een tijd en cultuur die symbolen bezit. Want symbolen zijn geest van boven, en dan is ook de geest boven.

Daarom zou het voor dergelijke mensen een dwaze en zinloze onderneming zijn om een onbewuste te willen beleven of te onderzoeken dat niets anders bevat dan het stille, ongestoorde werken van de natuur. Ons onbewuste echter herbergt water dat leven is ingeblazen, dat wil zeggen geest die natuur is geworden en daarom onrustig is. Voor ons is de hemel een natuurkundige ruimte geworden, en het goddelijk empyreum een schone herinnering aan vroeger. Ons 'hart gloeit echter', en een geheime onrust knaagt aan de wortels van ons bestaan. Met de Völuspâ kunnen we vragen:

Wat murmelt nog Wodan met Mimirs hoofd?
Reeds kookt het in de bron …[24]

Onze preoccupatie met het onbewuste is een vraag van levensbelang. Het gaat om geestelijk zijn of niet-zijn. Alle mensen die de ervaring hebben beleefd die in genoemde droom is aangeduid, weten dat de schat in de diepte van het water rust, en ze zullen proberen haar boven te halen. Omdat ze nooit mogen vergeten wie ze zijn, moeten ze hun bewustzijn onder geen voorwaarde verliezen. Ze zullen dus hun standpunt stevig op aarde moeten verankeren, en ze worden aldus – om de gelijkenis voort te zetten – vissers die datgene wat in het water zwemt, met hengel en net vangen. Ook al bestaan er reine en onreine dwazen die niet begrijpen wat de vissers doen, toch zullen deze de tijdloze betekenis van hun handelingen niet verkeerd begrijpen, want het symbool van hun handwerk is vele eeuwen ouder dan het nog onverbleekte verhaal van de Heilige Graal. Maar niet iedereen is een visser. Vaak blijft deze figuur ook op een vroeger, instinctief niveau steken, en dan is het een visotter, zoals we die bijvoorbeeld kennen uit Oscar A.H. Schmitz' sprookjes over de visotter.[25]

Wie in het water kijkt, ziet weliswaar zijn eigen spiegelbeeld, maar daarachter duiken algauw levende wezens op: vermoedelijk vissen, onschuldige bewoners van de diepte – onschuldig wanneer het meer voor veel mensen niet iets spookachtigs zou hebben. Het zijn een bijzonder soort waterwezens. Soms vangt de visser een nixe in zijn net, een vrouwelijke, halfmenselijke vis.[26] Nixen zijn betoverende wezens:

Half trok zij hem
Half zonk hij weg
En werd niet meer gezien.[27]

De nixe is een nog instinctievere voorfase van een toverachtig vrouwelijk wezen dat wij anima noemen. Het kunnen ook sirenen, melusinen[28], bosvrouwen, Gratiën en dochters van de Erlkönig, of lamia en succubi zijn die jongelingen betoveren en het leven uit hen zuigen. Deze figuren zijn projecties van gevoelens van verlangen en van verwerpelijke fantasieën, zoals de moraliserende critici zullen zeggen. We moeten toegeven dat deze constatering enigszins gerechtvaardigd is. Maar is dat de hele waarheid? Is de nixe werkelijk niets anders dan het product van een morele laksheid? Hebben er niet reeds lang dergelijke wezens bestaan, en wel al in een tijd, toen het ontwakend menselijk bewustzijn nog geheel aan de natuur was gebonden? De geesten waren toch eerst in het bos en veld en in beekjes, lang voordat het probleem van een moreel geweten bestond. Bovendien werden deze wezens evenzeer gevreesd, zodat hun ietwat merkwaardige erotische charmes slechts betrekkelijk karakteristiek zijn. Het bewustzijn was destijds heel wat eenvoudiger, en de mens beheerste dit slechts in een belachelijk geringe mate. Oneindig veel van wat wij tegenwoordig ervaren als onderdeel van ons eigen psychische wezen, dartelt bij primitieve mensen nog rond in een vrolijke projectie.

Het woord 'projectie' past hier eigenlijk niet, want het gaat niet om iets dat uit de ziel is geworpen, maar het is omgekeerd: de psyche is door een reeks introjecties zo complex geworden als wij haar tegenwoordig kennen. Haar complexiteit is toegenomen evenredig met de toenemende wezenloosheid van de natuur. Een verontrustende Gratie van weleer heet tegenwoordig een 'erotische fantasie' die ons zielenleven op pijnlijke wijze verwart. Ze treedt ons tegemoet als een nixe; bovendien is ze een succubus, ze neemt vele gestalten aan zoals een heks en vertoont in het algemeen een onverdraaglijke zelfstandigheid die een psychische inhoud eigenlijk niet zou mogen bezitten. Soms is ze de oorzaak van fascinaties die met de beste beheksing kunnen concurreren, of angsttoestanden die zich door geen enkele duivelse verschijning laten overtroeven. Het is een ondeugend wezen dat ons pad kruist in talloze gedaanten en vermommingen, dat allerlei streken met ons uithaalt, dat plezierige en onprettige misleidingen, depressies en extases, onbeheerste emoties, enzovoort, veroorzaakt. Ook in de toestand van verstandige introjectie legt de nixe haar schelmse wezen niet af. De heks mengt nog steeds haar smerige liefdes- en doodsdrank, maar haar magisch vergif is verfijnd tot intriges en zelfmisleiding – weliswaar onzichtbaar, maar niet minder gevaarlijk.

Waar halen we echter de moed vandaan, dit elfachtig wezen de anima te noemen? 'Anima' betekent toch ziel, en dat is toch iets geweldigs en onsterfelijks. Toch is dit niet altijd zo geweest. We mogen niet vergeten dat dit soort ziel een dogmatische voorstelling is die tot doel heeft iets dat griezelig, levend en actief is, te vangen en te binden. Het Duitse woord *Seele* (ziel) is via de Gotische vorm *saiwalô* zeer nauw verwant met het Griekse *aiolos,* dat 'bewegend', 'veelkleurig' betekent, dus zoiets als een vlinder – Grieks *psyche* – die dronken van bloem naar bloem zweeft en die van honing en liefde leeft. In de gnostische typologie staat de *anthropos psychikos* (de psychische mens) lager dan de *pneumatikos* (de geestelijke mens), en uiteindelijk bestaan er ook slechte zielen die eeuwig in de hel moeten braden. Zelfs de volledig schuldeloze ziel van de ongedoopte boreling is op z'n minst beroofd van de aanblik van God. Bij primitieve volken is de ziel een magische levensadem (vandaar 'anima') of vlam. Een nietkanoniek woord van de Heer zegt passend: 'Wie mij nabij is, is het vuur nabij.'[29] Bij Heraclitus is de ziel op het hoogste niveau vurig en droog, want psyche heeft op zich een nauwe verwantschap met een 'koele nevel' – psychein betekent nevel, psychros is koud en psychos koel...

Een bezield wezen is een levend wezen. De ziel is het levende in de mens, het uit zichzelf levende en leven veroorzakende. Daarom blies God Adam een levende adem in, opdat hij zou leven. De ziel verleidt de niet-leven-willende traagheid van de stof met list en speelse misleiding tot het leven. Ze overtuigt ons van ongeloofwaardige zaken, opdat het leven wordt geleefd. Ze is vol valstrikken en voetangels, opdat de mens ten val komt, de aarde bereikt, zich daarin verwikkelt en eraan blijft hangen, opdat het leven geleefd wordt. Zo kon reeds Eva in het Paradijs het niet laten Adam te overtuigen dat de verboden appel goed was. Zou de beweging en veelkleurigheid van de ziel niet bestaan, dan zou de mens door zijn grootste hartstocht, de traagheid, tot stilstand komen.[30] Deze traagheid wordt verhinderd door een zekere verstandigheid en geregeerd door een zekere moraliteit. Maar het bezit van een ziel is het waagstuk van het leven, want de ziel is een levenschenkende demon die zijn elfachtige spel onder en boven het menselijke bestaan speelt. Daarom wordt hij binnen het dogma ook bedreigd en gevleid met eenzijdige straffen en zegeningen, die ver uitgaan boven de mogelijke menselijke verdiensten. Hemel en hel zijn het noodlot van de ziel en niet van de gewone burger, die in zijn naaktheid en dwaasheid in een hemels Jeruzalem niets met zichzelf zou weten aan te vangen.

De anima is geen ziel in dogmatische zin, geen anima rationalis, wat een filosofisch begrip is, maar een natuurlijk archetype dat op bevredigende wijze alle uitspraken van het onbewuste, van de primitieve geest, van de taal- en godshistorie samenvat. Ze is een 'factor' in de eigenlijke zin van het woord. Ze kan niet gemaakt worden, maar ze is altijd het a priori van stemmingen, reacties, impulsen en wat er verder aan psychische spontaniteiten bestaat. Ze is iets dat uit zichzelf leeft, dat ons levend maakt, een leven achter het bewustzijn dat niet volkomen hierin geïntegreerd kan worden, maar waaruit integendeel het bewustzijn voortkomt. Want uiteindelijk is het psychische leven voor het grootste deel iets onbewusts dat het bewustzijn aan alle kanten omgeeft – een gedachte die zonder meer duidelijk wordt wanneer men zich er eens rekenschap van geeft hoeveel onbewuste voorbereiding er nodig is om bijvoorbeeld een zintuiglijke waarneming te registreren.

Hoewel het erop lijkt alsof de anima de totaliteit van het onbewuste zielenleven zou zijn, is ze toch slechts één van de vele archetypen. Daarom is ze niet zonder meer karakteristiek voor het onbewuste. Ze is er slechts een aspect van. Dat zien we al aan het feit dat ze als iets vrouwelijks wordt opgevat. Datgene wat niet-ik oftewel mannelijk is, is hoogstwaarschijnlijk vrouwelijk. En omdat het niet-ik ervaren wordt als iets dat niet bij het ik hoort, en daarom als iets van buitenaf, wordt het beeld van de anima gewoonlijk op vrouwen geprojecteerd. Elk geslacht bevat tot op zekere hoogte iets van de andere sekse, omdat biologisch alleen het grotere aantal mannelijke genen de doorslag geeft bij de keuze van mannelijkheid. De minderheid aan vrouwelijke genen lijkt een vrouwelijk karakter te vormen, dat echter wegens zijn ondergeschikte positie gewoonlijk onbewust blijft.

Met het archetype van de anima betreden wij het rijk van de goden, respectievelijk het gebied dat de metafysica voor zichzelf gereserveerd heeft. Alles wat de anima aanraakt, wordt numineus, dat wil zeggen onvoorwaardelijk, gevaarlijk, taboe, magisch. Zij is de slang in het paradijs van de onschuldige mens vol goede voornemens en bedoelingen. Ze levert de meest overtuigende redenen waarom we ons niet met het onbewuste moeten bezighouden, want dan doorbreken we morele remmingen en ontketenen we machten die we beter in het onbewuste hadden kunnen laten rusten. Zoals gewoonlijk heeft ze ook hier niet helemaal ongelijk, voorzover het leven zelf namelijk niet alleen goed, maar ook kwaad is. En aangezien de anima het leven wil, wil ze goed én kwaad. In het elfachtig levensgebied bestaan deze categorieën niet. Zowel het lichamelijke als het psychische leven heeft de indiscretie het zonder de conventionele moraal vaak veel beter te doen en gezonder te blijven. De anima gelooft aan het schone en goede, een primitief begrip dat al lang bestond vóór de later ontdekte tegenstelling van esthetica en moraal. Er was een lange christelijke differentiatie voor nodig om ons duidelijk te maken dat het goede niet altijd schoon, en het schone niet noodzakelijk goed is. De paradoxie van dit huwelijk van begrippen heeft noch de Antieken, noch de primitieve mens problemen gegeven.

De anima is conservatief en houdt op een enerverende manier vast aan levenswijzen uit een ver verleden. Ze verschijnt daarom graag in historische gewaden, met een bijzondere voorliefde voor Griekenland en Egypte. Kijk maar naar de 'klassieken' van Rider Haggard en Pierre Benoît. De droom van de Renaissance, de *Hypnerotomachia* van Poliphilo[31] en Goethes *Faust* hebben eveneens ruimschoots uit de Oudheid geput, om 'het ware woord voor de situatie' te vinden. Poliphilo riep koningin Venus op, Goethe Helena van Troje. Van de anima uit de wereld van Biedermeier en Romantiek heeft Aniela Jaffé een levendig beeld ontworpen.[32] Maar we zullen het aantal onverdachte kroongetuigen niet nog groter maken, want deze leveren al stof en onopzettelijke, authentieke symboliek genoeg om onze meditatie rijkelijk te bevruchten. Als we willen weten hoe het gaat wanneer de anima in onze moderne maatschappij verschijnt, dan kan ik John Erskines *Private Life of Helen of Troy* warm aanbevelen. Het is geen oppervlakkig schepsel, want over al het werkelijk levende ligt een waas van eeuwigheid. De anima leeft buiten alle categorieën en daarom is ze ook boven alle lof en blaam verheven. De Hemelkoningin en het gansje dat door het leven te pakken is genomen – heeft men ooit bedacht welk een armzalig lot in de Marialegende verheven is tot onder de goddelijke sterren? Het leven zonder zin of regel, dat in zijn eigen volheid geen bevrediging kan vinden, is een voorwerp van schrik en afweer van de mens die zich aan zijn beschaving heeft aangepast – en we kunnen hem geen ongelijk geven, want het is ook de moeder van alle onzin en alle tragiek. Daarom is sinds het allereerste begin de aardgebonden mens met zijn heilzame dierlijke instincten gewikkeld in een strijd tegen zijn ziel en haar demonie. Zou de ziel zonder meer duister zijn, dan lag de zaak eenvoudig. Maar helaas is dat niet zo, want dezelfde anima kan ook verschijnen als een engel van licht, en ze kan als psychopompos (zielenleider) ons de hoogste zin tonen, zoals de *Faust* laat zien.

Is de uiteenzetting met de schaduw het gezellenstuk, dan is die met de anima het meesterwerk. Want de relatie met de anima is opnieuw een proeve van moed en een vuurproef voor de geestelijke en morele kracht van een man. We mogen nooit vergeten dat het juist bij de anima om psychische feiten gaat die als het ware nooit eerder in het bezit van de mens zijn geweest, aangezien ze als projecties meestal buiten het psychisch gebied verbleven. Voor de zoon is de anima verborgen in de macht van de moeder – een macht waardoor er soms een leven lang een sentimentele band blijft bestaan en die het lot van een man zwaar belast, of omgekeerd zijn moed inspireert tot de koenste daden. Voor de mens uit de Oudheid verscheen de anima als godin of als heks; de middeleeuwer daarentegen heeft de godin vervangen door de Hemelkoningin en door de moederkerk. De van symbolen ontdane wereld van de protestant bracht aanvankelijk een ongezonde sentimentaliteit voort, en daarna een verscherping van het morele conflict dat logischerwijs, wegens de onverdraaglijkheid ervan, leidde tot Nietzsches *Jenseits von Gut und Böse*. In de beschaafde wereld uit deze toestand zich in de toenemende onzekerheid van het huwelijk. De Amerikaanse echtscheidingspercentages worden ook in veel plaatsen in Europa bereikt, zoal niet overschreden, wat bewijst dat de anima zich bij voorkeur in de projectie op het andere geslacht bevindt, waardoor magisch gecompliceerde relaties ontstaan. Dit feit heeft, niet het minst door de pathologische gevolgen, geleid tot het ontstaan van de moderne psychologie die in haar freudiaanse vorm de mening huldigt dat de eigenlijke basis van alle stoornissen de seksualiteit is – een mening die het reeds bestaande conflict alleen maar verscherpt.[33] Men verwisselt namelijk oorzaak en effect. De seksuele stoornis is geenszins de oorzaak van neurotische problemen, maar net als deze één van de pathologische effecten die het gevolg zijn van een verminderde aanpassing van het bewustzijn. Dat wil zeggen, het bewustzijn wordt geconfronteerd met een situatie en een taak waar het niet tegen opgewassen is. Het begrijpt niet hoe zijn wereld veranderd is, en hoe het zich zou moeten instellen om weer aangepast te zijn. 'Het volk draagt het stempel van een winter, dat niet te verklaren is,' zegt een inscriptie op een Koreaanse stèle.

Zowel bij de schaduw als bij de anima is het niet voldoende om deze begrippen te kennen en erover na te denken. Ook kan men hun inhoud nooit beleven door invoeling of medeleven. Het heeft geen enkele zin om een lijst van archetypen uit het hoofd te leren. Archetypen zijn belevingscomplexen die ons als een noodlot overvallen, en hun effecten voelen we in ons meest intieme leven. De anima treedt ons niet langer als een godin tegemoet, maar soms als ons allerpersoonlijkste misverstand, of misschien ook als ons beste waagstuk. Als bijvoorbeeld een uiterst verdienstelijk geleerde op zeventigjarige leeftijd zijn familie in de steek laat om met een twintigjarige, roodharige actrice te trouwen, dan weten we dat de goden opnieuw een slachtoffer hebben gemaakt. Op deze manier vertoont de demonische macht zich aan ons. Tot voor kort had dit jonge meisje nog gemakkelijk als heks terzijde geschoven kunnen worden.

Volgens mijn ervaring zijn er heel wat mensen met een zekere intelligentie en ontwikkeling die het idee van de anima en haar relatieve autonomie meteen en gemakkelijk begrijpen, evenals het fenomeen van de animus bij vrouwen. Psychologen moeten wat dit betreft grotere moeilijkheden overwinnen, vermoedelijk omdat ze niet gedwongen worden zich te confronteren met de complexe feiten die de psychologie van het onbewuste kenmerken. Als ze ook nog medicus zijn, dan staat hun psychologisch-somatisch denken hen in de weg dat meent psychologische processen te kunnen uitdrukken in intellectuele, biologische of fysiologische begrippen. Psychologie is echter noch biologie, noch fysiologie, noch welke andere wetenschap dan ook. Ze is alleen een wetenschap of kennis van de ziel.

Het beeld dat ik tot nu toe van de anima heb geschetst, is niet volledig. Weliswaar is zij chaotische levensdrang, maar daarnaast heeft ze een opmerkelijk betekenisvol aspect, iets als een geheime kennis of een verborgen wijsheid, in merkwaardigste tegenstelling tot haar irrationele elfachtige natuur. Ik zou hier opnieuw naar de al eerder geciteerde auteurs willen verwijzen. Rider Haggard noemt *She: Wisdom's Daughter*; Pierre Benoîts koningin van Atlantis heeft op z'n minst een voortreffelijke bibliotheek, die zelfs een verloren gegaan boek van Plato bevat. Helena van Troje wordt in haar reïncarnatie door de wijze Simon Magus verlost uit een bordeel in Tyrus en begeleidt hem op zijn reizen. Dit heel karakteristieke aspect van de anima heb ik in het begin opzettelijk niet genoemd, omdat de eerste ontmoeting met haar gewoonlijk op alles behalve wijsheid wijst.[34] Dit aspect komt pas tevoorschijn wanneer men de confrontatie met de anima aangaat. Pas dit moeilijke werk laat ons steeds duidelijker inzien[35] dat achter het hele wrede spel met het menselijk lot iets als een geheime bedoeling verborgen ligt, een bedoeling die een superieure kennis van de levenswetten lijkt te weerkaatsen. Juist het aanvankelijk onverwachte, het beangstigend chaotische, onthult een diepe zin. En naarmate deze zin meer wordt ingezien, verliest de anima haar opdringerig en dwingend karakter. Geleidelijk aan ontstaan er dammen tegen de chaotische vloed, want het zinvolle wordt gescheiden van het zinloze. Doordat zin en onzin niet langer identiek zijn, wordt de kracht van de chaos door het onttrekken van zin en onzin verzwakt, en wordt de zin met de kracht van de zin, de onzin met de kracht van de onzin toegerust. Hieruit ontstaat een nieuwe kosmos. Dit moet niet worden beschouwd als een nieuwe ontdekking van de medische psychologie, maar als de oeroude waarheid dat uit de overvloed van levenservaringen een leer voortvloeit die van vader op zoon wordt overgeleverd.[36]

Wijsheid en dwaasheid verschijnen in het elfachtige wezen niet alleen als één en hetzelfde, maar *zijn* ook één en hetzelfde, zolang ze door de anima worden uitgebeeld. Het leven is dwaas *en* betekenisvol. En als we om het ene niet lachen en over het andere niet speculeren, dan is het leven banaal, want dan wordt alles teruggebracht tot miniatuurformaat. Er bestaat dan alleen nog maar kleine zin en kleine onzin. In feite heeft niets betekenis, want toen er nog geen denkende mensen bestonden, was er ook niemand die de verschijnselen interpreteerde. Alleen datgene wat niet begrepen wordt, moet geïnterpreteerd worden. Alleen het onbegrijpelijke heeft betekenis. De mens is ontwaakt in een wereld die hij niet begreep, en daarom probeert hij haar te interpreteren.

Zo zijn de anima en daarmee het leven zonder betekenis, voorzover ze geen betekenis aanbieden. Toch kan hun wezen geïnterpreteerd worden, want in elke chaos is een kosmos en in alle wanorde een geheime orde, in alle willekeur een vaste wet, want alles dat werkt, berust op dat tegengestelde. Om dit in te zien, is het onderscheidend menselijk verstand nodig dat alles in tegenstrijdige oordelen oplost. Wanneer de mens de confrontatie met de anima aangaat, brengt haar chaotische willekeur hem ertoe een geheime orde te vermoeden, dat wil zeggen: hij 'postuleert' (zouden we bijna willen zeggen) boven haar wezen uit een aanleg, zin en bedoeling. Dit komt echter niet overeen met de waarheid. Want in werkelijkheid beschikt men aanvankelijk niet over een koel verstand en men wordt ook niet gesteund door wetenschap of filosofie, en slechts in beperkte mate door de traditionele religie. Men raakt verstrikt en verward in een doelloze belevenis, en het oordeel met al zijn categorieën blijkt machteloos. De menselijke interpretatie faalt, want er is een turbulente levenssituatie ontstaan waarin geen enkele vanouds beproefde zingeving past. Het is een moment van ineenstorting. Men verzinkt in een uiterste diepte, zoals Apuleius terecht zegt: 'als in een vrijwillige dood'.[37] Het is geen kunstmatig gewild, maar een natuurlijk afgedwongen opgeven van onze eigen kracht, geen moreel opgetuigde, vrijwillige onderwerping en deemoediging, maar een volledige, niet mis te verstane nederlaag, gekroond met de panische angst van de demoralisering. Als alle stutten en krukken gebroken zijn en geen enkele rugdekking ons nog beschermt, dan pas bestaat de mogelijkheid een archetype te beleven dat tot dan in de veelbetekenende zinloosheid van de anima verborgen bleef. Het is het *archetype van de zin*, zoals de anima het *archetype van het leven* zonder meer vertegenwoordigt.

De zin lijkt ons weliswaar altijd de jongste van deze twee belevingen te zijn, omdat we met een zeker recht aannemen dat wij deze zin zelf toekennen, en omdat we ook waarschijnlijk terecht geloven dat de grote wereld kan bestaan zonder geïnterpreteerd te zijn. Maar hoe kennen wij zin toe? Waaraan ontlenen we deze zin in laatste instantie? De vormen van onze zingeving zijn historische categorieën die teruggaan tot in een mistige oudheid. Daarvan geven we ons gewoonlijk niet genoeg rekenschap. De zingeving maakt gebruik van bepaalde taalkundige paradigma's die van hun kant weer afkomstig zijn van oerbeelden. We kunnen dit probleem aanpakken waar we willen, maar overal komen we terecht bij de geschiedenis van de taal en (mythologische) motieven die steeds weer regelrecht terugvoeren naar de primitieve wonderwereld.

Nemen we bijvoorbeeld het woord idee. Dat gaat terug tot het begrip *eidos* bij Plato, en de eeuwige ideeën zijn oerbeelden die 'in een bovenhemelse plek' als transcendente eeuwige vormen bewaard worden. Het oog van de ziener aanschouwt ze als 'beelden en goden', of als beelden uit een droom of een openbarend visioen. Of nemen we het begrip energie, dat een natuurkundig gebeuren interpreteert. Vroeger was dit het geheimzinnige vuur van de alchemisten, het phlogiston, de aan de stof inherente warmtekracht, zoals de stoïcijnse oerwarmte of het eeuwig levende vuur van Heraclitus, een begrip dat al heel dicht bij de primitieve zienswijze van een algemeen aanwezige levende kracht staat, een groeikracht en magisch genezende kracht die gewoonlijk mana wordt genoemd.

Ik zal het aantal voorbeelden niet onnodig groter maken. Het is voldoende te weten dat er niet één wezenlijke idee of opvatting bestaat zonder historische antecedenten. Aan al deze begrippen liggen in laatste instantie archetypische oervormen ten grondslag, waarvan de aanschouwelijkheid ontstond in een tijd toen het bewustzijn nog niet dacht, maar waarnam. Gedachten waren het object van de innerlijke waarneming, niet iets dat werd gedacht, maar iets dat als fenomeen werd ervaren, dat als het ware werd gezien of gehoord. Een gedachte was een wezenlijke openbaring, niet iets dat verzonnen was, maar iets dat zich opdrong of dat door zijn directe feitelijkheid overtuigde. Dit denken gaat vooraf aan het primitieve ik-bewijstzijn, en dit laatste is daarom eerder het object ervan dan het subject. Maar ook wij hebben nog niet de laatste top van bewustheid beklommen, en bezitten daarom eveneens een pre-existent denken, waarvan we ons overigens niet bewust zijn zolang we door traditionele symbolen worden ondersteund; uitgedrukt in de taal van de droom: zolang de vader of de koning nog niet gestorven is.

Hoe het onbewuste 'denkt' en oplossingen voorbereidt, zou ik willen laten zien aan de hand van een voorbeeld. Het gaat om een jonge theologiestudent die ik persoonlijk niet ken. Hij had problemen met zijn religieuze overtuiging en in deze periode had hij de volgende droom:[38] *Hij stond voor een knappe oude man die geheel in het zwart was gekleed. Hij wist dat dit de witte magiër was. Deze had zojuist een lange toespraak tegen hem gehouden, waarvan de dromer zich niets meer kon herinneren. Alleen wist hij nog de laatste woorden: 'En hiervoor hebben we de hulp van de zwarte magiër nodig.' Op dat moment ging de deur open en er kwam vrijwel net zo'n oude man binnen, alleen was deze in het wit gekleed. Hij sprak tot witte de magiër: 'Ik heb je raad nodig' en wierp daarbij een vragende blik op de dromer, waarop de witte magiër zei: 'Je kunt rustig spreken, want hij is een onschuldige.' Daarna vertelde de zwarte magiër zijn verhaal: hij kwam uit een ver land waar iets merkwaardigs was gebeurd. Het land werd namelijk geregeerd door een oude koning die zijn dood voelde naderen. Hij – de koning – had nu een graf voor zichzelf uitgezocht. In dit land bestonden namelijk vele graven uit oude tijden en de mooiste had de koning voor zichzelf uitgekozen. Volgens de sage lag daar een maagd begraven. De koning liet het graf openen om het voor zichzelf te laten inrichten. Toen de beenderen die erin lagen, tevoorschijn werden gehaald, kwamen ze plotseling tot leven en veranderden in een zwart paard, dat meteen de woestijn in vluchtte en daar verdween. Hij – de zwarte magiër – had dit verhaal gehoord en was er onmiddellijk op uitgetrokken om dit paard te volgen. Na vele dagreizen, steeds in het spoor van het paard, was hij bij de woestijn gekomen, en hij had deze doorkruist tot aan de andere kant, waar het grasland weer begon. Daar vond hij het paard dat stond te grazen, en daar had hij ook de vondst gedaan waarvoor hij de raad van de witte magiër nodig had: hij had daar namelijk* de sleutels van het paradijs *gevonden en wist niet wat hij er nu verder mee moest doen.* – Op dit spannende moment ontwaakte de dromer.

In het licht van het voorgaande is de betekenis van de droom niet moeilijk te raden: de oude koning is het heersende symbool dat zich eeuwig te ruste wil leggen, en wel op de plek waar soortgelijke 'dominanten' reeds begraven liggen. Zijn keus valt uitgerekend op het graf van de anima, die als Doornroosje in de doodsslaap verzonken ligt zolang een geldig principe (prins of *princeps*) het leven reguleert en uitdrukt. Maar wanneer de koning zijn levenseinde bereikt[39], komt ze weer tot leven en verandert in het zwarte paard, dat reeds in de gelijkenis van Plato de ongebondenheid van de hartstocht uitdrukt. Wie dit paard volgt, komt in de woestijn terecht, dat wil zeggen in een wild land ver van de mensen, een beeld van geestelijke en morele vereenzaming. Daar echter liggen de sleutels tot het paradijs.

Wat is nu het paradijs? Blijkbaar de Hof van Eden met zijn dubbelzinnige boom van leven en kennis, en met zijn vier rivieren. In de christelijke versie is het ook de hemelse stad van de *Apocalyps*, die evenzeer als mandala is gedacht als de Hof van Eden. De mandala is echter een symbool van de individuatie. De zwarte magiër is het dus, die de sleutels voor de oplossing van de geloofsproblemen van de dromer vindt, de sleutels die de weg tot de individuatie openen. De tegenstelling woestijn–paradijs betekent dus de andere tegenstelling vereenzaming–individuatie, of zelfwording.

Dit deel van de droom is tegelijk een opmerkelijke parafrase op het door Hunt en Grenfell uitgegeven en aangevulde Woord van de Heer, waarin de weg tot het hemelse rijk door dieren wordt gewezen. In de toelichting staat: 'Ken daarom uzelve, want gij zijt de stad en de stad is het rijk.'[40] Het is ook een parafrase op de slang in het paradijs, die de eerste ouders tot de zonde overhaalde en die in het verdere verloop tot de verlossing van het mensengeslacht door de Zoon Gods leidde. Dit causale verband gaf zoals bekend aanleiding tot de Ofitische identificatie van de slang met de Sotēr (redder, Heiland). Het zwarte paard en de zwarte magiër zijn – en dat is een modern idee – quasi slechte elementen. Hun relatieve verhouding met het goede wordt door de verwisseling van de gewaden uitgedrukt. De twee magiërs zijn de twee aspecten van de *oude man*, van de superieure meester en leraar, het archetype van de geest die de pre-existente, in het chaotische leven verborgen zin uitbeeldt. Hij is de vader van de ziel, die toch op wonderbaarlijke wijze zijn maagdelijke moeder is. Daarom wordt hij door de alchemisten de 'oeroude zoon van de moeder' genoemd. De zwarte magiër en het zwarte paard komen overeen met het afdalen in het duister in de eerder genoemde dromen.

Wat een onverdraaglijk moeilijke les voor een jonge theologiestudent! Gelukkig heeft hij er niets van gemerkt dat de vader van alle profeten in een droom tot hem sprak en een groot geheim bijna binnen zijn bereik bracht. Je vraagt je af waarom dergelijke gebeurtenissen zo ondoelmatig zijn. Waarom deze verspilling? Ik moet hier overigens wel opmerken dat we niet weten welk effect deze droom op de lange duur op de student heeft gehad. Bovendien moet ik nadrukkelijk zeggen dat deze droom *mij* in ieder geval heel veel heeft gezegd. Hij is dus niet verloren gegaan, ook als de dromer hem niet heeft begrepen.

De meester van deze droom probeert kennelijk goed en kwaad in hun gemeenschappelijke functie uit te beelden, vermoedelijk als antwoord op het nog altijd onopgeloste morele conflict in de christelijke ziel. Deze merkwaardige relativering van de tegenstellingen betekent een zekere toenadering tot de ideeën uit het Oosten, het *nirdvandva* uit de hindoeïstische filosofie, de bevrijding van de tegenstellingen die als oplossing ter verzoening van het conflict wordt getoond. Hoe gevaarlijk zinvol de oosterse relativiteit van goed en kwaad is, laat de Indische aforistische vraag zien: 'Wie heeft langere tijd nodig om volmaakt te worden: hij die God liefheeft, of hij die God haat?' Het antwoord luidt: 'Degene die God liefheeft, heeft zeven reïncarnaties nodig voordat hij volmaakt is, en degene die God haat, slechts drie; want wie Hem haat, zal meer aan Hem denken dan wie Hem bemint.' De bevrijding van de tegenstellingen veronderstelt hun functionele gelijkwaardigheid, iets dat in strijd is met ons christelijk gevoel. Desalniettemin is, zoals ons droomvoorbeeld laat zien, de structurele samenwerking van de morele tegenstellingen een natuurlijke waarheid, die door het Oosten even natuurlijk erkend wordt. Dat laat bijvoorbeeld de taoïstische filosofie wel het duidelijkst zien. Overigens bestaan er ook in de christelijke traditie een paar uitspraken die dicht bij dit standpunt komen. Ik herinner bijvoorbeeld aan de gelijkenis van de ontrouwe rentmeester.

Onze droom betekent in dit opzicht geen unicum, want de neiging tot relativering van de tegenstellingen is een uitgesproken karakteristiek van het onbewuste. We moeten er overigens onmiddellijk aan toevoegen dat dit alleen opgaat voor gevallen van een toegespitste morele gevoeligheid; in andere gevallen kan het onbewuste even onverbiddelijk op de onverenigbaarheid van de tegenstellingen wijzen. Gewoonlijk heeft het onbewuste een standpunt dat relatief is ten opzichte van dat van het bewustzijn. Daarom mogen we wel zeggen dat onze droom de specifieke overtuigingen en twijfels van een protestants theologisch bewustzijn veronderstelt. Dit betekent een beperking van de droomuitspraak tot een bepaald probleemgebied. Maar ook met dit voorbehoud inzake de geldigheid demonstreert de droom de superioriteit van haar standpunt. Zijn betekenis wordt daarom passend uitgedrukt als de mening en de stem van een wijze magiër, die in elk opzicht ver boven het bewustzijn van de dromer staat. De magiër is synoniem met de oude wijze, die in een rechte lijn teruggaat op de figuur van de medicijnman in de primitieve maatschappij. Hij is evenals de anima een onsterfelijke demon, die in de chaotische duisternis van het naakte leven doordringt met het licht van de zinvolheid. Hij is de verlichter, de leraar en de meester, een zielenleider wiens personificatie zelfs de 'verwoester van de stenen tafelen', Nietzsche, niet kon ontlopen. Deze immers heeft zijn incarnatie in Zarathoestra, de superieure geest van een bijna homerisch tijdperk, uitgeroepen tot de drager en verkondiger van zijn eigen 'Dionysische' verlichting en extase. Voor hem was God weliswaar dood, maar de demon van de wijsheid werd als het ware zijn lijfelijke dubbelganger toen hij zei:

Toen, plotseling, vriendin! werd Eén tot Twee –
– en Zarathoestra ging aan mij voorbij...[41]

Zarathoestra is voor Nietzsche meer dan een poëtische figuur: hij is een onwillekeurige bekentenis. Ook Nietzsche was verdwaald in de duisternissen van een godverlaten, ontkerstend leven, en daarom trad de openbarende en verlichtende op hem toe, als een sprekende bron van zijn ziel. De hiëratische taal van de *Zarathoestra* is hiervan afkomstig, want dat is de stijl van dit archetype.

In de beleving van dit archetype ervaart de moderne mens de alleroudste vorm van het denken als een autonome activiteit, wiens object men is. Hermes Trismegistus of Thot uit de hermetische literatuur, Orfeus, Poimandres, en de hiermee verwante Poimen van Hermes[42] zijn andere formuleringen van dezelfde ervaring. Zou de naam 'Lucifer' niet zo belast zijn, dan zou hij voor dit archetype goed passen. Maar ik heb me ermee tevreden gesteld hem het *archetype van de oude wijze*, respectievelijk van de *zin* te noemen. Zoals alle archetypen heeft ook dit een positief en een negatief aspect, waarop ik hier niet verder wil ingaan. In mijn geschrift 'De geest in het sprookje'[43] vindt de lezer een uitvoerige weergave van de dubbelzinnigheid van de 'oude wijze'.

De drie tot hiertoe besproken archetypen: de schaduw, de anima en de oude wijze, treden in de directe ervaring gepersonificeerd op. In het voorgaande heb ik geprobeerd aan te duiden uit welke algemene psychologische voorwaarden deze ervaring voortvloeit. Wat ik echter gezegd heb, waren zuiver abstracte rationaliseringen. Eigenlijk zou men beter een beschrijving van dit proces zoals het rechtstreeks ervaren wordt, kunnen of liever gezegd moeten geven. In het verloop van dit proces treden de archetypen namelijk als handelende persoonlijkheden in dromen en fantasieën op. Het proces zelf echter beeldt zich in een ander soort archetypen uit, die men in het algemeen archetypen van de *transformatie* zou kunnen noemen. Dit zijn geen persoonlijkheden, maar typische situaties, bepaalde plaatsen, wegen en middelen enzovoort die de aard van de transformatie symboliseren. Net als de persoonlijkheden zijn ook dit soort archetypen echte symbolen, die noch als tekens, noch als allegorieën uitputtend genoeg geïnterpreteerd kunnen worden. Integendeel, het zijn authentieke symbolen, aangezien ze dubbelzinnig, suggestief en in laatste instantie onuitputtelijk zijn. De basisprincipes, de *archai*, van het onbewuste zijn niet te beschrijven door hun rijkdom aan referenties, ondanks het feit dat ze herkenbaar zijn. Het intellectuele oordeel probeert natuurlijk altijd hun ondubbelzinnigheid vast te stellen en gaat daarmee aan het wezenlijke voorbij, want in de allereerste plaats kunnen we alleen vaststellen dat hun veelduidigheid wezenlijk voor hun aard is, namelijk hun vrijwel onafzienbare referentieveld dat elke ondubbelzinnige formulering onmogelijk maakt. Bovendien zijn ze principieel paradoxaal: de geest bij de alchemisten heet bijvoorbeeld 'een oude en tegelijkertijd jonge man'.

Als we ons een beeld willen vormen van het symbolische proces, dan zijn de alchemistische prentenreeksen daarvoor een goed voorbeeld, hoewel hun symbolen hoofdzakelijk traditioneel zijn, ondanks hun duistere afkomst en betekenis. Heel goede oosterse voorbeelden zijn het tantristische chakra-systeem[44] of het mystieke zenuwstelsel uit de Chinese yoga.[45] Het heeft er ook alle schijn van dat de plaatjes van de Tarot nakomelingen van de transformatie-archetypen zijn – een mening waarin ik ben gesterkt door de verhelderende lezing van professor R. Bernoulli.[46]

Het symbolische proces is een *belevenis in beelden en van beelden*. Zijn verloop vertoont gewoonlijk een enantiodromische structuur, zoals de tekst van de *I Tjing*, en betekent daarom een ritme van ontkenning en bevestiging, van verlies en winst, van licht en donker. Het begin wordt bijna altijd gekarakteriseerd door een doodlopende weg of een andere onmogelijke situatie; zijn doel is, algemeen uitgedrukt, verlichting of hogere bewustheid, waarmee de uitgangssituatie op een hoger niveau wordt overwonnen. Het proces kan zich, in tijd samengebald, uitbeelden in een afzonderlijke droom of een kort belevingsmoment, maar het kan zich ook over maanden en jaren uitstrekken, al naar gelang de aard van de uitgangssituatie, van het individu dat in het proces betrokken is en van het te bereiken doel. Vanzelfsprekend wisselt de rijkdom aan symbolen buitengewoon sterk. Hoewel in eerste instantie alles als beeld, dat wil zeggen symbolisch beleefd wordt, gaat het toch geenszins om denkbeeldige gevaren, maar om heel reële risico's waarvan soms een levenslot afhankelijk is. Het voornaamste gevaar is dat men onder de fascinerende invloed komt van de archetypen, wat des te eerder gebeurt wanneer men zich van deze archetypische beelden *niet bewust wordt*. Bestaat er een psychotische aanleg, dan kunnen onder deze omstandigheden de archetypische figuren, die dankzij hun natuurlijke numinositeit toch al een zekere autonomie bezitten, zich volledig bevrijden van de controle door het bewustzijn en geheel zelfstandig worden, dat wil zeggen verschijnselen van bezetenheid oproepen. Bij een animabezetenheid wil een zieke bijvoorbeeld door zelfcastratie veranderen in een vrouw, genaamd Maria, of hij vreest dat iets dergelijks hem gewelddadig zal worden aangedaan. Een voorbeeld hiervoor is de bekende Schreber.[47] De zieken ontdekken vaak een hele animamythologie met talrijke archaïsche motieven. Een dergelijk geval werd destijds door Jan Nelken gepubliceerd.[48] Een andere patiënt heeft zijn belevingen zelf in een boek beschreven en van commentaar voorzien.[49] Ik noem deze gevallen, omdat er nog steeds mensen bestaan die geloven dat archetypen mijn subjectieve hersenspinsels zijn.

Wat in de geesteziekte brutaal aan het licht komt, blijft in de neurose nog verhuld op de achtergrond. Maar van daaruit wordt het bewustzijn toch beïnvloed. Wanneer de analyse doordringt tot de achtergrond van de bewustzijnsfenomenen, dan ontdekt ze dezelfde archetypische figuren die in de deliria van een psychoticus optreden. Last but not least bewijzen talrijke literairhistorische documenten dat het bij deze archetypen om praktisch overal voorkomende normale typen van de fantasie gaat, en niet om misgeboorten van de geesteziekte. Het pathologische element ligt niet in het bestaan van deze voorstellingen, maar in de dissociatie van het bewustzijn dat het onbewuste niet langer kan beheersen. In alle gevallen van dissociatie komt daarom de noodzaak van integratie van het onbewuste in het bewustzijn naar voren. Het gaat om een synthetisch proces dat ik het 'individuatieproces' heb genoemd.

Dit proces komt eigenlijk overeen met het natuurlijke verloop van een leven waarin het individu datgene wordt wat hij altijd al was. Omdat de mens bewustzijn heeft, verloopt zo'n ontwikkeling niet erg soepel, maar wordt deze veelvuldig gevarieerd en verstoord, aangezien het bewustzijn steeds weer afdwaalt van het archetypische, instinctieve fundament en daarmee in tegenstelling komt. Hieruit vloeit dan de noodzaak van een synthese van beide posities voort. Dit betekent psychotherapie zelfs al op een primitief niveau, waar dit in de vorm van herstellende rituelen gebeurt. Voorbeelden zijn de Australische identificatieriten met de voorouders uit de tijd van de Alcherringa, de identificatie met de 'zonen der zon' bij de Taospueblo-indianen, de Helios-apotheose in de Isismysteriën bij Apuleius, enzovoort. De therapeutische methode van de complexe psychologie bestaat dienovereenkomstig uit enerzijds een zo volledig mogelijke bewustmaking van de geconstelleerde onbewuste inhouden, en anderzijds een synthese hiervan met het bewustzijn door de kennisdaad. Aangezien nu de cultuurmens een zeer grote dissociabiliteit bezit en hiervan voortdurend gebruikmaakt om alle mogelijke risico's te ontlopen, staat volstrekt niet van tevoren vast dat een inzicht ook door passende handelingen wordt gevolgd. Integendeel, we moeten rekening houden met een uitgesproken ineffectiviteit van inzicht en daarom aandringen op een zinvolle toepassing ervan. Kennis alleen is gewoonlijk niet voldoende en betekent zelf geen zedelijke macht. In dergelijke gevallen wordt duidelijk hoezeer de genezing van neurosen een moreel probleem is. Aangezien de archetypen relatief autonoom zijn, zoals alle numineuze inhouden, kunnen ze niet simpelweg rationeel geïntegreerd worden, maar ze verlangen een dialectisch proces, dat wil zeggen een wezenlijke uiteenzetting die door de patiënt vaak in een dialoogvorm wordt uitgevoerd. Hiermee verwerkelijkt hij, zonder het te weten, de alchemistische definitie van meditatie: namelijk een 'innerlijk tweegesprek met je goede engel'.[50] Dit proces heeft gewoonlijk een dramatisch verloop met vele wendingen. Het drukt zich uit in of wordt begeleid door droomsymbolen, verwant met de 'représentations collectives' die van oudsher psychische transformatieprocessen hebben uitgebeeld in de vorm van mythologische motieven.[51]

In het kader van een lezing moet ik me ertoe beperken slechts een paar voorbeelden van archetypen te behandelen. Ik heb die archetypen gekozen die in de analyse van een mannelijk onbewuste de hoofdrol spelen, en heb ook geprobeerd het psychische transformatieproces waarin ze verschijnen, enigszins te schetsen. De hier besproken figuren van de schaduw, de anima en de oude wijze hebben sinds eerste publicatie van deze lezing samen met de overeenkomstige figuren uit het vrouwelijk onbewuste een uitvoerige beschrijving gekregen in mijn bijdragen tot de symboliek van het zelf.[52] Ook het individuatieproces werd door mij in zijn relatie tot de alchemistische symboliek aan een nader onderzoek onderworpen.[53]

3
Het collectieve onbewuste

'The Concept of the Collective Unconscious.' Lezing, gehouden voor de Abernethian Society in het St. Bartholomew's Hospital te Londen op 19 oktober 1936. Oorspronkelijk gepubliceerd in *Journal of St. Bartholomew's Hospital* XLIV, 3 en 4, Londen 1936-1937, p. 46-49 en p. 64-66. *The Collected Works* 9/1, par. 87-110. Opgenomen in *Bewust en onbewust*, Rotterdam 1981, en in *Archetypen*, Utrecht 1997.

Waarschijnlijk is geen van de begrippen die ik geïntroduceerd heb, op zoveel misverstanden gestuit als het idee van het collectieve onbewuste.

In het nu volgende zal ik proberen om:

1 het begrip te definiëren,
2 zijn betekenis voor de psychologie te beschrijven,
3 iets te vertellen over de bewijsmethode en
4 een paar voorbeelden te geven.

1 Definitie

Het collectieve onbewuste is een deel van de psyche dat van een persoonlijk onbewuste negatief onderscheiden kan worden door het feit dat het zijn bestaan niet aan persoonlijke ervaring dankt en daarom ook geen persoonlijke verworvenheid is. Terwijl het persoonlijk onbewuste essentieel uit inhouden bestaat die ooit bewust waren, maar uit het bewustzijn verdwenen zijn omdat ze óf vergeten óf verdrongen werden, waren de inhouden van het collectieve onbewuste nooit bewust en werden ze ook niet individueel verworven. Hun bestaan danken ze uitsluitend aan erfelijkheid. Terwijl het persoonlijk onbewuste hoofdzakelijk uit *complexen* bestaat, wordt de inhoud van het collectieve onbewuste in feite gevormd door de *archetypen*.

Het begrip *archetype,* dat onlosmakelijk met het idee van het collectieve onbewuste is verbonden, geeft de aanwezigheid van bepaalde formele structuren in de psyche aan die alomtegenwoordig of overal verbreid lijken te zijn. Het mythologisch onderzoek noemt ze 'mythologische motieven'; in de psychologie van primitieve volkeren komen ze overeen met Lévy-Bruhls begrip 'représentations collectives' (collectieve voorstellingen) en op het gebied van de vergelijkende godsdienstwetenschap worden ze door Hubert en Mauss als 'categorieën der verbeelding' gedefinieerd. Adolf Bastian heeft ze lang geleden 'elementaire gedachten' of 'oergedachten' genoemd. Uit deze verwijzingen blijkt duidelijk dat de term archetype – letterlijk: een 'pre-existente vorm' – niet uitsluitend mijn begrip is, maar ook op andere wetenschapsterreinen erkend en benoemd is.

Mijn stelling luidt dus als volgt: Er bestaat, naast ons bewustzijn, een tweede psychisch systeem dat zich onderscheidt van de bewuste psyche, met een collectief, niet-persoonlijk karakter. Ons bewustzijn is juist van volstrekt persoonlijke aard en gewoonlijk zien we het – zelfs wanneer we er het persoonlijk onbewuste als aanhangsel aan toevoegen – als de enig ervaarbare psyche. Het collectieve onbewuste ontwikkelt zich niet individueel, maar wordt geërfd. Het bestaat uit pre-existente vormen, archetypen die uitsluitend secundair (via de archetypische *beelden*) bewust kunnen worden en die inhouden van het bewustzijn vastomlijnde vorm geven.

2 De psychologische betekenis van het collectieve onbewuste

Onze *medische* psychologie, die gegroeid is in de medische praktijk, legt de nadruk op de *persoonlijke* aard van de psyche. Ik bedoel hier in eerste instantie de opvattingen van Freud en Adler.

Het is een *psychologie van de persoon*, en haar etiologische of oorzakelijke factoren worden, vrijwel geheel in deze lijn, als persoonlijk beschouwd. Maar toch steunt zelfs ook deze psychologie op bepaalde algemene biologische factoren, bijvoorbeeld bij Freud op het seksuele instinct of bij Adler op de zelfhandhaving – wat beslist niet alleen maar persoonlijke eigenaardigheden zijn. Ze moet dat ook wel, aangezien ze er aanspraak op maakt een verklarende wetenschap te zijn. Geen van deze opvattingen bestrijdt het bestaan van instincten die dieren en mensen met elkaar gemeen hebben, noch hun belangrijke invloed op de persoonlijke psychologie. Instincten zijn overigens onpersoonlijke, algemeen verbreide en erfelijke factoren van dynamische of motiverende aard, die vaak zóver buiten het bewuste gezichtsveld liggen dat de moderne psychotherapie zich voor de taak ziet gesteld de patiënt te helpen ze bewust te maken. Bovendien zijn instincten in wezen niet vaag en onbepaald, maar het zijn specifiek gevormde motiverende krachten die lang voordat er een of andere bewustwording bestaat, en ongeacht welke graad van bewustheid er later bereikt wordt, hun eigen doeleinden volgen. Daarom zijn ze volstrekt vergelijkbaar met archetypen, zó volstrekt zelfs dat we goede redenen hebben te veronderstellen dat de archetypen de onbewuste beelden van de instincten zelf zijn; met andere woorden: *archetypen vormen het grondpatroon van het instinctieve gedrag.*

De hypothese van een collectief onbewuste is daarom ongeveer even gewaagd als de veronderstelling dat er instincten bestaan. We kunnen gemakkelijk toegeven dat de menselijke activiteit, afgezien van de rationele motivaties van het bewuste verstand, in hoge mate door instincten beïnvloed wordt. Als er nu beweerd wordt dat onze fantasie, onze waarneming en ons denken op dezelfde wijze door aangeboren en algemeen aanwezige formele principes worden beïnvloed, dan lijkt het me dat een normaal functionerende intelligentie in deze voorstelling van zaken evenveel of even weinig mystiek kan ontdekken als in de theorie van de instincten. Hoewel dit verwijt van mysticisme vaak tegen mijn opvattingen wordt ingebracht, moet ik nogmaals benadrukken dat het begrip van het collectieve onbewuste noch een speculatieve, noch een filosofische, maar een empirische aangelegenheid is. De vraag luidt eenvoudig: bestaan er zulke universele onbewuste vormen, of bestaan ze niet? Als ze bestaan, dan is er een gebied van de psyche dat we het collectieve onbewuste kunnen noemen. Weliswaar is de diagnose van het collectieve onbewuste niet altijd een eenvoudige taak. Het is niet voldoende de vaak klaarblijkelijk archetypische aard van onbewuste producten aan te tonen, want deze kunnen evengoed via taal of opvoeding verworven zijn. Cryptomnesie (iets zeggen of schrijven waarvan je denkt dat je het zelf bedacht hebt, maar dat je – onbewust – al eerder ooit gehoord of gelezen hebt) moet eveneens uitgesloten worden, wat in sommige gevallen vrijwel onmogelijk is. Ondanks al deze moeilijkheden blijven er genoeg individuele gevallen over die boven alle redelijke twijfel uit authentiek opnieuw ontstane mythologische motieven blijken te zijn. Maar als zo'n onbewuste inderdaad bestaat, dan moet de psychologische verklaring hiervan kennis nemen en bepaalde zogenaamd persoonlijke etiologieën aan een scherpere kritiek onderwerpen.

Wat ik bedoel, kan wellicht met een concreet voorbeeld verduidelijkt worden. Misschien kent u Freuds bespreking[1] van een bepaald schilderij van Leonardo da Vinci: *Sint-Anna en Maria met het Christuskind*. Freud verklaart dit opmerkelijke tafereel uit het feit dat Leonardo zelf twee moeders heeft gehad. Deze causaliteit is persoonlijk. We zullen ons hier niet bezighouden met het feit dat dergelijke taferelen verre van uniek zijn, noch met de kleine onzorgvuldigheid dat Sint-Anna de *grootmoeder* van Christus is en niet, zoals Freud dat wil, zijn moeder. Wat ik hier wil benadrukken is dat met de ogenschijnlijk persoonlijke psychologie een onpersoonlijk motief is vervlochten dat we van elders goed kennen. Het is het motief van de twee moeders, een archetype dat op het gebied van mythologie en religie in allerlei varianten aangetroffen kan worden, en dat de basis van talrijke 'représentations collectives' vormt. Ik zou bijvoorbeeld het motief van de tweevoudige afstamming kunnen noemen, dat wil

147

zeggen de afstamming van menselijke en goddelijke ouders, zoals bij Heracles die, onwetend door Hera geadopteerd, onsterfelijkheid verwierf. Wat in Griekenland mythe is, is in Egypte zelfs ritueel: de farao was van nature zowel menselijk als goddelijk. In de geboortekamers van Egyptische tempels staat een tweede, goddelijke ontvangenis en geboorte van de farao op de muren afgebeeld – hij is 'tweemaal geboren'. Dit is een idee dat aan alle wedergeboortemysteries ten grondslag ligt, inclusief dat van het christendom. Christus zelf is 'tweemaal geboren': door de doop in de Jordaan ontving hij zijn wedergeboorte uit water en geest. Heel juist wordt in de rooms-katholieke liturgie de doopvont dan ook 'uterus ecclesiae' (baarmoeder van de kerk) genoemd, en zoals we in het *rooms-katholieke missaal* kunnen lezen, heet het tegenwoordig nog zo tijdens de wijding van het doopwater op sabbatum sanctum, de heilige zaterdag voor Pasen. Bovendien stelde men zich in de vroege gnosis de geest, die in de gedaante van een duif verscheen, als Sofia voor, als sapientia, wijsheid, en als de moeder van Christus. Dankzij dit motief van de dubbele geboorte krijgen kinderen in onze tijd, in plaats van goede en boze feeën die hen 'magisch adopteren' door een vloek of een zegen, peetouders tijdens de doop. In Zwitserland worden deze 'Götti' en 'Gotte' genoemd; de Engelsen en Amerikanen spreken over een 'godfather' en 'godmother'.

De voorstelling van een tweede geboorte vinden we in alle tijden en streken. In het vroegste begin van de geneeskunde wordt ze als een magisch geneesmiddel gebruikt; in veel religies is ze de centrale mystieke ervaring; ze vormt het sleutelidee van de middeleeuwse natuurfilosofie (alchemie) en, niet in de laatste plaats, het is een infantiele fantasie van veel jonge én 'volwassen' kinderen die geloven dat de eigen ouders niet hun werkelijke, maar alleen hun pleegouders zijn, aan wie ze ter verzorging zijn gegeven. Bijvoorbeeld Benvenuto Cellini had ook dit idee, zoals hij in zijn autobiografie vermeldt.[2]

Nu is het volledig uitgesloten dat alle mensen die aan een tweevoudige afstamming geloven, ook in werkelijkheid altijd twee moeders hadden, of omgekeerd, dat die weinigen die Leonardo's lot deelden, de rest van de mensheid met hun complex aangestoken zouden hebben. Wel is het een feit dat we er moeilijk omheen kunnen aan te nemen dat dit universeel optreden van het dubbele-geboortemotief en de hiermee verbonden fantasie van de twee moeders voldoet aan een alomtegenwoordige menselijke behoefte. Als nu Leonardo da Vinci werkelijk zijn twee moeders in Sint-Anna en in Maria heeft geportretteerd – wat ik betwijfel – dan bracht hij toch slechts iets tot uitdrukking wat ontelbare miljoenen mensen vóór hem en ná hem geloofden. Het giersymbool, dat Freud ook in bovengenoemd artikel besprak, maakt deze mening nog plausibeler. Freud noemt terecht als bron van dit symbool de *Hieroglyphica* van Horapollo[3], een boek dat in die tijd zeer wijdverbreid was. Daarin leest men dat gieren alle vrouwelijk zijn en symbolisch de moeder betekenen. Ze worden bevrucht door de wind (Grieks: pneuma). Dit woord pneuma kreeg, vooral onder invloed van het christendom, ook de betekenis 'geest'. Zelfs in het bericht van het pinksterwonder (de uitstorting van de Heilige Geest) heeft 'pneuma' nog steeds de dubbele betekenis van wind en geest. Naar mijn mening wijst dit feit ongetwijfeld op Maria die, volgens haar wezen een maagd, ontving via het pneuma, dat wil zeggen als een gier. Daarnaast is de gier volgens Horapollo ook het symbool van Pallas Athene, die rechtstreeks uit het hoofd van de hoogste God, Zeus, ontstond. Ook Pallas Athene was een maagd en kende blijkbaar slechts het geestelijk moederschap. Dat alles wijst duidelijk op Maria en het (geestelijk) wedergeboortemotief. Er bestaat geen spoor van bewijs dat Leonardo met dit schilderij iets anders bedoeld kan hebben. Zelfs als het juist is dat hij zichzelf met het christendom identificeerde, dan beeldde hij hoogstwaarschijnlijk het dubbele mythologische moederschap uit en geenszins zijn eigen persoonlijke geschiedenis. En wat moeten we met alle andere kunstenaars die hetzelfde motief hebben uitgebeeld? Ze hadden toch zeker niet allemaal twee moeders?

Laten we nu Leonardo's voorbeeld naar het gebied van de neurose overbrengen, en laten we eens aannemen dat het om een patiënt met een moedercomplex gaat en dat hij aan de waan lijdt dat de oorzaak van de neurose hierin bestaat dat hij werkelijk twee moeders heeft gehad. De persoonlijke interpretatie zou moeten toegeven dat hij gelijk heeft – en toch zou deze persoonlijke interpretatie volledig verkeerd zijn. Want in feite liggen de oorzaken van zijn neurose in het ontwaken van het archetype van de dubbele moeder, volledig onafhankelijk van het feit of hij één of twee moeders had. Zoals we immers hebben gezien, functioneert dit archetype individueel en historisch zonder enige samenhang met het relatief zelden voorkomende werkelijke dubbel-moederschap. Het is in dit geval natuurlijk verleidelijk een zo eenvoudige en persoonlijke oorzaak te veronderstellen, maar toch is deze hypothese niet alleen onnauwkeurig, maar ook volkomen verkeerd. Het is weliswaar moeilijk te begrijpen hoe een dubbel-moedermotief – iets dat een slechts medisch geschoold arts onbekend is – een zo grote bepalende kracht zou kunnen hebben dat het een traumatische toestand ten gevolge heeft. Als we echter aan de enorme krachten denken die in het mythische en religieuze bereik van de mens verborgen liggen, dan ziet de etiologische betekenis van het archetype er heel wat minder fantastisch uit. In talrijke gevallen van een neurose ligt de oorzaak van de storing juist in het feit dat het psychisch leven van de patiënt de medewerking van deze drijvende archetypische krachten ontbeert. Desalniettemin doet de zuiver personalistische psychologie, via een reductie tot persoonlijke oorzaken, haar uiterste best om het bestaan van archetypische motieven te ontkennen – ze probeert ze zelfs door de personalistische analyse te verwoesten. Ik beschouw dit als een zeer gevaarlijke onderneming die niet medisch gerechtvaardigd kan worden. Tegenwoordig (1936) kunnen we de aard van de betrokken krachten beter beoordelen dan enige tijd geleden. Zien we soms niet hoe een hele natie een archaïsch symbool, ja zelfs archaïsche religieuze vormen nieuw leven inblaast, en hoe deze massa-emotie het individu op een revolutionaire en catastrofale wijze beïnvloedt? De mens uit het verleden leeft nog steeds in ons, en wel in een mate waarvan we vóór de Eerste Wereldoorlog niet hadden kunnen dromen – en wat is het lot van grote volkeren uiteindelijk anders dan de som van psychische veranderingen in individuen? Voorzover een neurose slechts een privé-kwestie is en haar wortels alleen in persoonlijke oorzaken liggen, spelen archetypen in het geheel geen rol. Als het echter een kwestie van algemene ontoereikendheid is, of een op andere wijze schadelijke toestand die bij een relatief groot aantal individuen neurosen veroorzaakt, dan moeten we de aanwezigheid van geconstelleerde archetypen veronderstellen. Aangezien neurosen in de meeste gevallen niet alleen privé-aangelegenheden zijn, maar *maatschappelijke* verschijnselen, moeten we ook de aanwezigheid van archetypen in de meeste gevallen aannemen. Het archetype dat bij de situatie past, is nieuw leven ingeblazen, en als resultaat komen explosieve en daarom zo gevaarlijke krachten die in het archetype verborgen zijn, in actie, wat vaak onafzienbare gevolgen heeft. Er bestaat zelfs geen enkele waanzin waartoe een mens onder heerschappij van een archetype niet zou kunnen vervallen. Als iemand begin 1900 had durven voorspellen dat de psychologische ontwikkeling in Europa in de richting van een nieuw ontwaken van de middeleeuwse jodenvervolgingen zou gaan, dat Europa opnieuw voor de Romeinse fasces (symbool van heerschappij over leven en dood) en onder de marsstap der legioenen zou beven, dat men de Romeinse groet weer opnieuw zou invoeren, zoals tweeduizend jaar geleden, en dat in plaats van het christelijk kruis een archaïsche swastika miljoenen soldaten zou verleiden tot een bereidheid om te sterven – wel, zo iemand zou men toen voor een mystieke dwaas hebben uitgemaakt. En wat zien we nu? Hoe verrassend het ook lijkt, deze hele waanzin is een afgrijselijke werkelijkheid. Privé-leven, privé-motieven en -oorzaken en privé-neurosen zijn in de huidige wereld bijna een fictie geworden. De mens uit het verleden, die in een wereld van archaïsche 'représentations collectives' leefde, is weer tot een heel zichtbaar en pijnlijk reëel leven gekomen, en dat niet alleen in een paar onevenwichtige individuen, maar in vele miljoenen mensen.

Er bestaan net zoveel archetypen als er typische situaties in het leven zijn. Een eindeloze herhaling heeft deze ervaringen in onze

psychische constitutie geprent, niet in de vorm van beelden gevuld met een inhoud, maar in eerste instantie slechts als *vormen
zonder inhoud*, die alleen maar een mogelijkheid van een bepaald
type handelen en opvatten vertonen. Als er in het leven iets gebeurt wat met een bepaald archetype overeenkomt, dan wordt
dit archetype geactiveerd en er treedt een dwangmatigheid op
die zich, evenals een instinctieve drift, doorzet tegen alle verstand
en wil in, of die anders een conflict teweegbrengt van pathologische dimensies, dat wil zeggen: een neurose.

3 Bewijsmethode

We moeten ons nu met de vraag bezighouden hoe het bestaan
van archetypen bewezen kan worden. Aangezien archetypen bepaalde psychische vormen zouden voortbrengen, moeten we bespreken waar en op welke manier we aan het materiaal dat deze
vormen aanschouwelijk maakt, kunnen komen. De voornaamste bron ligt in dromen, die het voordeel hebben onwillekeurige, spontane producten van de onbewuste psyche te zijn. Dromen zijn daarom zuivere natuurproducten die door geen enkele
bewuste opzet beïnvloed zijn. Wanneer we iemand persoonlijk
ondervragen, kunnen we erachter komen welke motieven die in
dromen opduiken, hem bekend zijn. Onder de motieven die
hem onbekend zijn, moeten we natuurlijk alle motieven uitsluiten die hem bekend *zouden kunnen* zijn, zoals bijvoorbeeld, om
op Leonardo terug te komen, het giersymbool. We weten niet
zeker of Leonardo dit symbool aan Horapollo ontleend heeft,
omdat dat voor een ontwikkeld mens uit zijn tijd zonder meer
denkbaar geweest kon zijn. Kunstenaars onderscheidden zich destijds immers vooral door een grote humanistische kennis. Daarom zou – hoewel het vogelmotief een archetype bij uitstek is –
zijn optreden in Leonardo's fantasie niets bewijzen. We moeten
daarom naar motieven zoeken die de dromer eenvoudig niet bekend kunnen zijn, maar die toch in zijn droom dezelfde functie
hebben als die we uit het historisch functioneren van de arche-

typen kennen. Een andere bron voor het benodigde materiaal is de zogenaamde *actieve imaginatie*.[4] Daaronder versta ik een serie fantasieën die door opzettelijke concentratie in het leven wordt geroepen. Het is mijn ervaring dat de intensiteit en de frequentie van dromen verhoogd worden door de aanwezigheid van ongrijpbare en onbewuste fantasieën. Als deze fantasieën nu bewust worden gemaakt, dan verandert de aard van de dromen; ze worden zwakker en treden minder vaak op. Hieruit heb ik de conclusie getrokken dat dromen vaak fantasieën bevatten die bewust 'willen' worden – droombronnen zijn vaak onderdrukte instincten die de natuurlijke neiging hebben het bewuste verstand te beïnvloeden. In dit soort gevallen geven we de patiënt de opdracht zijn aandacht te richten op een bepaald onderdeel van zijn fantasie dat hem belangrijk lijkt. Dit onderdeel moet hij dan bekijken met het oog op zijn zogenaamde *context*, dat wil zeggen met het bijbehorend associatiemateriaal waarin het ingebed is, net zo lang tot hij het begrijpt. Er is hier geen sprake van 'vrije associatie', zoals Freud dat met het oog op de droomanalyse heeft aanbevolen, maar het gaat om het uitwerken van de fantasie door het beschouwen van verder fantasiemateriaal dat op natuurlijke wijze bij het droomfragment hoort.

Het is hier niet de plaats om technische toelichtingen bij deze methode te geven. Ik beperk me tot de opmerking dat de aan het licht gebrachte fantasieserie de spanning van het onbewuste verlicht en een rijke hoeveelheid materiaal oplevert aan archetypische vormen. Vanzelfsprekend mag deze methode slechts in bepaalde, zorgvuldig geselecteerde gevallen worden gebruikt. Deze methode is namelijk niet geheel zonder gevaar, aangezien ze de patiënt te ver van de werkelijkheid kan wegvoeren. Een waarschuwing tegen gedachteloze toepassing is in ieder geval op zijn plaats.

Als interessante bronnen voor archetypisch materiaal kennen we verder de waanideeën van geesteszieken, de fantasieën van trancetoestanden en de dromen uit de vroegste jeugd (van het derde tot en met het vijfde jaar). Dit materiaal is ruimschoots verkrijgbaar, maar het is alleen waardevol als we erin slagen over-

tuigende mythologische parallellen op te sporen. Het is natuurlijk niet voldoende om bijvoorbeeld een droom over een slang
met het mythologisch optreden van slangen te verbinden, want
wie garandeert ons dat de functionele betekenis van de slang dezelfde is als in het mythologische kader? Om geldige parallellen
te trekken, is het daarom noodzakelijk de functionele betekenis
van een individueel symbool te kennen en er dan achter te komen of het zogenaamde parallelle mythologische symbool eenzelfde context heeft, en dus ook dezelfde functionele betekenis.
Het vaststellen van dit soort feiten is niet alleen een kwestie van
langdurig en moeizaam onderzoek, maar ook een ondankbaar
demonstratieobject. Aangezien de symbolen niet uit hun samenhang gerukt mogen worden, moeten we zowel uitputtende persoonlijke als symbolische beschrijvingen geven – wat in het kader
van een lezing praktisch onmogelijk is. Ik heb het herhaaldelijk
geprobeerd, op het gevaar af de helft van mijn toehoorders in
slaap te brengen.

4 Een voorbeeld

Ik kies als voorbeeld een geval uit mijn praktijk dat ik, hoewel
het al eerder gepubliceerd is, hier opnieuw gebruik omdat het
door zijn beknoptheid zeer geschikt is als illustratie. Bovendien
kan ik er nog een paar extra opmerkingen aan toevoegen die bij
de vroegere publicatie[5] zijn weggelaten.

Rond 1906 kwam ik een heel merkwaardige fantasie tegen van
een paranoïcus die al jarenlang in een inrichting zat. De patiënt
had sinds zijn jeugd aan schizofrenie geleden en was ongenees-
lijk. Hij had de lagere school doorlopen en was later kantoor-
bediende geweest. Hij had geen enkele bijzondere begaafdheid
en ikzelf wist destijds niets van mythologie of archeologie; de situatie was dus wat dat betreft geheel onverdacht. Op een dag trof
ik hem aan terwijl hij bij het raam stond; hij bewoog zijn hoofd
heen en weer en knipperde in de zon. Hij vroeg mij hetzelfde te
doen, want dan zou ik iets heel interessants zien. Toen ik hem

vroeg wat hijzelf zag, was hij verbaasd dat ik niets kon zien en zei: 'U ziet toch de zonnepenis – als ik mijn hoofd heen en weer beweeg, dan beweegt hij ook, en daar komt de wind vandaan.' Natuurlijk begreep ik volstrekt niets van dit merkwaardige idee, maar ik maakte er een aantekening van. Ongeveer vier jaar later, toen ik met mijn mythologische studie bezig was, ontdekte ik een boek van de bekende filoloog Albrecht Dieterich dat meer licht wierp op deze fantasie. Dit werk, gepubliceerd in 1910, behandelt een Griekse papyrus uit de Bibliothèque Nationale van Parijs. Dieterich meende dat hij hierin de tekst van een Mithras-ritueel ontdekt had. De tekst is ongetwijfeld een religieuze hand-leiding voor de uitvoering van bepaalde bezweringsformules, waarin Mithras wordt genoemd. Ze is afkomstig uit de Alexandrijnse mystieke school en vertoont verwantschap met het *Corpus Hermeticum*. In Dieterichs tekst lezen we de volgende aanwijzingen:

Haal van de [zonne]stralen adem, adem driemaal in, zo sterk ge kunt, en ge zult zien dat ge opgeheven wordt en opstijgt in de hoogte, zodat ge midden in het luchtregioen lijkt te zijn… De weg van de zichtbare goden zal door de zonneschijf verschijnen, die God mijn vader is. Op dezelfde wijze zal ook de zogenaamde buis zichtbaar worden, de oorsprong van de die-nende wind. Want ge zult een buis zien die van de zon naar beneden hangt, en wel in de richting van het westen alsof er een oneindige oostenwind was. Maar als de bestemming naar de richtingen van het oosten een andere is, dan zult ge op dezelfde manier naar die richtingen een omdraaiing (voort-beweging) van het visioen zien.[6]

Het is duidelijk dat de auteur de bedoeling had de lezer zélf het visioen te laten beleven dat de schrijver heeft gehad, of waar hij op zijn minst in geloofde. De lezer moet worden ingewijd in de innerlijke ervaring van de auteur of – wat waarschijnlijker is – in de ervaringen van een destijds bestaande mystieke gemeenschap waarvan Philo Judaeus als tijdgenoot getuigenis aflegt. Want de hier aangeroepen vuur- en zonnegod is een figuur die nauwe historische parallellen kent, bijvoorbeeld met de Christusgestalte in de Openbaring. Het gaat daarom om een collectieve voorstelling waartoe de beschreven rituele handelingen eveneens behoren, zoals bijvoorbeeld het nabootsen van diergeluiden, enzovoort. Dit visioen hoort daarom in een religieuze samenhang van ondubbelzinnig extatische aard thuis en beschrijft een soort inwijding in de mystieke ervaring van de godheid.

Onze patiënt was ongeveer tien jaar ouder dan ik. In zijn grootheidswaan meende hij dat hij God en Christus in één was. Zijn houding ten opzichte van mij was welwillend – hij mocht mij graag, want ik was de enige die belangstelling had voor zijn duistere ideeën. Zijn waanbeelden waren hoofdzakelijk van religieuze aard, en toen hij mij uitnodigde in de zon te kijken zoals hij en mijn hoofd heen en weer te bewegen, was hij blijkbaar van plan mij te laten delen in zijn visioen. Hij speelde de rol van de mystieke wijze, en ik was zijn leerling. Hij voelde dat hij de zonnegod zelf was, aangezien hij door zijn hoofdbewegingen de wind schiep. De rituele transformatie in de godheid kwam, zoals Apuleius bevestigt, in de Isismysteriën[7] voor, en bovendien in de vorm van een zonne-apotheose. De betekenis van de 'dienende wind' is naar alle waarschijnlijkheid die van het scheppende pneuma (pneuma = wind en geest) dat vanuit de zonnegod naar de ziel stroomt en deze bevrucht. De verbinding van zon en wind komt in de antieke symboliek veelvuldig voor.

Maar nu moet het bewijs worden geleverd dat het bij deze twee afzonderlijke gevallen niet om een zuiver toevallige overeenkomst gaat. We moeten daarom aantonen dat de voorstelling van een 'windbuis' in verbinding met God of de zon ook los van deze twee uitspraken bestaat, met andere woorden: dat deze voorstelling ook in andere tijden en plaatsen voorkomt. Bepaalde middeleeuwse schilderijen beelden bijvoorbeeld de bevruchting van Maria uit door middel van een buisachtig instrument, dat vanuit de troon Gods tot in het lichaam van Maria reikt. Óf de duif óf het Christuskind zelf daalt daarin af. De duif betekent de bevruchtende wind van de Heilige Geest.

Er kan geen sprake van zijn dat de patiënt iets heeft afgeweten van een Griekse papyrus die pas vier jaar later gepubliceerd zou worden, en het is in hoge mate onwaarschijnlijk dat zijn visioen iets te maken heeft gehad met de zeldzame middeleeuwse afbeeldingen van de Verkondiging, zelfs als hij door een of ander onvoorstelbaar toeval een dergelijk schilderij ooit te zien heeft gekregen. De patiënt was al toen hij twintig jaar was, geestesziek verklaard. Hij had nooit gereisd. In geen enkel museum van zijn geboortestad Zürich is een dergelijk schilderij te zien.

Bovenstaand geval noem ik niet om te bewijzen dat dit visioen een archetype is, maar om even heel in het kort mijn werkwijze te laten zien. Als we slechts dit soort gevallen hadden, dan zou ons onderzoek betrekkelijk eenvoudig zijn, maar in werkelijkheid is het bewijs gecompliceerder. Allereerst moeten bepaalde (archetypische) symbolen ondubbelzinnig genoeg geïsoleerd worden om als typische fenomenen, en niet als zuiver toeval, gekenmerkt te kunnen worden. Dat doen we door een reeks dromen, laten we zeggen een paar honderd, te onderzoeken op typische figuren en op de ontwikkeling daarvan tijdens het verloop van deze serie. Door deze methode is het mogelijk bepaalde continuïteiten en afwijkingen bij één en dezelfde (droom- of fantasie-) figuur vast te stellen. We kunnen elke willekeurige figuur uitkiezen die door zijn gedrag in de droom of dromen de indruk wekt dat hij of zij een archetype is. Als het beschikbare materiaal goed is geobserveerd en voldoende inhoud heeft, dan kunnen we interessante gegevens ontdekken over de veranderingen die het archetype ondergaat. Niet alleen het archetype zelf, maar ook zijn varianten kunnen door bewijsmateriaal uit de vergelijkende mythologie verduidelijkt worden. Deze onderzoeksmethode heb ik ook elders (uitvoerig) beschreven (onder andere in *Psychologie en alchemie*[8]), en ik heb daarin ook het nodige praktijkmateriaal getoond.

4
Het archetype en het begrip 'anima'

'Über den Archetypus mit besonderer Berücksichtigung des Animabegriffes.' Voor het eerst gepubliceerd in *Zentralblatt für Psychotherapie und ihre Grenzgebiete*, IX/5, Leipzig 1936, p. 259-275. Een bewerking hiervan in *Von den Wurzeln des Bewusstseins*, Zürich 1954. Zie ook *Gesammelte Werke* 9/I, par. 111-147. Opgenomen in *Archetypen*, Utrecht 1997.

Hoewel de moderne mens al vergeten lijkt te hebben dat er ooit een psychologie bestond die niet empirisch was, is de algemene fundamentele instelling toch nog steeds dezelfde als vroeger: psychologie zou identiek zijn met een theorie over het psychische. In academische kringen was op z'n minst de drastische revolutie in de methodiek nodig, geïnitieerd door Fechner[1] en Wundt[2], om de wetenschappelijke wereld duidelijk te maken dat psychologie een ervaringsterrein is en niet een filosofische theorie. Voor het toenemend materialisme aan het einde van de negentiende eeuw betekende het overigens niets meer dan dat er vroeger een 'ervaringszielkunde'[3] had bestaan, waaraan wij nu nog waardevolle beschrijvingen te danken hebben. Ik herinner hier alleen aan dr. Justinus Kerners *Seherin von Prevost* (1846). De nieuwe richting van een natuurwetenschappelijke methodiek had elke 'romantische' beschrijvende psychologie in de ban gedaan. De overdreven verwachtingen van deze experimentele laboratoriumwetenschap klonk al door in Fechners 'psychofysica'. Haar huidige resultaten zijn de psychotechniek en een algemene verandering van het wetenschappelijk standpunt ten gunste van de fenomenologie.

We kunnen echter nog niet beweren dat het fenomenologische gezichtspunt tot iedereen is doorgedrongen. De theorie speelt overal een nog veel te grote rol, in plaats van dat ze, zoals het eigenlijk zou moeten, in de fenomenologie betrokken wordt. Zelfs Freud, wiens empirische instelling boven alle twijfel verheven is, heeft zijn theorie als een conditio sine qua non aan zijn methode gekoppeld, alsof het onmisbaar zou zijn dat psychische fenomenen in een bepaald licht moeten worden gezien om inderdaad iets te zijn. Niettemin was het Freud die tenminste op het gebied van de neurosen de weg vrij maakte voor het onderzoek van complexe fenomenen. Het bevrijde gebied strekte zich echter slechts zo ver uit als bepaalde fysiologische basisbegrippen dat veroorloofden, zodat het bijna ging lijken alsof psychologie een kwestie van de fysiologie der instincten was. De materialistische wereldbeschouwing van ongeveer vijftig jaar geleden was deze beperking van de psychologie zeer welkom, en zo is het ondanks een veranderd wereldbeeld ook tegenwoordig nog in hoge mate. Men heeft hierdoor niet alleen het voordeel van een 'begrensd' arbeidsterrein, maar ook een voortreffelijke uitvlucht om zich niet te hoeven bezighouden met wat er in de rest van de wereld gebeurt.

Zo werd door de hele medische psychologie over het hoofd gezien dat een neurosenpsychologie, zoals bijvoorbeeld die van Freud, zonder kennis van een algemene fenomenologie volledig in de lucht hangt. Eveneens werd genegeerd dat op het gebied van de neurosen Pierre Janet[4] al voor Freud was begonnen met het opbouwen van een beschrijvende methodiek, en wel zonder deze met al te veel theoretische en levensbeschouwelijke veronderstellingen te belasten. Biografische beschrijvingen van psychische fenomenen, die buiten de grenzen van het streng medische gebied gingen, werden hoofdzakelijk vertegenwoordigd door het werk van de Geneefse filosoof Théodore Flournoy. In zijn voornaamste boek beschreef hij de psychologie van een buitengewone persoonlijkheid.[5] Deze eerste poging tot synthese werd gevolgd door het belangrijkste werk van William James, *Varieties of Religious Experience* (1902). Hoofdzakelijk aan deze twee onderzoekers heb ik te danken dat ik het wezen van de psychische stoornis in het kader van het geheel van de menselijke ziel leerde begrijpen. Ik heb zelf een aantal jaren experimenteel onderzoek gedaan, maar door mijn intensieve werk met neurosen en psychosen moest ik inzien dat – hoe wenselijk een kwantitatieve bepaling ook is – het zonder de kwalitatieve beschrijvende methode niet gaat. De medische psychologie heeft echter ingezien dat de doorslaggevende feiten buitengewoon gecompliceerd zijn en slechts door een casuïstische beschrijving begrepen kunnen worden. Deze methode echter veronderstelt een afwezigheid van theoretische vooroordelen. Iedere natuurwetenschap is beschrijvend waar ze niet langer experimenteel te werk kan gaan, zonder daardoor onwetenschappelijk te zijn. Maar een ervaringswetenschap maakt zichzelf onmogelijk wanneer ze haar arbeidsterrein afgrenst aan de hand van theoretische begrippen. De ziel eindigt niet op het punt waar de reikwijdte van een fysiologische of andere voorwaarde ophoudt. Dat wil zeggen, we moeten bij elk afzonderlijk geval dat we wetenschappelijk bestuderen de totale verschijning van de ziel beschouwen.

Deze gedachten zijn onmisbaar wanneer we een empirisch begrip als de 'anima' bespreken. Tegen het vaak gehoorde vooroordeel in dat het daarbij zou gaan om een theoretisch bedenksel of – erger nog – om zuivere mythologie, moet ik erop wijzen dat het begrip 'anima' een zuiver ervaringsbegrip is, waarvan het enige doel is een groep verwante of analoge verschijnselen een naam te geven. Dit begrip betekent niet meer dan bijvoorbeeld het begrip 'anthropoden', dat alle levende wezens met duidelijk onderscheiden ledematen omvat en aldus deze fenomenologische groep een naam geeft. De genoemde vooroordelen wortelen, hoe jammer dit ook is, in onwetendheid. De critici kennen de fenomenen in kwestie niet, want deze liggen grotendeels buiten de grenzen van de zuiver medische kennis, in een gebied van algemeen menselijke ervaring. De ziel echter, waarmee de arts te maken heeft, bekommert zich niet om de beperktheid van diens kennis, maar openbaart haar eigen levensuitingen en reageert op invloeden vanuit alle menselijke ervaringsterreinen. Ze vertoont haar wezen niet alleen in de persoonlijke sfeer, of in de instinctieve of in de maatschappelijke, maar in fenomenen die wereldwijd zijn.

Dat betekent dat wanneer we de ziel willen begrijpen, we rekening moeten houden met de wereld. We *kunnen* niet alleen, maar we *moeten* zelfs om praktische redenen arbeidsterreinen afbakenen, maar dat kan uitsluitend wanneer we deze beperking bewust erkennen. Maar hoe complexer de verschijnselen zijn die we praktisch moeten behandelen, des te ruimer moeten ons referentiekader en onze overeenkomstige kennis zijn.

Iemand die dus de universele verbreiding en betekenis van het *syzygie-motief* (paringsmotief) in de psychologie van primitieve volkeren[6], in de mythologie, in de vergelijkende godsdiensthistorie en in de literatuurgeschiedenis niet kent, kan nauwelijks meepraten over het begrip anima. Zijn kennis van de neurosenpsychologie kan hem weliswaar een zeker inzicht geven, maar pas de kennis van de algemene fenomenologie ervan kan hem de ogen openen voor de eigenlijke betekenis van datgene wat hij ontmoet in een individueel geval, en dan vaak in een pathologische misvorming.

Hoewel het algemene vooroordeel nog steeds gelooft dat de enig wezenlijke basis van onze kennis uitsluitend van buitenaf is gegeven, en dat 'niets in het intellect bestaat wat niet tevoren in de zintuigen bestond', is het toch zo dat de volstrekt respectabele atoomtheorie van de oude Leucippus en Democritus niet berustte op de waarneming van atoomsplitsing, maar op een 'mythologische' voorstelling van allerkleinste deeltjes. Deze zijn als zielenatomen, als kleinste levende deeltjes, zelfs bekend bij de nog in het stenen tijdperk levende bewoners van centraal Australië.[7] Hoeveel 'ziel' geprojecteerd is in het onbekende van de uiterlijke verschijnselen, weet iedere kenner van de oude natuurwetenschap en natuurfilosofie. Deze projectie vindt inderdaad op zulk een grote schaal plaats dat we nu en in de toekomst volstrekt niet kunnen zeggen hoe de wereld op zich eigenlijk in elkaar zit. We worden immers gedwongen het fysische gebeuren te vertalen in een psychisch proces, wanneer we inderdaad over kennis willen spreken. Wie garandeert echter dat er bij deze vertaling een 'objectief' wereldbeeld tevoorschijn komt dat enigszins voldoet? Dat kan alleen als het fysische gebeuren eveneens psychisch is. We lijken echter nog ver verwijderd van een dergelijke constatering. Tot dan moeten we ons goedschiks of kwaadschiks tevreden stellen met de veronderstelling dat de ziel de beelden en structuren levert die kennis van het object überhaupt mogelijk maken.

Over deze structuren nemen we algemeen aan dat ze overgeleverd worden door de traditie, en dat we dus tegenwoordig nog altijd over 'atomen' spreken omdat we direct of indirect over Democritus' atoomtheorie hebben gehoord. Maar waar heeft Democritus, of wie maar het eerste over de kleinste samenstellende elementen heeft gesproken, iets over atomen gehoord? Dit idee had zijn oorsprong in zogenaamde archetypische voorstellingen, dat wil zeggen in oerbeelden die nooit afbeeldingen van fysische gebeurtenissen zijn, maar originele producten van de psychische factor. Ondanks de materialistische tendens om de 'ziel' essentieel te begrijpen als slechts een afspiegeling van fysische en chemische processen, bestaat er toch geen enkel bewijs voor deze hypothese. Integendeel: ontelbare feiten bewijzen zelfs dat de ziel het fysische proces vertaalt in beeldseries, die vaak een nog nauwelijks herkenbare samenhang hebben met het objectieve proces. De materialistische hypothese is al te overmoedig en gaat met 'metafysische' aanmatiging buiten de grenzen van het ervaarbare. Wat we bij de huidige toestand van onze kennis met zekerheid kunnen vaststellen, is onze onwetendheid inzake het wezen van het psychische. Er bestaat daarom geen aanleiding om de ziel als iets secundairs of als een epifenomeen te zien, maar er bestaan voldoende redenen om haar – tenminste hypothetisch – als een factor op zich te beschouwen, en wel totdat voldoende bewezen is dat psychische processen ook in de reageerbuis geproduceerd kunnen worden. De alchemistische bewering van een lapis philosophorum (filosofische steen) die uit corpus, anima en spiritus (lichaam, ziel en geest) bestaat, heeft men geridiculiseerd als iets onmogelijks, maar dan moet ook de logische consequentie van deze middeleeuwse veronderstelling, namelijk het materialistische vooroordeel inzake de ziel, niet volgehouden worden alsof één van deze premissen een bewezen feit zou zijn.

Het zal niet zo gemakkelijk zijn om complexe psychische feiten onder te brengen in een scheikundige formule. Daarom moet de psychische factor, als hypothese, voorlopig als een autonome werkelijkheid met een raadselachtig karakter gelden, vooral omdat het volgens alle feitelijke ervaring *wezenlijk iets anders* is dan fysisch-chemische processen. In laatste instantie weten we niet waaruit zijn substantie bestaat, maar ditzelfde geldt voor fysieke objecten, namelijk voor de materie. Als we het psychische daarom als een zelfstandige factor beschouwen, dan volgt daaruit de conclusie dat er een psychische existentie bestaat die onttrokken is aan de willekeur van bewuste bedenksels en van bewuste hantering. Als iets psychisch dus gekarakteriseerd wordt door vluchtigheid, oppervlakkigheid, iets schaduwachtigs, ja door futiliteit, dan geldt dat met name voor het subjectief-psychische, namelijk voor de bewustzijnsinhouden, maar niet voor het objectief-psychische, het onbewuste – dat een voorwaarde a priori is van het bewustzijn en zijn inhouden. Van het onbewuste gaan determinerende invloeden uit. Deze garanderen, onafhankelijk van de traditie, in elk afzonderlijk individu gelijksoortigheid, zelfs gelijkheid van ervaringen en van structuur van imaginatieve voorstellingen. Eén van de voornaamste bewijzen hiervoor is het vrijwel universele parallellisme van mythologische motieven die ik wegens hun kwaliteit van oerbeelden *archetypen* heb genoemd.

Eén van deze archetypen, van bijzonder praktisch belang voor de psychotherapeut, heb ik anima genoemd. Met deze Latijnse uitdrukking bedoel ik iets dat men niet mag verwisselen met een christelijk-dogmatisch begrip of één van de huidige filosofische begrippen van de ziel. Als we iets min of meer concreets onder dit begrip willen voorstellen, dan kunnen we beter teruggaan tot een klassieke auteur, zoals Macrobius[8], of tot de klassieke Chinese filosofie.[9] Daar wordt de anima (Chinees 'po' en 'gui') opgevat als een vrouwelijk en chtonisch zielendeel. Een dergelijke parallel houdt overigens altijd het gevaar in van een metafysisch concretisme, dat ik weliswaar zoveel mogelijk wil vermijden, maar dat tot op zekere hoogte onvermijdelijk is bij een poging tot een aanschouwelijke weergave. Het gaat nu eenmaal niet om een abstract begrip, maar om een ervaringsbegrip, en de vorm waarin zo'n begrip verschijnt blijft er noodzakelijkerwijs mee verbonden. We kunnen het nu eenmaal ook niet anders beschrijven dan door middel van zijn specifieke fenomenologie.

Ongeacht de tijdsgebonden, levensbeschouwelijke pro's en contra's moet een wetenschappelijke psychologie alle transcendentale zienswijzen die steeds weer aan de menselijke geest ontspruiten, opvatten als projecties, dat wil zeggen als psychische inhouden die in een metafysische ruimte worden geëxtrapoleerd en gehypostaseerd.[10] De anima ontmoeten we historisch vooral in de goddelijke syzygieën[11], namelijk de man-vrouwelijke goddelijke paren. Deze wortelen enerzijds in het duister van de primitieve mythologie[12] en monden anderzijds opwaarts uit in de filosofische speculaties van het gnosticisme[13] en de klassieke Chinese filosofie, waar het kosmogone paar yang (mannelijk) en yin (vrouwelijk) wordt genoemd.[14] Over deze syzygie kunnen we rustig beweren dat ze even universeel voorkomt als man en vrouw. Uit dit feit volgt meteen de conclusie dat de menselijke verbeelding aan dit motief gebonden is, zodat deze overal en altijd gedwongen wordt steeds weer hetzelfde te projecteren.[15]

De medische ervaring leert dat projectie een onbewust, automatisch proces is, waardoor een inhoud waarvan het subject zich niet bewust is, overgedragen wordt op een object. Daardoor lijkt het alsof de onbewuste inhoud bij het object hoort. De projectie wordt beëindigd zodra ze bewust wordt, dat wil zeggen, zodra wordt ingezien dat de inhoud bij het subject zelf hoort.[16] De polytheïstische godenhemel uit de Oudheid heeft zijn ondergang daarom ook zeer zeker te danken aan het inzicht dat deze godengestalten slechts weerspiegelingen van het menselijk karakter zijn, zoals dat voor het eerst door Euhemeros[17] werd verwoord. Het valt immers gemakkelijk te bewijzen dat het godenpaar niets anders is dan het geïdealiseerde ouderpaar, of welk ander menselijk (liefdes)paar dan ook dat om de een of andere reden aan de hemel is verschenen. Deze veronderstelling zou heel eenvoudig zijn als projectie geen onbewust proces was, maar bewuste opzet. In het algemeen kunnen we veronderstellen dat de eigen

ouders het allerbekendste zijn, dat wil zeggen de individuen waarvan het subject zich het meest bewust is. Maar precies om deze
redenen kunnen ze niet geprojecteerd worden, want bij projectie gaat het om een inhoud waarvan het subject zich niet bewust
is, dat wil zeggen die ogenschijnlijk niet bij hem hoort. Het beeld
van de ouders is daarom ook uitgerekend datgene wat het minst
geprojecteerd kan worden, omdat het te bewust is.

In de praktijk worden nu echter juist de ouderimago's schijnbaar het allermeest geprojecteerd, een feit dat zo zonneklaar is dat
we bijna zouden kunnen concluderen dat het juist bewuste inhouden zijn die zich projecteren. Het duidelijkst zien we dat bij
gevallen van overdracht, waar de patiënt volledig inziet dat hij het
vaderimago (of zelfs dat van de moeder) op de arts projecteert.
Zelfs de daarmee verbonden incestfantasieën kunnen hem in
ruimste omvang duidelijk zijn, zonder dat hij daardoor bevrijd
wordt van de effecten van zijn projectie, dus van de overdracht.
Dat wil zeggen, hij gedraagt zich alsof hij zijn projectie volstrekt
niet heeft ingezien. De ervaring leert echter dat er nooit bewust
geprojecteerd wordt, maar dat projecties eenvoudig plaatsvinden
en pas naderhand worden herkend. We moeten daarom aannemen dat er naast de incestfantasie nog andere uiterst emotionele
inhouden met de ouderbeelden of -imago's verbonden zijn die
om een passende bewustmaking vragen. Ze kunnen blijkbaar nog
moeilijker bewust worden gemaakt dan incestfantasieën, waarvan
verondersteld wordt dat ze door een hevige weerstand worden
verdrongen en daarom onbewust zijn. Als we aannemen dat deze
mening juist is, dan worden we tot de conclusie gedwongen dat
er naast de incestfantasie inhouden bestaan die door een nog grotere weerstand worden verdrongen. Aangezien we ons moeilijk
iets aanstootgevenders kunnen voorstellen dan incest, weten we
eigenlijk niet goed hoe we deze vraag willen beantwoorden.

Geven we het woord aan de praktijkervaring, dan vertelt deze
ons dat naast de incestfantasie ook religieuze denkbeelden met de
ouderimago's geassocieerd zijn. Hiervoor behoef ik geen historische bewijzen te geven. Ze zijn alom bekend. Hoe staat het
echter met het aanstootgevende van religieuze associaties?

Iemand heeft eens gezegd dat het in een doorsnee gezelschap pijnlijker is om aan tafel over God te spreken, dan een enigszins gewaagde mop te vertellen. Het is inderdaad voor veel mensen draaglijker om seksuele fantasieën toe te geven dan te moeten erkennen dat hun arts hun verlosser is, want het eerste is uiteindelijk biologisch legitiem, terwijl het tweede daarentegen beslist pathologisch is. Daarvoor heeft men grote angst. Het lijkt me echter dat er te veel drukte wordt gemaakt over 'weerstand'. De fenomenen in kwestie kunnen we namelijk evengoed verklaren door een gebrek aan verbeeldingskracht en inzicht, waardoor het voor de patiënt zo moeilijk wordt zich dit soort zaken bewust te maken. Misschien heeft hij wel helemaal geen speciale weerstand tegen religieuze denkbeelden, maar komt hij alleen niet op de gedachte dat hij zijn arts serieus als zijn god of heiland zou kunnen zien. Alleen al zijn verstand beschermt hem tegen dit soort illusies. Minder aarzeling voelt hij echter bij de veronderstelling dat zijn arts zich iets dergelijks zou inbeelden. Als men zelf dogmaticus is, dan ziet men gemakkelijker een ander voor een profeet of godsdienststichter aan.

Religieuze denkbeelden hebben nu, zoals de geschiedenis ons leert, een buitengewoon suggestieve emotionele kracht. Hiertoe reken ik vanzelfsprekend alle 'représentations collectives': datgene waarover de godsdiensthistorie bericht, en daarnaast alles wat op -isme eindigt. Iemand kan te goeder trouw van mening zijn dat hij geen religieuze ideeën heeft. Maar niemand kan dermate buiten de mensheid staan dat hij geen représentation collective meer zou hebben. Juist zijn materialisme, atheïsme, communisme, socialisme, liberalisme, intellectualisme, existentialisme enzovoort getuigt tegen zijn onschuld. Ergens is hij, op welke manier dan ook, opvallend of onopvallend, bezeten van een dominant idee.

De psychologie weet in welke mate religieuze ideeën te maken hebben met de ouderbeelden. De geschiedenis levert ons hiervoor overweldigende getuigenissen, nog helemaal afgezien van het moderne medische onderzoek dat ons zelfs op de gedachte heeft gebracht dat de relatie met de ouders de eigenlijke oorzaak van het ontstaan van religieuze ideeën in het algemeen is. Deze hypothese berust echter op een geringe kennis van zaken. Ten eerste mag men de moderne gezinspsychologie niet zonder meer overbrengen op primitieve verhoudingen, waar de zaken heel anders liggen; ten tweede moet men zich hoeden voor ondoordachte oervader- en oerhordefantasieën; en ten derde moet men vooral de fenomenologie van religieuze belevingen, die een onderwerp apart zijn, zeer nauwkeurig kennen. De pogingen die tot dusverre in deze richting zijn gedaan, voldoen aan geen enkele van deze drie voorwaarden.

Uit de psychologische ervaring weten we alleen positief dat met de ouderimago's theïstische voorstellingen geassocieerd zijn, en wel (bij ons patiëntenmateriaal) meestal onbewust. Als de overeenkomstige projecties niet teruggenomen kunnen worden door middel van inzicht, dan hebben we alle reden om aan de aanwezigheid van emotionele inhouden van religieuze aard te denken, ongeacht de rationalistische weerstand van de patiënt.

Voorzover we inderdaad iets over de mens weten, is het duidelijk dat hij overal en altijd onder de invloed staat van dominerende denkbeelden. Wie dit zogenaamd niet doet, kan er onmiddellijk van verdacht worden dat hij een bekende vorm van geloof ingeruild heeft voor een variant die hemzelf en anderen minder bekend is. In plaats van het theïsme huldigt hij het atheïsme, in plaats van Dionysus geeft hij de voorkeur aan de modernere Mithras, en in plaats van in de hemel zoekt hij het paradijs op aarde.

Een mens zonder een dominerende représentation collective zou een volstrekt abnormaal verschijnsel zijn. Hij komt alleen voor in de fantasieën van mensen die misleid zijn omtrent zichzelf. Ze hebben niet alleen een verkeerde opvatting over het bestaan van religieuze ideeën, maar ook en vooral over de intensiteit daarvan. Het archetype achter de religieuze voorstellingen heeft, zoals elk instinct, zijn specifieke energie die het niet verliest, ook niet wanneer het bewustzijn het negeert. Zoals we met zeer grote waarschijnlijkheid kunnen veronderstellen dat ieder mens alle doorsnee menselijke functies en kwaliteiten bezit, zo mogen we ook de aanwezigheid van normale religieuze factoren respectievelijk archetypen verwachten. Deze verwachting bedriegt niet, zoals gemakkelijk te bewijzen valt. Wie erin slaagt de mantel van het geloof af te leggen, kan dat alleen maar doen dankzij de omstandigheid dat hij een andere bij de hand heeft – 'plus ça change, plus ça reste la même chose' (hoe meer iets verandert, des te meer blijft het hetzelfde). Het vooroordeel van het menszijn kan niemand ontlopen. De représentations collectives hebben een dominerende kracht, en het is daarom geen wonder dat ze met zeer intensieve weerstand onderdrukt worden. Maar als ze worden verdrongen, verbergen ze zich niet achter een of andere futiliteit, maar achter ideeën en gestalten die om andere redenen al problematisch zijn, en ze verhogen en compliceren de twijfelachtigheid hiervan. Alles wat we bijvoorbeeld op infantiele wijze aan onze ouders toeschrijven of zouden willen toeschrijven, wordt door deze heimelijke toevoeging tot in het fantastische overdreven, en daarom blijft het een open vraag hoeveel we van de beruchte incestfantasie serieus moeten nemen. Achter het ouder- of liefdespaar liggen inhouden met een zeer hoge spanning, die echter niet in het bewustzijn worden waargenomen en die zich daarom alleen maar kenbaar kunnen maken via projectie. Dat dit soort projecties werkelijk voorkomen en niet alleen maar traditionele meningen zijn, is bewezen aan de hand van historische documenten. Deze laten ons namelijk zien dat dit soort syzygieën geprojecteerd worden, volstrekt in tegenstelling tot de traditionele geloofsinstelling en wel in de vorm van een visionaire beleving.[18] Eén van de leerzaamste gevallen in dit opzicht is de onlangs heilig verklaarde Niklaus von Flüe, een Zwitserse mysticus uit de vijftiende eeuw, wiens visioenen door tijdgenoten zijn beschreven.[19] In deze visioenen, die als onderwerp zijn inwijding tot het kindschap Gods hebben, verschijnt de godheid in een dubbele vorm, namelijk de ene keer als koninklijke *vader* en de andere keer als koninklijke *moeder*. Deze beschrijving is zo onorthodox als maar zijn kan, aangezien de kerk destijds al sinds duizend jaar het vrouwelijk element als ketters uit de triniteit had verwijderd. Broeder Klaus was een eenvoudige ongeletterde boer, die ongetwijfeld geen andere dan de goedgekeurde kerkelijke leer had ontvangen en die in ieder geval onbekend was met de gnostische interpretatie van de Heilige Geest als de vrouwelijke en moederlijke Sophia.[20] Het zogenaamde Drievuldigheidsvisioen van deze mysticus is tegelijk een duidelijk voorbeeld van de intensiteit van de geprojecteerde inhoud. De psychologische situatie van Niklaus is voor zo'n projectie uitermate geschikt, want zijn bewuste voorstellingen komen zo weinig overeen met de onbewuste inhoud dat deze wel in de vorm van een merkwaardige beleving moet optreden. We moeten hieruit concluderen dat het geenszins ging om de traditionele godsvoorstelling, maar dat het juist integendeel een 'ketters' beeld[21] was dat zich visionair duidelijk maakte. Dat wil zeggen, het ging hier om een interpretatie van archetypische aard die rechtstreeks en spontaan opnieuw ontwaakte. Het is het archetype van het godenpaar, de syzygie.

Vrijwel eenzelfde geval ontmoeten we in de visioenen van de *Pèlerinage de l'âme* van Guillaume de Digulleville.[22] Hij ziet God in de hoogste hemel als koning op een stralende, ronde troon; naast hem zit de Hemelkoningin op een soortgelijke troon van bruin kristal. Voor een monnik uit de orde van de cisterciënzers – zoals bekend een bijzonder strenge orde – is dit visioen rijkelijk ketters. Aan de voorwaarde voor projectie is dus opnieuw voldaan.

Een indrukwekkende beschrijving van het karakter van een beleving van het syzygievisioen vinden we in het werk van Edward Maitland, een beschrijving die in de biografie van Anna Kingsford wordt gegeven. Maitland beschrijft hier uitvoerig zijn godsbeleving die bestond uit een lichtvisioen, sterk gelijkend op dat van Broeder Klaus. Hij zegt letterlijk: 'Het was [...] God als de Heer, die door Zijn dualiteit bewijst dat God zowel substantie is als kracht, zowel liefde als wil, zowel vrouwelijk als mannelijk, zowel moeder als vader.'[23]

Deze paar voorbeelden mogen voldoende zijn om het belevingskarakter van de projectie en haar onafhankelijkheid van de traditie te kenschetsen. We kunnen nauwelijks de hypothese vermijden dat er in het onbewuste een emotioneel geladen inhoud klaarligt, die dan op een bepaald moment tot projectie komt. Deze inhoud is het syzygiemotief, dat uitdrukt dat met iets mannelijks er ook altijd tegelijkertijd iets overeenkomstigs vrouwelijks gepaard gaat. De buitengewone verbreiding en emotionaliteit van dit motief bewijzen dat het om een fundamenteel en daarom praktisch belangrijk gegeven gaat, ongeacht de vraag of de betreffende psychotherapeut of psycholoog begrijpt waar en op welke manier deze psychische factor zijn speciale arbeidsterrein beïnvloedt. Microben speelden zoals bekend hun gevaarlijke rol reeds lang voordat ze ontdekt waren.

Zoals gezegd lag het voor de hand in de syzygieën het ouderpaar te vermoeden. Het vrouwelijke deel, dus de moeder, komt overeen met de anima. Aangezien echter om hierboven genoemde redenen bewustheid van een object de projectie ervan verhindert, blijft ons niets anders over dan te veronderstellen dat ouders ook tegelijkertijd de onbekendste van alle menselijke wezens zijn. Dat wil zeggen, er zou dus een onbewust spiegelbeeld van het ouderpaar bestaan dat even weinig op hen lijkt, ja zelfs zo volledig vreemd is, of even onverenigbaar, als een mens vergeleken met een god. Het zou denkbaar zijn, en dit is zoals bekend ook al gesteld, dat het onbewuste spiegelbeeld niets anders is dan het beeld van vader en moeder, dat in de vroege jeugd verworven, overgewaardeerd en ten gevolge van de begeleidende incestfantasie later verdrongen is. Deze opvatting veronderstelt echter dat dit beeld ooit *bewust* is geweest, want anders zou het niet 'verdrongen' kunnen worden. Bovendien moeten we nog veronderstellen dat de daad van de morele verdringing zelf onbewust is geworden, want anders zou deze verdringingsdaad in het bewustzijn bewaard blijven, en daarmee op z'n minst ook de herinnering aan de verdringende morele reactie. Uit de aard hiervan zouden we dan gemakkelijk weer de inhoud van het verdrongene kunnen opmaken. Bij dit soort tegenwerpingen wil ik echter niet stil blijven staan; wel wil ik benadrukken dat volgens de algemene mening het ouderimago misschien niet tijdens de prepuberale periode of op een ander tijdstip van een min of meer

ontwikkeld bewustzijn tot stand komt, maar eerder in het aan-
vangsstadium van het bewustzijn tussen het eerste en vierde le-
vensjaar, dus in een tijd dat het bewustzijn nog geen echte continuïteit bezit en daarom het karakter van insulaire discontinuïteit
vertoont. De betrokkenheid op het ik, onmisbaar voor een continu bewustzijn, is pas ten dele aanwezig, en daarom verloopt een
groot deel van het psychisch leven op dit niveau in een toestand
die we moeilijk anders dan relatief onbewust kunnen noemen.
In ieder geval zou zo'n toestand bij een volwassene de indruk
maken van een somnambule, een droom- of schemertoestand.
Deze toestanden echter worden altijd, zoals wij immers ook uit
de observatie van kleine kinderen weten, gekenmerkt door een
fantasievolle waarneming van de werkelijkheid. De fantasiebeelden overstemmen de invloed van de zintuiglijke prikkels en vormen deze naar het model van een *al bestaand psychisch beeld*.

Het is nu volgens mij een ernstige vergissing aan te nemen dat
de ziel van een pasgeboren kind een tabula rasa is, alsof het volstrekt niets zou bevatten. Voorzover het kind ter wereld komt
met hersenen die gedifferentieerd, door erfelijkheid gedetermineerd en daarom ook geïndividualiseerd zijn, plaatst het tegenover de van buiten komende zintuiglijke prikkels geen *indifferen-
te* potenties, maar *specifieke*. En dat bepaalt zonder meer een
karakteristieke (individuele) keuze en vormgeving van de waarneming. Deze potenties zijn aantoonbaar overgeërfde instincten
en gepreformeerde patronen. De patronen zijn de op instincten
gebaseerde, formele voorwaarden a priori van de waarneming.
Hun bestaan drukt een antropomorf stempel op de wereld van
het kind en van de dromer. Het zijn de archetypen die elke activiteit van de fantasie in bepaalde banen leiden en die op deze
manier zowel in de fantasiebeelden van kinderdromen als in de
waanbeelden van schizofrenen verbazingwekkende parallellen
met de mythologie opleveren. Dit soort parallellen vinden we
ook, maar in mindere mate, in dromen van normale en neurotische mensen. Het gaat dus niet om overgeërfde *voorstellingen*,
maar om overgeërfde *mogelijkheden* tot het vormen van voorstellingen. Het gaat ook niet om een individuele erfelijkheid, maar

hoofdzakelijk om een algemene, zoals we kunnen opmaken uit het universele optreden van archetypen.[24]

Als mythen komen de archetypen voor in de geschiedenis van vrijwel alle volkeren, maar we vinden ze ook in elk afzonderlijk individu terug. Ze hebben altijd het sterkste effect, dat wil zeggen, ze antropomorfiseren de werkelijkheid het meest waar het bewustzijn op z'n beperkst of zwakst is, dus waar de fantasie de gegevens uit de uiterlijke wereld kan overwoekeren. Deze voorwaarde is ongetwijfeld aanwezig bij het kind in de eerste levensjaren. Het lijkt me daarom waarschijnlijker dat de archetypische vorm van het goddelijk paar aanvankelijk over het beeld van de werkelijke ouders heen gaat en dit assimileert, totdat uiteindelijk, dankzij een groeiend bewustzijn, de werkelijke gestalte van de ouders wordt waargenomen – niet zelden tot teleurstelling van het kind. Niemand weet beter dan de psychotherapeut dat de mythologisering van de ouders vaak tot ver in de volwassenheid wordt voortgezet en slechts met de grootste tegenzin wordt opgegeven.

Ik herinner me een geval, een man die zich aan mij voorstelde als het slachtoffer van een zeer sterk moeder- en castratiecomplex dat nog steeds niet was overwonnen, ondanks een 'psychoanalyse'. Hij had, zonder enige aanwijzing van mij, uit zichzelf een paar tekeningen gemaakt die de moeder aanvankelijk uitbeeldden als een bovenmenselijke figuur, maar daarna als een jammerlijk wezen dat bloedig verminkt was. Met name viel op dat er bij de moeder klaarblijkelijk een castratie was uitgevoerd, want voor haar bloederige genitaliën lagen afgesneden mannelijke geslachtsdelen. Deze tekeningen vormden een omgekeerde climax: eerst was de moeder een goddelijke hermafrodiet, die daarna door de teleurstellende en niet meer te loochenen ervaring met de werkelijkheid beroofd werd van zijn androgyne, platonische volmaaktheid en in de smartelijke gestalte van een gewone oude vrouw werd veranderd. De moeder was dus blijkbaar van het begin af aan, dat wil zeggen vanaf de vroegste jeugd, geassimileerd door het archetypische idee van de syzygie of de conjunctie van het man-vrouwelijke. Zij verscheen daarom in een volmaakte en bovenmenselijke gedaante.[25] Deze eigenschap bezit het archetype namelijk altijd en is ook de reden waarom het ons vreemd lijkt, alsof het niet tot het bewustzijn behoort. Het verklaart eveneens waarom het, wanneer het subject zich ermee identificeert, een verwoestende verandering van de persoonlijkheid veroorzaakt, meestal in de vorm van een grootheidswaan of het tegendeel daarvan.

De teleurstelling van de zoon had een castratie van de hermafroditische moeder tot gevolg: dat was het zogenaamde castratiecomplex van de patiënt. Hij was van de Olympus uit zijn kindertijd gevallen, en was niet langer de heldenzoon van een goddelijke moeder. Zijn 'castratieangst' was de angst voor het werkelijke leven, dat op geen enkele manier overeenkwam met zijn kinderlijke oerverwachting, en waaraan overal elke mythologische zin ontbrak die hij zich vaag van heel vroeger herinnerde. Zijn bestaan was – in de letterlijke zin van het woord – van zijn God beroofd. En dat betekende voor hem, hoewel hij dat niet besefte, een ernstig verlies van levenshoop en daadkracht. Hij vond zichzelf 'gecastreerd', wat een begrijpelijk neurotisch misverstand is; zó begrijpelijk dat het zelfs een neurosentheorie kon worden.

Omdat mensen altijd bang zijn geweest om tijdens de loop van het leven de samenhang met de instinctieve archetypische voorfase van het bewustzijn te verliezen, is van oudsher het gebruik ingeburgerd dat een pasgeborene naast zijn lichamelijke ouders nog twee peetouders krijgt, namelijk een 'godfather' en een 'godmother', zoals ze in het Engels heten, of een 'Götti' en een 'Gotte' in het Zwitserduits. Deze moeten zich met name bezighouden met het geestelijk welzijn van hun petekind. Ze representeren het goddelijk paar dat bij de geboorte verschijnt en geven het motief van de 'dubbele geboorte' aan.[26]

Het beeld van de anima, dat de moeder in de ogen van de zoon een bovenmenselijke glans gaf, verdwijnt langzamerhand door de banaliteit van alledag en komt aldus in het onbewuste terecht, zonder dat het daardoor zijn oorspronkelijke spanning en volle instinctiviteit verliest. Vanaf dat moment is het als het ware startklaar, en het wordt bij de eerste de beste gelegenheid geprojecteerd, namelijk wanneer een vrouwelijk wezen een indruk maakt die de alledaagsheid doorbreekt. Dan gebeurt wat Goethe met Charlotte von Stein[27] beleefde, en wat zich in de gedaante van Mignon en Gretchen herhaalde. In het laatste geval heeft Goethe ons zoals bekend ook nog de hele 'metafysica' die erachter ligt verraden. Het liefdeleven van een man openbaart de psychologie van dit archetype in de vorm van grenzeloze fascinatie, overschatting en verblinding, of in de vorm van mysogynie, met al haar stadia en variaties. Dit kan geenszins verklaard worden door de aard van het betreffende 'object', maar alleen door een overdracht van het moedercomplex. Dit complex ontstaat echter op een gegeven moment door de op zichzelf normale en overal voorkomende assimilatie van de moeder aan het pre-existente, vrouwelijke deel van het archetype van een 'man–vrouwelijk' tegenstellingspaar, en vervolgens door een abnormale aarzeling bij het losmaken van het oerbeeld van de werkelijke moeder. Een volledig verlies van het archetype kunnen we in wezen niet verdragen. Daaruit ontstaat namelijk een reusachtig 'onbehagen in de cultuur', waarin niemand zich meer thuis voelt, omdat een 'vader' en 'moeder' ontbreken. Iedereen weet hoeveel de religie in dit opzicht altijd heeft gedaan. Maar er bestaan helaas heel veel mensen die gedachteloos steeds weer vragen of religie wel 'waar' is, terwijl het eigenlijk om een psychologische behoefte gaat. Met een 'verstandig' wegredeneren bereiken we hier niets. In de projectie heeft de anima steeds een vrouwelijke vorm met bepaalde eigenschappen. Deze empirische constatering betekent echter geenszins dat het *archetype an sich* ook zo is. De man–vrouwelijke syzygie is slechts één van de mogelijke tegenstellingsparen, overigens wel één van de belangrijkste en daarom meest voorkomende in de praktijk. De syzygie heeft heel veel relaties met andere paren die geen enkele geslachtelijke tegenstelling vertonen, en die daarom slechts geforceerd bij de geslachtelijke tegenstelling ondergebracht kunnen worden. Deze relaties vinden we in allerlei varianten, vooral in de kundalini-yoga[28], in het gnosticisme[29] en met name in de alchemistische filosofie[30], nog helemaal afgezien van spontane fantasievormen in neurotisch en psychotisch materiaal. Als we al deze feiten zorgvuldig tegen elkaar afwegen, dan lijkt het waarschijnlijk dat een archetype in een ongeprojecteerde rusttoestand geen nauwkeurig te bepalen vorm heeft, maar een formeel niet te bepalen structuur is, die echter de mogelijkheid bezit om dankzij de projectie in bepaalde vormen te verschijnen.

Deze constatering lijkt het begrip 'typus' tegen te spreken. Ik geloof echter dat het niet alleen een tegenspraak lijkt, maar dat ook *is*. Empirisch gaat het toch om 'typen', dat wil zeggen om bepaalde vormen die daarom ook benoemd en onderscheiden kunnen worden. Zodra we echter deze typen ontdoen van hun casuïstische fenomenologie en proberen ze in hun relatie met andere archetypische vormen te onderzoeken, verwijden ze zich tot dermate ruime symbolisch-historische samenhangen dat we tot de conclusie komen dat de fundamentele psychische elementen oneindig gevarieerd en voortdurend in verandering zijn – iets dat ons menselijk voorstellingsvermogen eenvoudig te boven gaat. De empirie moet zich daarom tevreden stellen met een theoretisch 'alsof'. Wat dat betreft staat ze er niet slechter voor dan de atoomfysica, hoewel haar methode niet kwantitatiefmetend is, maar morfologisch-beschrijvend.

De anima is een factor van het hoogste belang in de psychologie van de man, zodra emoties en affecten meespelen. Ze versterkt, overdrijft, vervalst en mythologiseert alle emotionele relaties met zijn werk en met mensen van beiderlei kunne. De onderliggende fantasiespinsels zijn haar werk. Wanneer de anima in sterkere mate geconstelleerd is, verwekelijkt ze het karakter van de man en maakt hem overgevoelig, prikkelbaar, humeurig, jaloers, ijdel en onaangepast. Hij bevindt zich in een toestand van 'onbehagen' en verspreidt onbehagen ver om zich heen. Soms verheldert de animarelatie met een bijpassende vrouw het bestaan van dit symptoomcomplex.

De figuur van de anima is, zoals ik al eerder zei, geenszins aan de aandacht van dichters ontsnapt. Er bestaan voortreffelijke beschrijvingen, die ons bovendien nog informeren over de symbolische context waarin het archetype gewoonlijk gebed lijkt. Ik noem vooral Rider Haggards *She, The Return of She* en *Wisdom's Daughter*, en daarnaast ook Benoîts *L'Atlantide*. Benoît is destijds aangeklaagd voor plagiaat van Rider Haggard, omdat de analogie tussen beide beschrijvingen verbluffend is. Hij heeft echter blijkbaar deze aanklacht kunnen weerleggen. Spittelers *Prometheus* bevat eveneens heel subtiele observaties, en in zijn roman *Imago* geeft hij een voortreffelijke beschrijving van de projectie.

De kwestie van de therapie is een probleem dat niet in een paar woorden kan worden afgedaan. Ik heb me ook niet voorgenomen dat hier te behandelen, maar ik zal in het kort mijn standpunt in dezen schetsen. Jongere mensen in de eerste levenshelft (dus ongeveer beneden de vijfendertig) kunnen zonder schade ook het ogenschijnlijk volledige verlies van de anima verdragen. In ieder geval zou een man het moeten klaarspelen een man te zijn. De volwassen wordende jongeman moet zich kunnen bevrijden van de animafascinatie van de moeder. Er bestaan uitzonderingsgevallen, vooral bij kunstenaars, waar het probleem vaak aanzienlijk anders ligt. Daarnaast is er de homoseksualiteit, die gewoonlijk gekarakteriseerd wordt door een identiteit met de anima. Gezien de erkende frequentie van dit verschijnsel is de interpretatie als pathologische perversie zeer twijfelachtig. Het psychologisch onderzoek toont dat het eerder om een onvolledig losmaken van het hermafroditische archetype gaat, verbonden met een uitgesproken weerstand zich te identificeren met de rol van een eenzijdig geslachtelijk wezen. Een dergelijke aanleg kan niet altijd negatief beoordeeld worden, aangezien deze het oermenselijke type, dat bij het eenzijdig geslachtelijk wezen tot op zekere hoogte verloren gaat, in stand houdt.

In de tweede levenshelft daarentegen betekent een aanhoudend animaverlies een afnemen van de levendigheid, flexibiliteit en menselijkheid. Er ontstaat dan gewoonlijk een voortijdige verstarring, zo niet verkalking, stereotypie, fanatieke eenzijdigheid, eigenzinnigheid, pedanterie, of het tegendeel: resignatie, vermoeidheid, verwaarlozing, onverantwoordelijkheid, en uiteindelijk een kinderlijke 'verwekelijking' met een neiging tot alcohol. In de tweede levenshelft zou daarom de samenhang met de archetypische levenssfeer zo mogelijk weer hersteld moeten worden.[31]

5
Psychologische aspecten van het moederarchetype

'Die psychologischen Aspekte des Mutterarchetypus.' Voor het eerst gepubliceerd in *Eranos-Jahrbuch* 1938, Zürich 1939. In herziene versie in *Von den Wurzeln des Bewusstseins*, Zürich 1954. Zie ook *Gesammelte Werke* 9/I, par. 148-198. Opgenomen in *Archetypen*, Utrecht 1997.

1 Over het begrip archetype

Het begrip Grote Moeder is afkomstig uit de godsdiensthistorie en omvat de meest uiteenlopende typen van de moedergodin. Het begrip zelf valt in eerste instantie buiten het belangstellingsgebied van de psychologie, aangezien het beeld van een 'Grote Moeder' in *deze* vorm in de praktijk slechts zelden, en dan alleen nog maar onder heel bepaalde voorwaarden, voorkomt. Het symbool is vanzelfsprekend afgeleid van het moederarchetype. Als we daarom de poging wagen de achtergrond van het beeld van de Grote Moeder te bestuderen vanuit de psychologie, dan moeten we noodzakelijkerwijs het veel algemenere moederarchetype als basis voor onze beschouwingen nemen. Hoewel het tegenwoordig nauwelijks meer nodig is het begrip 'archetype' uitvoerig toe te lichten, lijkt het me in dit geval toch niet helemaal overbodig van tevoren eerst een paar principiële opmerkingen te maken.

In het verleden vond men het – ondanks enkele afwijkende meningen en ondanks de neiging om aristotelisch te denken – niet al te moeilijk om de gedachte van Plato te begrijpen dat de idee voorafgaat en superieur is aan alle fenomenaliteit. 'Archetype' is nu niets anders dan een reeds in de Oudheid voorkomende uitdrukking die synoniem is met 'idee' in de zin van Plato. Wanneer bijvoorbeeld in het *Corpus Hermeticum* – dat waarschijnlijk afkomstig is uit de derde eeuw – God het 'archetypische licht' wordt genoemd, drukt dat de gedachte uit dat hij een pre-existent en superieur 'oerbeeld' van licht is dat aan elk fenomeen 'licht' voorafgaat. Zou ik een filosoof zijn, dan zou ik, overeenkomstig mijn veronderstelling, het argument van Plato voortzetten en zeggen: ergens 'in een hemels gebied' bestaat er een oerbeeld van de moeder dat pre-existent en superieur is aan elk fenomeen van het 'moederlijke' (in de ruimste zin van het woord). Aangezien ik echter geen filosoof, maar empiricus ben, kan ik het mij niet veroorloven te veronderstellen dat mijn speciale temperament, dat wil zeggen mijn individuele instelling ten opzichte van intellectuele problemen, algemeen geldig is. Kennelijk kan alleen een filosoof zich zoiets veroorloven, die veronderstelt dat zijn dispositie en instelling algemeen zijn en die zo min mogelijk erkent dat zijn individuele twijfel een wezenlijke beperking van zijn filosofie vormt. Als empiricus moet ik vaststellen dat er een temperament bestaat waarvoor *ideeën werkelijke entiteiten, en niet alleen nomina zijn.* Toevalligerwijs – zou ik haast willen zeggen – leven we nu, sinds bijna tweehonderd jaar, in een tijd waarin het weinig populair, ja zelfs onbegrijpelijk is geworden om te veronderstellen dat ideeën inderdaad nog iets anders zouden kunnen zijn dan nomina.

Wie enigszins anachronistisch nog steeds platonisch denkt, moet tot zijn teleurstelling ervaren dat de 'hemelse', dat wil zeggen metafysische essentie van de idee verwezen is naar het oncontroleerbare gebied van het geloof en bijgeloof of wat geringschattend wordt overgelaten aan de dichter. Het nominalistische standpunt heeft in de eeuwenoude strijd rond de universalia weer eens 'de overwinning behaald' op het realistische standpunt, en het oerbeeld is vervluchtigd tot een lege klank. Deze ommekeer werd begeleid en zelfs grotendeels veroorzaakt door de sterke opkomst van het empirisme, waarvan de voordelen het intellect maar al te duidelijk waren. Sindsdien is 'idee' geen a priori meer, maar iets dat secundair en afgeleid is. Natuurlijk maakt het jong-

ste nominalisme ook zonder meer aanspraak op algemene geldigheid, hoewel het berust op een bepaalde en daarom beperkte
voorwaarde, door het temperament gekleurd. Deze veronderstelling luidt: geldig is datgene wat van buiten komt en daarom
verifieerbaar is. Het ideale geval is de experimentele bevestiging.
De antithese luidt: geldig is wat van binnen komt en niet te ve-
rifiëren is. De hopeloosheid van deze positie is zonneklaar. De
Griekse natuurfilosofie, betrokken op het stoffelijke, heeft samen
met het aristotelische intellect een late, maar belangrijke overwinning behaald op Plato.

In elke overwinning ligt echter de kiem van een toekomstige
nederlaag. De laatste tijd zien we steeds meer tekenen die op een
zekere verandering van het standpunt wijzen. Veelbetekenend
genoeg is het juist Kants leer van de categorieën die enerzijds elke
poging tot metafysica in de oude betekenis in de kiem smoort,
maar die anderzijds een wedergeboorte van de platonische geest
voorbereidt: als het waar is dat er geen metafysica kan bestaan die
boven het menselijk vermogen uitgaat, dan bestaat er ook geen
empirie die niet reeds door een a priori van de kennisstructuur
gevangen en beperkt is. In de anderhalve eeuw die verstreken is
sinds de publicatie van *Kritik der reinen Vernunft, is* geleidelijk aan
het inzicht doorgebroken dat denken, verstand, intellect enzovoort geen processen zijn die op zichzelf bestaan, bevrijd van alle
subjectieve bepaaldheid en slechts dienstbaar aan de eeuwige wetten van de logica, maar dat het om psychische functies gaat die
bij een persoonlijkheid behoren en daaraan ondergeschikt zijn.
De vraag luidt niet langer: is dit of dat gezien, gehoord, betast,
gewogen, geteld, overdacht en logisch bevonden? Maar ze luidt:
wie ziet, *wie* hoort, *wie* heeft gedacht? Begonnen met de 'persoonlijke vergelijking' bij het waarnemen en meten van mini-
male processen heeft deze kritiek zich uitgebreid tot het scheppen van een empirische psychologie, zoals geen enkele tijd voor
ons dat kende. We zijn er tegenwoordig van overtuigd dat er op
alle gebieden van onze kennis psychologische premissen bestaan
die uiteindelijk beslissend zijn voor de keuze van de stof, de onderzoeksmethode, de aard van de conclusies en de constructie

van hypothesen en theorieën. We geloven nu zelfs dat de persoonlijkheid van Kant een niet onwezenlijke voorwaarde bij zijn *Kritik der reinen Vernunft* was. Niet alleen de filosofen, maar ook onze eigen filosofische neigingen, ja zelfs onze zogenaamde beste waarheden voelen zich onrustig worden, zo niet bedreigd, bij de gedachte aan de persoonlijke premissen. Elke creatieve vrijheid – zo roepen we uit – wordt ons daarmee ontnomen! Wat? Zou een mens alleen maar datgene denken, zeggen en kunnen doen wat hij zelf is?

Vooropgesteld dat we niet weer overdrijven en daarmee het slachtoffer worden van een onbeperkt psychologisme, gaat het inderdaad om een dergelijke, naar het mij lijkt onvermijdelijke kritiek. Deze kritiek is het wezen, de oorsprong en de methode van de moderne psychologie: er *bestaat* een a priori van alle menselijke activiteiten, en dat is de aangeboren en daarmee voorbewuste en onbewuste individuele structuur van de psyche. De voorbewuste psyche, dus bijvoorbeeld die van de pasgeborene, is geenszins een leeg niets dat we nog alles kunnen bijbrengen, vooropgesteld dat de omstandigheden gunstig zijn, maar een enorm gecompliceerd en individueel ten scherptste gedetermineerd gegeven dat alleen maar een duister niets lijkt omdat we het niet rechtstreeks kunnen zien. Maar zodra de eerste zichtbare, psychische levensuitingen verschijnen, moet men wel blind zijn om het individuele karakter van deze uitingen, namelijk de originele persoonlijkheid, niet te zien. We kunnen hierbij nauwelijks veronderstellen dat al deze details pas ontstaan op het moment dat ze te voorschijn treden. Als het bijvoorbeeld om een morbide aanleg gaat die al bij de ouders bestaat, dan veronderstellen we erfelijkheid via het kiemplasma. We denken er niet aan om de epilepsie van het kind van een epileptische moeder te beschouwen als een wonderbaarlijke mutatie. Hetzelfde is het geval bij bepaalde begaafdheden die generaties lang voorkomen. Op dezelfde manier verklaren we het opnieuw verschijnen van gecompliceerde instinctieve handelingen bij dieren die hun ouders nooit hebben gezien, en die dus onmogelijk door hen 'opgevoed' konden worden.

We moeten tegenwoordig uitgaan van de hypothese dat de mens geen uitzondering op andere schepsels vormt, voorzover hij onder alle omstandigheden, net als ieder dier, een gepreformeerde psyche bezit, passend bij zijn soort, een psyche die bovendien, zoals bij nader onderzoek blijkt, nog duidelijke, op familie-antecedenten gebaseerde trekken vertoont. We hebben geen enkele reden om te veronderstellen dat er bepaalde menselijke activiteiten (functies) bestaan die een uitzondering op deze regel zouden vormen. Hoe de disposities of potenties eruitzien die de instinctieve handelingen bij dieren mogelijk maken, kunnen we ons eenvoudig niet voorstellen. Evenmin is het mogelijk de aard van de onbewuste psychische disposities te kennen dankzij welke de mens in staat is tot menselijk reageren. Het moet om functionele vormen gaan, die ik 'beelden' heb genoemd. 'Beeld' drukt niet alleen de vorm uit van de uit te oefenen activiteit, maar tegelijkertijd ook de typische situatie waarin de activiteit wordt ontketend.[1] Deze beelden zijn 'oerbeelden', voorzover ze karakteristiek zijn voor de soort in het algemeen, en als ze inderdaad ooit zijn 'ontstaan', dan valt hun oorsprong op z'n minst samen met het begin van de soort. Het gaat om de menselijke aard van de mens, de specifiek menselijke vorm van zijn activiteiten. Deze specifieke aard ligt al in de kiem verborgen. De veronderstelling dat dit niet erfelijk is, maar in elk mens opnieuw ontstaat, zou even onzinnig zijn als de primitieve opvatting dat de zon die 's ochtends opgaat, een andere zou zijn dan de zon die de avond tevoren is ondergegaan.

Aangezien al het psychische gepreformeerd is, is dat ook het geval met de afzonderlijke functies ervan, vooral met die welke rechtstreeks uit onbewuste disposities voortkomen. Hiertoe hoort met name de *scheppende fantasie*. In de producten van de fantasie worden de 'oerbeelden' zichtbaar, en hier vindt het begrip 'archetype' zijn specifieke toepassing. Het is volstrekt niet mijn verdienste dit feit als eerste te hebben opgemerkt. Deze eer komt Plato toe. De eerste die op het gebied van de etnologie het optreden van bepaalde algemeen verbreide 'oergedachten' naar voren bracht, was Adolf Bastian. Later kwamen er twee onderzoekers uit de school van Dürkheim, Hubert en Mauss, die over 'categorieën' van de fantasie spraken. En niemand minder dan Hermann Usener heeft de onbewuste preformatie in de gedaante van een 'onbewust denken' opgemerkt.[2] Als ikzelf een aandeel in deze ontdekkingen heb, dan is dat het bewijs dat archetypen geenszins alleen maar via overlevering, door de taal en migratie zich algemeen verbreiden, maar dat ze altijd en overal spontaan weer opnieuw kunnen ontstaan, en wel op een manier die geheel losstaat van invloeden van buitenaf.

De draagwijdte van deze constatering mogen we niet onderschatten. Dit betekent namelijk niets minder dan dat weliswaar onbewuste, maar niettemin actieve, dus levende disposities of vormen, of zelfs ideeën in de zin van Plato, in elke psyche aanwezig zijn, en dat deze het denken, voelen en handelen hiervan instinctmatig preformeren en beïnvloeden. Ik stuit steeds weer op het misverstand dat de archetypen inhoudelijk bepaald zouden zijn, dat wil zeggen een soort onbewuste 'voorstellingen'. Ik moet daarom nogmaals onderstrepen dat archetypen niet inhoudelijk, maar alleen maar formeel bepaald zijn, en dit laatste slechts zeer beperkt. Een oerbeeld is inhoudelijk alleen aantoonbaar bepaald als het bewust is en daarom met het materiaal van de bewuste ervaring bekleed is. Zijn vorm daarentegen kan, zoals ik elders heb uitgelegd, bijvoorbeeld vergeleken worden met het assenstelsel van een kristal dat de kristalvorming in de moederloog in zekere zin preformeert, zonder dat het zelf materieel bestaat. Dit laatste gebeurt pas zodra de ionen en later de moleculen zich aaneensluiten. Het archetype op zich is een leeg, formeel element dat niets anders is dan een 'facultas praeformandi', een a priori gegeven mogelijkheid inzake de vorm waarin wij ons iets voorstellen. Overgeërfd worden niet de voorstellingen, maar de vormen die wat dit betreft overeenkomen met de eveneens formeel bepaalde instincten. En evenmin als het bestaan van 'archetypen an sich' bewezen kan worden, is dat het geval met het bestaan van instincten, zolang deze niet concreet actief zijn. Wat betreft de bepaaldheid van de vorm is onze vergelijking met kristalvorming verhelderend, aangezien het assensysteem uitsluitend

183

de stereometrische structuur, maar niet de concrete gedaante van
het individuele kristal bepaalt. Deze kan groot of klein zijn, of
variëren dankzij de uiteenlopende maat van zijn vlakken, of dankzij het ineengroeien van kristallen. Constant is alleen het assensysteem in zijn in principe invariabele geometrische verhoudingen. Hetzelfde geldt voor het archetype: het kan in principe
benoemd worden en bezit een invariabele betekeniskern, die altijd slechts in principe, maar nooit concreet zijn verschijnings-
wijze bepaalt. *Hoe* het moederarchetype bijvoorbeeld empirisch
verschijnt, kan nooit uit het archetype afgeleid worden, maar berust op andere factoren.

2 Het moederarchetype

Zoals ieder archetype heeft ook het moederarchetype een vrijwel onafzienbare hoeveelheid aspecten. Ik noem slechts enkele
meer karakteristieke vormen: de persoonlijke moeder en grootmoeder, de stief- en schoonmoeder, een of andere vrouw met
wie men een relatie heeft, en ook de min of de kinderjuffrouw,
de voormoeder of het 'witte wief'.

Dan is er in hogere, overdrachtelijke betekenis de godin, speciaal de Moeder Gods, de maagd (als verjongde moeder, bijvoorbeeld Demeter en Korè), Sophia (als moeder–geliefde eventueel ook van het type Cybele-Attis, of als dochter-geliefde
[verjongde-moeder-geliefde]). In overdrachtelijke zin verschijnt
het moederarchetype ook als doel van het verlossingsverlangen
(paradijs, koninkrijk Gods, hemels Jeruzalem); in ruimere zin als
kerk, universiteit, stad, land, hemel, aarde, woud, de zee of stil-
staand water; materie, de onderwereld en de maan; in engere zin
als plek van geboorte of verwekking: akker, tuin, rots, grot,
boom, bron, diepe put, doopvont, de bloem als vat (roos en lo-
tus); als tovercirkel (mandala als padma) of cornucopiatypus; in
engste zin als baarmoeder, elke holle vorm (bijvoorbeeld 'moer');
de yoni, een oven of pan; als dier: koe, haas en behulpzame dieren in het algemeen.

Al deze symbolen kunnen een positieve, gunstige betekenis hebben, of een negatieve, slechte. Een ambivalent aspect zien we in de godin van het lot (Moiren, Graiai, Nornen), negatief de heks, de draak (elk verslindend en wurgend dier, zoals een grote vis en een slang); het graf, de sarcofaag, diep water, de dood, nachtmerries en angstaanjagende figuren als Empusa, Lilith enzovoort.
Deze opsomming is natuurlijk niet volledig; ze geeft alleen de meest essentiële trekken van het moederarchetype aan. De eigenschappen van het archetype zijn 'moederlijk': de magische autoriteit van het vrouwelijke zonder meer; wijsheid en geestelijke hoogte die het intellect transcenderen; het goede, koesterende, dragende, datgene wat groei, vruchtbaarheid en voedsel schenkt; de plek van de magische transformatie, de wedergeboorte, het behulpzame instinct of de impuls, het geheime, verborgene, duistere, de afgrond, het dodenrijk, het verslindende, verleidende en vergiftigende, het angstaanjagende en onontkoombare. Deze eigenschappen van het moederarchetype heb ik uitvoerig beschreven en gedocumenteerd in mijn boek *Symbole der Wandlung*. Het ambivalente van de eigenschappen heb ik daar geformuleerd als de liefhebbende en de verschrikkelijke moeder. De parallel die ons vermoedelijk het meest vertrouwd is, is Maria, die in de middeleeuwse allegorieën tegelijk ook het kruis van Christus is. In India zou het de paradoxale Kali zijn. De Sankhyafilosofie heeft het moederarchetype uitgewerkt tot het begrip Prakriti, met als basiseigenschappen de drie 'guna's': sattva, rajas, tamas – goedheid, hartstocht, duisternis.[3] Dit zijn de drie essentiële aspecten van de moeder: haar koesterende en voedende goedheid, haar orgiastische emotionaliteit en haar onderwereldse duisternis. Een speciaal trekje uit de filosofische legende, namelijk het feit dat Prakriti voor Purusha *danst* om hem te herinneren aan het 'onderscheidende kennen', hoort niet direct bij het moederarchetype, maar bij dat van de anima. Deze is in de psychologie van de man in eerste instantie altijd vermengd met het beeld van de moeder.
Hoewel de etnologische gedaante van de moeder als het ware universeel is, verandert dit beeld merkbaar zodra het in de indi-

viduele psyche verschijnt. In de praktijk komt men allereerst onder de indruk van de ogenschijnlijk overweldigende betekenis
van de persoonlijke moeder. Deze figuur treedt in een personalistische psychologie zelfs zozeer naar voren dat deze laatste, zoals bekend, nooit, zelfs niet in theorie, verder is gekomen dan
de persoonlijke moeder. Ik wil nu meteen al stellen dat mijn opvatting principieel verschilt van de psychoanalytische theorie,
wegens het beperkte belang dat ik aan de persoonlijke moeder
toeken.

Dat wil zeggen: het is niet alleen de persoonlijke moeder die
in de literatuur beschreven effecten uitoefent op de psyche van
het kind, maar het is juist het archetype dat op de moeder wordt
geprojecteerd dat haar een mythologische achtergrond geeft en
haar daarmee autoriteit, zelfs numinositeit verleent.[4] De etiologische respectievelijk traumatische effecten die een moeder kan
hebben moeten in twee groepen worden verdeeld: ten eerste in
een groep effecten die horen bij werkelijk bestaande karakter-
eigenschappen of instellingen van de persoonlijke moeder, en ten
tweede in een groep effecten die slechts schijnbaar door haar worden veroorzaakt, aangezien het gaat om fantastische (dat wil zeggen archetypische) projecties van het kind. Freud heeft al ingezien dat de werkelijke etiologie van neurosen geenszins, zoals hij
eerst vermoedde, wortelt in traumatische effecten, maar integendeel in een karakteristieke ontwikkeling van de infantiele fantasie. We kunnen nauwelijks de mogelijkheid bestrijden dat een
dergelijke ontwikkeling teruggevoerd kan worden op storende
invloeden van de kant van de moeder. Ikzelf zoek daarom de
oorzaak van infantiele neurosen allereerst bij de moeder, omdat
ik uit ervaring weet dat ten eerste een kind zich veel waarschijnlijker normaal zal ontwikkelen dan neurotisch, en dat ten tweede in verreweg de meeste gevallen de definitieve oorzaak van de
storing bij de ouders, vooral bij de moeder kan worden aangetoond. De inhouden van de abnormale fantasieën kunnen slechts
ten dele betrekking hebben op de persoonlijke moeder, aangezien ze vaak duidelijk en onmiskenbaar toespelingen bevatten die
datgene wat men aan een werkelijke moeder kan toeschrijven

ver te boven gaan. Dat is vooral het geval wanneer het om uit-gesproken mythologische producten gaat, zoals dat bij infantiele fobieën vaak het geval is, waar de moeder namelijk als dier, heks, spook, menseneetster, hermafrodiet en dergelijke verschijnt. Aan-gezien deze fantasieën niet altijd duidelijk mythologisch zijn, of, wanneer dat wel zo is, ze niet altijd voortvloeien uit onbewuste disposities maar soms ook uit sprookjesverhalen, toevallige op-merkingen en dergelijke, moet in elk afzonderlijk geval een zorg-vuldig onderzoek plaatsvinden. Bij kinderen komt dit om prak-tische redenen veel minder in aanmerking dan bij volwassenen, die dergelijke fantasieën vrijwel altijd tijdens de behandeling op de arts overdragen, of nauwkeuriger gezegd: deze fantasieën wor-den als projecties teruggevonden.

Het is dan niet voldoende deze projecties in te zien of ze als belachelijk af te doen, tenminste niet op den duur, want arche-typen horen tot het onvervreemdbare bestand van iedere psyche. Ze vormen de 'schat in het gebied van de duistere voorstellin-gen' waarover Kant spreekt en waarover de ontelbare 'schat'-motieven uit de folklore vertellen. Een archetype is in wezen geenszins alleen maar een ergerlijk vooroordeel. Dat is het alleen op de verkeerde plaats. Op zich behoort het tot de hoogste waar-den van de menselijke ziel, en het heeft daarom de hemelen van alle religies bevolkt. Het archetype af te doen als waardeloos, be-tekent zonder meer een verlies. Het gaat er integendeel om deze projecties los te maken, om hun inhouden weer terug te geven aan de mens die ze verloren heeft door spontane projectie bui-ten zichzelf.

3 Het moedercomplex

Het archetype van de moeder vormt de basis van het zogenaam-de moedercomplex. Het is een open vraag of zo'n complex zon-der een aantoonbare causale medewerking van de moeder in-derdaad tot stand komt. Volgens mijn ervaring lijkt het erop dat de moeder altijd, dat wil zeggen vooral bij infantiele neurosen of bij neurosen die ongetwijfeld etiologisch teruggaan tot in de vroege jeugd, actief aan het ontstaan van de storing heeft meegewerkt. In ieder geval echter is de instinctieve sfeer van het kind gestoord, en daarmee worden archetypen geconstelleerd die als een vreemd en vaak angstaanjagend element tussen moeder en kind treden. Als bijvoorbeeld de kinderen van een overbezorgde moeder regelmatig dromen over haar als angstaanjagend dier of als heks, dan wijst deze belevenis op een splitsing in de kinderziel en daarmee op de mogelijkheid van een neurose.

A. HET MOEDERCOMPLEX VAN DE ZOON

De effecten van het moedercomplex zijn verschillend al naar gelang het om een zoon of een dochter gaat. Typische effecten op de zoon zijn homoseksualiteit of donjuanisme, soms ook impotentie.[5] In de homoseksualiteit blijft de heteroseksuele component in een onbewuste vorm aan de moeder geketend, in het donjuanisme wordt onbewust 'in iedere vrouw' de moeder gezocht. De effecten van het moedercomplex op de zoon worden uitgebeeld in de ideologie van het type Cybele-Attis: zelfcastratie, waanzin en een vroege dood. Bij de zoon is het moedercomplex niet zuiver wegens een ongelijkheid in sekse. Dit verschil is er de oorzaak van dat in ieder mannelijk moedercomplex naast het moederarchetype het archetype van de seksuele partner, namelijk de anima, een grote rol speelt. De moeder is het eerste vrouwelijke wezen waarmee de toekomstige man in contact komt. Onvermijdelijk zal ze, openlijk of meer verborgen, grof of subtiel, bewust of onbewust, voortdurend inspelen op de mannelijkheid van de zoon, zoals ook de zoon zich steeds meer bewust wordt van de vrouwelijkheid van de moeder of, tenminste onbewust, daarop instinctief antwoordt. Zo worden bij de zoon de eenvoudige relaties van identiteit of van weerstand en differentiatie voortdurend doorkruist door de factor van erotische aantrekking en afstoting. Hierdoor wordt het beeld aanzienlijk gecompliceerd. Ik zou echter niet willen beweren dat ten gevolge hiervan het moedercomplex van de zoon bijvoorbeeld serieuzer genomen moet worden dan dat van de dochter. We staan nog maar aan het begin van het onderzoek van de complexe psychische verschijnselen; we zijn nog in het stadium van het pionierswerk. We kunnen pas vergelijkingen maken als we statistisch bruikbare getallen hebben. Daar is echter voorlopig nog nergens sprake van.

Het moedercomplex is alleen bij de dochter zuiver en ongecompliceerd. Hier gaat het enerzijds om een door de moeder veroorzaakte versterking van vrouwelijke instincten, anderzijds om een verzwakking of uitdoving hiervan. In het eerste geval ontstaat door het overwicht van de instinctieve wereld een onbewustheid inzake de eigen persoonlijkheid, in het laatste geval ontwikkelt zich een projectie van de instincten op de moeder. Voorlopig moeten we ons tevreden stellen met de constatering dat het moedercomplex bij de dochter het vrouwelijk instinct óf overmatig bevordert óf evenzeer remt, terwijl het bij de zoon het mannelijke instinct kwetst door een onnatuurlijke seksualisering.

Aangezien 'moedercomplex' een begrip uit de psychopathologie is, is het altijd verbonden met het aspect van beschadiging en lijden. Als we het echter uit zijn iets te beperkte pathologische kader halen, dan kunnen we ook zijn positieve effect noemen: bij de zoon ontstaat naast of in plaats van homoseksualiteit een differentiatie van de eros[6] (in Plato's *Symposium* klinkt hiervan ook iets door); eveneens een ontwikkeling van de smaak en esthetiek waaraan een zeker vrouwelijk element geenszins afbreuk doet; voorts opvoedkundige kwaliteiten waaraan een vrouwelijk inlevingsvermogen vaak een hoge graad van volmaaktheid verleent; een historische geest die conservatief is in de beste zin van het woord en die alle waarden uit het verleden getrouw bewaart; een zin voor vriendschap die verrassend tedere banden tussen mannenzielen vlecht en die zelfs de vriendschap tussen de geslachten uit de verdoeming tot het onmogelijke verlost; een rijkdom aan religieus gevoel die een ecclesia spiritualis tot werkelijkheid maakt; en ten slotte een spirituele ontvankelijkheid die een willig vat is voor de openbaring.

Wat negatief in het donjuanisme is, kan in positieve zin moedige, doortastende mannelijkheid betekenen, een eerzuchtig streven naar zeer hoge doeleinden, een krachtige houding tegenover domheid, beperktheid, onrechtvaardigheid en luiheid, een offervaardigheid die aan het heldhaftige grenst voor alles wat als juist is erkend, doorzettingsvermogen, onbuigzaamheid en een taaie wil, een nieuwsgierigheid die ook niet terugschrikt voor de wereldraadselen, en ten slotte een revolutionaire geest die een nieuw thuis bouwt voor zijn medemensen of de wereld een ander aanzicht geeft.

Al deze mogelijkheden spiegelen zich in de mythologische motieven die ik al eerder heb opgesomd als aspecten van het moederarchetype. Aangezien ik het moedercomplex van de zoon reeds in een reeks geschriften heb behandeld, tezamen met de complicatie van de anima, wil ik in deze lezingen, waar het om het type van de moeder gaat, de mannelijke psychologie verder op de achtergrond laten.

B. HET MOEDERCOMPLEX VAN DE DOCHTER

1 *De hypertrofie van het moederlijke*

Ik heb al opgemerkt dat het moedercomplex[7] bij de dochter in zekere zin een hypertrofie van het vrouwelijke of anders een atrofie hiervan kan veroorzaken. De overdrijving van het vrouwelijke betekent een intensivering van alle vrouwelijke instincten, in de eerste plaats van het moederinstinct. Het negatieve aspect daarvan zien we bij vrouwen van wie het enige doel het baren van kinderen is. De echtgenoot is blijkbaar bijzaak; hij is in wezen een verwekkingsinstrument en wordt als te verzorgen object gerangschikt onder kinderen, arme familieleden, katten, kippen en meubels. Ook de eigen persoonlijkheid is bijzaak; deze is zelfs vaak min of meer onbewust, want het leven wordt in anderen en door anderen geleefd, aangezien ze ten gevolge van haar onbewustheid omtrent haar eigen persoonlijkheid hiermee identiek is. Eerst draagt ze kinderen, daarna klampt ze zich aan hen vast, want zonder haar kinderen is ze haar hele bestaansrecht kwijt. Zoals Demeter dwingt ze de goden het bezitsrecht op haar dochter af. De eros is slechts ontwikkeld als moederlijke relatie, maar als persoonlijke relatie onbewust. Een onbewuste eros uit zich altijd als macht[8], en daarom is dit type vrouw bij alle klaarblijkelijke moederlijke zelfopoffering toch niet in staat tot het brengen van een werkelijk offer. Vaak met een nietsontziende machtsdrift drukt ze haar moederinstinct door tot en met de vernietiging van haar eigen persoonlijkheid en ook van het eigen leven van haar kinderen. Hoe onbewuster zo'n moeder zich van haar eigen persoonlijkheid is, des te groter en gewelddadiger is haar onbewuste machtsdrift. Onder dit type zijn niet weinig gevallen voor wie niet Demeter, maar Baubo het passende symbool zou zijn. Het verstand wordt niet ontwikkeld omwille van zichzelf, maar blijft meestal steken in de vorm van zijn oorspronkelijke aanleg, dat wil zeggen: het blijft natuurlijk-oorspronkelijk, ongerelateerd en meedogenloos, maar ook waar en soms zelfs diep als de natuur zelf.[9] Zijzelf echter weet dit niet en kan daarom enerzijds de scherpte van haar verstand niet waarderen, anderzijds de diepte ervan niet filosofisch bewonderen. Meestal is ze meteen vergeten wat ze gezegd heeft.

2 *Overdrijving van de eros*
Het complex dat een dergelijke moeder bij haar dochter oproept, behoeft volstrekt niet altijd een hypertrofie van het moederinstinct te zijn. Integendeel, soms wordt bij de dochter dit instinct zelfs uitgeblust. Als surrogaat treedt dan een overdrijving van de eros op die bijna altijd tot een onbewuste incestrelatie met de vader leidt.[10] De geïntensiveerde eros legt een abnormale nadruk op de persoonlijkheid van de ander. Jaloezie ten opzichte van de moeder en het overtroeven van haar worden het uitgangspunt voor latere ondernemingen, die vaak van desastreuze aard zijn. Een dergelijke vrouw houdt namelijk van dweperige en sensationele relaties omwille van zichzelf en is geïnteresseerd in getrouwde mannen, overigens minder met het oog op hun welzijn, dan wel wegens het feit dat ze getrouwd zijn en haar daarom de mogelijkheid bieden een huwelijk te verstoren. Dat is het voornaamste doel van de onderneming. Zodra dit doel bereikt is, vervliegt door het ontbrekende moederinstinct haar belangstelling en dan is weer een volgende aan de beurt.[11] Dit type

wordt gekarakteriseerd door een opmerkelijke onbewustheid. Dit soort vrouwen is werkelijk volledig verblind inzake het eigen doen en laten[12], dat niet alleen voor hun slachtoffers, maar ook voor henzelf allesbehalve voordelig is. Ik hoef nauwelijks aan te tonen dat voor mannen met een trage eros dit type vrouw een voortreffelijke gelegenheid tot animaprojecties biedt.

3 Identiteit met de moeder

Als er bij het vrouwelijke moedercomplex geen overontwikkeling van de eros optreedt, dan ontstaat er een identiteit met de moeder en een verlamming van het vrouwelijk initiatief van de dochter. De eigen persoonlijkheid wordt op de moeder geprojecteerd, dankzij de onbewustheid inzake de eigen instinctieve wereld, zowel van het moederinstinct als van de eros. Alles wat deze vrouwen herinnert aan moederschap, verantwoordelijkheid, persoonlijke verbondenheid en erotische eisen, roept minderwaardigheidsgevoelens op en dwingt tot weglopen – natuurlijk naar de moeder, die al datgene wat de dochter volstrekt onbereikbaar lijkt op volkomen wijze beleeft. Tegen wil en dank door de dochter bewonderd, beleeft de moeder, als een soort supervrouw, al datgene wat de dochter zelf zou moeten beleven. Deze stelt zich tevreden met een onzelfzuchtige aanhankelijkheid tegenover de moeder en probeert tegelijk onbewust, als het ware tegen haar eigen wil in, haar moeder steeds meer te tiranniseren, overigens aanvankelijk onder het mom van volmaakte loyaliteit en overgave. Ze leidt een schaduwbestaan, wordt vaak zichtbaar door de moeder uitgezogen en verlengt haar leven als door voortdurende bloedtransfusies. Dergelijke kleurloze maagden zijn niet gevrijwaard voor het huwelijk. Integendeel, ondanks of juist door hun schimmigheid en innerlijke passiviteit staan ze hoog genoteerd op de huwelijksmarkt. Ten eerste zijn ze zo leeg dat een man eenvoudig alles in hen kan vermoeden, voorts zijn ze dermate onbewust dat zich vanuit hun onbewuste talloze voelhorens, om niet te zeggen onzichtbare polieparmen uitstrekken, en alle mogelijke mannelijke projecties aantrekken. Dit bevalt mannen buitengewoon. Want een zo grote vrouwelijke onbepaaldheid is het verlangde pendant voor de mannelijke bepaaldheid en ondubbelzinnigheid die alleen dan enigszins bevredigend tot stand kan komen als een man al het dubieuze, dubbelzinnige, onbepaalde, onduidelijke kan afschuiven, door het te projecteren op een verrukkelijk onschuldige vrouw.[13]

Wegens haar karakteristieke gebrek aan innerlijke deelname, en wegens haar minderwaardigheidsgevoelens die voortdurend een gekrenkte onschuld simuleren, krijgt de man de voordelige rol toebedeeld om op een superieure en toch toegeeflijke wijze de bekende vrouwelijke tekortkomingen te mogen verdragen, als een ware ridder. (Dat deze tekortkomingen grotendeels uit zijn eigen projecties bestaan, blijft gelukkig voor hem verborgen.) Bijzonder aantrekkelijk is de beruchte hulpeloosheid van het meisje. Ze is zozeer een aanhangsel van haar moeder dat ze volstrekt niet weet wat er gebeurt wanneer er een man in de buurt komt. Ze is dan zo hulpeloos en weet zo helemaal van niets dat zelfs de zachtmoedigste aanbidder een stoutmoedige vrouwenrover wordt, die brutaal de dochter van een liefhebbende moeder steelt. Deze geweldige kans ook eens een duivelskunstenaar te zijn, komt niet elke dag voor en werkt daarom zeer motiverend. Zo heeft ooit ook Pluto de ontroostbare Demeter beroofd van haar dochter Persephone, maar moest daarna na het raadsbesluit der goden zijn vrouw elke zomer aan zijn schoonmoeder afstaan. (De oplettende lezer ziet dat dit soort legenden niet 'zo maar' ontstaat!)

4 Afweer tegen de moeder

De drie zojuist behandelde extreme typen zijn verbonden door vele overgangsfases, waarvan ik slechts één met name wil noemen. Het gaat bij dit overgangstype minder om een versterking of verlamming van de vrouwelijke instincten, dan om een afweer tegen de overmacht van de moeder, die vaak al het andere verdringt. Het is het voorbeeld bij uitstek voor het zogenaamde negatieve moedercomplex. Het devies van dit type is: alles, behalve zoals moeder het doet! Het gaat enerzijds om een fascinatie, die echter nooit de identiteit verandert, en anderzijds om een versterking van de eros, die zich echter uitput in een jaloerse weerstand tegen de moeder. Deze dochter weet weliswaar alles wat ze *niet* wil, maar het staat haar niet duidelijk voor ogen wat ze dan wel met haar eigen levenslot aanmoet. Al haar instincten zijn afwerend op de moeder geconcentreerd en daarom niet geschikt tot het opbouwen van een eigen leven. Wanneer het toch zover komt, wanneer ze bijvoorbeeld trouwt, wordt het huwelijk alleen maar gebruikt om van haar moeder los te komen, of het lot speelt haar een man toe die essentiële karaktertrekken met haar moeder gemeen heeft. Alle instinctieve processen en noodzakelijkheden stuiten op onverwachte moeilijkheden: haar seksualiteit functioneert niet, of de kinderen zijn onwelkom, of haar moederlijke plichten lijken ondraaglijk, of de eisen van het huwelijksleven worden met ongeduld en irritatie beantwoord. Dit alles namelijk behoort op de een of andere manier niet tot de essentiële feiten des levens, omdat uitsluitend en alleen de voortdurende afweer van de moederlijke macht in iedere vorm het hoogste levensdoel vormt. In dergelijke gevallen vinden we vaak tot in alle details de eigenschappen van het moederarchetype terug. De *moeder als familie* of clan veroorzaakt bijvoorbeeld vaak heftige weerstanden tegen of ongeïnteresseerdheid in alles wat gezin, gemeenschap, maatschappij, conventie en dergelijke heet. Weerstand tegen de *moeder als uterus* manifesteert zich vaak als menstruatieproblemen, problemen met de conceptie, afschuw van zwangerschap, bloedingen of misselijkheid tijdens de zwangerschap, miskramen en dergelijke. De *moeder als materie* veroorzaakt ongeduld met voorwerpen, onhandigheid met gereedschappen en de borden en kopjes en ook een slechte smaak op het gebied van kleding.

Uit afweer tegen de moeder ontstaat soms een spontane ontwikkeling van het verstand, met als doel een gebied te scheppen waarin de moeder niet voorkomt. Deze ontwikkeling ontstaat vanuit een eigen behoefte, en bijvoorbeeld niet ter ere van een man die men zou willen imponeren of geestelijke kameraadschap zou willen voorspiegelen. Ze moet ertoe dienen de macht van de moeder door intellectuele kritiek en superieure kennis te bre-

ken, of om haar al haar stommiteiten, logische fouten of tekortkomingen in haar opleiding voor te houden. Hand in hand met
deze ontwikkeling van het verstand komen zeker ook mannelijke trekken in het algemeen meer naar voren.

C. Đ POSITIEVE ASPECTEN VAN HET MOEDERCOMPLEX
1 *De moeder*

Het positieve aspect van het eerste type, namelijk de overontwikkeling van het moederinstinct, is identiek met het beeld van
de moeder dat in alle tijden en talen bezongen en geprezen is.
Dit is de moederliefde die tot de roerendste en onvergetelijkste
herinneringen van de volwassenheid behoort, die de geheime
wortel van alle groei en alle verandering vormt en die terugkeer
en inkeer en alle begin en einde van de zwijgende oergrond betekent. Het meest vertrouwd, maar tegelijk vreemd als de natuur,
liefdevol teder en noodlottig wreed – een vreugdevolle, onver-
moeibare schenkster van leven, een mater dolorosa en de donkere zwijgende poort die zich achter de doden sluit. Moeder is
moederliefde, het is *mijn* beleving en *mijn* geheim. Waarom zouden we al te veel zeggen, te veel dat onjuist, ontoereikend, zelfs
leugenachtig is over die mens die moeder heette en die, ik zou
haast zeggen toevallig, de draagster van dat grote gebeuren was
dat haar en mij en de hele mensheid, ja zelfs alle levende schepselen, de hele levende schepping die ontstaat en vergaat, omsluit
– de beleving van het leven wiens kinderen wij zijn? Altijd weer
heeft men geprobeerd deze dingen te verwoorden, en dat zal ook
steeds weer gebeuren, maar iemand met inzicht kan het enorme
gewicht aan betekenis, aan verantwoordelijkheid en plicht, aan
hemel en hel niet meer schuiven op die zwakke en feilbare mens
die zozeer onze liefde, toegeeflijkheid, begrip en vergeving verdient – de mens die onze moeder was. Hij weet dat de moeder
de draagster is van het in ons geboren beeld van moeder natuur
en van de geestelijke moeder, van de totaliteit van het leven waaraan wij als kinderen zijn toevertrouwd en tegelijk zijn overgeleverd. Hij mag geen enkel moment aarzelen om de menselijke
moeder van deze angstaanjagende last te verlossen, uit conside-

ratie met haar en zichzelf. Want juist deze zwaarwegende betekenis ketent ons aan de moeder, en deze op haar beurt aan het
kind, tot psychisch en lichamelijk verderf van beiden. Een moedercomplex lossen we niet op door de moeder eenzijdig tot een
menselijke maat te reduceren, in zekere zin te 'berechten'. Daarbij loopt men gevaar ook de beleving 'moeder' in atomen op te
lossen en daarmee één van de hoogste waarden te verwoesten.
We gooien zo de gouden sleutels weg die een goede fee ons in
de wieg heeft meegegeven. Daarom heeft de mens altijd instinctief het ouderpaar laten vergezellen door het preëxistente godenpaar, als 'godfather' en 'godmother' (peetvader en peetmoe-
der) van de boreling, opdat deze nooit de vergissing zal maken
uit onbewustheid of kortzichtig rationalisme zijn ouders met goddelijkheid te belasten.

Het archetype is in eerste instantie veel minder een wetenschappelijk probleem dan een rechtstreekse dringende vraag van
psychische hygiëne. Ook als het ons aan alle bewijzen voor het
bestaan van archetypen zou ontbreken, en als alle knappe kop-
pen ter wereld overtuigend zouden bewijzen dat zoiets helemaal
niet kan bestaan, dan zouden we ze toch moeten uitvinden om
onze hoogste en natuurlijkste waarden niet in het onbewuste te
laten verzinken. Als deze namelijk in het onbewuste terechtkomen, dan verdwijnt daarmee de gehele elementaire kracht van
de oorspronkelijke beleving. In plaats daarvan komt de fixatie op
het moederimago, en wanneer deze voldoende gerationaliseerd
en 'gecorrigeerd' is, zijn we volledig aan de menselijke ratio gebonden en vanaf dat moment ertoe veroordeeld uitsluitend in het
verstand te geloven. Dat is weliswaar enerzijds een deugd en een
voordeel, maar anderzijds een beperking en verarming, want men
komt daarmee in de buurt van de leegte van het doctrinarisme
en de 'Verlichting'. Deze 'déesse de la raison' (godin van de rede)
verspreidt een bedrieglijk licht dat alleen datgene belicht wat men
al weet, maar dat alles in duisternis hult wat het meest noodzakelijk geweten en bewust gemaakt zou moeten worden. Hoe
zelfstandiger het verstand optreedt, des te meer wordt het zuiver
intellect, dat doctrines in de plaats van de werkelijkheid stelt en

dat met name niet de mens zoals hij is voor ogen heeft, maar een drogbeeld daarvan. De mens moet zich bewust blijven van de wereld van de archetypen, of hij haar begrijpt of niet, want in haar is hij nog deel van de natuur en verbonden met zijn wortels. Een levensbeschouwing of een maatschappelijke orde waardoor de mens van de oerbeelden van het leven wordt afgesneden, is niet alleen geen cultuur, maar in toenemende mate een gevangenis of stal. Blijven de oerbeelden in een of andere vorm bewust, dan kan hun bijbehorende energie de mens ten goede komen. Als het echter niet meer lukt het contact met hen te handhaven, dan stroomt de energie die zich in deze beelden uitdrukt en die ook de dwingende fascinatie van het infantiele oudercomplex veroorzaakt, terug in het onbewuste. Daarmee krijgt dit een lading die als een onweerstaanbare ondersteunende kracht optreedt voor elke opvatting of idee of neiging die het verstand verlokkend voor onze begerige ogen houdt. Op deze manier wordt de mens overgeleverd aan zijn bewustzijn, en diens rationele begrippen van juist en onjuist. Het is verre van mij het godsgeschenk van het verstand, dit hoogste menselijke vermogen, te devalueren. Maar als alleenheerser heeft het geen zin, evenmin als licht in een wereld zonder de tegenhanger ervan, de duisternis. De mens zou er goed aan doen de wijze raad van de moeder en haar onverbiddelijke wet van de natuurlijke beperking in acht te nemen. Nooit moet hij vergeten dat de wereld alleen maar bestaat omdat haar tegenstellingen elkaar in evenwicht houden. Zo wordt ook het rationele door het irrationele, en het bedoelde door het gegevene gecompenseerd.

Deze generaliserende opmerkingen waren onvermijdelijk, want de moeder is de eerste wereld van het kind en de laatste wereld van de volwassenen. In de mantel van deze grote Isis zijn wij allen, als haar kinderen, gehuld. We zullen nu echter terugkeren naar onze typen van het vrouwelijk moedercomplex. Bij de man is het moedercomplex nooit 'zuiver'; het is altijd vermengd met het anima-archetype, wat tot gevolg heeft dat uitspraken van mannen over de moeder meestal emotioneel, dat wil zeggen 'animeus' bevooroordeeld zijn. Alleen bij vrouwen bestaat de mogelijkheid de effecten van het moederarchetype vrij van 'animeuze' vermenging te onderzoeken. Dat heeft overigens alleen kans op succes waar nog geen compenserende animus ontwikkeld is.

2 De overontwikkelde eros

We komen nu bij het tweede type van het vrouwelijk moedercomplex, namelijk dat van de overontwikkelde eros. Ik heb van dit geval, zoals we het in de pathologie ontmoeten, een heel ongunstig portret geschetst. Maar ook dit zo weinig uitnodigende type heeft een positief aspect, dat niet aan de maatschappij zou mogen ontbreken. Juist als we het negatiefste effect van deze instelling bekijken, namelijk de onscrupuleuze verstoring van huwelijken, dan zien we daarachter een zinvol en doelmatig arrangement van de natuur. Dit type ontstaat, zoals we hebben beschreven, vaak als reactie op een zuiver natuurlijke, instinctieve en daarom alles verslindende moeder. Dit moedertype is een anachronisme, een terugval in een duister matriarchaat, waar de man als alleen maar bevruchter en slaaf van de akker een schimmig bestaan leidt. De reactieve versterking van de eros bij de dochter is gericht op de man, die onttrokken moet worden aan het overwicht van het moederlijk-vrouwelijke. Zo'n vrouw nestelt zich overal instinctief tussen huwelijkspartners die haar door hun onbewustheid provoceren. Ze verstoort de voor de mannelijke persoonlijkheid zo gevaarlijke gemakzucht, die hij graag als huwelijkstrouw beschouwt. Deze gemakzucht leidt tot onbewustheid omtrent de eigen persoonlijkheid en tot die zogenaamd ideale huwelijken, waar hij alleen maar 'pappa' en zij uitsluitend 'mamma' is en waar de echtelieden elkaar ook bij deze namen noemen. Het is een glibberig pad, dat gemakkelijk het huwelijk verlaagt tot een onbewuste identiteit van de partners.

De vrouw van ons type richt de warme straal van haar eros op een man die door het moederlijke overschaduwd is, en roept daarmee een moreel conflict op. Zonder zo'n conflict bestaat echter geen bewustheid van de persoonlijkheid. 'Maar waarom,' zal men mij zeker vragen, 'moet de mens door schade en schande hogere bewustheid bereiken?' Deze vraag raakt de kern van de zaak, en het antwoord hierop is niet eenvoudig. In plaats van een werkelijk antwoord kan ik slechts een soort geloofsbekentenis geven: het lijkt me namelijk dat na al deze duizenden miljoenen jaren er eindelijk eens iemand zou moeten weten dat deze wonderbaarlijke wereld van bergen, zeeën, zonnen en manen, melkwegen, sterrenevels, planten en dieren *bestaat*. Toen ik vanaf een lage heuvel in de Athi Plains in Oost-Afrika reusachtige kudden wilde dieren zag grazen in een geluidloze stilte, zoals ze dat sinds onheugelijke tijden hebben gedaan, had ik het gevoel de eerste mens te zijn, het eerste wezen dat alleen wist dat dit alles *is*. Deze hele wereld om mij heen bevond zich nog in de stilte van het oerbegin en wist niet dat ze bestond. En precies op het moment dat ik dat wist, ontstond de wereld, en zonder dat moment had ze nooit bestaan. Alle natuur is op zoek naar dit doel, en ziet het vervuld in de mens, en wel altijd alleen in de meest bewuste mens. Elke kleinste stap vooruit op het pad van de bewustwording schept de wereld.

Er bestaat geen bewustheid zonder de onderscheiding van tegenstellingen. Dat is het vaderprincipe van de logos, die zich in een eindeloze strijd losmaakt van de oerwarmte en de oerduisternis van de moederlijke schoot – de onbewustheid. Geen conflict, geen lijden, geen zonde schuwend, streeft de goddelijke nieuwsgierigheid naar geboorte. Onbewustheid is de oerzonde, het kwaad zonder meer, voor de logos. Zijn wereldscheppende bevrijdingsdaad echter betekent moedermoord, en de geest, die zich in alle hoogten en diepten waagde, moet, zoals Synesius zei, ook de goddelijke straffen ondergaan, het geketend-zijn aan de rotsen van de Kaukasus. Want het één kan niet bestaan zonder het ander, omdat beide aan het begin één waren en aan het eind opnieuw één zullen zijn. Bewustzijn kan alleen maar bestaan wanneer men voortdurend het onbewuste erkent en er rekening mee houdt, zoals ook al het leven vele doden moet doorstaan.

Het verwekken van een conflict is een luciferische deugd in de eigenlijke betekenis van het woord. Een conflict roept het vuur van affecten en emoties op, en zoals ieder vuur heeft ook dit twee aspecten, namelijk dat van verbranding en van scheppen van licht. De emotie is enerzijds het alchemistische vuur waarvan de warmte alles tot leven brengt en waarvan de hitte 'alle overbodigheden verbrandt' – en anderzijds is de emotie het moment waarop het staal de steen raakt en een vonk te voorschijn springt. Emotie is namelijk de voornaamste bron van alle bewustwording. Er bestaat geen transformatie van duisternis in licht en van traagheid in beweging zonder emotie.

De vrouw, wier noodlot het is een verstoorster te zijn, is slechts in pathologische gevallen uitsluitend destructief. In het normale geval is ze als verstoorster zelf door de storing gegrepen, als bewerkster van verandering verandert ze zelf, en door de gloed van het vuur dat ze verwekt worden alle slachtoffers van de verwikkeling be- en verlicht. Wat een zinloze verstoring leek, wordt een louteringsproces – 'opdat al het nietige vervliegt'.[14]

Wanneer dit soort vrouw zich niet bewust wordt van haar functie, dat wil zeggen wanneer ze niet weet dat ze deel uitmaakt van 'van de kracht die altijd het kwade wil en steeds het goed schept'[15], zal ze door het zwaard dat ze brengt ook omkomen. Bewustheid echter verandert haar in een bevrijdster en verlosser.

3 De 'niets-dan'-dochter

De vrouw van het derde type, namelijk de vrouw die zich zo geïdentificeerd heeft met de moeder[16] dat de eigen instincten verlamd zijn, hoeft beslist niet altijd een hopeloze nul te zijn. Integendeel, wanneer ze normaal is, bestaat de mogelijkheid dat juist door een intensieve animaprojectie het lege vat gevuld wordt. Daarvan is zo'n vrouw overigens afhankelijk: zonder hulp van een man kan ze zichzelf nooit vinden, zelfs niet een klein beetje. Ze moet letterlijk ontroofd worden aan haar moeder. Bovendien moet ze daarna lang en met zeer veel inspanning de haar toegemeten rol spelen, tot het haar te veel wordt. Daardoor kan ze dan wellicht ontdekken wie zijzelf is. Deze vrouwen kunnen opofferende echtgenoten zijn van mannen die uitsluitend en alleen door de identiteit met hun beroep of talent bestaan en die verder onbewust zijn en blijven. Aangezien zijzelf slechts een masker zijn, moet de vrouw in staat zijn met enige natuurlijkheid de begeleidende rol te spelen. Deze vrouwen kunnen echter ook waardevolle gaven bezitten die nooit tot ontwikkeling kwamen doordat de eigen persoonlijkheid volstrekt onbewust was. In dat geval vindt een projectie plaats van haar begaafdheid op de echtgenoot, die deze gave zelf mist. We zien dan hoe plotseling een zeer onbeduidend man, die geen enkele kans lijkt te hebben, als gedragen door een tovertapijt naar de hoogste toppen zweeft. 'Cherchez la femme' (zoek de vrouw), en men heeft de sleutel tot het geheim van dit succes. Deze vrouwen doen mij denken – met excuus voor de onhoffelijke vergelijking – aan grote sterke teven, die uit de weg gaan voor het kleinste keffertje, alleen maar omdat het een vreselijke man is en je er dan toch helemaal niet aan denkt eens een keer te bijten.

Uiteindelijk echter is *leegte* een groot vrouwelijk geheim. Voor de man is dat het oervreemde, het holle, het afgronddiepe andere, het yin. De meelijwekkende erbarmelijkheid van deze nul (ik spreek hier als man) is helaas – zou ik bijna willen zeggen – het machtige mysterie van de ongrijpbaarheid van het vrouwelijke. Een dergelijke vrouw is noodlot zonder meer. Een man kan hierover, hiertegen en hiervoor alles zeggen en toch niets, of beide, maar uiteindelijk valt hij vol absurde zaligheid in dit gat; of anders heeft hij de enige kans om een man van zichzelf te maken gemist en verdaan. De één kan zijn dwaas geluk niet wegredeneren; de ander zijn ongeluk niet plausibel maken. 'De moeders! Moeders! Het klinkt zo wonderlijk!'[17] Met deze verzuchting die de capitulatie van de man aan de grenzen van het rijk der moeders bezegelt, gaan we door naar het vierde type.

D.   HET NEGATIEVE MOEDERCOMPLEX

Dit type wordt gekenmerkt door het negatieve moedercomplex. Als pathologische verschijning is deze vrouw een onaangename, veeleisende en weinige bevredigende metgezellin van de man, aangezien haar hele streven een verweer is tegen alles wat uit de natuurlijke oergrond opwelt. Het staat echter nergens geschreven dat een grotere levenservaring haar niet wijzer maakt, zodat ze de bestrijding van de moeder in persoonlijke en engere zin opgeeft. Maar ook in het beste geval zal ze vijandig staan tegenover al het duistere, onduidelijke, dubieuze, en ze zal al het zekere, heldere, verstandige koesteren en vooropstellen. Ze zal haar vrouwelijke zuster in zakelijkheid en koel oordeel overtreffen, en voor haar man kan ze een vriend, zuster en oordeelkundig raadgeefster worden. Met name haar mannelijke aspiraties stellen haar daartoe in staat, die haar een menselijk, buiten alle erotiek liggend begrip voor de individualiteit van de man mogelijk maken. Van alle vormen van het moedercomplex heeft zij voor de tweede levenshelft wel de beste kans om van haar huwelijk een groot succes te maken, overigens pas dan en alleen als ze de hel van het alleen-maar-vrouwelijke, de chaos van de moederschoot die haar (ten gevolge van het negatieve complex) het meest bedreigt, glansrijk heeft overwonnen. Zoals bekend wordt een complex eigenlijk alleen maar overwonnen als het door het leven tot op de laatste druppel is uitgeput. Alles wat we wegens een complex op een afstand hebben gehouden, moeten we naar ons toe halen en tot en met de droesem opdrinken wanneer we erbovenuit willen komen.

Deze vrouw benadert de wereld met afgewend gelaat, zoals de vrouw van Lot, terugstarend naar Sodom en Gomorra. Wereld en leven gaan dromend aan haar voorbij als een lastige bron van illusies, teleurstellingen en irritaties, die op niets anders berusten dan op het feit dat ze er zich niet toe kan dwingen eens een keer vooruit te kijken. Haar leven wordt zo datgene wat ze het meest bestrijdt, namelijk uitsluitend moederlijk-vrouwelijk, ten gevolge van haar zuiver onbewust-reactieve instelling ten opzichte van de werkelijkheid. Wanneer ze haar blik vooruit richt, wordt voor haar als het ware voor het eerst de wereld in het licht van rijpe helderheid geopenbaard, verfraaid met de kleuren en alle betoverende wonderen van de jeugd, en soms zelfs van de prilste jeugd. Een dergelijk schouwen betekent inzicht in en ontdekking van de waarheid, die de onmisbare voorwaarde van bewustheid is. Een stuk van het leven ging verloren; de zin van het leven is echter gered.

De vrouw die haar vader bestrijdt, heeft altijd nog de mogelijkheid van het instinctief-vrouwelijke leven, want ze wijst alleen maar datgene af wat haar vreemd is. Als ze echter haar moeder bestrijdt, dan kan ze, met het risico van schade aan haar
instinct, tot hogere bewustheid komen, want in de moeder ontkent ze ook alle duisternis, instinctiviteit, dubbelzinnigheid en
onbewustheid van haar eigen wezen. Dankzij haar helderheid,
zakelijkheid en mannelijkheid kan juist een vrouw van dit type
vaak op belangrijke posten worden aangetroffen, waar haar laat
ontdekte moederlijkheid, geleid door een koel verstand, een ze-
genrijk effect ontplooit. Niet alleen in de buitenwereld komt haar
zeldzame combinatie van vrouwelijkheid en mannelijk verstand
tot zijn recht, maar ook op het gebied van de psychische intimiteit. Als geestelijk leidsvrouw en raadgeefster van een man kan
ze, voor de buitenwereld verborgen, een invloedrijke rol als onzichtbare spiritus rector spelen. Dankzij haar kwaliteiten is ze voor
een man makkelijker te doorzien dan andere vormen van het
moedercomplex, en daarom wordt ze door de mannenwereld
vaak met de projectie van positief geaarde moedercomplexen bedacht. Het al te vrouwelijke schrikt mannen af die een moedercomplex hebben dat gekenmerkt wordt door een grote gevoeligheid. Voor deze vrouw schrikt hij echter niet terug, omdat zij
bruggen bouwt naar de mannelijke geest waarover hij zijn gevoel veilig naar de andere oever kan loodsen. Haar ontwikkeld
verstand boezemt mannen vertrouwen in, een niet te onderschatten element dat in de man-vrouwrelatie veel vaker dan men
denkt ontbreekt. De eros van de man leidt niet alleen naar boven, maar tegelijk ook naar beneden, naar die griezelig-duistere
wereld van Hecate en Kali, waarvoor elke intellectuele man afgrijzen voelt. Het verstand van deze vrouw zal voor hem een ster
zijn in de hopeloze duisternis van ogenschijnlijk eindeloze dwaalwegen.

4 Samenvatting

Uit wat ik tot dusverre gezegd heb, zou duidelijk mogen zijn dat zowel de uitspraken van de mythologie als de effecten van het moedercomplex, ontdaan van hun casuïstische veelzijdigheid, in laatste instantie betrekking hebben op het onbewuste. Hoe zou de mens anders ooit op de gedachte zijn gekomen – met als voorbeeld dag en nacht, zomer en winterse regentijd – de kosmos te verdelen in een lichte dagwereld en een door fabeldieren gevulde duistere wereld, als hij niet juist het voorbeeld hiertoe gevonden had in zichzelf, in zijn bewustzijn enerzijds, en anderzijds in het werkzame maar onzichtbare, dat wil zeggen ongeweten onbewuste? De oorspronkelijke opvatting van objecten wordt immers slechts ten dele bepaald door het objectieve gedrag der dingen, terwijl vaak een veel grotere rol wordt gespeeld door intrapsychische feiten, die slechts dankzij projectie iets met de dingen überhaupt te maken hebben. Dit berust eenvoudig op het feit dat de primitieve mens de ascese van de geest, namelijk de kennistheoretische kritiek, nog niet heeft ervaren, maar de wereld als algemene verschijning slechts schemerachtig ervaart, in de fantasiestroom die hem vervult, waar het subjectieve en objectieve zich zonder onderscheid wederzijds doordringen. 'Alles wat buiten is, is ook binnen,' zou men met Goethe kunnen zeggen.[18] Dit 'binnen' nu, dat het moderne rationalisme zo graag van 'buiten' afleidt, heeft zijn eigen structuur, die als een a priori voorafgaat aan alle bewuste ervaring. We kunnen ons eenvoudig niet voorstellen hoe ervaring in ruimste zin, evenals het psychische in het algemeen, uitsluitend uit het uiterlijke zou kunnen ontstaan. De psyche behoort tot het innerlijkste van het levensgeheim en bezit net als al het organisch levende zijn eigen karakteristieke structuur en vorm. Of de psychische structuur en haar elementen, namelijk de archetypen, inderdaad ooit zijn ontstaan, is een vraag van de metafysica en daarom niet te beantwoorden. De structuur is wat we aantreffen, dat wil zeggen wat er toch altijd al was, de preconditie. Dat is de *moeder,* de *vorm* waarin alles wat we beleven wordt gegoten. De *vader* daarentegen representeert de *dynamiek* van het archetype, want dit is beide, vorm en energie.

De draagster van het archetype is in eerste instantie de persoonlijke moeder, omdat het kind aanvankelijk in een persoonlijke participatie, dat wil zeggen onbewuste identiteit met haar leeft. De moeder is niet alleen de fysieke, maar ook de psychische voorwaarde van het kind. Met het ontwaken van het ikbewustzijn wordt de participatie geleidelijk aan opgeheven, en het bewustzijn begint in oppositie te komen met zijn eigen voorwaarde, het onbewuste. Hieruit ontstaat het onderscheid tussen het ik en de moeder, wier persoonlijke karakter langzamerhand duidelijker wordt. Daarmee verdwijnen alle mythische en geheimzinnige eigenschappen uit haar beeld, en deze verschuiven naar andere mogelijkheden in de omgeving, bijvoorbeeld naar de grootmoeder. Zij is als moeder van de moeder 'groter' dan deze. In feite is zij de 'Grote Moeder'. Niet zelden krijgt zij zowel trekken van wijsheid als van hekserij toebedacht. Want hoe verder het archetype van het bewustzijn wordt verwijderd, des te doorzichtiger wordt dit en des te duidelijker neemt het mythologische vormen aan. De overgang van de moeder naar de grootmoeder betekent een rangverhoging voor het archetype. Dit zien we bijvoorbeeld duidelijk in de opvattingen van de Bataks: het dodenoffer voor de vader is bescheiden; het is het gewone voedsel. Als echter de zoon zelf een zoon heeft, dan is de vader grootvader geworden en heeft hij daarmee een soort hogere waardigheid in het hiernamaals verworven. Dan worden hem ook grote offers gebracht.[19]

Naarmate de afstand tussen bewust en onbewust groter wordt, verandert de grootmoeder door rangverhoging in een Grote Moeder, waarbij de innerlijke tegenstellingen van dit beeld vaak uiteenvallen. We krijgen dan een goede of een boze fee, of een welwillende, lichte godin en één die gevaarlijk en duister is. In de westerse Oudheid en met name in oosterse culturen blijven de tegenstellingen vaak verenigd in één en dezelfde gestalte, zonder dat het bewustzijn deze paradoxie als storend ervaart. De legenden over de goden zijn vaak vol tegenstellingen, evenals het morele karakter van hun figuren. In de westerse Oudheid gaven de paradoxie en de morele dubbelzinnigheid van de goden reeds vroeg aanstoot en leidden tot veel kritiek die uiteindelijk enerzijds een devaluatie van het Olympische godengezelschap tot gevolg had, en anderzijds aanleiding gaf tot filosofische interpretaties. Het duidelijkst wordt dit vermoedelijk uitgedrukt in de christelijke hervorming van het joodse godsbegrip: de moreel dubieuze Jahwe veranderde in een uitsluitend goede god, en hiertegenover verenigde de duivel al het kwaad in zich. Het lijkt alsof een sterke ontwikkeling van het gevoel bij de westerse mens deze beslissing, die de godheid moreel in tweeën verdeelt, heeft afgedwongen. In het Oosten heeft daarentegen de overwegend intuïtief-intellectuele instelling geen ruimte gelaten voor het beslissingsrecht van gevoelswaarden. Daarom konden de goden hun oorspronkelijke morele paradoxie ongestoord behouden. Zo is Kali representatief voor het Oosten, en de Madonna voor het Westen. Zij heeft haar schaduw volledig verloren. Hij is verdwenen naar de hel van de volksverbeelding, waar hij een teruggetrokken bestaan als 'grootmoeder van de duivel' leidt.

Dankzij de ontwikkeling van gevoelswaarden heeft de glans van de lichte en goede godheid zich tot in het onmetelijke verhoogd, maar het duistere, dat in feite door de duivel gerepresenteerd zou moeten worden, is in de mens gelokaliseerd. Deze karakteristieke ontwikkeling werd hoofdzakelijk veroorzaakt door het feit dat het christendom, opgeschrikt door het manicheïstisch dualisme, uit alle macht zijn monotheïsme trachtte te handhaven. Aangezien men echter de werkelijkheid van het duistere en kwade niet kon loochenen, bleef er niets anders over dan de mens hiervoor verantwoordelijk te stellen. Men heeft zelfs de duivel bijna, zo niet geheel afgeschaft, waardoor deze metafysische figuur die vroeger een integraal deel van de godheid vormde, in de mens werd geïntrojecteerd, zodat deze de eigenlijke drager van het mysterium iniquitatis (geheim van de ongerechtigheid) werd: 'Al het goede komt van God, al het kwade van de mens!' In de jongste tijd wordt deze ontwikkeling op infernale wijze omgekeerd, want de wolf in schaapskleren fluistert iedereen in de oren dat het kwade eigenlijk niets is dan een misverstand van het goede, en een deugdelijk instrument voor de vooruitgang. Men meent eindelijk te hebben afgerekend met de wereld der duisternis en denkt er niet over na wat voor een psychische vergiftiging dit voor de mens kan betekenen. Hij wordt daarmee immers zelf de duivel, want deze is de helft van een archetype, wiens onweerstaanbare macht ook de ongelovige Europeaan te pas en te onpas de uitroep ontlokt: 'O God!' Wanneer er inderdaad een andere mogelijkheid bestaat moet men zich nooit met een archetype identificeren, want de gevolgen hiervan zijn, zoals de psychopathologie en bepaalde gebeurtenissen uit onze tijd leren, afschrikwekkend.

Het Westen is op het gebied van de ziel dermate aan lager wal geraakt dat dit het begrip bij uitstek voor de psychische macht, die door de mens niet beheerst wordt noch beheerst kan worden, namelijk de godheid zelf, moet ontkennen, om naast het kwaad dat hij reeds geslikt heeft ook nog iets goeds te bemachtigen. Lees maar eens aandachtig en met psychologische kritiek Nietzsches *Zarathoestra*. Nietzsche heeft met een zeldzame consequentie en met de hartstocht van een werkelijk religieus mens de psychologie van de 'Übermensch' (bovenmens) uitgebeeld, wiens God dood is – de mens die kapot gaat omdat hij de goddelijke paradoxie heeft opgesloten in de benauwde behuizing van de sterfelijke mens. De wijze Goethe heeft terecht opgemerkt: 'Welk een afgrijzen bevangt de Übermensch'[20] en werd beloond met een superieur glimlachje van de schoolmeesters. Zijn verheerlijking van de Moeder, wier grootheid tegelijk de Hemelkoningin en de Egyptische Maria omvat, betekent de hoogste wijsheid en een vastenpreek voor westerlingen die tot nadenken geneigd zijn. Maar wat willen we eigenlijk in een tijd waarin zelfs de officiële vertegenwoordigers van de christelijke religie hun onvermogen om de fundamenten van de religieuze ervaring te begrijpen, openlijk verkondigen. Ik citeer de volgende zin uit een (protestants) theologisch artikel: 'We beschouwen onszelf – naturalistisch of idealistisch – als *schepsels uit één stuk die niet zo merkwaardig verdeeld zijn dat vreemde machten in ons innerlijk leven zou-*

den kunnen ingrijpen[21], zoals het Nieuwe Testament veronderstelt.'[22] Het is de schrijver blijkbaar onbekend dat de wetenschap
al meer dan een halve eeuw geleden de labiliteit en dissocieer-
baarheid van het bewustzijn heeft vastgesteld en experimenteel
bewezen. Onze bewuste bedoelingen worden als het ware voortdurend in geringere of sterkere mate gestoord en doorkruist door
onbewuste inmengingen, waarvan we de oorzaak in eerste instantie niet kennen. De psyche is er verre van een eenheid; ze is
daarentegen een borrelend mengsel van tegenstrijdige impulsen,
remmingen en affecten, en haar conflictueuze toestand is voor
vele mensen dermate ondraaglijk dat ze zelfs naar de door de
theologen aangeprezen verlossing verlangen. Verlossing waarvan?
Natuurlijk van een uiterst dubieuze psychische toestand. De eenheid van het bewustzijn, respectievelijk de zogenaamde persoonlijkheid, is geen werkelijkheid, maar iets dat wenselijk is. Ik
herinner me nog levendig een bepaalde filosoof die ook met deze
eenheid dweepte en die mij consulteerde wegens zijn neurose:
hij was bezeten van het idee dat hij aan kanker leed. Ik weet niet
hoeveel specialisten hij al had geraadpleegd en hoeveel röntgen-
foto's er van hem waren gemaakt. Steeds weer verzekerde men
hem dat hij geen kanker had. Hijzelf zei tegen me: 'Ik weet dat
ik geen kanker heb, maar ik zou het toch kunnen hebben.' Wie
is er verantwoordelijk voor deze inbeelding? Hij verzint dat niet
zelf, maar het wordt hem opgedrongen door een *vreemde* macht.
Ik zie geen verschil tussen deze toestand en die van de bezetenen
uit het *Nieuwe Testament*. Of ik nu geloof in een demon uit het
luchtrijk of in een factor in het onbewuste die me een duivelse
streek levert, is volstrekt irrelevant. Het feit dat de mens in zijn
ingebeelde eenheid door vreemde machten wordt bedreigd, blijft
precies hetzelfde. De theologie zou er beter aan doen eens aandacht te schenken aan deze psychologische feiten, in plaats van
honderd jaar achter te lopen met een 'ontmythologisering' uit de
tijd van de Verlichting.

In het voorgaande heb ik getracht een overzicht te geven van
psychologische verschijnselen die toegeschreven moeten worden
aan het overheersen van het moederimago. Zonder er steeds op

gewezen te worden, hebt u, lezer, vermoedelijk zonder problemen ook in de verhulling van een personalistische psychologie de trekken kunnen waarnemen die de gestalte van de Grote Moeder mythologisch karakteriseren. Als we patiënten die bijzonder beïnvloed worden door het moederbeeld vragen in woord of beeld uit te drukken wat hen als 'moeder' tegemoet treedt – hetzij positief, hetzij negatief – dan zien we symbolische gestalten die een directe analogie met het mythologische moederbeeld vormen. Met deze analogieën betreden we echter een terrein waarop nog heel wat verklaard zal moeten worden. Persoonlijk voel ik me tenminste niet in staat hier iets definitiefs over te zeggen. Als ik het desondanks waag er een paar opmerkingen over te maken, dan moeten we deze beschouwen als voorlopig en vrijblijvend.

Met name zou ik de aandacht willen vestigen op de bijzondere omstandigheid dat het moederbeeld op een ander niveau ligt in de psychologie van een man dan in die van een vrouw. Voor de vrouw is de moeder het type van haar bewuste leven, bepaald door haar sekse. Maar voor de man typeert de moeder een onbekende tegenhanger, iets dat hij nog moet ervaren en wat gevuld is met de beeldenwereld van het latente onbewuste. Alleen al om deze reden is het moedercomplex van de man principieel anders dan dat van de vrouw. Daarom ook bezit de moeder van de man als het ware al van het begin af aan een uitgesproken symbolisch karakter. Dat is vermoedelijk ook de oorzaak van zijn neiging de moeder te idealiseren. Idealisering is een geheime bezwering: men idealiseert wanneer een angst verbannen moet worden. Wat gevreesd wordt is het onbewuste en diens magische invloed.[23]

Terwijl voor de man de moeder juist daardoor symbolisch is, wordt ze voor een vrouw ogenschijnlijk pas in het verloop van de psychologische ontwikkeling een symbool. Het is opvallend dat bij de man het Uraniatype in het algemeen sterker naar voren treedt, terwijl bij de vrouw het chtonische type, de zogenaamde Aardmoeder, het veelvuldigst is. Tijdens een fase waarin het archetype naar voren komt, treedt gewoonlijk een min of meer volledige identiteit met het oerbeeld in. Een vrouw kan

zich direct met de Aardmoeder identificeren, een man daarentegen niet (psychotische gevallen uitgezonderd). Zoals uit de mythologie blijkt, behoort het tot de eigenschappen van de Grote
Moeder dat ze samen met haar mannelijk pendant optreedt. De
man identificeert zich daarom met de door Sofia begenadigde
zoon-geliefde, een 'puer aeternus' (eeuwige jongeling) of een 'filius sapientiae' (zoon van de wijsheid) – een wijze. De metgezel
van de chtonische moeder echter is lijnrecht het tegendeel hiervan: een ithyfallische Hermes (in Egypte Bes) of, Indisch uitgedrukt, een lingam (fallus). Dit symbool heeft in India een uiterst
spirituele betekenis. Hermes is op zijn beurt één van de meest tegenstrijdige gestalten uit het Hellenistische syncretisme, de bron
van beslissende geestelijke ontwikkelingen van het Avondland:
Hermes is ook een openbaringsgod en in de vroeg-middeleeuwse
natuurfilosofie niets minder dan de wereldscheppende Nous
(geest) zelf. Dit geheim wordt wel het beste uitgedrukt in de duistere woorden van de *Tabula smaragdina:* 'Alles wat boven is, is gelijk aan wat beneden is.'[24]

Met deze identificaties betreden we het gebied van de syzygieën, namelijk de paring van de tegenstellingen, waar iets nooit
gescheiden is van zijn tegengestelde. Het is een belevingssfeer die
rechtstreeks leidt tot de ervaring van de individuatie, de zelfwording. Aan de hand van de westerse literatuur van de Middeleeuwen en, nog veel beter, de schatten aan wijsheid uit het
Oosten zouden we vele symbolen van dit proces kunnen laten
zien, maar woorden en begrippen, zelfs ideeën hebben hier weinig te betekenen. Het kunnen zelfs gevaarlijke dwaalwegen worden. In dit nog zeer duistere psychische ervaringsgebied, waar we
het archetype als het ware rechtstreeks ontmoeten, openbaart zich
ook de psychische macht ervan het duidelijkst. Eén ding staat vast
omtrent dit gebied: het gaat om zuivere belevenissen en we kunnen het daarom in geen enkele formule vangen of erop antici-
peren. Maar iemand die ermee bekend is zal zonder veel omhaal
van woorden begrijpen, welke spanning Apuleius in zijn schit-
terend gebed tot de Hemelkoningin uitdrukt wanneer hij de hemelse Venus laat begeleiden door 'Proserpina, die door haar nach-

telijk gejammer afgrijzen wekt'[25]: het gaat om de afschrikwek-
kende paradoxie van het oerbeeld van de moeder.

Toen ik in 1938 de eerste versie van dit artikel schreef, wist
ik nog niet dat twaalf jaar later de christelijke versie van het moederarchetype tot een dogmatische waarheid verheven zou worden. De christelijke Hemelkoningin heeft vanzelfsprekend alle
Olympische eigenschappen verloren, met uitzondering van het
lichte, goede en eeuwige; en zelfs haar menselijk lichaam, als zodanig het allermeest prijsgegeven aan de grofstoffelijke vergan-
kelijkheid, was veranderd in etherische onvergankelijkheid. Desondanks hadden de rijke allegorieën rond de Moeder Gods enig
verband met haar heidense prefiguraties in Isis (of Io) en Semele behouden. Niet alleen is Isis met haar kind Horus iconolo-
gisch een voorbeeld, maar ook de hemelvaart van Semele, de
oorspronkelijk sterfelijke moeder van Dionysus, loopt vooruit
op de hemelvaart van de hemelse Maagd. De zoon van Semele
is eveneens een stervende en weer verrezen god (en de jongste
van de Olympiërs). Semele zelf schijnt een oude aardgodin geweest te zijn, zoals ook de Maagd Maria de aarde is, waaruit
Christus is geboren. In deze situatie komt bij de psycholoog natuurlijk de vraag op, waar de voor het moederbeeld zo karakteristieke relatie is gebleven met de aarde, met de duisternis, met
de afgronden van de lichamelijke mens en zijn animale instinctieve en hartstochtelijke aard, en met 'materia' in het algemeen.
De verkondiging van het dogma vond plaats in een tijd waarin
de verworvenheden van de natuurwetenschap en de techniek
tezamen met een rationalistische en materialistische levensbeschouwing de geestelijke en psychische waarden van de mensheid met een gewelddadige vernietiging bedreigden. Met angst
en tegenzin bewapent de mensheid zich voor een reusachtige
misdaad. Er zouden zich omstandigheden kunnen voordoen
waarin men bijvoorbeeld de waterstofbom zou moeten gebruiken en waarin ter gerechtvaardigde verdediging van het eigen
bestaan de ondenkbare afgrijselijke daad onvermijdelijk zou worden. De ten hemel verheven Moeder Gods staat in uiterst strenge tegenstelling tot deze fatale ontwikkeling; ja, haar Assumptie

wordt zelfs geïnterpreteerd als een opzettelijke tegenzet tegen-over het materialistische doctrinarisme dat een opstand van de chtonische machten betekent. Zoals met het verschijnen van Christus destijds voor het eerst een eigenlijke duivel en tegen-speler van God ontstond uit een aanvankelijk in de hemel ver-blijvende godszoon, zo heeft zich thans omgekeerd een hemel-se gestalte afgesplitst van haar oorspronkelijk aards gebied en een tegenpositie tegenover de ontketende titanische machten van de aarde en onderwereld ingenomen. Zoals de Moeder Gods werd ontdaan van alle wezenlijke eigenschappen van de stoffelijkheid, zo werd ook de materie tot op de bodem ontzield, en dat in een tijd waarin juist de natuurkunde tot inzichten komt die de ma-terie zo niet regelrecht 'ontstoffelijken', dan toch wel met be-paalde eigenschappen begiftigd achten, en die de relatie tussen materie en psyche tot een niet langer te negeren probleem ma-ken. De geweldige ontwikkeling van de natuurwetenschap heeft aanvankelijk tot een overhaaste onttroning van de geest geleid en tot een even ondoordachte vergoddelijking van de materie, maar diezelfde wetenschappelijke drang tot kennis begint in onze tijd de enorme kloof die tussen beide wereldbeelden is ontstaan te overbruggen. De psychologie neigt ertoe in het dogma van de tenhemelopneming een symbool te zien dat op deze ont-wikkeling in zekere zin vooruitloopt. Ze ziet de relaties met de aarde en de materie als een onvoorwaardelijke eigenschap van het moederarchetype. Als dus een door dit archetype bepaalde gestalte wordt uitgebeeld als opgenomen in de hemel, dat wil zeggen in het rijk van de geest, dan wordt daarmee een vereni-ging van aarde en hemel respectievelijk van materie en geest aan-geduid. De natuurwetenschap zal overigens de omgekeerde weg volgen: ze zal in de materie zelf het equivalent van de geest zien, waarbij het beeld van deze 'geest' evenzeer ontdaan zal lijken van alle of ten minste de meeste tot dusverre bekende eigen-schappen, als de aardse stof die zijn plaats in de hemel heeft ingenomen en hierbij ontdaan werd van zijn specifieke eigen-aardigheden. Desalniettemin zal er een vereniging van de ge-scheiden principes beginnen.

Concreet beschouwd betekent de Assumptie een absolute tegenstelling tot het materialisme. Een als zodanig opgevatte tegenzet vermindert de spanning tussen de tegenstellingen geenszins, maar drijft ze tot in het extreme door. Symbolisch opgevat echter betekent de Assumptie van het lichaam een erkenning van de materie, die alleen als gevolg van een overwegend pneumatische tendens uiteindelijk met het kwaad zonder meer werd geïdentificeerd. Op zichzelf is zowel geest als materie neutraal of beter 'tot beide in staat', dat wil zeggen in staat tot datgene wat men goed of kwaad noemt. Hoewel deze benamingen van uiterst relatieve aard zijn, liggen er toch werkelijke tegenstellingen aan ten grondslag, die behoren tot de energetische structuur van zowel de fysische als de psychische natuur, en zonder welke er geen enkel bestaan kan worden vastgesteld. Er bestaat geen enkele positie zonder de ontkenning ervan. Ondanks of juist wegens de extreme tegenstelling kan het één niet zonder het ander bestaan. Het is nu eenmaal zoals de klassieke Chinese filosofie het formuleert: yang (het lichte, warme, droge en mannelijke principe) draagt de kiem van yin (het donkere, koude, vochtige en vrouwelijke principe) in zich en omgekeerd. In de materie zou daarom de kiem van de geest, en in de geest de kiem van de materie ontdekt kunnen worden. De van oudsher bekende en door de experimenten van Rhine statistisch bevestigde 'synchronistische' fenomenen wijzen naar alle waarschijnlijkheid in deze richting.[26] Een zekere 'bezieling' van de materie maakt de absolute onstoffelijkheid van de geest twijfelachtig, aangezien deze een zekere substantialiteit zou moeten worden toegekend. Het kerkelijk dogma dat wordt verkondigd in een tijd van de grootste politieke kloof die de geschiedenis ooit heeft gekend, is een compenserend symptoom dat overeenkomt met het streven van de natuurwetenschap naar een uniform wereldbeeld. In zekere zin is de alchemie op beide ontwikkelingen vooruitgelopen in de vorm van de hierosgamos (goddelijk huwelijk) der tegenstellingen, maar overigens slechts in symbolische vorm. Het symbool heeft het grote voordeel dat het heterogene, zelfs onverenigbare factoren in *één* beeld kan samenvatten. Met

213

de ondergang van de alchemie is de symbolische eenheid van geest en stof uiteengevallen, en dientengevolge bevindt de moderne mens zich ontworteld en vreemd in een ontzielde natuur. De alchemie heeft de vereniging van de tegenstellingen gezien in het symbool van de boom, en het is daarom in feite niet verbazingwekkend dat het onbewuste van de huidige mens, die zich niet meer thuis voelt in zijn wereld en die zijn bestaan niet kan baseren op het niet langer bestaande verleden, noch op de nog niet bestaande toekomst, weer teruggrijpt op het symbool van de wereldboom. Deze wortelt in deze wereld en groeit omhoog naar de hemel – de wereldboom die tegelijk de mens is. De geschiedenis van de symboliek in het algemeen schildert de boom als de weg en de groei naar het onveranderlijke en eeuwig-zijnde, dat ontstaat door de vereniging van de tegenstellingen en dat, door zijn eeuwig reeds-aanwezig-zijn, die vereniging ook mogelijk maakt. Het lijkt alsof de mens, die tevergeefs naar zijn bestaan zoekt en hieruit een filosofie brouwt, alleen door de beleving van de symbolische werkelijkheid de weg terug kan vinden naar een wereld waarin hij niet langer een vreemdeling is.

6
De psychologie van het kindarchetype

'Zur Psychologie des Kindarchetypus.' Verscheen met Karl Kerényi's 'Das Urkind in der Urzeit' onder de titel *Das Göttliche Kind. In mythologischer und psychologischer Beleuchtung*, Amsterdam/Leipzig 1940. Vervolgens (samen met 'Zum psychologischen Aspekt der Korefigur') in: Jung/Kerényi, *Einführung in das Wesen der Mythologie*, Amsterdam/Leipzig 1941, Zürich 1951[4]. Zie ook *Gesammelte Werke* 9/I, par. 259-305. Opgenomen in *Oerbeelden*, Rotterdam 1982.

1 Inleiding

Karl Kerényi, de schrijver van het boek over de mythologie van het 'kind' of de kind-godheid, heeft me gevraagd om een psychologisch commentaar op het onderwerp van zijn studie. Ik voldoe graag aan zijn verzoek, hoewel me deze onderneming gezien de grote betekenis van het mythologische kindmotief geen gering waagstuk lijkt. Het optreden van dit motief bij de Grieken en de Romeinen heeft Kerényi zelf al aangevuld met parallellen uit Indische, Finse en andere bronnen. Hij heeft daarmee al aangegeven dat de beschrijving van dit thema tot nog meer gebieden uitgebreid kan worden. Een uitputtende beschrijving zou weliswaar in principe niets beslissends toevoegen, maar zou wel een overweldigende indruk geven van de wereldwijde verspreiding en het veelvuldig optreden van dit motief. De tot dusver gebruikelijke aparte behandeling van mythologische motieven in van elkaar gescheiden wetenschapsgebieden, zoals filologie, etnologie, cultuurhistorie en vergelijkende godsdienstwetenschap, heeft niet bijgedragen tot inzicht in hun universaliteit. Bovendien konden de psychologische problemen die juist door deze universaliteit werden opgeworpen, gemakkelijk terzijde worden geschoven door de migratie-hypothese (het ene volk neemt het mythologische motief van het andere over). Daarom hadden ook de ideeën van Adolf Bastian[1] destijds weinig succes. Weliswaar was ook indertijd al het beschikbare empirische materiaal voldoende om verregaande psychologische conclusies te kunnen trekken, maar de noodzakelijke voorwaarden hiertoe ontbraken nog. De psychologische inzichten uit die tijd hielden weliswaar rekening met de mythevorming, zoals bijvoorbeeld Wilhelm Wundts *Völkerpsychologie* laat zien, maar men was toen nog niet in staat aan te tonen dat ditzelfde mythische proces ook in de psyche van de moderne mens als levende functie aanwezig was. Evenmin kon men de mythologische motieven als structurele elementen van de ziel zien. Oorspronkelijk was psychologie metafysica, daarna de leer van de zintuiglijke functies, en nog weer later de leer van het bewustzijn en de functies dáárvan, en getrouw aan deze ontwikkeling heeft de psychologie haar onderwerp vereenzelvigd met het bewustzijn en diens inhouden. Daarmee heeft ze het bestaan van een niet bewuste psyche volledig over het hoofd gezien.

Hoewel verschillende filosofen, zoals Leibniz, Kant en Schelling, al duidelijk op het probleem van de duistere kant van de ziel hadden gewezen, was het toch een arts die zich geroepen voelde om vanuit zijn natuurwetenschappelijke en medische ervaring op het *onbewuste* te wijzen, als het essentiële fundament van de psyche. Dit was Carl Gustav Carus, de grote voorganger van Eduard von Hartmann. In de jongste tijd was het alweer de medische psychologie die zich, zonder bepaalde filosofische vooronderstellingen, ging bezighouden met het probleem van het onbewuste. Door vele afzonderlijke onderzoekingen werd het duidelijk dat de psychopathologie van neurosen en van vele psychosen niet buiten een hypothese van een duistere kant van de psyche kon, dus niet buiten het onbewuste. Hetzelfde geldt voor de psychologie van de droom, die een wezenlijk overgangsgebied tussen de normale en de pathologische psychologie vormt. Zowel in de droom als in de producten van een psychose blijken talloze samengangen te bestaan, waarvan slechts parallellen te vinden zijn bij mythologische denkbeelden (of eventueel bij bepaalde poëtische scheppingen, die zich overigens vaak onderscheiden door niet altijd bewust gebruikte beelden uit de mythologie). Zou uit het grondig onderzoek van dit soort gevallen gebleken zijn dat er hier meestal gewoon sprake was van vergeten kennis, dan zou de arts nooit de moeite hebben genomen uitgebreid na te gaan of er bepaalde individuele en collectieve parallellen bestonden. Maar in feite werden typische mythologemen (= mythologische motieven) juist bij mensen geconstateerd die onmogelijk een dergelijke kennis konden bezitten. Zelfs een indirecte afleiding uit wellicht bekende religieuze voorstellingen of uit beelden uit de omgangstaal was in deze gevallen uitgesloten.[2] Dit soort resultaten dwong ons tot de veronderstelling dat het om een 'autochtone' herleving van deze motieven, onafhankelijk van alle overlevering, moest gaan. En hieruit volgde de veronderstelling dat er 'mythevormende' structurele elementen in de onbewuste psyche aanwezig moesten zijn.[3]

Bij deze producten gaat het nooit (of tenminste uiterst zelden) om volledige mythen, maar integendeel om mythische componenten die we wegens hun typische aard ook 'motieven', 'oerbeelden' kunnen noemen, of 'typen' of 'archetypen' (zoals ik ze heb genoemd). Het kindarchetype vormt hier een heel goed voorbeeld van. We mogen vandaag de dag wel zeggen dat de archetypen zowel in mythen en sprookjes als in dromen en psychotische fantasieproducten verschijnen. Het medium waarin ze zijn gebed, is overigens in het eerste geval (mythen en sprookjes) een geordende en meestal direct begrijpelijke betekenissamenhang, maar in het laatste geval (dromen en psychotische producten) een meestal onbegrijpelijke irrationele, delirieus te noemen opeenvolging van beelden, die niettemin toch een verborgen betekenissamenhang vertonen. Bij de afzonderlijke mens verschijnen de archetypen als willekeurige manifestaties van onbewuste processen waarvan we bestaan en betekenis slechts indirect kunnen afleiden. In de mythe daarentegen gaat het om traditionele vormgevingen van een meestal niet te schatten ouder-

dom. Ze reiken terug tot in een primitieve voortijd met geestelijke voorwaarden en veronderstellingen, zoals we deze in onze
tijd bij de nog bestaande primitieve volken kunnen waarnemen.
Mythen op dit niveau zijn gewoonlijk leringen van de stam die
van generatie op generatie mondeling worden overgeleverd. De
primitieve geestestoestand onderscheidt zich hoofdzakelijk van
de geciviliseerde door het feit dat het bewustzijn wat betreft uitbreiding en intensiteit veel minder ontwikkeld is. Met name
functies als het denken, de wil enzovoort zijn nog niet gedifferentieerd; ze zijn nog voorbewust. Bij het denken uit zich dat
bijvoorbeeld doordat er niet *bewust* wordt gedacht, maar doordat
de gedachten *verschijnen*. Een primitief mens kan niet beweren
dat hij denkt, maar 'het denkt in hem'. De spontaniteit van zijn
denkhandeling ligt niet causaal in zijn bewuste geest, maar in zijn
onbewuste. Hij is ook niet in staat tot een bewuste wilsinspan-
ning, maar moet zich eerst in de 'stemming van het willen' brengen of laten brengen; vandaar zijn 'rites d'entrée et de sortie' (in-
leidende riten en slotriten). Zijn bewustzijn wordt bedreigd door
een oppermachtig onbewuste; vandaar zijn vrees voor magische
invloeden die elk moment zijn bedoelingen kunnen doorkrui-
sen. Daarom ook is hij omgeven door onbekende machten waaraan hij zich op de een of andere manier moet aanpassen. Bij de
chronische schemertoestand van zijn bewustzijn is het vaak vrijwel onmogelijk uit te vinden of hij iets alleen maar gedroomd of
werkelijk beleefd heeft. Het onbewuste met zijn archetypen manifesteert zich overal in het bewustzijn en overheerst dit. Ook is
de mythische wereld van de voorouders – bijvoorbeeld het
altjira of boegari van de Australische aborigines – een bestaan dat
gelijkwaardig of zelfs superieur is aan de materiële natuur.[4] Niet
de wereld zoals wij haar kennen spreekt uit zijn onbewuste, maar
de onbekende wereld van de psyche, waarvan we weten dat ze
slechts ten dele onze empirische wereld uitbeeldt en dat ze voor
een ander deel deze wereld ook vormt overeenkomstig haar psychische vooronderstellingen. Het archetype volgt niet uit fysische
feiten, maar het beschrijft eerder hoe de ziel het fysische feit beleeft, waarbij de ziel overigens vaak dermate eigenmachtig te

werk gaat dat ze de tastbare werkelijkheid loochent, of beweringen naar voren brengt die een klap in het gezicht van deze werkelijkheid zijn. De primitieve geestesgesteldheid *verzint* geen mythen, maar *beleeft* ze. Mythen zijn oorspronkelijk openbaringen van de voorbewuste ziel – onwillekeurige uitspraken over onbewuste psychische processen en allesbehalve allegorieën voor fysische processen.[5] Dergelijke allegorieën zouden een leeg spel van een onwetenschappelijk intellect zijn. Mythen daarentegen hebben een vitale betekenis. Ze beelden niet alleen het psychische leven van een primitieve stam uit, maar ze zijn dat ook. Zo'n stam valt dan ook terstond uit elkaar en gaat ten onder wanneer ze haar mythische erfgoed verliest, precies zoals een mens die zijn ziel verloren heeft. De mythologie van een stam is zijn levende religie, en het verlies daarvan is altijd en overal, ook bij de beschaafde mens, een morele catastrofe. Religie echter is een levende relatie met de psychische processen die niet van het bewustzijn afhankelijk zijn, maar die zich daarbuiten afspelen, in het duister van de psychische achtergrond. Veel van deze onbewuste processen ontstaan weliswaar uit indirecte bewuste aanleidingen, maar nooit vanuit een bewuste willekeur. Andere lijken spontaan te ontstaan, dat wil zeggen zonder herkenbare en in het bewustzijn aantoonbare oorzaken.

De moderne psychologie behandelt de producten van de onbewuste fantasie-activiteit als 'zelfportretten' van processen in het onbewuste, of als uitspraken van de onbewuste psyche over zichzelf. We kunnen twee categorieën van dergelijke producten onderscheiden. Ten eerste: fantasieën (inclusief dromen) van persoonlijke aard, die ongetwijfeld te herleiden zijn tot persoonlijke gebeurtenissen, en dingen die men verdrongen of vergeten heeft. Deze fantasieën kunnen dus zonder meer uit de individuele anamnese (ziektegeschiedenis) verklaard worden. Ten tweede: fantasieën (inclusief dromen) van onpersoonlijke aard, die niet tot gebeurtenissen uit de individuele voorgeschiedenis herleid kunnen worden. Deze fantasieën zijn dus ook niet persoonlijk verworven. Dit soort fantasiebeelden vinden ongetwijfeld hun meest verwante analogieën in de mythologische oerbeelden. We kunnen daarom veronderstellen dat ze overeenkomen met bepaalde *collectieve* (en dus niet-persoonlijke) structurele elementen in de menselijke ziel en dat ze, evenals de morfologische elementen van het menselijk lichaam, *geërfd* worden. Hoewel overlevering en verbreiding door migratie zeker een rol spelen, bestaan er toch, zoals gezegd, talloze gevallen die niet op deze manier verklaard kunnen worden, maar die ons tot de veronderstelling van een 'autochtoon herleven' dwingen. Deze gevallen komen zó vaak voor dat we het bestaan van een collectieve psychische basis wel moeten aannemen. Ik heb dit onbewuste het *collectieve onbewuste* genoemd. De producten van deze tweede categorie vertonen zo'n gelijkenis met de structurele elementen die we in mythen en sprookjes tegenkomen, dat we ze verwant met deze moeten noemen. Het ligt daarom ook volstrekt binnen het gebied van het mogelijke dat beide groepen, zowel de mythologische oerbeelden als de individuele oerbeelden, onder hetzelfde soort omstandigheden tot stand komen. Zoals gezegd ontstaan de fantasieproducten van de tweede categorie (evenals overigens ook die uit de eerste) in een toestand van lagere bewustzijnsintensiteit (in dromen, deliria, dagdromen, visioenen enzovoort). In al deze toestanden wordt de rem die van de bewuste concentratie op de onbewuste inhouden uitgaat, opgeheven, en daarmee stroomt, als uit een geopende zijdeur, het aanvankelijk onbewuste materiaal in de ruimte van het bewustzijn. Deze ontstaanswijze is een algemene regel.[6]

De lagere bewustzijnsintensiteit en de afwezigheid van concentratie en opmerkzaamheid, het 'abaissement du niveau mental' (verlaging van de bewustzijnsdrempel, Pierre Janet), komen tamelijk nauwkeurig overeen met die primitieve bewustzijnstoestand waarin, zoals we moeten veronderstellen, de mythen gevormd werden. Het is daarom uiterst waarschijnlijk dat de mythologische archetypen op precies dezelfde manier zijn ontstaan zoals ze dat in onze tijd nog doen: als individuele manifestaties van archetypische structuren.

De methodologische stelregel waarmee de psychologie de producten van het onbewuste behandelt is deze: inhouden van archetypische aard zijn manifestaties van processen in het collectieve onbewuste. Ze hebben daarom geen betrekking op iets bewusts of iets dat bewust is geweest, maar op iets dat wezenlijk onbewust is. We kunnen daarom in laatste instantie ook niet aangeven waarop ze betrekking hebben. Elke interpretatie blijft noodzakelijkerwijs een 'alsof'. De uiteindelijke betekeniskern laat zich weliswaar om-, maar niet beschrijven. Toch betekent alleen al een omschrijving een wezenlijke vooruitgang in onze kennis van de voorbewuste structuur van de psyche, een structuur die al aanwezig was toen er nog geen eenheid van de persoon – wat ook nu nog bij primitieve mensen geen veilig bezit is – en ook geen bewustzijn in het algemeen bestond. Deze voorbewuste toestand kunnen we ook bij heel jonge kinderen waarnemen, en het zijn juist de dromen uit de eerste kindertijd die niet zelden zeer opmerkelijke archetypische inhouden naar voren brengen.[7]

Als we dus volgens bovenstaande stelregel te werk gaan, dan is het niet meer de vraag of het in de mythe om de zon of de maan, om vader of moeder, om seksualiteit of vuur of water gaat, maar het gaat alleen nog maar om de omschrijving en een min of meer duidelijke karakterisering van een onbewuste *betekeniskern*.

De uiteindelijke zin van deze kern was nooit bewust en zal dat ook nooit zijn. Hij werd en wordt altijd slechts geïnterpreteerd, waarbij elke interpretatie die de verborgen zin (of vanuit het standpunt van het wetenschappelijk intellect: onzin, wat op hetzelfde neerkomt) enigszins benadert, van oudsher niet alleen aanspraak maakte op absolute waarheid en geldigheid, maar ook op eerbied en religieuze devotie. Archetypen waren en zijn psychische levensmachten die ernstig genomen willen worden, en die er ook op de merkwaardigste manieren voor zorgen dat ze zich inderdaad laten gelden. Ze zijn van oudsher beschermende machten of heilbrengers, en als ze slecht behandeld worden, dan leidt dat tot de 'perils of the soul' (gevaren voor de ziel) die welbekend zijn uit de psychologie van primitieve volken. Ze zijn namelijk óók de onfeilbare verwekkers van neurotische en zelfs van psychotische storingen, aangezien ze zich precies zo gedragen als verwaarloosde of mishandelde lichamelijke organen of organische functiesystemen.

Een archetypische inhoud uit zich in eerste instantie in de vorm van een taalkundige beeldspraak. Als zo'n inhoud over de 'zon' spreekt en deze identificeert met de leeuw, met de koning, met de door de draak bewaakte gouden schat en de levens- of gezondheidskracht van de mensen, dan betekent dit noch het een, noch het ander, maar het onbekende 'derde', dat zich meer of minder treffend door al deze vergelijkingen laat uitdrukken en dat desondanks – tot de voortdurende ergernis van het intellect – onbekend en niet te formuleren blijft. Om deze redenen vervalt het wetenschappelijk intellect steeds weer tot 'verlichtende' neigingen, met de hoop het spooksel zo eens en voor altijd op te ruimen. Of deze pogingen nu euhemerisme[8] of christelijke apologetiek of Verlichting in engere zin of positivisme heten – daarachter verborg zich altijd de mythe, in een verbluffende nieuwe aankleding. Volgens een oeroud heilig patroon doet deze 'nieuwe mythe' zich steeds weer voor als ultiem, definitief inzicht. Maar in werkelijkheid kunnen we ons nooit op legitieme wijze van onze archetypische basis losmaken, tenzij we een neurose op de koop toe willen nemen. Ons losmaken van onze archetypische basis kunnen we net zomin als we ons, zonder zelfmoord te plegen, van ons lichaam en zijn organen kunnen ontdoen. Aangezien we nu de archetypen niet kunnen wegredeneren of op een andere wijze onschadelijk maken, worden we bij elke nieuw verworven fase in onze culturele bewustzijnsontwikkeling geconfronteerd met de taak om een nieuwe, met deze fase overeenkomstige *interpretatie* te vinden. Zó namelijk wordt het verleden dat nog in ons bestaat, verbonden met het heden dat aan dit verleden dreigt te ontsnappen. Gebeurt dat niet, dan ontstaat een wortelloos, niet meer op het verleden georiënteerd bewustzijn dat in de praktijk een hulpeloos slachtoffer blijft van iedere suggestie. Dat wil zeggen: ons bewustzijn wordt het slachtoffer van psychische epidemieën. Met het verloren verleden dat nu het 'onaanzienlijke', het ontwaarde en het niet meer op te waarderende is geworden, is namelijk ook de 'heilbrenger' verloren gegaan. De heilbrenger of verlosser is namelijk óf het 'onaanzienlijke' zélf, óf hij komt daaruit voort. De verlosser ontstaat in de 'gedaanteverwisseling der goden' (Ziegler) als het ware steeds weer opnieuw, als een verkondiger of eerstgeborene van een nieuwe generatie, en treedt onverwacht naar voren op de meest onwaarschijnlijke plaatsen (geboorte uit een steen of boom, akkervore, water) en in een dubbelzinnige gedaante (duimeling, dwerg, kind, dier enzovoort).

Dit archetype van de 'kindgod' is buitengewoon wijdverbreid en is sterk verbonden met alle andere mythologische aspecten van het kindmotief. Het is nauwelijks nodig om op het nog levende 'Jezuskind' te wijzen dat in de legende van St.-Christoffel ook het typische aspect van het 'kleiner dan klein, groter dan groot' vertoont. In de folklore verschijnt het kindmotief in de gedaante van dwerg of elf, als personificatie van verborgen natuurkrachten. Tot dit gebied hoort ook de laatklassieke figuur van de 'antroparion', het metaalmannetje[9] dat tot in de late Middeleeuwen enerzijds de ertsschachten bezielde[10] en anderzijds de alchemistische metalen[11], en dat vooral de in volledig gedaante herboren Mercurius voorstelde (als hermafrodiet, als filius sapientiae – zoon der wijsheid – of als infans noster[12] – ons kind). Dankzij de religieuze interpretatie van het 'kind' zijn ons ook uit de Middeleeuwen een paar getuigenissen bewaard gebleven waaruit blijkt dat het 'kind' niet alleen een traditionele figuur was, maar ook een spontaan beleefd visioen (als zogenaamde 'doorbraak van het onbewuste'). Ik noem het visioen van de 'naakte jongen' bij Meister Eckhart en de droom van Broeder Eustachius.[13] Interessante mededelingen over dergelijke spontane gebeurtenissen vinden we ook in Engelse spookverhalen, waar het om het visioen van een 'stralende jongen' gaat die zogenaamd gezien werd in de buurt van Romeinse ruïnes.[14] Deze gedaante zou onheil brengen. Het lijkt er bijna op dat het gaat om de figuur van een 'puer aeternus' (eeuwige jongeling) die door de 'gedaanteverwisseling' onzalig werd, en die dus het lot deelt van de antieke en Germaanse goden die allen boze geesten zijn geworden. Het mystieke karakter van deze ervaring wordt ook bevestigd door Goethes

Faust II. Daarin wordt Faust zelf in een knaap veranderd en opgenomen in het 'koor der zalige knapen'; dit als 'larvestadium'
van Doctor Marianus.[15]

In het merkwaardige verhaal *Das Reich ohne Raum* van Bruno
Goetz treedt een 'puer-aeternus'-gedaante op, Fo (= Boeddha)
genaamd, samen met het hele koor van de 'onzalige knapen' dat
een slechte betekenis heeft. (Hedendaagse parallellen kan men
beter laten rusten.) Ik noem dit geval alleen om het te allen tijde
aanwezige levende aspect van dit archetype te tonen.

Op het gebied van de psychopathologie komt het kindmotief
niet zelden voor. Heel bekend is het 'waankind' bij geesteszieke
vrouwen, dat in de regel christelijk geïnterpreteerd wordt. Er treden ook 'homunculi' (kleine mensjes) op, zoals in het beroem-
de geval van Schreber[16], waar ze in hele zwermen optrekken en
de zieke plagen. Maar het duidelijkst en zinvolst manifesteert het
kindmotief zich in de neurosetherapie, bij het door de analyse
van het onbewuste gestimuleerde rijpingsproces van de persoonlijkheid. Dit rijpingsproces heb ik het *individuatieproces* genoemd.[17]
Het gaat hierbij om voorbewuste processen die geleidelijk aan in
de gedaante van min of meer gevormde fantasieën rechtstreeks
in het bewustzijn treden, of in de vorm van dromen bewust worden, of uiteindelijk door de methode van de actieve imaginatie
bewust worden gemaakt.[18] Al dit materiaal bevat rijkelijk archetypische motieven, waaronder het kindmotief. Vaak is het kind
naar het model van het christelijk voorbeeld gevormd, maar nog
vaker ontwikkelt het zich uit volstrekt onchristelijke voorfasen,
namelijk uit onderwerelddieren zoals krokodillen, draken, slangen, of uit apen. Soms verschijnt het kind in een bloemkelk, of
het komt uit een gouden ei, of het vormt het middelpunt van
een mandala. In dromen treedt het vaak als zoon op, of als dochter, als knaap, jongeling of jong meisje, soms ook van exotische
afkomst – Chinees, Indisch, met donkere huidskleur, of meer
kosmisch, onder de sterren of omgord door een sterrenkrans, als
koningszoon of als heksenkind met demonische attributen. Als
bijzonder geval van het motief van de 'moeilijk te bereiken kostbaarheid'[19] is het kindmotief uiterst variabel en neemt het elke

mogelijke vorm aan: een edelsteen, parel, bloem, kom, gouden ei, quaterniteit, gouden bal enzovoort. Het blijkt bijna onbegrensd verwisseld te kunnen worden met deze en soortgelijke beelden.

2 De psychologie van het kindarchetype

A HET ARCHETYPE ALS EEN TOESTAND UIT HET VERLEDEN

Wat nu de psychologie van ons thema betreft, moet ik erop wijzen dat elke uitspraak die het zuiver fenomenale van een archetype te boven gaat, noodzakelijkerwijs aan de hierboven genoemde kritiek onderhevig is. We mogen geen moment de illusie koesteren dat een archetype uiteindelijk verklaard en daarmee 'afgedaan' zou kunnen worden. Zelfs de beste verklaringspoging is niets anders dan een meer of minder geslaagde vertaling in een andere beeldspraak. (Spraak of taal is immers niets anders dan beeld!) In het beste geval *dromen we de mythe verder* en geven we haar een moderne gedaante. En wat we de mythe met een verklaring of interpretatie aandoen, dat doen we onze eigen ziel aan, met overeenkomstige gevolgen voor ons eigen welzijn. Het archetype namelijk is – laten we dat nooit vergeten – een psychisch orgaan dat we bij iedereen aantreffen. Een slechte verklaring van het archetype betekent een overeenkomstig slechte houding ten opzichte van dit psychisch orgaan waardoor het beschadigd wordt. Maar degene die hier uiteindelijk onder lijdt is de slechte interpretator zélf. De interpretatie of 'verklaring' zou daarom altijd zó moeten uitvallen dat de functionele betekenis van het archetype bewaard blijft, zodat er een goede en zinvolle verbinding tussen bewustzijn en archetype verzekerd is. Het archetype is namelijk een element van onze psychische structuur en vormt daarom een vitaal noodzakelijk bestanddeel van onze psychische huishouding. Het representeert of personifieert bepaalde instinctieve aspecten van de primitieve, duistere psyche, de eigenlijke, maar onzichtbare wortels van het bewustzijn. De samenhang met deze wortels is van elementaire betekenis, zoals de preoccupatie van de primitieve geest met bepaalde 'magische' factoren laat zien. Deze magische factoren zijn niets anders dan wat wij 'archetypen' noemen. Deze oervorm van de religio vormt ook nu nog de werkzame kern van elk religieus leven, en zal dat altijd blijven, wat ook de toekomstige vormen van dit leven mogen zijn.

Voor het archetype bestaat evenmin een 'rationeel' surrogaat als voor de kleine hersenen of voor de nieren. We kunnen lichamelijke organen anatomisch of histologisch onderzoeken, of hun ontwikkelingsgeschiedenis nagaan. Dat zou overeenkomen met de beschrijving van de archetypische fenomenologie en met een historisch-vergelijkende beschrijving hiervan. De zin van een lichaamsorgaan echter vloeit uitsluitend en alleen voort uit de teleologische vraagstelling: wat is het doel ervan? Daaruit volgt dan de vraag: wat is het biologische doel van een archetype? Precies zoals de fysiologie deze vraag voor het lichaam beantwoordt, zo is het streven van de psychologie deze zelfde vraag voor het archetype te beantwoorden.

Met uitspraken als: 'Het kindmotief is een overblijfsel van de herinnering aan de eigen kindertijd' en dergelijke verklaringen, ontwijken we slechts de vraag. Maar als we met een wijziging van deze uitspraak zeggen: 'Het kindmotief is een beeld van bepaalde vergeten dingen uit onze eigen kindertijd', dan komen we al heel wat dichter bij de waarheid. Aangezien het nu echter bij het archetype altijd om een beeld gaat dat bij de *hele* mensheid en niet alleen bij een individu hoort, kunnen we het wellicht beter zó zeggen: '*Het kindmotief representeert het voorbewuste kindertijdsaspect van de collectieve psyche.*'[20]

Het is niet verkeerd als we deze uitspraak in eerste instantie historisch zien, in analogie met bepaalde psychische ervaringen waaruit blijkt dat bepaalde onderdelen van het individuele leven zelfstandig kunnen worden en zich dermate kunnen personifiëren dat we 'onszelf zien': we zien onszelf bijvoorbeeld als kind.

Dergelijke visionaire ervaringen – of ze nu in dromen of tijdens het waakleven plaatsvinden – zijn zoals we weten gebonden aan de voorwaarde dat er eerst een dissociatie tussen de huidige toestand en die uit het verleden heeft plaatsgevonden. Dergelijke dissociaties treden op door bepaalde onverenigbaarheden. Bijvoorbeeld: de huidige toestand is in conflict met die uit de kindertijd. Men heeft zich wellicht gewelddadig van zijn oorspronkelijk karakter gescheiden, ten gunste van een willekeurige, met de eigen ambities overeenkomende persona.[21] Men is daarmee onkinderlijk en kunstmatig geworden en heeft zo zijn wortels verloren. Dat is een gunstige gelegenheid voor een even heftige confrontatie met de oorspronkelijke waarheid.

Gezien het feit dat tot op heden de mensheid altijd uitspraken is blijven doen over het goddelijke kind, mogen we wellicht de individuele analogie ook tot het leven van de mensheid uitbreiden en daarmee tot de conclusie komen dat ook de mensheid wellicht steeds weer in conflict komt met haar 'kindertijd'-condities, dat wil zeggen, met de oorspronkelijke onbewuste en instinctieve toestand. Het gevaar van een dergelijke tegenspraak waardoor het visioen van het 'kind' mogelijk wordt, zou dus inderdaad bestaan. De religieuze oefening, dat wil zeggen het steeds opnieuw vertellen en ritueel herhalen van het mythische gebeuren, heeft daarom ten doel om het kindertijdsbeeld en alles wat daarmee samenhangt, steeds weer opnieuw aan het bewustzijn te tonen, zodat de samenhang tussen bewustzijn en de oorspronkelijke toestand niet verloren gaat.

B. Ð FUNCTIE VAN HET ARCHETYPE

Het kindmotief betekent niet alleen iets dat in een ver verleden bestond en reeds lang is vergaan, maar ook iets van *deze* tijd. Dat wil zeggen, het is niet alleen een overblijfsel, maar ook een systeem dat nu nog functioneert. Het is een systeem dat op zinvolle wijze de onvermijdelijke eenzijdigheden en extravaganties van het bewustzijn moet compenseren of corrigeren. Het wezen van het bewustzijn is de concentratie op relatief weinig inhouden, die zo mogelijk tot een volledige helderheidsgraad worden verheven. Een noodzakelijke consequentie en voorwaarde van 'bewustzijn' is het uitsluiten van andere inhouden die op dat moment evenzeer tot bewustzijn in staat zijn. Dit uitsluiten veroorzaakt onvermijdelijk een zekere eenzijdigheid van de bewuste inhouden.

Aangezien nu het gedifferentieerde bewustzijn van de geciviliseerde mens een werkzaam instrument bezit voor de praktische uitvoering van zijn inhouden, namelijk de dynamiek van de wil, bestaat met de steeds verdere ontwikkeling van de wil een steeds groter gevaar van het verdwalen in het eenzijdige en het steeds verder afwijken van de wetten en wortels van zijn wezen. Weliswaar betekent dit enerzijds de mogelijkheid van menselijke vrijheid, maar anderzijds is het ook de bron van eindeloze afschuw van ons instinct. De primitieve mens onderscheidt zich daarom – omdat hij dicht bij het instinct blijft, evenals het dier – door angst voor het nieuwe en door gebondenheid aan tradities. Volgens onze smaak is hij op pijnlijke wijze achtergebleven, terwijl wij de vooruitgang prijzen. Onze vooruitgang echter maakt enerzijds weliswaar een groot aantal schitterende wensvervullingen mogelijk, maar aan de andere kant stapelt er zich een even gigantische prometheïsche schuld op, die van tijd tot tijd afgelost moet worden in de vorm van noodlottige catastrofes. Hoe lang heeft de mens van vliegen gedroomd – en nu zijn we al bij luchtbombardementen beland! Men glimlacht tegenwoordig om de christelijke hoop op een hiernamaals en vervalt zelf vaak tot heilsleren die honderdmaal dommer zijn dan het idee van een vreugdevol hiernamaals aan gene zijde van de dood! Het gedifferentieerde bewustzijn wordt altijd met ontworteling bedreigd, en daarom heeft het de compensatie nodig door middel van de nog aanwezige 'kindertijd'-toestand.

De symptomen van de compensatie worden overigens vanuit het standpunt van uitgang door minder vleiende uitdrukkingen geformuleerd. Aangezien het, oppervlakkig gezien, om een retarderend effect gaat, spreekt men over inertie, achterlijkheid, scepticisme, vitterij, conservatisme, bangheid, kleinmoedigheid enzovoort. Aangezien echter de mensheid in hoge mate in staat is zich van haar eigen wortels af te snijden, kan ze zich ook door gevaarlijke eenzijdigheden kritiekloos laten meeslepen, tot in een catastrofe toe. Het retarderend ideaal is altijd primitiever, natuurlijker (in goede en slechte zin) en 'moreler', voorzover het zich trouw aan de overgeleverde wetten houdt. Het vooruitgangsideaal is altijd abstracter, onnatuurlijker, en 'immoreler', voorzover het ontrouw aan de traditie vereist. De vooruitgang die door de wil is afgedwongen, is altijd *krampachtig*. De achterlijkheid staat weliswaar dichter bij de natuurlijkheid, maar wordt op haar beurt steeds door een pijnlijk ontwaken bedreigd. De oudere opvatting wist dat een vooruitgang slechts 'Deo concedente' (met Gods toestemming) mogelijk is, waarmee ze zich bewust blijkt te zijn van de tegenstellingen en de oeroude 'rites d'entrée et de sortie' op een hoger niveau herhaalt. Maar hoe meer het bewustzijn zich differentieert, des te groter wordt het gevaar van scheiding van zijn oertoestand. De volledige scheiding treedt in wanneer het 'Deo concedente' vergeten is. Het is nu een psychologische stelregel dat een van het bewustzijn afgesplitst zielendeel slechts *schijnbaar* inactief wordt, maar in werkelijkheid tot een bezetenheid van de persoonlijkheid voert, met het resultaat dat de doelstelling van het individu in de zin van het afgesplitste zielenideaal wordt vervalst. Als dus de 'kinder'-toestand van de collectieve ziel verdrongen wordt tot het punt van een volledige uitsluiting, dan maakt de onbewuste inhoud zich meester van de bewuste doelstellingen en remt, vervalst of verwoest deze zelfs de verwerkelijking hiervan. Een levensvatbaarder toestand komt echter alleen maar tot stand door samenwerking van beide: van bewustzijn en onbewuste.

C. HET TOEKOMSTKARAKTER VAN HET ARCHETYPE

Een wezenlijk aspect van het kindmotief is zijn toekomstkarakter. Het kind is potentiële toekomst. Daarom betekent het optreden van het kindmotief in de psychologie van het individu in de regel een vooruitlopen op toekomstige ontwikkelingen, ook wanneer het om een op het eerste gezicht retrospectieve vorm lijkt te gaan. Het leven is immers een verloop, een doorstromen naar de toekomst, en niet een verstopping of terugstromen. Het is daarom niet verbazend dat de mythische heilbrengers zo vaak kindgoden zijn. Dat komt precies overeen met de ervaringen van de psychologie van het individu, waaruit blijkt dat het 'kind' een toekomstige verandering van de persoonlijkheid voorbereidt. Het kind anticipeert in het individuatieproces die gestalte die uit de synthese van bewuste en onbewuste persoonlijkheidselementen voortkomt. Het is daarom een symbool[22] dat de tegenstellingen verenigt, een mediator, een *heilbrenger*, dat wil zeggen een 'heel'-maker. Omwille van deze betekenis is het kindmotief dan ook in staat tot de hierboven genoemde veelvuldige vormveranderingen: het wordt bijvoorbeeld uitgedrukt door het ronde, de cirkel of de bol, of door de quaterniteit als een andere vorm van de heelheid.[23] Ik heb deze bewustzijnstranscendente heelheid het 'zelf'[24] genoemd. Het doel van het individuatieproces is de synthese van het zelf. Vanuit een ander standpunt zou wellicht de term 'entelechie' (het doel in zich dragend) te prefereren zijn boven 'synthese'. Er bestaat een empirische reden waarom deze uitdrukking onder bepaalde omstandigheden beter is: de symbolen van heelheid treden namelijk vaak in het begin van het individuatieproces op, ja ze kunnen zelfs al in de allereerste dromen van de vroegste jeugd worden waargenomen. Deze waarneming spreekt voor een a-prioristisch bestaan van de potentiële heelheid[25], waardoor het begrip entelechie aan te bevelen is. Voorzover echter het individuatieproces als een synthese verloopt, ziet het eruit alsof het reeds aanwezige paradoxaal genoeg opnieuw wordt samengesteld. Omwille van dit aspect kunnen we ook de uitdrukking 'synthese' gebruiken.

D. EENHEID EN VERSCHEIDENHEID VAN HET KINDMOTIEF

Bij de veelzijdige fenomenologie van het 'kind' moeten we goed onderscheid maken tussen de eenheid en de veelheid van zijn verschillende verschijningsvormen. Gaat het bijvoorbeeld om vele homunculi, dwergen, knapen enzovoort die op geen enkele manier individueel gekarakteriseerd zijn, dan bestaat de waarschijnlijkheid van een dissociatie. Dergelijke vormen treffen we daarom vooral bij schizofrenie aan, waarvan het wezen uit een fragmentering van de persoonlijkheid bestaat. De vele kinderen vertegenwoordigen dan een oplossingsproduct van de persoonlijkheid. Komt de veelheid echter bij een normaal mens voor, dan gaat het om een representatie van een nog niet voltrokken persoonlijkheidssynthese. De persoonlijkheid (respectievelijk het 'zelf') bevindt zich dan nog op het niveau van de veelheid. Dat wil zeggen, er is wel een ik aanwezig, dat echter zijn heelheid nog niet binnen het kader van de eigen persoonlijkheid kan ervaren, maar dit eerst alleen in de gemeenschap met de familie, stam of natie kan doen; het ik bevindt zich nog in een toestand van onbewuste identiteit met de veelheid van de groep. De kerk houdt met deze algemeen verbreide toestand rekening door de leer van het corpus mysticum waarvan elk individu een lid is. Komt het kindmotief echter in de vorm van een eenheid naar voren, dan gaat het om een onbewuste en daarmee voorlopig reeds voltrokken synthese van de persoonlijkheid. Dat betekent in de praktijk echter, zoals alles wat onbewust is, niet meer dan een mogelijkheid.

E. KINDGOD EN HELDENKIND

Het 'kind' lijkt nu eens meer op een kindgodheid, dan weer meer op een jonge held. Beide typen hebben de wonderbaarlijke geboorte en de eerste noodlottige gebeurtenissen in de kindertijd (verlaten-zijn en een gevaarlijke achtervolging) gemeen. De god heeft een zuiver bovenaardse natuur, de held heeft een weliswaar menselijk, maar tot de grens van het bovenaardse verheven wezen; hij is dus 'halfgoddelijk'.

Terwijl de god, met name in zijn intieme relatie tot het symbolische dier, het collectieve onbewuste personifieert dat nog niet in het menselijk wezen is geïntegreerd, sluit de held in zijn bovenaardsheid het menselijk wezen in. Hij vertegenwoordigt dus een synthese van het ('goddelijke', dat wil zeggen nog niet vermenselijkte) onbewuste en het menselijk bewustzijn. Hij betekent dus ook een potentiële anticipatie op een individuatie die heelheid benadert.

De verschillende 'kind'-lotgevallen mogen daarom beschouwd worden als een uitbeelding van psychische gebeurtenissen die zich bij de entelechie of het ontstaan van het 'zelf' afspelen. De 'wonderbaarlijke geboorte' probeert te omschrijven hoe deze ontstaansbelevingen worden ervaren. Aangezien het om een psy-

chisch ontstaan gaat, moet alles op een niet-empirische wijze gebeuren, dus bijvoorbeeld door een maagdelijke geboorte, of door
een wonderbaarlijke verwekking, of door een geboorte uit onnatuurlijke organen. Het motief van de 'onaanzienlijkheid', het
uitgeleverd-zijn, de verlatenheid, het gevaar enzovoort probeert
de precaire psychische bestaansmogelijkheid van de heelheid (of
het zelf) te schilderen – dat wil zeggen de enorme zware opgave
om dit 'hoogste goed' te bereiken. Ook wordt hiermee de onmacht en hulpeloosheid van de levensdrang gekarakteriseerd, die
al het groeiende onder de wet van een zo volledig mogelijke zelf-
vervulling dwingt, terwijl allerlei invloeden van de wereld rondom de grootste hindernissen vormen op de weg van elke individuatie. Vooral de bedreiging van het authentieke zelf door draken
en slangen wijst op het gevaar dat de verworvenheden van het
bewustzijn weer verslonden worden door de instinctziel of het
onbewuste. De lagere gewervelde dieren zijn van oudsher geliefde symbolen van de collectieve psychische grondslag[26], waarvan de anatomische lokalisatie samenvalt met de subcorticale cen-
tra, de kleine hersenen en het ruggenmerg. Deze organen vormen
samen de slang.[27] Slangendromen treden daarom gewoonlijk op
wanneer het bewustzijn van zijn instinctieve grondslag afwijkt.

Het motief 'kleiner dan klein, maar groter dan groot' vult de
onmacht aan met de wonderbaarlijke daden van het 'kind'.
Deze paradoxie behoort tot het wezen van de held en loopt als
een rode draad door zijn hele levenslot. Hij is tegen het grootste gevaar opgewassen en gaat toch uiteindelijk aan het 'onaanzienlijke' te gronde: Baldur aan de mistletoe, Maui aan het lachen van een kleine vogel, Siegfried aan die éne kwetsbare plek,
Heracles aan het geschenk van zijn vrouw, anderen door laag
verraad enzovoort.

De belangrijkste daad van de held is de overwinning van het
monster van de duisternis – dit is de verwachte overwinning van
het bewustzijn op het onbewuste. Dag en licht zijn synoniemen
van het bewustzijn, nacht en duister die van het onbewuste. De
bewustwording was waarschijnlijk de geweldigste beleving uit de
oertijd, want daarmee is de wereld geworden van wier bestaan

tevoren niemand iets wist. 'En God sprak: Er zij licht!' is de projectie van de oerbeleving van de bewustheid die zich uit het onbewuste losmaakt. Nog in deze tijd is bij primitieve volkeren de ziel een wankel bezit, en het 'zielsverlies' is een typisch psychische aandoening die de primitieve geneeskunst tot allerlei psychotherapeutische ingrepen dwingt. Vandaar onderscheidt het 'kind' zich al door daden die op de overwinning van de duisternis wijzen.

3 De speciale fenomenologie van het kindarchetype

A. DE VERLATENHEID VAN HET KIND

Verlatenheid, uitgeleverd zijn, gevaar lopen enzovoort behoren tot een verdere uitwerking van het motief van het onaanzienlijke begin enerzijds, en tot de geheimzinnige en wonderbaarlijke geboorte anderzijds. Dit alles wijst op een psychische beleving van creatieve aard, namelijk het verschijnen van een nog onbekende en nieuwe inhoud. In de psychologie van het individu gaat het op zo'n moment altijd om een kwellende conflictsituatie waaruit ogenschijnlijk geen uitweg bestaat – althans voor het bewustzijn, want hiervoor geldt het 'tertium non datur' – een derde (keuze) bestaat er niet. Uit de botsing van de tegenstellingen schept de onbewuste psyche echter altijd een 'derde' van irrationele aard[28], dat voor het bewustzijn onverwacht en onbegrijpelijk is.

Het presenteert zich in een vorm die noch een ja, noch een nee inhoudt en daarom door beide wordt afgewezen. Het bewustzijn weet namelijk nooit iets dat verder reikt dan de tegenstellingen en ziet daarom ook niet het 'derde' dat de tegenstellingen verenigt. Aangezien echter de oplossing van het conflict door de vereniging der tegenstellingen van vitaal belang is, en bovendien precies datgene is wat het bewustzijn ook verlangt, dringt toch het vermoeden van deze betekenisvolle schepping door. Hieruit ontstaat het numineuze karakter van het 'kind'. Een belangrijke, maar onbekende inhoud heeft altijd een geheime fascinerende werking op het bewustzijn. De nieuwe gestalte is een wordende heelheid; ze is op weg naar heelheid, tenminste voorzover ze in 'heelheid' het door tegenstellingen verscheurde bewustzijn overtreft en daarom ook vollediger is dan dit. Vandaar ook dat alle 'verenigende symbolen' een verlossende betekenis hebben.

Uit deze situatie ontstaat het 'kind' als een symbolische inhoud, duidelijk te onderscheiden of zelfs geïsoleerd van de achtergrond ('de moeder'). De moeder wordt echter soms ook in de gevaarlijke situatie van het kind betrokken. Enerzijds wordt het 'kind' bedreigd door de afwijzende houding van het bewustzijn, anderzijds door de horror vacui (afschuw van het ledige) van het onbewuste, dat altijd bereid is zijn scheppingen weer te verslinden, aangezien het deze slechts spelend voortbrengt en verwoesting een onvermijdelijk onderdeel van het spel vormt. Niets ter wereld komt de jonggeborene tegemoet, maar desondanks is hij het kostbaarste schepsel van de oernatuur zelf, met de grootste toekomstmogelijkheden, want in laatste instantie betekent hij hogere zelfverwerkelijking. Daarom neemt de natuur, de instinctwereld zélf, het 'kind' onder haar hoede: het wordt door dieren gevoed en beschermd.

'Kind' betekent iets dat naar zelfstandigheid toegroeit. Dat kan het niet doen zonder zich los te maken van zijn oorsprong: het verlaten-zijn is daarom een noodzakelijke voorwaarde en niet alleen maar een begeleidend verschijnsel. Het conflict kan niet overwonnen worden als het bewustzijn in tegenstellingen gevangen blijft, en daarom is er een symbool nodig dat de noodzaak van het loslaten van de oorsprong toont. Aangezien het symbool van het 'kind' het bewustzijn fascineert en in zijn ban houdt, gaat de verlossende werking ervan over op het bewustzijn. Het symbool voltrekt dan de losmaking van de conflictsituatie – iets waartoe het bewustzijn zelf niet in staat was. Het symbool is een anticipatie op een bewustzijnstoestand-in-wording. Zolang deze toestand nog niet werkelijk tot stand is gebracht, blijft het 'kind' een mythologische projectie die cultische herhaling en rituele vernieuwing vereist. Het Jezuskind is bijvoorbeeld een cultische noodzaak, zolang het merendeel der mensen nog niet in staat is het 'Zo ge niet wordt als de kinderen' psychologisch te verwerkelijken. Aangezien het hierbij om buitengewoon moeilijke en gevaarlijke ontwikkelingen en overgangen gaat, is het geen wonder dat dergelijke figuren vaak eeuwen of zelfs tientallen eeuwen lang levend blijven. Alles wat de mens zou moeten, in positieve of negatieve zin, en wat hij nog niet kan, dat leeft als mythologische gedaante en anticipatie naast zijn bewustzijn voort. Dat verschijnt in de vorm van religieuze projectie óf – wat gevaarlijker is – als inhouden van het onbewuste. Gevaarlijker, want deze inhouden van het onbewuste gaan zich spontaan op niet-passende objecten projecteren, zoals bijvoorbeeld op hygiënische en andere 'heilsverkondigende' leren en praktijken. Dat zijn allemaal rationalistische mythologie-surrogaten die door hun onnatuurlijkheid een mens eerder kwaad dan goed doen.

De uitzichtloze conflictsituatie, waaruit het 'kind' als irrationeel 'derde' voortkomt, is natuurlijk een formule die uitsluitend past bij een psychologisch, dat wil zeggen modern ontwikkelingsniveau. Op het zielenleven van de primitieve mens kan ze niet zonder meer toegepast worden, alleen al niet omdat de kinderlijke bewustzijnsomvang van primitieven nog een hele wereld aan psychische belevingsmogelijkheden uitsluit. Gezien vanuit het natuurniveau van de primitieve mens betekent ons moderne morele conflict nog een noodsituatie van levensgevaarlijke betekenis. Heel wat kinderfiguren zijn daarom *cultuurbrengers* en worden daarom ook met cultuurbevorderende factoren geïdentificeerd, bijvoorbeeld met vuur[29], met metaal, met graan of maïs enzovoort. Als 'verlichters', dat wil zeggen vergroters van het bewustzijn, overwinnen ze de duisternis, namelijk de vroegere onbewuste toestand. Hoger bewustzijn, als een weten boven het thans bewuste uit, betekent hetzelfde als eenzaamheid in de wereld. Deze eenzaamheid drukt de tegenstelling uit tussen de drager of het symbool van hogere bewustheid en diens omgeving. De overwinnaars van de duisternis gaan ver tot in de voortijd terug, wat erop wijst (samen met vele andere legenden) dat er ook een *psychische oernood* bestond, namelijk de *onbewust-*

heid. Uit deze bron moet wel de 'onredelijke' angst voor de duisternis van huidige primitieve mensen komen. Zo vond ik bijvoorbeeld bij een stam bij Mount Elgon een vorm van religie die met een pantheïstisch optimisme overeenkwam. Dit optimisme werd echter altijd van zes uur 's avonds tot zes uur 's ochtends opgeheven en vervangen door angst, want 's nachts heerste het duistere wezen Ayik, de 'maker van de angst'. Overdag waren er in die streek geen reuzenslangen, maar 's nachts loerden ze op alle paden. 's Nachts barstte trouwens de hele mythologie los.

B. DE ONOVERWINNELIJKHEID VAN HET KIND

Het is een opvallende paradox in alle kindmythen dat het 'kind' enerzijds aan oppermachtige vijanden is uitgeleverd en voortdurend door vernietiging wordt bedreigd, maar anderzijds over krachten beschikt die de menselijke maat ver te boven gaan. Dit gegeven hangt nauw samen met het feit dat het kind enerzijds weliswaar 'onaanzienlijk', dat wil zeggen onbekend en 'slechts een kind', maar anderzijds goddelijk is. Vanuit het bewustzijn gezien gaat het om een schijnbaar onbetekenende inhoud waaraan geen oplossend of zelfs verlossend karakter kan worden toegekend. Het bewustzijn is in zijn conflictsituatie gevangen, en de machten die elkaar daar bestrijden lijken zo overweldigend te zijn dat de eenzaam opduikende inhoud 'kind' in geen enkele verhouding tot de bewustzijnsfactoren staat. Het wordt daarom gemakkelijk over het hoofd gezien en valt weer terug in het onbewuste. Dat zou tenminste te vrezen zijn als de dingen verliepen volgens onze bewuste verwachting. De mythe echter benadrukt dat het zo helemaal niet gaat, maar dat het 'kind' juist over superieure krachten beschikt en dat het zich onverwacht, tegen alle gevaren in, handhaaft. Het 'kind' komt tevoorschijn als een boreling uit de schoot van het onbewuste, verwekt uit de grondslag van de menselijke natuur of, beter nog, van de levende natuur in het algemeen. Het is een personificatie van levensmachten die de beperkte bewustzijnsomvang te boven gaan; een personificatie van wegen en mogelijkheden die het bewustzijn in zijn eenzijdigheid niet kent, en van een totaliteit die ook de diepten van de natuur omvat. Het vertegenwoordigt de sterkste en on-ontkoombaarste drang van elk wezen, namelijk: zichzelf te ver-werkelijken. Het is een met alle natuurlijke instinctieve krachten toegerust *niet-anders-kunnen*, terwijl het bewustzijn steeds vastzit in een vermeend anders-kunnen. De drang en dwang tot zelf-verwerkelijking is een natuurwet en bezit daarom onoverwinne-lijke kracht, ook wanneer haar werking in het begin slechts on-aanzienlijk en onwaarschijnlijk is. Deze kracht uit zich in de wonderdaden van het heldenkind, daarna in de *athla* (de 'wer-ken') van de *knechtgedaante* (type Heracles), waarin de held weliswaar de onmacht van het kind is ontgroeid, maar nog wel een onaanzienlijke positie inneemt. De knechtgedaante voert ge-woonlijk tot de eigenlijke epifanie van de halfgoddelijke held. Merkwaardig genoeg kent ook de alchemie een dergelijke ge-daanteverwisseling, en wel in de synoniemen van de *lapis*, de 'steen' (der wijzen). Als materia prima (oermaterie) is hij de 'la-pis exilis et vilis' (de ontheemde en onaanzienlijke steen). Als transformatiesubstantie verschijnt hij als 'servus rubeus' (rode die-naar) of 'fugitivus' (vluchtige), en uiteindelijk bereikt hij in een waarachtige apotheose de waarde van een 'filius sapientiae' (zoon der wijsheid) of 'deus terrenus' (aardse god), een 'licht boven alle lichten', een macht die alle krachten van het hoge en lage in zich draagt. Hij wordt een 'verheerlijkt lichaam' dat eeuwige onaan-tastbaarheid heeft bereikt, en is daarom ook een panacee, een ge-neesmiddel tegen alle kwalen (heilbrenger!)[30] De grootheid en onoverwinnelijkheid van het 'kind' zien we ook in de Indische (religieus-filosofische) speculatie over het wezen van Atman, overeenkomstig het motief van 'kleiner dan klein en groter dan groot'. Het zelf als individuele verschijning is 'kleiner dan klein'; als equivalent van de wereld is het echter 'groter dan groot'.[31] Het zelf als de tegenpool van de wereld, als diens absoluut 'an-dere' is de voorwaarde zonder meer van alle kennis van de we-reld, en van bewustzijn van subject en object. Alleen door dit psychisch 'anders-zijn' is bewustzijn mogelijk. Identiteit name-lijk maakt geen bewustzijn mogelijk – slechts de scheiding, het losmaken en het pijnlijke in-tegenstelling-staan kunnen bewustzijn en kennis voortbrengen. De Indische introspectie heeft deze psychologische regel al vroeg ingezien en daarom het subject van het kennen (het 'kennende') gelijkgesteld met het subject van het bestaan in het algemeen. Overeenkomstig de overwegend introverte houding van het Indische denken verliest het object (de te kennen wereld) zelfs vaak de eigenschap van absolute werkelijkheid. De wereld wordt dan slechts schijn, illusie. De Grieks-westerse geesteshouding daarentegen kon zich niet bevrijden van de overtuiging van het absolute bestaan van de wereld. Dat gebeurde echter ten koste van de kosmische betekenis van het zelf. Ook vandaag nog valt het de westerse mens zwaar de psychologische noodzaak van een transcendent kennend subject als tegenpool van het empirische universum in te zien, hoewel de veronderstelling van het bestaan van een tegenover de wereld geplaatst zelf, op z'n minst als *spiegelingspunt*, logisch onontkoombaar is. Maar ongeacht de afwijzende of onder voorbehoud instemmende houding van de heersende filosofieën bestaat er in onze onbewuste psyche altijd de compenserende tendens om een symbool van het zelf in zijn kosmische betekenis voort te brengen. Deze pogingen van het onbewuste verlopen volgens de archetypische vormen van de heldenmythe, zoals we bij wijze van spreken bij elk individuatieproces gemakkelijk kunnen zien.

De fenomenologie van de 'kind'-geboorte wijst steeds weer terug naar een psychologische oertoestand van het niet-kennen, dus een duisternis of schemering, het niet-onderscheiden van subject en object, de onbewuste identiteit van mens en wereld. Uit deze toestand van ongedifferentieerdheid komt het 'gouden ei' voort, dat evenzeer mens is als wereld, en toch ook geen van beide, maar een irrationele derde. Het schemerachtige bewustzijn van de primitieve mens meent dat het ei aan de schoot van de grote wereld ontstijgt en dus een kosmische en objectief-uiterlijke gebeurtenis is. Het gedifferentieerde bewustzijn echter meent dat dit ei eigenlijk niets anders is dan een symbool dat uit de psyche voortkomt, of – erger nog – een willekeurige speculatie en daarom 'niets dan' een primitieve fantasie waaraan geen 'werkelijkheid' toegekend kan worden. De medische psychologie van onze tijd denkt echter iets anders over 'fantasieën'. Ze weet maar al te goed wat voor aanzienlijke lichamelijke functionele storingen en welke vernietigende psychologische gevolgen er kunnen voortvloeien uit 'slechts' fantasieën. 'Fantasieën' zijn de natuurlijke levensuitingen van het onbewuste. Maar aangezien het onbewuste de psyche van alle autonome functiecomplexen van het lichaam is, hebben zijn fantasieën een etiologische (etiologie = leer der ziekteoorzaken) betekenis die geenszins onderschat mag worden. Uit de psychopathologie van het individuatieproces weten we dat de symboolvorming vaak gepaard gaat met psychogene lichamelijke storingen die soms heel 'werkelijk' ervaren worden. Fantasieën zijn op medisch gebied *werkelijke* zaken, waarmee een psychotherapeut ernstig rekening moet houden. Hij kan daarom ook niet het bestaansrecht ontkennen van die primitieve fantasieën die, juist omdat ze zo werkelijk zijn, hun inhoud zelfs in de buitenwereld projecteren. In laatste instantie is immers ook het menselijk lichaam uit het stof van de wereld gemaakt, en aan deze stof worden fantasieën geopenbaard – zonder deze stof zouden ze zelfs nooit ervaren kunnen worden. Zonder stof zouden ze zoiets zijn als abstracte kristalroosters in een oplossing waarin het kristallisatieproces nog niet is begonnen.

De symbolen van het zelf ontstaan in de diepte van het lichaam en drukken evenzeer de stoffelijkheid hiervan uit als de structuur van het waarnemend bewustzijn. Het symbool is dus een levend 'lichaam', corpus et anima (lichaam en ziel); daarom is het 'kind' een zo treffende formulering van het symbool. De uniekheid van de psyche is een weliswaar nooit helemaal, maar altijd bij benadering te verwerkelijken grootheid die tegelijk de onmisbare grondslag van alle bewustzijn vormt. De diepere 'lagen' van de psyche verliezen met toenemende diepte en duisternis hun individuele uniekheid. Ze worden naar 'beneden', dat wil zeggen naarmate ze de autonome functiesystemen naderen, steeds collectiever, totdat ze in de stoffelijkheid van het lichaam, namelijk in de chemische verbindingen, universeel worden en tegelijk oplossen.

De koolstof van het lichaam is gewoon koolstof. Vandaar is de psyche 'beneden' gewoon 'wereld'. In deze zin kan ik Kerényi volstrekt gelijk geven, wanneer hij zegt dat in het symbool de *wereld zélf* spreekt. Hoe archaïscher en hoe 'dieper', dat wil zeggen hoe fysiologischer het symbool is, des te collectiever en universeler, des te 'stoffelijker' wordt het. Hoe abstracter, gedifferentieerder en specifieker het is, des te meer benadert zijn aard bewuste uniekheid en eenmaligheid, en des te meer heeft het zich van zijn universele wezen ontdaan. Heeft het symbool uiteindelijk het bewustzijn bereikt, dan loopt het gevaar alleen maar een beeldspraak te worden die nergens het kader van de bewuste opvattingen overschrijdt. Vanaf dat moment is het dan ook aan alle mogelijke rationele verklaringspogingen onderworpen.

C. HET HERMAFRODITISME VAN HET KIND

Het is een opmerkelijk feit dat wellicht de meerderheid van de kosmogone goden een tweegeslachtelijke aard hebben. De hermafrodiet betekent niets anders dan een vereniging van de sterkste en opvallendste tegenstellingen. Deze vereniging wijst in eerste instantie terug naar een primitieve geestesgesteldheid, een schemertoestand waarin verschillen en tegenstellingen óf nog weinig gescheiden zijn, óf helemaal in elkaar overvloeien. Met een toenemende helderheid van het bewustzijn lopen echter de tegenstellingen duidelijker en onverzoenlijker uit elkaar. Als daarom de hermafrodiet slechts een product van primitieve ongedifferentieerdheid zou zijn, dan zouden we moeten verwachten dat het met de ontwikkeling van de cultuur snel uitgebannen was. Dat is echter geenszins het geval. Integendeel, juist ook de fantasie van hoge en hoogste cultuurniveaus heeft zich steeds weer met dit idee beziggehouden, zoals we uit de laatgriekse en syncretistische filosofie van het gnosticisme kunnen zien. In de natuurfilosofie van de Middeleeuwen, de alchemie, speelt de hermafrodiete rebis een belangrijke rol. En ook in onze eigen tijd horen we over de androgyne Christus in de katholieke mystiek.[32]

We kunnen hier niet meer te maken hebben met een nog steeds aanwezige primitieve fantasie of met een oorspronkelijk samensmelten van tegenstellingen. De oervoorstelling is veeleer, zoals we ook uit Middeleeuwse geschriften zien[33], een *symbool van de constructieve vereniging van tegenstellingen* geworden, een 'verenigend symbool' in letterlijke zin. Het symbool, in zijn functionele betekenis, wijst niet meer terug, maar voorwaarts naar een nog niet bereikt doel. Ongeacht zijn monstruositeit is de hermafrodiet geleidelijk aan een overwinnaar van conflicten geworden, een heilbrenger – een betekenis die hij overigens al op een relatief vroeg cultuurniveau bereikte. Deze vitale betekenis verklaart waarom het beeld van de hermafrodiet niet al in de voortijd is uitgedoofd, maar zich integendeel, met een toenemende verdieping van de symboliek, door tientallen eeuwen heen heeft gehandhaafd. Het feit dat een zo bij uitstek archaïsch idee een dermate grote betekenis verwierf, wijst niet alleen op de levenskrachten van archetypische ideeën in het algemeen, maar demonstreert ook de juistheid van de stelregel dat het archetype verenigend bemiddelt tussen de tegenstelling van de onbewuste grondslagen en het bewustzijn. Het archetype slaat een brug tussen het door ontworteling bedreigde huidige bewustzijn, en de natuurlijke, onbewuste instinctieve heelheid van de voortijd. Door deze brug wordt de eenmaligheid, de uniekheid en eenzijdigheid van het huidige individuele bewustzijn steeds weer verbonden met de natuurlijke en overgeërfde grondslagen. Vooruitgang en ontwikkeling zijn niet te loochenen idealen, maar ze verliezen hun zin wanneer de mens slechts als een fragment van zichzelf in zijn nieuwe toestand aankomt, en alles op de achtergrond, alles wat óók tot zijn wezen behoort, in de schaduw van het onbewuste achterlaat, in een toestand van primitiviteit of zelfs barbarij. Bewustzijn dat van zijn grondslagen is afgesplitst en dat niet in staat is de zin van de nieuwe toestand te vervullen, valt dan al te gemakkelijk terug in een toestand die slechter is dan die waaruit de vernieuwing ons wilde bevrijden – voorbeelden te over! Het was Friedrich Schiller die dit probleem het eerst inzag, maar noch zijn tijdgenoten, noch zij die na hem kwamen waren in staat hieruit enige conclusies te trekken. In plaats daarvan wil men meer dan ooit kinderen opvoeden, en verder niets. Ik koester daarom de verdenking dat de huidige opvoedrage een welkome zijweg is die om het kernprobleem dat Schiller naar voren bracht, namelijk *de opvoeding van de opvoe-*

241

der, heen leidt. Kinderen worden opgevoed door datgene wat de volwassene *is*, en niet door datgene wat hij *zegt*. Het algemeen verbreide geloof in woorden is een ware zielsziekte, want een dergelijk bijgeloof lokt steeds verder weg van de grondslagen van de mens en verleidt tot heilloze identificaties van de persoonlijkheid met de op dit moment populaire 'slogans'. Intussen glijdt alles wat door de zogenaamde vooruitgang is achtergelaten en overwonnen steeds dieper weg in het onbewuste, waaruit uiteindelijk weer de primitieve toestand van identificatie met de massa ontstaat. En déze toestand, in plaats van de verhoopte vooruitgang, wordt dan werkelijkheid.

Het tweegeslachtelijke oerwezen wordt in de loop van de culturele ontwikkeling een symbool van de eenheid van de persoonlijkheid, van het zelf waarin het conflict der tegenstellingen tot rust komt. Het oerwezen wordt op deze weg het verre *doel* van de zelfverwerkelijking van het menselijk wezen, aangezien het al van het begin af aan een projectie van de onbewuste heelheid was. De menselijke heelheid bestaat namelijk uit een vereniging van de bewuste en de onbewuste persoonlijkheid. Zoals elk individu zowel uit mannelijke als vrouwelijke genen voortkomt en het geslacht steeds door het groter aantal mannelijke respectievelijk vrouwelijke genen wordt bepaald, zo heeft ook in de psyche alleen het bewustzijn (in het geval van de man) een mannelijk voorteken: het onbewuste daarentegen heeft een vrouwelijke kwaliteit. Bij de vrouw geldt het omgekeerde. Ik heb dit feit in mijn anima-theorie alleen maar opnieuw ontdekt en geformuleerd.[34] Bekend was het echter reeds lang.

Het idee van de vereniging (coniunctio) van het mannelijke en het vrouwelijke, in de hermetische filosofie uitgegroeid tot een als het ware technisch begrip, treedt als 'mysterium inquitatis' (verontrustend mysterie) in het gnosticisme op, waarschijnlijk niet onbeïnvloed door het oudtestamentische 'godshuwelijk', zoals bijvoorbeeld Hosea dit verwerkelijkt heeft.[35] Daarop wijzen niet alleen bepaalde overgeleverde gebruiken[36], maar ook het citaat uit het evangelie volgens de Egyptenaren in de tweede brief van Clemens: 'Wanneer de twee één worden, en het uitwendige als het inwendige wordt, en het mannelijke één wordt met het vrouwelijke, [dan is er] noch iets mannelijks, noch iets vrouwelijks.'[37] Dit logion wordt bij Clemens van Alexandrië ingeleid met de volgende woorden: 'Wanneer ge het kleed der schaamte [met voeten] getreden hebt [...]'[38], wat wel betrekking moet hebben op het lichaam, want zowel Clemens als Cassian (van wie dit citaat werd overgenomen) en pseudo-Clemens interpreteren deze uitspraak op spirituele wijze, in tegenstelling tot de gnostici die, naar het schijnt, de coniunctio of vereniging wat al te letterlijk namen. Daarbij zorgden ze er echter voor, door abortuspraktijken en andere voorzorgsmaatregelen, dat de biologische betekenis van hun daden niet de religieuze zin van de ritus overtrof. Terwijl in de kerkelijke mystiek het oerbeeld van de hierosgamos (goddelijk huwelijk) tot de allerhoogste hoogten werd gesublimeerd en slechts af en toe, zoals bijvoorbeeld bij Mechteld von Magdeburg[39], althans gevoelsmatig het fysieke naderbij kwam, leefde dit oerbeeld toch overal voort en bleef het voorwerp van speciale psychische belangstelling. De symbolische tekeningen van Opicinus de Canistris[40] laten ons in dit opzicht een interessante glimp zien van de manier waarop dit oerbeeld ook in een pathologische toestand het instrument was van de vereniging der tegenstellingen. Maar in de hermetische filosofie uit de Middeleeuwen (alchemie) voltrok de coniunctio zich geheel en al op het gebied van de stof in de weliswaar abstracte theorie van de 'coniugium solis et luna' (vereniging van zon en maan), die desondanks de beeldende fantasie ruimschoots gelegenheid gaf tot antropomorfismen.

Dit alles bij elkaar maakt het alleen maar begrijpelijk dat in de moderne psychologie van het onbewuste het oerbeeld weer naar voren treedt in de vorm van de man-vrouwtegenstelling, namelijk als mannelijk bewustzijn en een vrouwelijk gepersonifieerd onbewuste. Maar door de psychologische bewustmaking wordt het beeld aanzienlijk gecompliceerder. Terwijl de oude wetenschap bijna uitsluitend een gebied was waarin zich slechts het onbewuste van de man kon projecteren, moest de nieuwe psychologie ook het bestaan van een autonome vrouwelijke psyche erkennen. Hier ligt het geval echter precies omgekeerd: een vrouwelijk bewustzijn staat in tegenstelling tot een mannelijk gepersonifieerd onbewuste, dat we niet meer anima, maar integendeel animus moeten noemen. Met deze ontdekking werd ook het probleem van de coniunctio gecompliceerder.

Oorspronkelijk immers speelde het leven van dit archetype zich geheel af op het terrein van de vruchtbaarheidsmagie, en het bleef daarom lange tijd een zuiver biologisch fenomeen, met geen ander doel dan de bevruchting. Maar al in de vroege Oudheid lijkt de symbolische betekenis van de daad te zijn toegenomen. Zo werd bijvoorbeeld de lichamelijke voltrekking van de hierosgamos als cultische handeling niet alleen een mysterie, maar enkel een mogelijkheid.[41] Zoals we hebben gezien, probeerde ook het gnosticisme zo goed en zo kwaad als dat ging het fysiologische ondergeschikt te maken aan het metafysische. In de kerk ten slotte werd de coniunctio geheel aan het gebied van de stof onttrokken, en in de natuurfilosofie werd ze een abstracte 'theoria'. Deze ontwikkeling betekende een geleidelijke transformatie van het archetype tot een psychisch proces, dat we theoretisch een combinatie van bewuste en onbewuste processen kunnen noemen.[42] In de praktijk daarentegen ligt het geval niet zo eenvoudig, aangezien namelijk in de regel het vrouwelijk onbewuste van de man op een vrouwelijke partner, en het mannelijk onbewuste van de vrouw op een man wordt geprojecteerd. Het belichten van deze problematiek is echter een psychologische aangelegenheid en behoort niet meer tot het verklaren van de mythologische hermafrodiet.

D. HET KIND ALS BEGIN- EN EINDWEZEN

Faust wordt na zijn dood in het 'koor van de zalige knapen' opgenomen. Ik weet niet of Goethe bij deze merkwaardige voorstelling gedacht heeft aan de antieke cupido's op grafstenen. Dat zou niet ondenkbaar zijn. De gestalte van de *cucullatus* (mannetje met kap) wijst op het verhulde, dat wil zeggen het onzichtbare, de genius van de gestorvenen die thans opnieuw verschijnt in een kinderlijke rondedans van een nieuw leven, omgeven door de zeegedaanten van dolfijnen en zeegoden. De zee is het geliefde symbool van het onbewuste, de moeder van al het levende. Zoals het 'kind' soms (bijvoorbeeld in het geval van Hermes en de daktylen of dwerggoden) een nauwe relatie heeft met de fallus als het symbool van de verwekker, zo verschijnt het kind ook weer bij de graffallus als het symbool van een hernieuwde verwekking. Het 'kind' is dan ook 'herboren in het nieuwe kind'. Het is dus niet alleen een aanvangs- maar ook een eindwezen. Het beginwezen was er vóór de mens, en het eindwezen zal er na hem zijn. Psychologisch betekent deze uitspraak dat het 'kind' het voorbewuste en nabewuste wezen van de mens symboliseert. Zijn voorbewuste wezen is de onbewuste toestand van de vroegste jeugd, het nabewuste wezen is een anticipatie door analogie van leven over de dood heen. In dit idee wordt al het alomvattende wezen van de psychische totaliteit uitgedrukt. De totaliteit, de heelheid, bestaat immers nooit uit de omvang van het bewustzijn, maar sluit ook de onbepaalde en onbepaalbare uitbreiding van het onbewuste in. De heelheid is daarom empirisch van een onafzienbare reikwijdte, ouder en jonger dan het bewustzijn en dit laatste in tijd en ruimte omsluitend. Deze constatering betekent geen speculatie, maar een rechtstreekse psychische ervaring. Het bewustzijnsproces wordt niet alleen voortdurend begeleid, maar ook vaak geleid, gesteund en onderbroken door onbewuste processen. Er was zielenleven in een kind nog vóór het bewustzijn had. Zelfs een volwassene zegt en doet nog dingen waarvan hij wellicht pas later weet – áls hij het ooit te weten komt – wat ze betekenen. En toch heeft hij ze zó gezegd en gedaan, alsof hij wist wat ze betekenden. Onze dromen zeggen voortdurend dingen die onze bewuste opvatting te boven gaan (en daarom kunnen we ze in de neurosentherapie zo goed gebruiken). We hebben vermoedens en waarnemingen uit onbewuste bronnen. Angst, hoop, stemmingen, meningen overvallen ons zonder dat we zien waar ze vandaan komen. Deze concrete ervaringen vormen de basis van het gevoel dat we onszelf onvoldoende kennen en het pijnlijk vermoeden dat we onszelf voor verrassingen kunnen plaatsen.

De primitieve mens is voor zichzelf geen raadsel. De vraag naar de mens is altijd de laatste die een mens zich stelt. Maar een primitief mens heeft al zoveel psychisch buiten zijn bewustzijn, dat voor hem de ervaring van iets psychisch buiten hemzelf veel gewoner is dan voor ons. Het door machten rondom beschermde, gedragen of bedreigde en bedrogen bewustzijn is een oer-ervaring van de mensheid. Deze ervaring heeft zich geprojecteerd in het archetype van het kind, dat de totaliteit van de mens uitdrukt. Het 'kind' is het verlatene en uitgeleverde, en tegelijk het goddelijk-machtige, het onaanzienlijke, aarzelende begin en het triomferende einde. Het 'eeuwige kind' in de mens is een onbeschrijflijke ervaring, een onaangepastheid, een nadeel én een goddelijk voorrecht, iets onuitsprekelijks dat de laatste waarde en waardeloosheid van een persoonlijkheid uitmaakt.

4 Samenvatting

Ik ben me ervan bewust dat een psychologisch commentaar op het kindarchetype zonder een uitvoerige documentatie slechts een schets blijft. Aangezien het echter een psychologisch nieuw terrein is, ging het mij in eerste instantie erom de mogelijke omvang van de door dit archetype opgeworpen problematiek af te grenzen en tenminste een samenvatting van de verschillende aspecten ervan te geven. Scherpe begrenzingen en strikte formuleringen van de begrippen zijn op dit gebied eenvoudig onmogelijk, want een vloeiende wederzijdse doordringing behoort tot het wezen van de archetypen. Ze laten zich altijd slechts bij benadering omschrijven. Hun levende betekenis blijkt meer uit de totale weergave dan uit een afzonderlijke formulering. Elke poging tot een scherper definiëren straft zichzelf onmiddellijk, want hierdoor dooft het licht van de ongrijpbare betekenissen uit. Geen enkel archetype kan in een eenvoudige formule worden gestopt. Het is een vat dat we nooit kunnen ledigen en nooit kunnen vullen. Het archetype 'an sich' bestaat slechts potentieel, en als het in stof gestalte aanneemt, dan is het al niet meer wat het tevoren was. Door de eeuwen heen blijft het bestaan en verlangt toch steeds weer een nieuwe interpretatie. De archetypen zijn de onverwoestbare elementen van het onbewuste, maar hun gedaante wisselt voortdurend.

Het is weliswaar vrijwel hopeloos een afzonderlijk archetype los te scheuren uit het levende weefsel van de ziel, maar ondanks hun verwevenheid vormen archetypen toch intuïtief te vatten eenheden. De psychologie, als één van de vele levensuitingen van de ziel, werkt met voorstellingen en begrippen die van hun kant weer van archetypische structuren zijn afgeleid en die dienovereenkomstig slechts een enigszins abstracte mythe voortbrengen. De psychologie vertaalt dus de archaïsche taal van de mythe in een modern, als zodanig nog niet herkend mythologeem dat een element van de 'wetenschap' van de mythe vormt. Deze 'uitzichtloze' bezigheid is levende en geleefde mythe, en daarom bevredigend voor mensen met een overeenkomstig temperament, ja zelfs heilzaam, voorzover deze mensen door een neurotische dissociatie gescheiden waren van de grondslagen van de ziel.

Als ervaringsgegeven ontmoeten we het archetype 'kind' bij spontane of therapeutisch op gang gebrachte individuatieprocessen. De eerste vorm van het 'kind' is meestal totaal onbewust. In dit geval bestaat er een identificatie van de patiënt met zijn persoonlijk infantilisme. Daarna begint (onder invloed van de therapie) een meer of minder geleidelijke afscheiding en objectivering van het 'kind'. Men maakt zich dus los uit de identificatie, wat vergezeld gaat van een (soms technisch ondersteunde) intensivering van de fantasievorming, waarbij archaïsche, dat wil zeggen mythologische trekken steeds duidelijker zichtbaar worden.

Het verdere verloop van de transformatie komt met de heldenmythe overeen. In de regel ontbreekt het motief van de 'grote daden', maar daarentegen spelen de mythische bedreigingen een des te grotere rol.

Meestal treedt in dit stadium opnieuw een identificatie met de om verschillende redenen aantrekkelijke heldenrol op. Deze identificatie is vaak zeer hardnekkig en bedenkelijk voor het psychisch evenwicht. Kan men zich echter hieruit bevrijden en wordt het bewustzijn tot een menselijke maat teruggebracht, dan kan de gedaante van de held langzamerhand tot een symbool van het zelf ontwikkeld worden.

In de praktijk van de alledaagse werkelijkheid gaat het natuurlijk niet om alleen maar iets weten over dergelijke ontwikkelingen, maar om het doorleven van de verschillende transformaties. De aanvangstoestand van het persoonlijke infantilisme toont het beeld van de 'verlatene', dat wil zeggen het 'verkeerd begrepen' en onrechtvaardig behandelde kind dat aanmatigende eisen stelt. De epifanie van de held (de tweede identificatie) vertoont zich in een dienovereenkomstige inflatie: de aanmatigende pretenties groeien uit tot de overtuiging dat men iets bijzonders is, of anders bewijst de onvervulbaarheid van deze pretenties de eigen minderwaardigheid. Dat laatste bevordert dan weer de rol van de heldhaftige dulder – een negatieve inflatie. Ondanks hun tegengesteldheid zijn deze twee vormen toch identiek, want de bewuste grootheidswaan wordt gecompenseerd door een onbewuste minderwaardigheid, en omgekeerd wordt bewuste minderwaardigheid gecompenseerd door een onbewuste grootheidswaan (je vindt nooit het één zonder het ander). Wordt de klip van de tweede identificatie succesvol omzeild, dan kan het bewuste gebeuren zuiver worden gescheiden van het onbewuste, en dit laatste kan objectief worden waargenomen. Daaruit ontstaat de mogelijkheid van de uiteenzetting met het onbewuste, en daarmee die van de synthese van de bewuste en onbewuste elementen van kennen en handelen. Dit op zijn beurt heeft de verschuiving van het persoonlijkheidscentrum van het ik naar het zelf tot gevolg.[43]

In dit psychologische kader kunnen we de motieven van verlatenheid, onoverwinnelijkheid, hermafroditisme en aanvangs- en eindwezen ordenen, als verschillende categorieën van beleven en kennen.

7
De geest in het sprookje

'Zur Phänomenologie des Geistes im Märchen.' Lezing, gehouden op de Eranos-conferentie in 1945 en oorspronkelijk gepubliceerd onder de titel 'Zur Psychologie des Geistes' in het *Eranos-Jahrbuch* 1945, Zürich 1946. Vervolgens in meer uitgebreide vorm als 'Zur Phänomenologie des Geistes im Märchen' in *Symbolik des Geistes*, Zürich 1948. *Gesammelte Werke* 9/1, par. 384-455. Nederlands: 'Over de verschijningsvormen van de geest in het sprookje', in *Oerbeelden*, Rotterdam 1982. De verwijzingen naar sprookjesbundels van verschillende volkeren hebben allemaal betrekking op de uitgaven van Eugen Diederichs Verlag, Jena, thans Düsseldorf.

Woord vooraf

De natuurwetenschap mag volgens de voor haar geldende normen haar object alleen maar als bekend beschouwen als en voorzover de onderzoekingen hierover iets hebben kunnen vaststellen dat wetenschappelijk geldig is. Geldig is in deze betekenis alleen maar datgene wat door feiten bewezen kan worden. Het object van het onderzoek is het verschijnsel, zoals we dit in de natuur waarnemen. In de psychologie is de *verklaring*, vooral het formele aspect en de inhoud ervan, een van de belangrijkste fenomenen. Houden we ons met het wezen van de ziel bezig, dan is de inhoud van de verklaring het belangrijkste. Hierbij is de eerste opgave het beschrijven en ordenen van de gebeurtenissen. Pas wanneer dit gebeurd is, kan men een nauwkeuriger onderzoek instellen naar de wetmatigheid die tussen de verschillende factoren onderling vastgesteld kan worden. De vraag naar de substantie van het waargenomene is in de natuurwetenschappen alleen maar daar mogelijk, waar een archimedisch punt buiten het object aanwezig is. Een dergelijk punt ontbreekt voor de psyche, want zij kan alleen maar door de psyche waargenomen worden. Daarom is de kennis van de psychische substantie onmogelijk, tenminste met de middelen die ons tot nu toe ter beschikking staan. Het is zeker niet ondenkbaar dat de atoomfysica van de toekomst ons toch nog het archimedische punt kan verschaffen, maar voorlopig kan zelfs ons scherpste denken niets vaststellen wat verder gaat dan de formulering: *Zo gedraagt zich de ziel.* De eerlijke onderzoeker zal beleefd of eerbiedig van de vraag naar de substantie van de ziel afblijven. Ik geloof dat het nodig is om mijn lezer op deze even noodzakelijke als vrijwillige zelfbeperking van de psychologie te wijzen.

Hij kan hierdoor een beter inzicht in het fenomenologische standpunt van de moderne psychologie krijgen. Dit standpunt wordt lang niet altijd op de juiste wijze begrepen. Het sluit het bestaan van allerlei vormen van geloof, overtuiging of ervaringen die met een gevoel van zekerheid gepaard gaan, niet uit en bestrijdt ook niet de mogelijkheid dat deze geldigheid bezitten. De psychologie beschikt echter niet over de middelen om deze geldigheid in wetenschappelijke zin te bewijzen. Hoe groot de betekenis voor het individuele en het collectieve leven ook mag zijn, men kan deze onmacht van de wetenschap betreuren, maar men stelt haar daarmee niet in staat om boven haar eigen mogelijkheden uit te gaan.

1 Over het woord 'geest'

Het woord 'geest' wordt op zoveel verschillende manieren gebruikt dat het enigszins moeilijk is om ons een duidelijk beeld te vormen van alles wat hiermee bedoeld wordt. Geest noemt men dat principe dat de tegenstelling tot de stof vormt. Men stelt zich hierbij een immateriële substantie of existentie voor die op het hoogste en universeelste niveau 'God' genoemd wordt. Men neemt ook wel aan dat deze immateriële substantie de drager van het psychische leven of van het leven in het algemeen is. Tegenover deze opvatting staat de tegenstelling geest-natuur. Het begrip 'geest' is hier tot het boven- of tegennatuurlijke beperkt en substantieel niet meer op het leven en de ziel betrokken. Een dergelijke beperking vinden we ook in de opvatting van Spinoza, die de geest als attribuut van de 'Ene Substantie' beschouwt. Het hylozoïsme gaat nog verder en zegt dat de geest een eigenschap van de stof is.

Volgens een andere algemeen verbreide opvatting is de geest een hoger en de ziel een lager principe dat in de mens werkzaam is. Sommige alchemisten daarentegen beschouwen de geest als ligamentum animae et corporis (band van ziel en lichaam). Zij stellen zich deze laatste blijkbaar voor als spiritus vegetativus (de latere levens- of zenuwgeest). Ook de mening dat de geest en de ziel in wezen hetzelfde zijn en dat de scheiding tussen deze twee alleen maar willekeurig aangebracht kan worden, is zeer algemeen. Wundt beschouwt de ziel als 'het innerlijke zijn, wanneer hierbij geen enkel verband met het uiterlijke zijn in aanmerking komt'.[1] Anderen beperken de geest tot bepaalde psychische functies, vermogens of eigenschappen, zoals het denkvermogen en het verstand, die dan tegenover het *gemoed* staan, dat meer tot de ziel behoort. 'Geest' betekent hier het geheel dat alle fenomenen van het rationele denken – dat wil zeggen van het intellect met inbegrip van de wil, het geheugen, de fantasie, het vormgevend vermogen en de strevingen die door ideële motieven bepaald worden – omvat. Een andere betekenis van het begrip geest vinden we in de uitdrukking 'geestig zijn'. Men wil hiermee zeggen dat het verstand op een bepaalde wijze functioneert. Het is rijk aan inhoud en ingevingen, briljant, grappig en verrassend. Verder betekent geest ook een bepaalde instelling of het principe waarop deze instelling berust. Zo voedt men bijvoorbeeld 'in de geest van Pestalozzi' op, of 'de geest van Weimar is het onvergankelijke Duitse erfgoed'. Een bijzonder geval is hier de tijdgeest, die het principe en het motief van bepaalde opvattingen, meningen en handelingen van collectieve aard voorstelt. Verder bestaat er nog een zogenaamde objectieve geest, die alle scheppingen van de menselijke cultuur, vooral de intellectuele en religieuze, omvat.

De geest in de zin van instelling bezit een duidelijke neiging tot personificatie. Dit blijkt ook uit het spraakgebruik. De geest van Pestalozzi kan ook concreet als zijn geest opgevat worden, als zijn imago of spookverschijning. De geesten van Weimar kunnen eveneens de persoonlijke geesten van Goethe en Schiller zijn, want geest betekent ook spook, dat wil zeggen de ziel van een gestorvene. De kille luchtstroom die het spook begeleidt, wijst enerzijds op de oorspronkelijke verwantschap van psyche met psychros en psychos. Deze beide woorden betekenen 'koud'. Anderzijds wijst dit beeld ook op de oorspronkelijke betekenis van pneuma, 'bewogen lucht'. Verder staan de woorden anima en animus met anemos (wind) in verband. Het woord geest wijst misschien meer in de richting van het schuimende en bruisende. Daarom kan de verwantschap met Gischt, Gäscht, gheest en het emotionele aghast niet van de hand gewezen worden. De emotie wordt sedert de oertijden als bezetenheid beschouwd. Ook tegenwoordig zegt men nog van iemand die woedend is, dat hij door de duivel of door een boze geest is bezeten of dat de duivel of een boze geest in hem gevaren is.[2] Volgens de oude zienswijze bestaan de geesten en de zielen van de overledenen uit een zeer fijne stof die met een zacht windje of met rook vergeleken kan worden. De alchemisten beschouwden de spiritus dan ook als een subtiele, vluchtige, actieve en levenwekkende essentie. Hiertoe behoren bijvoorbeeld de alcohol en alle arcaansubstanties. Geest betekent hier wijngeest, geest van salmiak, spiritus van mierenzuur, enzovoort.

Door de grote verscheidenheid van inhoud en nuance die het woord 'geest' bezit, is het voor de psycholoog moeilijk om zijn object als begrip duidelijk te begrenzen. De opgave om het object te beschrijven wordt hierdoor echter veel gemakkelijker, want door deze verschillende aspecten ontstaat een zeer aanschouwelijk beeld van het fenomeen. Het gaat hierbij om een functioneel complex dat oorspronkelijk, op een primitief niveau, als een onzichtbare, op een adem gelijkende aanwezigheid – a presence –

beschouwd werd. William James heeft dit oerfenomeen in zijn *Varieties of Religious Experience* op zeer aanschouwelijke wijze beschreven. De wind van het wonder van Pinksteren is eveneens een alombekend voorbeeld hiervan. De personificatie van de onzichtbare aanwezigheid als spook of demon is iets dat voor de primitieve ervaring dadelijk voor de hand ligt. De zielen of geesten van de gestorvenen zijn in wezen hetzelfde als de psychische activiteit van de levenden. Zij zetten deze activiteit voort. Hieruit vloeit de opvatting dat de psyche een geest is, direct voort. Wanneer er in de psyche van het individu iets gebeurt waarvan hij het gevoel heeft dat dit tot hemzelf behoort, is dit zijn eigen geest. Gebeurt er echter met hem iets van psychische aard wat hem vreemd voorkomt, dan is het een andere geest die misschien de oorzaak is van een bezetenheid. In het eerste geval beantwoordt de geest aan de subjectieve instelling, in het tweede geval aan de publieke opinie, de tijdgeest of aan de niet-menselijke, antropoïde dispositie die men ook het onbewuste noemt.

De geest is, geheel in overeenstemming met zijn oorspronkelijke aard als wind, steeds het actieve, gevleugelde, in beweging zijnde, levenwekkende, opwekkende, prikkelende, aanvurende, inspirerende wezen. Modern uitgedrukt is de geest het dynamische. Daarom vormt hij de klassieke tegenstelling tot de stof, tot het statische, trage en levenloze daarvan. In laatste instantie gaat het om de tegenstelling tussen leven en dood. Deze tegenstelling is later gedifferentieerd en voert tot het eigenlijk merkwaardige tegenover elkaar plaatsen van geest en natuur. Wanneer men de geest als het essentieel levende en levenwekkende beschouwt, kan men de natuur toch niet als ongeestelijk of dood ervaren. Het moet hier dus gaan om de (christelijke) voorwaarde van een geest, wiens leven zo ver boven de natuur uitgaat dat deze laatste zich tegenover de geest als dood vertoont.

Deze bijzondere ontwikkeling van de opvatting over de geest berust op het inzicht dat de onzichtbare aanwezigheid van de geest een psychisch fenomeen is, dat wil zeggen dat het om de *eigen geest* gaat en dat deze niet alleen uit opwellingen van het leven bestaat, maar ook uit scheppingen die een inhoud bezitten.

In het eerste geval treden vooral die beelden en voorbeelden die het innerlijke gezichtsveld vervullen, op de voorgrond. In het tweede geval zijn het voornamelijk denken en verstand die orde in deze wereld van beelden scheppen. Op deze wijze heeft een supergeest zich boven de oorspronkelijke levensgeest geplaatst en is zelfs de antithese van deze laatste (als iets dat alleen maar tot de natuur behoort) geworden. Deze supergeest werd zelfs een kosmisch, ordenend principe dat boven de natuur en de wereld staat. Daarom noemde men het 'God' of beschouwde het op z'n minst als een attribuut van de Ene Substantie (bij Spinoza) of als een persoon van de godheid (in het christendom).

De hieraan beantwoordende ontwikkeling van de geest in de tegenovergestelde hylozoïstische richting, dus a maiori ad minus (van het grote naar het kleine), vond onder een antichristelijk voorteken in het materialisme plaats. De voorwaarde voor deze ontwikkeling in omgekeerde richting is de steeds sterker wordende overtuiging dat de geest identiek is met de psychische functies en het steeds duidelijker wordende inzicht dat deze laatste van de hersenen en de stofwisseling afhankelijk zijn. Men hoefde de ene 'substantie' alleen nog maar een andere naam te geven en haar 'materie' te noemen om te komen tot het begrip van een geest die geheel van de voeding en het milieu afhankelijk was en wiens hoogste niveau het intellect of het verstand was. Het leek alsof de oorspronkelijke windachtige aanwezigheid hierdoor geheel binnen het bereik van de fysiologie van de mens gekomen was. Toen kon Klages zijn aanklacht tegen de 'geest als tegenstander van de ziel' indienen. Toen de geest tot een onvrij attribuut van de stof afgezakt was, had zijn oorspronkelijke spontaniteit zich in het begrip van de ziel teruggetrokken. De eigenaardige kwaliteit van de geest als deus ex machina moest ergens bewaard blijven – en als dit niet bij hemzelf kon zijn, dan maar bij zijn oorspronkelijke synomiem, de *ziel*, het bontgekleurde[3] vlinderachtige luchtwezen (anima, psyche).

Al drong de materialistische opvatting van de geest niet overal door, toch bleef het begrip van de geest in het gebied van de fenomenen van het bewustzijn hangen. De godsdienstige sfeer vormde hierop een uitzondering. De geest als 'subjectieve geest' werd een naam voor het endopsychische fenomeen. De 'objectieve geest' daarentegen betekende niet de universele geest of de godheid, maar de totaliteit van de intellectuele cultuurgoederen die uit de instellingen van de mensen en de inhoud van onze bibliotheken bestaan. De geest heeft zijn oorspronkelijke aard, zijn autonomie en zijn spontaniteit bijna geheel ingeboet. Slechts het gebied van de religie, waar zijn oorspronkelijke aard tenminste in principe nog bewaard bleef, vormt een uitzondering hierop.

In dit resumé wordt een wezen beschreven dat zich als een direct psychisch fenomeen aandient. Hij vormt op deze wijze een tegenstelling tot andere psychismen, die volgens de naïeve opvatting door fysieke invloeden veroorzaakt worden. We kunnen bij de geest niet zonder meer begrijpen hoe hij met fysieke voorwaarden in verband zou kunnen staan. Daarom wordt het fenomeen van de geest als iets onstoffelijks beschouwd, en wel nog veel sterker dan bij de *verschijnselen van de ziel* in engere zin het geval is. Aan deze laatste wordt niet alleen een zekere afhankelijkheid van de natuur, maar zelfs een bepaalde stoffelijkheid toegekend. Dit blijkt uit de idee van de subtle body en de Chinese opvatting van de gui-ziel. Men kan zich door het nauwe verband dat tussen bepaalde psychische verschijnselen en hun fysieke parallelverschijnselen bestaat, niet goed voorstellen dat de ziel geheel onstoffelijk zou zijn.

Hiertegenover staat echter dat de consensus omnium aan de onstoffelijkheid van de geest vasthoudt, hoewel niet allen hem een eigen substantie toekennen. Het is niet heel duidelijk waarom de hypothetische stof, die er tegenwoordig al zo heel anders uitziet dan dertig jaar geleden, alleen maar werkelijk zou zijn en de geest niet. De opvatting van de leek verbindt nog steeds de werkelijkheid met de stof, ofschoon het begrip van het onstoffelijke de werkelijkheid zeker niet uitsluit.

Geest en stof zijn misschien wel verschillende vormen van een, op zichzelf beschouwd, transcendentaal zijn. De tantristen zeggen bijvoorbeeld met even goed recht dat de stof niets anders is dan de gedachten van God die vastheid gekregen hebben. De enige directe werkelijkheid is de psychische werkelijkheid van de inhouden van het bewustzijn, die als het ware het etiket van hun geestelijke of materiële afkomst dragen.

De geest bezit ten eerste het principe van de spontane beweging en activiteit, ten tweede het vermogen en de vrijheid om beelden die buiten de waarneming van de zintuigen staan te vormen, en ten derde het vermogen om autonoom en soeverein met deze beelden te kunnen manipuleren. Dit wezen van de geest staat *tegenover* de primitieve mens. Wanneer de mens zich echter verder ontwikkelt, komt het binnen het bereik van zijn bewustzijn en wordt een functie die ondergeschikt is aan het bewustzijn. Op deze wijze gaat het oorspronkelijke autonome karakter schijnbaar verloren. Alleen de conservatiefste opvattingen, dat wil zeggen de godsdiensten houden aan deze autonomie vast. Het afdalen van de geest in de sfeer van het bewustzijn van de mens wordt door de mythe van de goddelijke nous die in de physis gevangen gehouden wordt, in beeld gebracht. Dit proces is absoluut noodzakelijk en duurt duizenden jaren. De godsdiensten zouden zich op een verloren post bevinden, als zij zouden geloven dat het mogelijk zou zijn om dit proces tegen te houden. Het is niet hun taak om de onvermijdelijke ontwikkeling te verhinderen, maar om deze zó te vormen dat zij zonder noodlottige schade voor de ziel kan verlopen. De godsdiensten moeten de mens dan ook steeds weer aan de oorsprong en aan het oorspronkelijke karakter van de geest herinneren, opdat de mens niet vergete wat hij in zijn sfeer betrekt en waar hij zijn bewustzijn mee vult. Hij heeft de geest niet zelf geschapen, maar deze maakt dat hij scheppend kan werken. De aandrift, de volharding, de geestdrift en de inspiratie zijn afkomstig van de geest. Deze dringt echter zo sterk in de menselijke natuur door dat de mens in de verleiding komt om te geloven dat hij zelf de schepper van de geest is en dat hij deze *bezit*. Eigenlijk neemt echter het oerfenomeen van de geest de mens in bezit, en het doet dit op dezelfde wijze als de natuur die schijnbaar het gewillige object van de plannen van de mens is, maar in werkelijkheid de menselijke vrijheid aan duizend banden legt en tot een obsederende idée-force wordt.

De geest bedreigt de naïeve mens met inflatie. In onze tijd kunnen we zeer leerrijke voorbeelden hiervan zien. Dit gevaar wordt groter naarmate het uiterlijke object de interesse sterker bindt en naarmate men vergeet dat met de differentiatie van onze verhouding tot de natuur een differentiatie van onze verhouding tot de geest gepaard moet gaan om het nodige evenwicht te scheppen. Wanneer tegenover het uiterlijke object geen innerlijk object staat, ontstaat een ongeremd materialisme dat gepaard gaat met een op een waan berustende zelfoverschatting of met een verdwijnen van de autonome persoonlijkheid. Dit laatste is het ideaal van de totalitaire staat.

Zoals men al gemerkt heeft, past het algemene, moderne begrip van de geest niet goed bij de christelijke zienswijze die de geest als summum bonum, als God zelf beschouwt. Er bestaat weliswaar het begrip van een boze geest, maar ook deze stemt niet overeen met het moderne begrip van de geest, want dit laatste is niet noodzakelijk kwaad, maar veeleer moreel indifferent of neutraal. Wanneer de bijbel zegt: 'God is geest', lijkt dit op de definitie van een substantie of op een kwalificatie. De duivel bezit blijkbaar op dezelfde manier geestelijke substantie, maar dan slecht en verderfelijk. De oorspronkelijke identiteit van de substantie wordt zichtbaar in het denkbeeld van de val van de engelen en in de nauwe band die er in het *Oude Testament* bestaat tussen Jahwe en de satan. Deze primitieve houding klinkt nog na in de bede in het Onze Vader: 'Leidt ons niet in verzoeking.' Dat is toch eigenlijk het werk van de *verleider*, van de duivel zelf.

Hierdoor komen we op een vraag die we tot nu toe nog niet gesteld hebben. Om ons een voorstelling te kunnen maken van de wijze waarop de psychische factor 'geest' optreedt, hebben wij ons eerst beziggehouden met de algemeen voorkomende opvattingen en met de opvattingen die in de cultuurgeschiedenis hierover aangetroffen worden. Wij hebben er echter nog niet op gelet dat de geest krachtens zijn oorspronkelijke autonomie[4], waaraan ook vanuit een psychologisch standpunt niet getwijfeld kan worden, het vermogen bezit om zichzelf te openbaren.

2 Het zelfportret van de geest in dromen

De wijze waarop de geest als psychisch verschijnsel optreedt, wijst erop dat we hier met een archetype te maken hebben. Dit wil zeggen dat het fenomeen dat men geest noemt, op het bestaan van een autonoom oerbeeld berust. Dit oerbeeld is overal voorbewust in de aanleg van de mens aanwezig. Ik heb dit probleem bij al mijn patiënten gevonden (zoals trouwens bij dergelijke dingen altijd het geval is), en wel bij het doorgronden van hun dromen. Het eerste dat mij opviel, was dat een bepaald soort vadercomplex als het ware een 'geestelijk' karakter heeft. Van het beeld van de vader gaan gezegden, handelingen, tendensen, aansporingen, meningen enzovoort uit die men het attribuut 'geestelijk' niet ontzeggen kan. Bij mannen leidt een positief vadercomplex dikwijls tot een geloof aan autoriteit en een duidelijke neiging zich te onderwerpen. Zij lijken bereid zich te onderwerpen aan alle geestelijke wetten en waarden. Bij vrouwen leidt het tot sterke geestelijke aspiraties en interesses. Een vaderlijke gestalte spreekt in de dromen overtuigingen, verboden en raadgevingen uit die beslissend zijn. Dikwijls wordt de nadruk gelegd op de onzichtbaarheid van deze bron. Zij bestaat alleen maar uit een autoritaire stem die definitieve meningen verkondigt.[5] Het symbool van de factor 'geest' is dan ook meestal de gestalte van een oude man. Soms wordt deze rol vervuld door een 'echte' geest, namelijk die van een overleden persoon. Het optreden van de geest in de vorm van groteske, dwergachtige gestalten of van sprekende en wetende dieren is een veel zeldzamer verschijnsel. Deze dwergvormen komen in mijn ervaring voornamelijk bij vrouwen voor, zodat het mijns inziens volkomen logisch is dat Barlach in zijn toneelstuk *Toten Tag* de dwergachtige gestalte van de 'Steissbart' bij de moeder voegt. Op precies dezelfde wijze werd Bes aan de moedergodin van Karnak toegevoegd. De geest kan bij beide geslachten ook in de gestalte van een knaap of een jongeling optreden. Bij vrouwen komt deze figuur overeen met de 'positieve' animus en wijst op de mogelijkheid om op geestelijk gebied iets te ondernemen en bewust te verwezenlijken. Bij mannen is deze gestalte niet zo gemakkelijk te duiden. Zij kan positief zijn en moet dan beschouwd worden als de 'hogere' persoonlijkheid, het zelf of datgene wat de alchemisten de filius regius noemden.[6] Zij kan echter ook negatief zijn en stelt dan de infantiele schaduw voor.[7] In beide gevallen vertegenwoordigt de knaap een bepaald aspect van de geest.[8] De grijsaard en de knaap horen bij elkaar. Dit paar speelt als symbool voor Mercurius een belangrijke rol in de alchemie.

Men kan nooit met volkomen zekerheid vaststellen dat de gestalten die de geest symboliseren, moreel goed zijn. Hun kenmerken wijzen dikwijls op dubbelzinnigheid en zelfs op boosaardigheid. Ik moet er met klem op wijzen dat het grote plan waarnaar ons onbewuste leven geconstrueerd is, zich in zo hoge mate aan ons inzicht onttrekt dat wij nooit kunnen weten welk kwade nodig is om door enantiodromie iets goeds tot stand te brengen en welk goede tot slechtheid verleidt. Het 'beproeft de geesten of zij uit God zijn' (1 Joh. 4:1), kan dikwijls met de beste wil alleen maar een voorzichtig en geduldig afwachten waar het op uitloopt zijn.

De gestalte van de oude wijze kan niet alleen in dromen, maar ook in de visioenen die bij de meditatie (of 'actieve imaginatie') optreden, zo plastisch zijn dat hij de rol van een goeroe vervult. Dit schijnt ook in India wel eens het geval te zijn.[9] De 'oude wijze' verschijnt in de dromen als magiër, arts, priester, leraar, professor, grootvader of als een of andere gezaghebbende persoon. Het archetype van de geest treedt in de gestalte van een mens, een dwerg of een dier op, wanneer men zich in een situatie bevindt waarvoor inzicht, begrip, goede raad, beslissing, plan enzovoort nodig zijn en niet met de eigen middelen bereikt kunnen worden. Het archetype compenseert dit geestelijke tekort door het aanvoeren van inhouden die de leemten vullen. De droom van de witte en de zwarte magiër is een uitstekend voorbeeld hiervan. Deze probeert de psychische moeilijkheden van een jonge student in de theologie te compenseren. Ik ken de dromer zelf niet, zodat ik ook geen persoonlijke invloed op hem kon uitoefenen.

Hij droomde dat hij voor een plechtige priesterlijke gestalte stond die de 'witte magiër' genoemd werd, hoewel hij een lang zwart kleed droeg. Deze had juist een lange toespraak beëindigd met de woorden: 'En hiervoor hebben we de hulp van de zwarte magiër nodig.' Plotseling ging de deur open en een andere oude man kwam binnen. Het was de 'zwarte magiër', die een wit kleed droeg. Ook hij was mooi en statig. Hij wou blijkbaar met de witte meester spreken, maar aarzelde om dit in tegenwoordigheid van de dromer te doen. De witte magiër wees op de dromer en zei: 'Spreek, hij is een onschuldige.' Toen begon de zwarte magiër een wonderlijk verhaal te vertellen, over de sleutel van het paradijs die hij gevonden had en waarvan hij niet wist hoe hij deze gebruiken moest. Hij zei dat hij bij de witte magiër gekomen was om het geheim van de sleutel van hem te vernemen. De koning van het land waarin hij leefde, zocht een passend grafmonument voor zichzelf. Zijn onderdanen hadden toevallig een oude sarcofaag opgegraven. Deze bevatte het stoffelijk overschot van een jonkvrouw. De koning opende de sarcofaag, wierp de beenderen weg en liet de sarcofaag weer begraven om hem later weer te kunnen gebruiken. Zodra de beenderen echter aan het daglicht kwamen, veranderde het wezen waartoe zij vroeger behoord hadden – namelijk de jonkvrouw – in een zwart paard, dat naar de woestijn vluchtte. De magiër volgde het niet alleen door de woestijn, maar ook nog verder. Daar vond hij na veel wisselvalligheden en moeilijkheden de verloren sleutel van het paradijs. Dit was het einde van zijn verhaal en jammer genoeg ook van de droom.[10]

Als compensatie ontving de dromer hier niet iets dat hij graag hebben wilde, maar hij werd met een probleem geconfronteerd waarop ik al eerder gewezen heb. Het leven stelt ons steeds weer voor dit probleem. Het gaat om de onzekerheid van de morele waardering, het verwarrende samenspel van goed en kwaad en het onverbiddelijke met elkaar verbonden zijn van schuld, lijden en verlossing. Deze weg naar religieuze oerervaring is juist, maar hoevelen kunnen hem herkennen? Het is een zachte stem en zij klinkt van verre. Zij is dubbelzinnig, twijfelachtig en duister, zij betekent gevaar en risico; een onzeker pad dat men slechts ter wille van God kan volgen, zonder zekerheid en zonder sanctie.

3 De geest in het sprookje

Ik zou mijn lezer gaarne nog meer materiaal uit moderne dromen aanbieden, maar ik ben bang dat het individualisme van de
dromen te hoge eisen aan de beschrijving zou stellen en meer
plaats zou verlangen dan ons hier ter beschikking staat. Wij zullen ons daarom liever met de folklore bezighouden. Wij ontkomen hier aan de confrontaties met de individuele casuïstiek en
de daarmee gepaard gaande verwarringen en kunnen de variaties
op het motief van de geest bestuderen zonder hierbij te hoeven
letten op voorwaarden die aan het individuele leven gebonden
en daarom min of meer uniek zijn. De ziel spreekt niet alleen in
de dromen over zichzelf. Zij doet dit ook in de mythen en de
sprookjes. De archetypen openbaren zich hier in hun natuurlijke samenspel als 'schepping, herschepping, het eeuwige gesprek
van de eeuwige zin' (Goethe, *Faust* II).

Zowel in de dromen als in de sprookjes wordt het archetype
van de geest met ongeveer gelijke frequentie door de oude man
gesymboliseerd.[11] Deze verschijnt altijd wanneer de held zich in
een wanhopige situatie bevindt, waaruit hij alleen maar bevrijd
kan worden door een grondig nadenken of een gelukkig toeval,
dus door een geestelijke functie of een endopsychisch automatisme. Uiterlijke of innerlijke omstandigheden verhinderen de
held deze prestatie te volbrengen. Daarom treedt de kennis die
nodig is om dit manco te compenseren, in de vorm van een ver-
persoonlijkte gedachte op, en wel in de gedaante van de oude
man die hulp en raad brengt. In een Estlands sprookje[12] wordt
bijvoorbeeld verteld hoe een mishandelde wees niet meer naar
huis terug durfde te gaan, omdat een van de koeien die hij moest
hoeden, ervandoor was gegaan. Hij liep op goed geluk weg.
Hierdoor kwam hij in een hopeloze situatie, waarin hij geen uit-
komst meer zag. Uitgeput viel hij in een diepe slaap. Toen hij
wakker werd, 'had hij het gevoel alsof hij iets vloeibaars in zijn
mond had gehad en hij zag dat een klein oud mannetje voor hem
stond. Het wilde juist de spon weer op zijn melkvaatje zetten.
"Geef mij nog wat te drinken," vroeg de jongen. Het oude man-

netje antwoordde: "Je hebt voor vandaag genoeg gehad. Als ik niet toevallig hier langs was gekomen, zou het zeker je laatste slaap zijn geweest, want toen ik je vond, was je al half dood." Toen vroeg hij de jongen, wie hij was en waarheen hij wilde gaan. De jongen vertelde hem alles wat hij zich van zijn leven herinnerde, tot aan de klappen die hij de vorige avond gekregen had. Toen zei het oude mannetje: "Mijn lieve kind! Het is jou niet beter of slechter vergaan dan zovelen wier lieve verzorgers en troosters in een doodkist in de aarde rusten. Terug kan je niet meer, daarom moet je een nieuw geluk op aarde zoeken. Daar ik huis noch hof, vrouw noch kind bezit, kan ik ook niet verder voor je zorgen, maar een goede raad kan ik je kosteloos geven."'

Wat de oude man tot nu toe gezegd heeft, had de jongen, de held van het verhaal, ook zelf kunnen bedenken. Had hij de drang van zijn affect gevolgd en was hij zonder meer weggelopen, dan had hij er op z'n minst aan moeten denken dat hij voedsel nodig had. Hij had zich op een dergelijk ogenblik rekenschap moeten geven van de situatie waarin hij zich bevond. Daarbij zou hij zich, zoals meestal het geval is, zijn hele levensgeschiedenis tot op heden hebben herinnerd. Een dergelijke anamnese is een doelmatig proces dat ernaar streeft om op het kritieke ogenblik alle geestelijke en fysieke krachten te activeren en de hele persoonlijkheid met alles wat hierbij hoort te bundelen, om dan als het ware met vereende krachten de poort van de toekomst open te breken. Niemand kan hem hierbij helpen, hij is geheel op zichzelf aangewezen. Een terugweg is niet meer mogelijk. Door dit inzicht zal zijn handelen de vereiste beslistheid krijgen. Het oude mannetje brengt hem ertoe om zich dit alles te realiseren en ontheft hem zo van de moeite om zelf te moeten nadenken. We zouden zelfs kunnen zeggen dat het oude mannetje zelf dit doelmatig nadenken en concentreren van de morele en fysieke krachten is. Dit hele proces vindt, als het nog niet of niet meer door het denken kan gebeuren, in de ruimte buiten het bewustzijn plaats. Het concentreren en richten van alle psychische krachten brengt iets met zich mee wat altijd weer op magie lijkt. Hierdoor wordt namelijk een onverwacht vermogen om er zich doorheen te slaan ontwikkeld, waardoor men dikwijls veel meer bereikt dan men alleen maar met behulp van de bewuste wil zou kunnen bereiken. Men kan dit experimenteel zeer goed waarnemen in een toestand van kunstmatige concentratie, zoals in de hypnose. Ik bracht in mijn cursussen altijd een hysterica met een zwakke lichamelijke toestand in een diepe hypnotische slaap en legde haar dan als een plank met het achterhoofd op de ene stoel en met de hielen op een andere neer. Zo liet ik haar een minuut lang liggen. Haar polsslag steeg langzamerhand tot negentig. Een krachtig gebouwde student, die veel aan gymnastiek deed, probeerde tevergeefs dit experiment met behulp van een bewuste inspanning van zijn wil na te doen. Hij zakte al spoedig met een polsslag van honderdtwintig in elkaar.

Toen het schrandere mannetje bereikt had dat de jongen zich op deze wijze concentreerde, kon hij hem een goede raad geven. Hij raadde hem aan om rustig in oostelijke richting verder te trekken. Na zeven jaar zou hij bij de hoge berg komen waar hij zijn geluk zou vinden. De grootte en hoogte van de berg wijzen op de volwassen persoonlijkheid.[13] Door de bundeling van de krachten ontstaat een zekerheid die de beste garantie voor het succes is.[14] Op deze wijze zal hij geen gebrek meer lijden. 'Neem mijn broodzak en mijn vaatje,' zei de oude man, 'daarin zul je iedere dag net zoveel spijs en drank vinden als je nodig hebt.' Hij gaf hem ook nog een klisblad, dat in een bootje kon veranderen wanneer de jongen het water moest oversteken.

De oude man vraagt in de sprookjes dikwijls naar het wie, waarom, waarvandaan en waarheen, om op deze wijze de zelfbezinning en de bundeling van de morele krachten voor te bereiden.[15] Nog vaker zien we dat hij de nodige tovermiddelen[16], dat wil zeggen de onverwachte en onwaarschijnlijke kracht tot succes geeft. Deze kracht toont de speciale goede of slechte eigenschappen van de geïndividueerde persoonlijkheid zelf. Hiervoor schijnt de interventie van de oude man, en wel het spontaan actief worden van het archetype, absoluut noodzakelijk te zijn. Men kan namelijk met de bewuste wil alleen nauwelijks de persoonlijkheid zozeer samenballen dat ze die bovenmatige kracht

263

krijgt die tot succes leidt. Niet alleen in het sprookje, maar ook in het leven is de tussenkomst van het archetype hiervoor nodig. Op deze wijze wordt het zuiver affectieve reageren door een keten van psychische processen tot stilstand gebracht. Hierdoor wordt men met het eigen innerlijk geconfronteerd en moet men dit realiseren. De vraag naar het wie, waar, waarom en waartoe wordt hierbij tevens duidelijk aan de orde gesteld, zodat men een inzicht kan krijgen in de situatie waarin men zich bevindt, en het doel waarnaar men moet streven. De hierdoor tot stand gebrachte verheldering en ontwarring van de verwikkeling en van het noodlot lijken dikwijls op toverij, een ervaring die de psychotherapeut niet onbekend is.

De aansporing van de oude man om de situatie te overwegen, vindt ook plaats in de vorm van een aanmoediging om er eens 'een nachtje over te slapen'. Zo zegt hij tegen het meisje dat haar verloren broeder zoekt: 'Ga naar bed, de morgen is wijzer dan de avond.'[17] Hij doorziet de moeilijke situatie van de held die in nood verkeert, of weet hem op z'n minst die inlichtingen te geven waardoor hij verder kan komen. Hij gebruikt hiervoor graag de hulp van dieren, vooral van vogels. De kluizenaar zegt tegen de prins die het hemelrijk zoekt: 'Ik woon hier al drie eeuwen, maar niemand heeft mij nog de weg naar het hemelrijk gevraagd: ik kan je die weg niet wijzen, maar boven in de andere verdieping van het huis wonen allerlei vogels, die kunnen je het zeker vertellen!'[18] De oude man weet welke wegen naar het doel leiden en toont die aan de held.[19] Hij waarschuwt voor toekomstige gevaren en geeft de middelen waarmee men deze op de juiste wijze het hoofd kan bieden. Hij vertelt bijvoorbeeld aan de jongen die het zilverwater wil halen, dat de bron bewaakt wordt door een leeuw die de bedrieglijke eigenschap heeft om met open ogen te slapen en met gesloten ogen te waken.[20] De jongen die naar de magische bron wil rijden om het water te halen waardoor de koning genezen kan, geeft hij de raad om het water alleen maar in draf te scheppen, omdat bij deze bron heksen op de loer liggen die met een lasso werpen naar iedereen die bij de bron komt.[21] De prinses die haar in een weerwolf veranderde geliefde zoekt, laat hij een vuur aanleggen en een ketel teer daarop plaatsen. Dan moet ze de witte lelie waar ze zoveel van houdt, in de teer werpen. Wanneer de weerwolf komt, geeft hij haar de raad om de ketel over de kop van de wolf te gooien. Hierdoor wordt de toverban verbroken.[22] Soms oefent de oude man ook kritiek uit. Dit zien we in het Kaukasische sprookje van de jongste prins die voor zijn vader een kerk wil bouwen die geen enkele fout heeft, om hierdoor het rijk te erven. Hij bouwt een kerk en niemand kan er een fout aan ontdekken. Maar dan komt de oude man en zegt: 'Ach, wat heeft u daar een mooie kerk gebouwd! Het is alleen jammer dat de fundering een beetje krom is!' De prins laat de kerk afbreken en bouwt een nieuwe, maar ook hieraan ontdekt de oude man een fout. Dit gebeurt tot driemaal toe.[23]

De oude man stelt dus niet alleen weten, kennis, overleg, wijsheid, schranderheid en intuïtie, maar ook morele eigenschappen als welwillendheid en hulpvaardigheid voor. Hierdoor is zijn 'geestelijke' karakter voldoende bewezen. Het archetype is een autonome inhoud van het onbewuste. Daarom kan het sprookje, dat de archetypen altijd concreet voorstelt, de oude man ook in de droom laten optreden, en wel op ongeveer dezelfde manier als we hem in de moderne dromen ontmoeten. In een Balkansprookje verschijnt de oude man in de droom van de held die in nood verkeert, en vertelt hem hoe hij de hem opgelegde onmogelijke opgaven kan volbrengen.[24] Zijn verhouding tot het onbewuste wordt in een Russisch sprookje duidelijk door de naam 'woudkoning' aangetoond.[25] Toen de boer moe was en op een boomstronk ging zitten, kwam daaruit een kleine, oude man tevoorschijn, 'hij zat vol rimpels en een groene baard hing tot op zijn knieën'. 'Wie ben je?' vroeg de boer. 'Ik ben de woudkoning Och,' antwoordde het mannetje. De boer verhuurde hem zijn liederlijke zoon. Toen de woudkoning met hem wegging, nam hij hem mee naar die andere wereld die onder de aarde lag en bracht hem in een groene hut... In de hut was alles groen: de muren waren groen en de banken waren groen. Ochs vrouw was groen en de kinderen waren groen... en de watervrouwtjes die bij hem in dienst waren, waren zo groen als wijnruit. Zelfs het eten was groen. De woudkoning wordt hier als een vegetatie- of boomgod beschreven. Deze heerst over het woud, maar staat – door de nixen – ook in een bepaalde verhouding tot het rijk van het water. Hierdoor wordt duidelijk te kennen gegeven dat hij tot het onbewuste behoort, want het woud en het water zijn allebei beelden voor het onbewuste.

Ook het optreden van de oude man als dwerg wijst erop dat hij tot het onbewuste behoort. In het sprookje van de prinses die haar liefste zoekt, wordt het volgende verteld: 'Het werd nacht, de duisternis viel in en de sterren gingen op en onder en nog steeds zat de prinses op dezelfde plaats en weende. Toen ze diep in gedachten verzonken was, hoorde ze een stem die haar groette: "Goedenavond schone jonkvrouw, waarom zit je hier zo eenzaam en treurig?" Ze sprong haastig op en was heel verbaasd en dat was geen wonder. Toen ze om zich heen keek, zag ze een heel klein oud mannetje, dat haar toeknikte en er heel vriendelijk en bescheiden uit zag.' In een Zwitsers sprookje ontmoet de boerenzoon die de dochter van de koning een mand appelen wil brengen, 'es chlis isigs Manndle, das frogtene, was er do e dem Chratte häig' (een klein ijzeren mannetje dat hem vraagt wat hij daar in de mand heeft). Elders heeft het mannetje 'es isigs Chlaidle an' (een ijzeren jasje aan).[26] Vermoedelijk betekent 'isigs' hier 'ijzeren' en niet 'van ijs'. In dat laatste geval zou er waarschijnlijk 'es Chlaidli vo Is' moeten staan. Er bestaan wel 'ijsmannetjes', maar ook ertsmannetjes, en in een moderne droom heb ik zelfs een zwart ijzeren mannetje gevonden dat op een belangrijk keerpunt in het leven optrad, net als in het sprookje van de domme Hans die op het punt staat om met een prinses te trouwen.

In een moderne serie visioenen waarin het type van de oude wijze meerdere malen verscheen, had deze soms normale afmetingen, namelijk wanneer hij zich op de bodem van een door hoge rotswanden omgeven krater bevond, maar in andere beelden was hij heel klein en bevond zich dan binnen een lage omheining op de top van een berg. Ditzelfde motief vinden we ook in Goethes sprookje over de prinses van de dwergen die in een

juwelenkistje woont.[27] Het Anthroparion, het loodmannetje uit
het visioen van Zosimos[28], de ertsmannetjes uit de mijnen, de
kunstvaardige Dactylen uit de antieke Oudheid, de homunculi
van de alchemisten, de aardmannetjes, de Schotse brownies enzovoort moeten eveneens in dit verband vermeld worden. Een
ongeluk in de bergen heeft mij doen inzien hoe 'werkelijk' dergelijke voorstellingen zijn. Twee van de deelnemers hadden na
het ongeluk een collectief visioen van een dwergje dat op klaar-
lichte dag uit de ontoegankelijke gletsjerspleten kwam en de glet-
sjer overstak. Beiden raakten hierdoor in paniek. Ik heb dikwijls
motieven gezien die de indruk op mij maakten dat de wereld van
het onbewuste die van het oneindig kleine zou kunnen zijn. Rationeel zou men dit kunnen afleiden uit het vage gevoel dat we
bij dergelijke dingen met iets endopsychisch te maken hebben,
waaruit men dan de conclusie zou trekken dat het ding toch wel
heel klein moet zijn om in het hoofd plaats te vinden. Ik ben
geen vriend van dergelijke 'verstandelijke' veronderstellingen,
maar ik zou toch ook niet willen beweren dat ze er allemaal naast
grijpen. Het lijkt mij waarschijnlijker dat de neiging om de dingen aan de ene kant te verkleinen en aan de andere kant overmatig te vergroten (reuzen!), op een of andere wijze in verband
staat met de merkwaardige onzekerheid van het ruimte- en tijd-
begrip in het onbewuste.[29] Ons menselijk gevoel voor maat, ons
rationele begrip van groot en klein, is een uitgesproken antro-
pomorfisme. De geldigheid hiervan gaat niet alleen in het rijk van
de natuurkundige verschijnselen verloren, maar ook in de gebieden van het collectieve onbewuste die buiten het bereik van
het specifiek menselijke liggen.

De Atman is 'kleiner dan klein' en groter dan groot, hij is zo
groot als een duim en 'bedekt toch de wereld overal twee hand-
breedten hoog'.[30] En Goethe zegt over de kabieren: 'Klein van
gestalte, maar groot van kracht.'[31] Bij een grondig onderzoek
blijkt dan ook dat het archetype van de oude wijze weliswaar minimaal klein en bijna niet merkbaar is, maar dat er toch een kracht
van uitgaat die het lot van een mens kan bepalen. Deze merkwaardige eigenschap delen de archetypen met de wereld van de

atomen. Dit kan men vooral tegenwoordig zeer goed waarnemen, want hoe dieper het experiment van de wetenschappelijke onderzoeker in de wereld van het allerkleinste doordringt, des te gevaarlijker worden de hoeveelheden energie die daar gebonden zijn. Zowel de fysica als de psychologie heeft ons geleerd dat van het kleinste de grootste invloed uitgaat. Hoe dikwijls hangt op een kritiek ogenblik van het leven niet alles af van iets dat schijnbaar maar een kleinigheid is! De oude wijze wordt in sommige primitieve sprookjes met de zon geïdentificeerd. Dit is een beeld voor zijn vermogen om licht in de duisternis te brengen. Hij brengt het vuur mee en gebruikt dat om een kalebas te roosteren. Wanneer hij gegeten heeft, neemt hij het vuur weer mee, waardoor de mensen ertoe komen om het van hem te stelen.[32] In een Noordamerikaans sprookje is hij een medicijnman die het vuur bezit.[33]

De geest heeft het aspect van het vuur, zoals ook uit de taal van het *Oude Testament* en het verhaal van het wonder van Pinksteren bekend is. We hebben al gezien dat de oude man naast zijn schranderheid, zijn wijsheid en zijn inzicht ook morele eigenschappen bezit. Hij onderzoekt zelfs het morele vermogen van de mens en maakt zijn gaven afhankelijk van het resultaat van dit onderzoek. Het Estlandse sprookje over de stiefdochter en de eigen dochter is een goed voorbeeld hiervan.[34] Deze stiefdochter is een wees die bijzonder gehoorzaam en netjes is. Zij laat in het begin van het verhaal haar spinrokken in de put vallen. Zij springt het na en verdrinkt hierbij niet in de put, maar komt in een magisch land. Zij gaat op onderzoek uit en ontmoet een koe, een ram en een appelboom, wier wensen zij vervult. Dan komt zij bij een badkamer waarin een vuile oude man zit. Deze wil door haar gewassen worden, waarbij zich het volgende gesprek ontspint: 'Mooi meisje, mooi meisje, baad mij, ik vind het erg naar om vuil te zijn.' Zij: 'Waarmee moet ik de kachel aanmaken?' 'Zoek houten pennen en kraaienmest bij elkaar en stook daarmee.' Zij haalt echter rijshout en zegt: 'Waar moet ik het badwater vandaan halen?' Hij: 'Onder de droogoven staat een witte merrie, laat haar in de kuip urineren.' Maar het meisje haalt schoon water. 'Waar moet ik de badkwast vandaan halen?' 'Snij de staart van de witte merrie af en maak daarvan een badkwast.' Ze maakt echter een kwast van berkentwijgen. 'Waar moet ik de zeep vandaan halen?' 'Neem een steen van de badkamer en schuur mij daarmee.' Zij haalt echter zeep uit het dorp en wast de oude man daarmee. Als loon geeft hij haar een doos vol goud en edelstenen. De dochter wordt natuurlijk jaloers. Zij werpt haar spinrokken in de put, maar vindt het dadelijk terug. Desalniettemin gaat zij toch verder en doet alles wat de stiefdochter goed gedaan heeft, verkeerd. Het loon dat zij ontvangt, is hiermee in overeenstemming. Dit motief komt zo dikwijls voor dat verdere bewijzen overbodig zijn.

Wanneer we op de behulpzaamheid en het hoogstaande karakter van de oude man letten, is het evident dat er een of ander verband tussen hem en de godheid moet bestaan. In het Duitse sprookje van 'de soldaat en de zwarte prinses'[35] wordt verteld hoe de prinses die vervloekt is, iedere nacht uit haar ijzeren doodkist komt om de soldaat die bij haar graf de wacht houdt, naar zich toe te halen en te verslinden. Een van de soldaten wilde echter vluchten toen het zijn beurt was om de wacht te houden. 'Toen het avond werd, sloop hij weg, liep over bergen en velden en kwam op een mooie wei. Plotseling stond een klein mannetje met een lange grijze baard voor hem. Dat was Onze Lieve Heer, die de ellende die de duivel iedere nacht veroorzaakte, niet langer wilde aanzien. "Waar ga je heen?" vroeg het grauwe mannetje, "mag ik niet met je meegaan?" En omdat het oude mannetje er zo trouwhartig uit zag, vertelde de soldaat hem dat hij weggelopen was en waarom hij dit gedaan had.' Dan volgt zoals gewoonlijk de goede raad. In dit verhaal wordt met dezelfde naïviteit waarmee de Engelse alchemist Sir John Ripley in zijn 'Cantilena' de 'oude koning' 'antiquus dierum'[36] noemt, gezegd dat de oude man God zelf is.

Alle archetypen bezitten niet alleen een gunstig, positief en licht aspect dat naar boven wijst, maar ook een aspect dat naar beneden wijst en dat deels negatief en ongunstig, deels alleen maar chtonisch en neutraal is. Het archetype van de geest vormt hier-

op geen uitzondering. De gestalte van de dwerg is al een beper-
kend diminutief. Ditzelfde geldt ook voor de gebondenheid aan
de natuur van een vegetatiegod die uit de onderwereld afkomstig is. In een Balkansprookje[37] wordt de oude man als beschadigd voorgesteld. Hij heeft een oog verloren. Dit is door de 'Vi-
len', een soort gevleugelde boze geesten, uitgestoken en de held
moet ervoor zorgen dat zij het hem teruggeven. De oude man
heeft dus een deel van zijn gezichtsvermogen, dat wil zeggen van
zijn inzicht en zijn vermogen om de dingen duidelijk te kunnen
zien, verloren aan de demonisch duistere wereld. Dit doet ons
denken aan het lot van Osiris, die een van zijn ogen verloor door
het zien van een zwart varken (namelijk Seth), of aan dat van
Wodan, die een oog aan de bron Mimir offerde. Het rijdier van
de oude man in ons sprookje is een bok. Dit wijst erop dat hij
zelf ook een duister aspect bezit. In een Siberisch sprookje treedt
de oude man op als een grijsaard die maar één been, één hand en
één oog heeft en die met zijn ijzeren staf een dode opwekt. In
de loop van het verhaal wordt hij bij vergissing gedood door de
meermalen uit de doden opgewekte held. Deze verspeelt hiermee zijn hele geluk. Het sprookje heet 'De eenzijdige Oude' en
in werkelijkheid betekent zijn verminking dat hij als het ware
maar uit één helft bestaat. De andere helft is onzichtbaar, maar
verschijnt in het sprookje als een moordenaar die de held naar
het leven staat. Ten slotte lukt het de held om zijn moordenaar
die hem verschillende malen om het leven gebracht heeft, te doden. In zijn woede vermoordt hij echter ook de oude man die
maar één kant heeft. Daarmee is de identiteit van beide ver-
moorden aangeduid. Dit wijst op de mogelijkheid dat de oude
man ook zijn eigen tegenstelling kan zijn, dus iemand die zowel
een levenwekkend als een dodend aspect bezit – 'ad utrumque
peritus' (in beide bekwaam), zoals over Hermes gezegd wordt.[38]
    Dit alles doet ons vermoeden dat het zowel om heuristische als
om andere redenen aan te bevelen is om daar waar de oude man
zo 'bescheiden' en 'trouwhartig' optreedt, de omgeving zorgvuldig te onderzoeken. In ons eerste Estlandse sprookje over de jongen die zijn koe verloor, rijst het vermoeden dat de behulpzame

oude man, die zo prompt op het goede ogenblik aanwezig is, de koe eerst listig heeft doen verdwijnen om zijn beschermeling een sterk motief te bezorgen om ervandoor te gaan. Dit is heel goed mogelijk, want we kunnen in het dagelijks leven telkens weer zien dat het hogere maar subliminale weten van het eigen lot het ergerlijke incident ensceneert om het domme ik-bewustzijn vrees aan te jagen en het zo op de juiste weg te brengen, een weg die het zelf uit louter domheid nooit gevonden had. Onze weesjongen zou het oude mannetje waarschijnlijk voor een kwaadaardige trol of een duivel gehouden hebben, als hij vermoed had dat hij zijn koe weggetoverd had. De oude man bezit naast zijn andere eigenschappen tevens een aspect van het *kwade*, zoals ook de medicijnman aan de ene kant de genezingbrengende helper en aan de andere kant de gevreesde gifmenger is, en zowel het woord *pharmakon* zowel geneesmiddel als vergif betekent en vergif ten slotte beide uitwerkingen kan hebben.

De oude man heeft dus een dubbelzinnig, elfachtig karakter. Een bijzonder instructief voorbeeld hiervan is de gestalte van Merlijn, die soms op de verpersoonlijking van het goede lijkt, maar in andere gevallen ook het aspect van het kwade bezit. Hij is dan de boze tovenaar die uit egoïsme het kwaad ter wille van het kwaad zelf doet. In een Siberisch sprookje[39] is de oude man een boze geest 'die twee meren op zijn hoofd heeft, waarin twee eenden zwemmen'. Hij leeft van mensenvlees. De held gaat met zijn familie naar een feest in het naburige dorp. Zij laten hun honden thuis. Deze besluiten om – volgens het spreekwoord 'wanneer de kat van huis is, dansen de muizen' – ook een feest op touw te zetten. Wanneer de feestvreugde op zijn hoogst is, werpen zij zich allemaal op de voorraad vlees. Bij hun thuiskomst jagen de mensen de honden weg. Deze lopen de wildernis in. 'De Schepper zei tegen Ememqut, de held van het verhaal: "Ga met je vrouw de honden zoeken."' Deze wordt door een vreselijke sneeuwstorm overvallen en moet in de hut van de boze geest een toevlucht zoeken. Daarop volgt het bekende motief van het overbluffen van de duivel. De vader van Ememqut heet 'Schepper'. De vader van Schepper heet echter 'Zelfgeschapene', omdat hij zichzelf geschapen heeft. Ofschoon nergens in het verhaal vermeld wordt dat de oude man met de beide meren op het hoofd de held en zijn vrouw naar zich toegelokt heeft om zijn honger te stillen, kunnen we toch wel vermoeden dat er een bijzondere geest in de honden gevaren is die hen ertoe gebracht heeft om net als de mensen feest te gaan vieren en later, tegen hun gewoonte in, weg te lopen, zodat Ememqut hen moet gaan zoeken. De held komt hierdoor in de sneeuwstorm en loopt in de armen van de boze oude man. Schepper, de zoon van Zelfgeschapene, staat zijn zoon als raadgever terzijde, zodat er een verwikkeling van problemen ontstaat, waarvan we de oplossing maar liever aan de Siberische theologen zullen overlaten.

In een Balkansprookje laat de oude man de kinderloze tsarina een toverappel eten, waardoor zij zwanger wordt en een zoon baart. Hij heeft echter de voorwaarde gesteld dat hij de peetoom van het kind zal zijn. De jongen is een duivelse kerel die alle kinderen slaat en het vee van de herders doodt. Gedurende tien jaren krijgt hij geen naam. Dan komt de oude man, steekt hem een mes in het been en noemt hem 'Messenprins'. De zoon wil nu op avontuur eropuit trekken. Zijn vader staat dit na lang aarzelen toe. Het mes dat in zijn been zit, is zijn levensvoorwaarde. Hij moet sterven als een ander het eruit trekt, maar als hij dit zelf doet, blijft hij leven. Het mes wordt ten slotte zijn noodlot. Een oude heks trekt het, wanneer hij slaapt, uit zijn been. Hij sterft, maar wordt door vrienden die hij zich verworven heeft, weer tot leven gebracht.[40] De oude man is hier weliswaar behulpzaam, maar geeft ook het gevaarlijke levenslot, dat zowel goed als slecht had kunnen aflopen. Het kwaad komt in het tot gewelddadigheid neigende karakter van de jongen al vroeg en duidelijk aan het licht.

In een ander Balkansprookje vinden we een merkwaardige variant op dit sprookje. Een koning zoekt zijn zuster, die door een vreemdeling ontvoerd is. Hij komt op zijn tocht in de hut van een oude vrouw, die hem waarschuwt. Zij raadt hem aan om niet verder naar zijn zuster te zoeken. Een boom die vol vruchten hangt en steeds voor hem terugwijkt, lokt hem van de hut weg. Wanneer deze boom eindelijk blijft stilstaan, daalt een oude man uit de kroon af. Hij onthaalt de koning en brengt hem naar het kasteel waar zijn zuster woont. Zij is de vrouw van de oude man en vertelt haar broer dat deze een boze geest is die hem doden zal. Na drie dagen is de koning werkelijk verdwenen. Zijn jongere broer gaat nu ook zoeken en doodt de oude man, die de gestalte van een draak heeft aangenomen. Hierdoor wordt een betoverde mooie jongeman die nu met de zuster trouwt, bevrijd. De oude man die eerst als boomgeest verschijnt staat in verband met de zuster, blijkbaar. Hij is een moordenaar. In het verhaal horen we nog dat de oude man een hele stad betoverd heeft. Hij heeft deze 'van ijzer', dat wil zeggen onbeweeglijk, star en gesloten gemaakt.[41] Hij houdt tevens de zuster van de koning gevangen, zodat zij niet naar haar familie kan teruggaan. Dit is een beeld voor de *animusbezetenheid* van de zuster. De wijze waarop de koning in deze bezetenheid betrokken is en het zoeken naar de zuster doen ons vermoeden dat de zuster de anima van de koning is. Het archetype dat het levenslot van de mens vormt, heeft dus eerst de anima van de koning in bezit genomen. Dit wil zeggen dat het de koning het archetype van het leven ontneemt, verpersoonlijkt door de anima. Hierdoor komt het dat de koning de verloren aantrekkelijkheid van het leven, 'de moeilijk verkrijgbare kostbaarheid', gaat zoeken en op deze wijze de mythische held wordt, de hogere persoonlijkheid die een uiting van het zelf is. De oude man gedraagt zich hierbij als een booswicht en moet met geweld verwijderd worden. Later treedt hij dan op als gemaal van de zusteranima, als de eigenlijke bruidegom van de ziel die de heilige incest viert, het symbool van de vereniging van het tegengestelde en het gelijke. Deze vermetele enantiodromie die we herhaaldelijk vinden, betekent niet alleen een verjonging en verandering van de oude man, maar doet ons ook vermoeden dat er een geheimzinnige innerlijke verhouding bestaat tussen het kwade en het goede en omgekeerd.

De oude man, in de gedaante van de boosdoener, is in dit verhaal ingebed in de transformaties en peripetieën van een individuatieproces dat eindigt met een toespeling op de hierosgamos.

In het Russische sprookje over de woudkoning is hij daarentegen aanvankelijk behulpzaam en weldadig, maar dan wil hij de jongen die bij hem in dienst is niet meer loslaten. Hierdoor bestaan de voornaamste gebeurtenissen in het verhaal uit de diverse pogingen van de jongen om aan de klauwen van de tovenaar te ontkomen. De vlucht komt hier in plaats van de queeste. Dit is blijkbaar even verdienstelijk als dappere avonturen, want aan het einde van het verhaal trouwt de held met de dochter van de koning, terwijl de tovenaar met de rol van de bedrogen duivel tevreden moet zijn.

4 De theriomorfe symboliek van de geest in het sprookje

De beschrijving van ons archetype zou niet volledig zijn als we hierbij geen aandacht hadden geschonken aan een andere gestalte ervan, aan zijn optreden in de vorm van het dier. Dit verschijnsel is een onderdeel van het algemeen voorkomende theriomorfisme van goden en demonen en heeft dezelfde betekenis. De gestalte van het dier wijst erop dat de betreffende inhouden en functies zich nog in gebieden bevinden die buiten het menselijke bewustzijn liggen, zodat zij aan de ene kant met het demonisch-bovenmenselijke, aan de andere kant met het dierlijk-benedenmenselijke verbonden zijn. We moeten er echter wel rekening mee houden dat deze scheiding alleen maar in het gebied van het bewustzijn geldigheid bezit, waar zij aan een noodzakelijke voorwaarde voor het denken beantwoordt. De logica zegt: tertium non datur[42], dat wil zeggen: wij kunnen ons de tegenstellingen niet in hun één-zijn voorstellen. Met andere woorden: de opheffing van een tegenstrijdigheid die niettegenstaande dit opheffen toch blijft bestaan, kan voor ons denken alleen maar de waarde van een postulaat hebben. Dit is voor het onbewuste zeker niet het geval, want alle inhouden ervan zijn in zichzelf al paradoxaal of antinomisch. De categorie van het zijn vormt geen uitzondering hierop. Wanneer iemand die niet met de psychologie van het onbewuste bekend is, zich een voorstelling van deze verhoudingen wil maken, kan ik hem de studie van de christelijke mystiek en de Indische filosofie aanbevelen. De antinomiek van het onbewuste is hier zeer duidelijk beschreven. Ofschoon de oude man in onze vorige uiteenzettingen een menselijk uiterlijk heeft en zich als mens gedraagt, wijzen zijn magische vermogens en zijn geestelijke superioriteit toch op iets dat zowel in het goede als in het kwade buiten of boven of beneden het menselijke staat. Zijn dierlijke aspect doet noch voor de primitieve mens, noch voor het onbewuste iets van zijn waarde af, want in een bepaald opzicht staat het dier ook boven de mens. Het is nog niet in zijn eigen bewustzijn verdwaald en heeft nog niet een eigenzinnig ik gezet tegenover de macht waaruit het leeft. Het vervult op bijna volmaakte wijze de wil die zijn leven bestuurt. Wanneer het bewust zou leven, zou het vromer zijn dan de mens. De legende van de zondeval heeft een diepe zin. Hierin uit zich het vage gevoel dat de emancipatie van het ik-bewustzijn een luciferische daad is. De wereldgeschiedenis van de mens bestaat vanaf het begin uit een uiteenzetting van het minderwaardigheidsgevoel met de zelfoverschatting. De wijsheid zoekt het midden. Zij boet voor deze stoutmoedigheid door een hachelijk verwant-zijn met de demon en het dier en wordt daarom in moreel opzicht vaak verkeerd uitgelegd.

Wij vinden in het sprookje dikwijls het motief van *het behulpzame dier*. Deze dieren gedragen zich menselijk, zij spreken de taal van de mensen en tonen een schranderheid en een kennis die zelfs groter is dan die van de mens. In een dergelijk geval kan men terecht zeggen dat het archetype van de geest in de gedaante van het dier optreedt. In een Duits sprookje[43] wordt verteld hoe een jongen die de verdwenen prinses zoekt, een wolf ontmoet die tegen hem zegt: 'Wees niet bang! Vertel me eens, waar ga je heen?' De jongen vertelt hem zijn hele geschiedenis en de wolf geeft hem een magisch geschenk, namelijk een paar van zijn haren, waarmee de jongen hem altijd te hulp kan roepen. Dit intermezzo verloopt op dezelfde wijze als de ontmoeting met de behulpzame oude man. In hetzelfde verhaal treedt ook de ande-

275

re, dat wil zeggen de boze kant van het archetype op. Ik zal ter verduidelijking het sprookje in het kort weergeven:

De jongen die zijn varkens in het bos hoedt, ontdekt een grote boom waarvan de takken in de wolken verdwijnen. 'Hoe zou het zijn,' vraagt de jongen zich af, 'als je de wereld vanuit de top van deze boom zou kunnen bezien?' Hij klimt in de boom en heeft na een hele dag de top nog niet bereikt. Het wordt avond en hij moet op een stronk van een tak overnachten. De volgende dag klimt hij verder en komt tegen de middag in de kroon aan. Tegen de avond komt hij in een dorp dat in de takken gebouwd is. Daar wonen boeren die hem onthalen en hem voor de nacht onderdak geven. De volgende morgen klimt hij verder. Tegen de middag bereikt hij een kasteel waarin een jonkvrouw woont. Hier hoort hij dat hij niet verder kan klimmen. Zij is de dochter van een koning en wordt door een boze tovenaar gevangen gehouden. Hij blijft bij de prinses en mag in alle kamers van het kasteel komen, alleen het betreden van één kamer heeft zij hem verboden. Maar de nieuwsgierigheid is sterker. Hij maakt de kamer open en vindt daarin een raaf die met drie spijkers aan de muur is vastgemaakt. Eén spijker gaat door de hals, de beide andere door de vleugels. De raaf klaagt dat hij dorst heeft, en de jongen geeft hem uit medelijden water te drinken. Bij iedere slok laat een spijker los. Bij de derde is de raaf vrij en vliegt het raam uit. Wanneer de prinses dat hoort, schrikt zij hevig en zegt: 'Dat was de duivel die mij betoverd heeft. Nu zal het niet lang meer duren voor hij mij ook haalt.' Op een goede morgen is zij inderdaad verdwenen.

De jongen gaat haar zoeken en ontmoet hierbij, zoals al verteld is, de wolf. Op dezelfde wijze ontmoet hij ook een beer en een leeuw, die hem eveneens haren geven. Bovendien verraadt de leeuw hem dat de prinses in een naburig jachthuis gevangen gehouden wordt. Hij vindt het huis en de prinses, maar hoort hier dat vluchten onmogelijk is, omdat de jager een driebenige schimmel heeft die alles weet en de jager zeker zal waarschuwen. De jongen probeert toch te vluchten, maar tevergeefs. De jager haalt hem in. Deze laat hem echter lopen, omdat hij hem, toen hij een raaf was, het leven gered heeft. Hij rijdt met de prinses weg. Wanneer de jager het bos ingegaan is, sluipt de jongen het huis weer binnen en haalt de prinses over om de jager het geheim te ontlokken, hoe hij aan zijn knappe schimmel gekomen is. Dit lukt haar gedurende de nacht en de jongen, die zich onder het bed verstopt heeft, hoort dat er op een uur afstand van het jachthuis een heks woont die toverpaarden fokt. Wie de veulens drie dagen kan hoeden, mag als loon een paard uitzoeken. Vroeger heeft zij er ook twaalf lammetjes bij gegeven om de honger te stillen van de twaalf wolven die in het bos rondom de hoeve wonen, en om zo te verhinderen dat zij zich op de betreffende storten. Zij heeft de jager echter geen lammetjes gegeven. Wanneer hij wegrijdt, achtervolgen de wolven hem en bij het overschrijden van de grens is het hun toch nog gelukt om een been van zijn schimmel af te rukken. Daarom heeft deze maar drie benen.

De jongen gaat vlug naar de heks en treedt bij haar in dienst. Hij stelt echter de voorwaarde dat zij hem niet alleen het paard, dat hij zelf uitkiest, zal geven, maar ook twaalf lammetjes. Zij stemt hierin toe. Zij beveelt nu de veulens om van hem weg te lopen. Hemzelf geeft zij brandewijn mee om hem slaperig te maken. Hij drinkt daarvan, valt in slaap en de veulens lopen weg. De eerste dag haalt hij ze met behulp van de wolf in, de tweede dag helpt de beer hem en de derde dag de leeuw. Nu mag hij zijn loon uitzoeken. Het dochtertje van de heks verraadt hem wat het paard van haar moeder is. Dat is natuurlijk het beste paard. Het is ook een schimmel en hij vraagt dit paard. Hij heeft echter nauwelijks de stal verlaten of de heks komt, boort in de vier hoeven van de schimmel en zuigt het merg eruit. Hieruit bakt zij een koek, die zij de jongen op reis meegeeft. Het paard is erg zwak, maar de jongen geeft het de koek te eten, waarop zijn vroegere krachten terugkeren. Nadat hij de twaalf wolven door de twaalf lammetjes tot bedaren gebracht heeft, komt hij heelhuids uit het bos. Hij haalt de prinses af en rijdt met haar weg. De driebenige schimmel roept de jager weer, die dadelijk met de achtervolging begint. Hij haalt de vluchtelingen spoedig in, omdat de vierbenige schimmel niet lopen wil. Wanneer de jager in de buurt komt, roept de vierbenige schimmel de driebenige toe: 'Zustertje, werp hem af.' De tovenaar wordt afgeworpen en door de beide paarden vertrapt. De jongen zet nu de prinses op de driebenige schimmel en zo rijden ze samen naar het rijk van haar vader, waar ze bruiloft vieren. De vierbenige schimmel vraagt nu de jongen de beide paarden het hoofd af te slaan, omdat ze hem anders ongeluk zullen brengen. Wanneer hij dit doet, veranderen de paarden in een flinke prins en een wonderschone prinses, die na enige tijd 'naar hun eigen koninkrijk' terugkeren. Zij waren vroeger door de jager in paarden veranderd.

Het interessante van dit verhaal is niet alleen de theriomorfe symboliek van de geest, maar ook het feit dat de functie van de kennis en de intuïtie door een rijdier voorgesteld worden. Dit betekent dat de geest ook eigendom kan zijn. De driebenige schimmel is het eigendom van de jager, de vierbenige aanvankelijk het eigendom van de heks. De geest is hier deels een functie die net als een voorwerp van eigenaar kan verwisselen (paard), deels een autonoom subject (tovenaar als eigenaar van het paard). Door het feit dat de jongen de vierbenige schimmel van de heks verwerft, bevrijdt hij een geest of een bijzondere wijze van denken uit de heerschappij van het onbewuste. De heks betekent hier, evenals in andere gevallen, een mater natura, de oorspronkelijke, om zo te zeggen 'matriarchale' toestand van het onbewuste. Hierdoor wordt een psychische gesteldheid beschreven waarin alleen maar een zwak en onzelfstandig bewustzijn tegenover het onbewuste staat. De vierbenige schimmel is kennelijk de meerdere van de driebenige, want hij kan hem een bevel geven. Deze overwinning van de vierbenige over de driebenige komt niet geheel onverwacht, want de *quaterniteit* is een symbool voor de totaliteit en de totaliteit speelt een belangrijke rol in de wereld van de beelden van het onbewuste.[44] Wat betekent echter deze tegenstelling tussen de drie en de vier, respectievelijk tussen de drie en de totaliteit? Dit probleem wordt in de alchemie het *axioma van Maria* genoemd. We ontmoeten het in deze filosofie gedurende een periode van meer dan duizend jaar en ten slotte wordt het ook nog eens behandeld in de *Faust*, in de scène van de kabieren. In de literatuur is het voor de eerste keer in de beginwoorden van de *Timaeus* geformuleerd[45], waaraan Goethe weer herinnert. Bij de alchemisten kunnen we duidelijk zien hoe aan de triniteit van de godheid een lager, chtonisch drietal (vergelijk de driehoofdige duivel bij Dante) beantwoordt. De symboliek van dit drietal toont ons dat het uit een principe bestaat dat met het kwade verwant is, ofschoon het niet vaststaat dat het alleen maar het kwade betekent. Het is veeleer alsof alles erop wijst dat het kwaad, ofwel het meest gebruikelijke symbool van het kwaad, tot de familie van die gestalten behoort die het duistere, nachtelijke, lagere, chtonische beschrijven. De verhouding tussen het hogere en het lagere is in deze symboliek die van een tegenstelling[46], dus van twee dingen die in tegengestelde zin aan elkaar beantwoorden, dat wil zeggen: het lagere wordt evenals het hogere als een drietal beschouwd. Het getal drie is een mannelijk getal, zodat het logisch is dat dit bij de jager hoort die men (alchemistisch) als het lagere drietal zou kunnen beschouwen. Het getal vier is daarentegen een vrouwelijk getal en wordt aan de heks toegekend. De beide paarden zijn sprekende en wetende wonderdieren. Zij stellen dan ook de onbewuste geest voor die in het ene geval ondergeschikt is aan de jager, in het andere geval aan de heks.

De drie en de vier zijn dus in de eerste plaats een beeld voor de tegenstelling tussen het mannelijke en het vrouwelijke. Verder is de vier een beeld voor de totaliteit en de drie niet. Deze laatste is echter, zoals de alchemie ons aantoont, het beeld van een tegenstelling, want het ene drietal wordt altijd door een ander drietal aangevuld, bijvoorbeeld het hogere drietal door het lagere, het lichte door het donkere, het goede door het kwade, enzovoort. Deze tegenstelling is energetisch gesproken een potentieel en waar een potentieel aanwezig is, bestaat de mogelijkheid dat er iets gebeurt. De spanning tussen de tegenstellingen streeft immers altijd naar de opheffing van de spanning. Stelt men zich het viertal voor als een kwadraat dat door een diagonaal in twee helften verdeeld wordt, dan ontstaan er twee driehoeken waarvan de toppen in tegengestelde richting wijzen. Men zou in overdrachtelijke zin ook kunnen zeggen: als men het viertal als symbool voor de totaliteit in twee gelijke helften verdeelt, dan ontstaan er twee drietallen die in tegengestelde richting wijzen. De drie kan dus door deze eenvoudige overweging uit de vier afgeleid worden, en zo legt de jager dan ook aan de prinses uit hoe zijn schimmel van een vierbenig paard een driebenig geworden is, namelijk omdat de wolven hem een been uitgerukt hebben. Het feit dat de schimmel maar drie benen heeft, is aan een ongeluk te danken. Dit ongeluk vond plaats toen hij op het punt stond om het rijk van de donkere moeder te verlaten. Psychologisch wil dit zeggen: wanneer de onbewuste totaliteit manifest wordt, ofwel wanneer deze het onbewuste verlaat en in de sfeer van het bewustzijn komt, blijft één van de vier achter. Deze wordt door de vrees voor de leegte van het onbewuste vastgehouden. Hierdoor ontstaat een drietal dat aan een tegengesteld drietal beantwoordt[47], en er ontstaat dan een conflict. Wij kennen dit verschijnsel niet uit het sprookje, maar uit de geschiedenis van de symbolen. Ook hier zou men met Socrates kunnen vragen: 'Een, twee, drie – maar de vierde, mijn beminde Timaeus, van degenen die gisteren de gasten waren en heden de gastheren zijn, waar blijft hij toch?'[48] Hij bleef in het rijk van de grote moeder, vastgehouden door de wolfachtige inhaligheid van het onbewuste, dat niets uit zijn machtssfeer wil laten ontsnappen als er niet een overeenkomstig offer voor gebracht wordt.

De jager, respectievelijk de oude tovenaar en de heks stemmen overeen met de negatieve beelden van de ouders in de magische wereld van het onbewuste. De jager treedt in het verhaal aanvankelijk in de gestalte van de zwarte raaf op. Hij heeft de prinses geroofd en houdt haar gevangen. Zij noemt hem een 'duivel'. Het merkwaardige is echter dat hij zelf in een verboden kamer van het slot opgesloten is. Hij is hier met drie spijkers aan de muur vastgemaakt, dat wil zeggen *gekruisigd*. Hij is evenals iedere gevangenbewaarder zelf een gevangene en gelijk ieder die vervloekt, is ook hij zelf betoverd. Het toverslot in de grote boom is hun beider gevangenis. De prinses behoort tot de lichte bovenwereld in de nabijheid van de zon. Wanneer zij in de wereldboom zit, is zij een soort anima mundi die in de macht van de duisternis gekomen is. Deze vangst bekomt de duisternis blijkbaar niet goed, want de rover wordt gekruisigd en wel met drie spijkers. Deze kruisiging betekent blijkbaar een pijnlijke gebondenheid en suspensie, de straf voor de vermetele die zich als een Prometheus in de sfeer van het tegengestelde principe gewaagd heeft. De raaf, die met de jager identiek is, heeft dit gedaan, want hij heeft een kostbare ziel uit de lichte bovenwereld gestolen. Tot straf wordt hij in de bovenwereld aan de wand genageld. Men mag wel aannemen dat dit een weerspiegeling van het christelijke oerbeeld is, maar dan in tegengestelde zin. Zoals de Redder, die de ziel van de mensheid uit de heerschappij van de Overste van deze wereld verlost heeft, hier beneden in de sublunaire wereld aan het kruis genageld is, zo wordt ook de diefachtige raaf als straf voor zijn vergrijp in de hoge top van de wereldboom aan de muur genageld. De drie spijkers zijn in ons sprookje het merkwaardige instrument van de verbanning. In het sprookje wordt niet vermeld wie de raaf gevangen gezet heeft, maar men krijgt de indruk dat het hier gaat om een bezwering in naam van de drie-eenheid.

De jonge held die in de wereldboom geklommen en in het toverslot, waaruit hij de prinses bevrijden moet, binnengedrongen is, mag in alle kamers binnengaan. Alleen in één kamer mag hij niet komen, namelijk in die kamer waarin de raaf is.[49] Deze mag niet geopend worden, zoals ook in het paradijs van één boom niet gegeten mag worden. Natuurlijk doet hij het dan juist, want niets trekt zo sterk de aandacht als een verbod. Het is de zekerste weg om iemand uit te dagen om ongehoorzaam te zijn. Blijkbaar is hier een verborgen bedoeling aan het werk, die *niet zozeer de prinses dan wel de raaf bevrijden wil.* Zodra de held de raaf ziet, begint deze erbarmelijk te wenen en over dorst te klagen.[50] De jongen, door de deugd van het medelijden bewogen, laaft hem niet met hysop en azijn maar met verkwikkend water, waarop de drie spijkers er al spoedig uitvallen en de raaf door het open venster wegvliegt. De boze geest krijgt hierdoor zijn vrijheid terug, verandert in de jager, rooft de prinses voor de tweede keer en sluit haar nu op in zijn jachthuis op aarde. Het verborgen doel wordt hierdoor gedeeltelijk ontsluierd: de prinses moet uit de bovenwereld naar de aarde van de mensen gebracht worden. Dit was blijkbaar niet mogelijk zonder de hulp van de boze geest en de ongehoorzaamheid van de mens.

Maar ook in de wereld van de mensen heerst de jager van de zielen over de prinses, zodat de held opnieuw tussenbeide moet komen. Zoals wij al gehoord hebben, moet hij hiervoor door middel van een list het vierbenige paard van de heks veroveren om hiermee de driebenige macht van de tovenaar te breken. De raaf wordt door een drietal bezworen, maar de macht van de tovenaar wordt eveneens door een drietal voorgesteld. We hebben hier twee drietallen die in tegengestelde richting wijzen.

Een heel ander gebied, dat van de psychologische ervaring, heeft ons geleerd dat drie van de vier functies van het bewustzijn gedifferentieerd kunnen worden, maar dat de vierde met de moederbodem, dat wil zeggen met het onbewuste, verbonden blijft en de inferieure, 'minderwaardige' functie genoemd wordt. Zij vormt de Achillespees van het meest heldhaftige bewustzijn. Ergens is de sterke zwak, de knappe dom, de goede slecht enzovoort, en het omgekeerde is ook het geval. In ons sprookje wordt het drietal als een verminkt viertal voorgesteld. Als men het ene been aan de drie andere zou kunnen toevoegen, zou de totaliteit ontstaan. Ook het enigmatische *axioma van Maria* luidt als volgt: 'Uit de derde wordt het ene [als] vierde.'[51] Dit betekent waarschijnlijk: wanneer het vierde uit het derde komt, ontstaat tegelijkertijd de eenheid. Het verloren stuk dat de wolven van de grote moeder bezitten, is weliswaar slechts een vierde deel, maar het vormt met de drie andere tezamen die totaliteit die de scheiding en het conflict opheft.

Hoe komt het nu dat volgens de symboliek dat ene vierde deel ook een drietal vormt? Hier laat de symboliek van het sprookje ons in de steek. Daarom moeten wij onze toevlucht nemen tot de feiten die de psychologie ons biedt. Ik heb er al op gewezen dat drie functies gedifferentieerd kunnen worden, maar dat een

van de vier in het gebied van het onbewuste blijft. Dit moet nog
nader uitgewerkt worden. De ervaring heeft ons geleerd dat de
differentiatie maar bij één functie bij benadering bereikt kan worden. Deze wordt daarom de hoofdfunctie of superieure functie
genoemd. Zij vormt tezamen met de extraversie of introversie
het type van de instelling van het bewustzijn. Zij wordt terzijde
gestaan door een of twee hulpfuncties, die ook min of meer gedifferentieerd zijn. Deze bereiken echter nooit dezelfde mate van
differentiatie als de hoofdfunctie, zodat hun bruikbaarheid minder afhankelijk is van onze wil en hun spontaniteit groter is dan
die van de hoofdfunctie. Deze laatste is zeer betrouwbaar en een
gewillig instrument bij het verwezenlijken van onze plannen. De
vierde, inferieure functie is echter ontoegankelijk voor onze wil.
Zij treedt nu eens op als kobold, die hinderlijke storingen veroorzaakt, dan weer als deus ex machina. Zij komt en gaat sua
sponte (uit zichzelf). Wij zien bij deze uiteenzetting dat zelfs de
gedifferentieerde functies zich maar gedeeltelijk van hun oorsprong uit het onbewuste bevrijd hebben. Een ander deel blijft
in het onbewuste steken en wordt, wat zijn werking betreft, hierdoor beheerst. De drie gedifferentieerde functies die ik tot mijn
beschikking heb, passen bij de drie onbewuste delen die zich nog
niet vrijgemaakt hebben van het onbewuste.[52] Zoals tegenover
de drie bewuste en gedifferentieerde delen van de functies als een
pijnlijk en storend element de vierde, ongedifferentieerde functie staat, zo staat de superieure functie tegenover het onbewuste
en wordt zij hierdoor blijkbaar als de ergste vijand beschouwd.
Hierbij moet nog op een bijzonderheid gewezen worden: zoals
de duivel zich graag als engel van het licht vermomt, zo oefent
de inferieure functie op verborgen en slinkse wijze de meeste invloed op de hoofdfunctie uit, terwijl deze op haar beurt de inferieure functie het sterkst onderdrukt.[53]

Deze ongelukkigerwijs enigszins abstracte uiteenzettingen zijn
noodzakelijk om enig licht te kunnen werpen op de verhoudingen in ons – zoals men pleegt te zeggen – 'kinderlijk eenvoudige' sprookje, die zo rijk aan listen en toespelingen zijn. De beide tegengestelde drietallen, waarvan de ene het kwaad bezweert

en de andere het beeld van het kwaad is, beantwoorden haarfijn aan de functionele structuur van onze bewuste en onbewuste ziel. Het sprookje is een spontaan, naïef en ongereflecteerd product van de ziel. Het kan daarom alleen maar datgene onder woorden brengen wat de ziel zelf is. Niet alleen ons sprookje geeft een beeld van deze structurele psychische verhoudingen, ontelbare andere sprookjes doen hetzelfde.[54]

Ons sprookje geeft niet alleen een bijzonder helder beeld van de tegenstrijdigheid in het archetype van de geest. Het toont ons ook duidelijk het verwarrende samenspel van de antinomieën, gericht op het grote doel van de hogere bewustwording. De jonge varkenshoeder, die vanuit het animale laaggelegen gebied in de reusachtige wereldboom naar boven klimt en helemaal boven in de bovenwereld zijn jonkvrouw anima vindt, de hooggeboren prinses, is een symbool voor het omhoog stijgen van het bewustzijn vanuit gebieden die in de nabijheid van het dierlijke liggen, naar een hoogtepunt dat een ruimer uitzicht biedt. Dit hoogtepunt is een bijzonder toepasselijk beeld voor de verruiming van de horizon van het bewustzijn.[55] Wanneer het mannelijke bewustzijn deze hoogte bereikt heeft, komt hem daar zijn vrouwelijke pendant, de anima, tegemoet.[56] Deze anima is de personificatie van het onbewuste.

Deze ontmoeting toont hoe ongeschikt de naam 'onderbewustzijn' voor het onbewuste is. Het is niet alleen 'onder het bewustzijn', maar ook erboven. Het neemt al een hoger standpunt in dan het bewustzijn, zodat onze held er moeizaam naar toe moet klimmen. Dit 'hogere' onbewuste is echter geenszins een 'bovenbewustzijn' in die zin dat degene die het evenals onze held bereikt heeft, nu even ver boven het onbewuste zou staan als hij zich boven de aardoppervlakte bevindt. Integendeel, hij komt hier tot de onaangename ontdekking dat zijn hoge, lichte anima, de prinses ziel, daarboven behekst is en dat zij even weinig vrijheid bezit als een vogel in een gouden kooi. Hij kan er zich weliswaar op beroemen dat hij boven de laagten van een bijna animale dufheid uitgegroeid is, maar zijn ziel is in de macht van een boze geest, een duister vaderimago dat met de onderwereld in

verband staat en de gestalte van de raaf bezit, de bekende theriomorfe gestalte van de duivel. Wat baat hem zijn hoge standpunt
en zijn ruime horizon, wanneer zijn ziel in de gevangenis ver-
smacht? Zij doet zelfs mee aan het spel van de onderwereld en
wil blijkbaar verhinderen dat de jongen het geheim van haar gevangenschap ontdekt, want zij verbiedt hem om in die ene kamer te komen. Het is alsof het onbewuste twee handen heeft die
altijd het tegengestelde van elkaar doen. De prinses wil graag bevrijd worden en wil het toch ook weer niet. Blijkbaar heeft de
boze geest zichzelf ook in de val gelokt. Hij wilde een schone
ziel uit de bovenwereld roven, wat hij als gevleugeld wezen ook
doen kon, maar hij heeft er geen rekening mee gehouden dat hij
daardoor ook zelf naar de bovenwereld verbannen zou worden.
Hij is weliswaar een duistere geest, maar hij verlangt naar het licht.
Dit is de verborgen rechtvaardiging van zijn gedrag, zoals ook de
verbanning de straf voor zijn overtreding is. Zolang de boze geest
in de bovenwereld gevangen zit, kan de prinses niet naar de aarde afdalen en blijft de held verdwenen in het paradijs. Wanneer
hij echter zondigt en ongehoorzaam is, kan de rover ontvluch-
ten en wordt de prinses voor de tweede maal ontvoerd, wat een
hele reeks onaangename gevolgen met zich meebrengt. Het resultaat hiervan is echter, dat de prinses op aarde komt en dat de
duivelse raaf de menselijke gestalte van de jager aanneemt. Op
deze wijze komen zowel de lichte, bovenaardse anima als het
boze principe in de nabijheid van het menselijke; zij worden op
mensenmaat verkleind, waardoor zij bereikbaar worden. Het
driebenige, alwetende paard is het beeld van de werkelijke macht
van de jager en vertegenwoordigt de onbewuste delen van die
functies die gedifferentieerd kunnen worden.[57] De jager verpersoonlijkt de inferieure functie, die ook bij de held zichtbaar wordt
in de vorm van zijn nieuwsgierigheid en ondernemingslust. In
het verdere verloop van het verhaal wordt de overeenstemming
tussen de jager en de held nog groter. Evenals de jager gaat ook
de held zijn paard bij de heks halen. In tegenstelling tot de held
heeft de jager echter vergeten om de twaalf lammeren mee te nemen waarmee hij de wolven moet voederen; zo verminken deze

zijn paard. Hij vergat de schatting die aan de chtonische machten betaald moet worden, omdat hij alleen maar een rover is.
Door zijn verzuim leert de held echter dat het onbewuste zijn
kinderen alleen maar afstaat wanneer hiervoor een offer gebracht
wordt.[58] Het getal twaalf is hier waarschijnlijk in de eerste plaats
een symbool voor de tijd, maar bevat tevens een toespeling op
de twaalf werken[59] die voor het onbewuste verricht moeten worden, voordat men zich ervan kan bevrijden.[60] Het lijkt wel alsof
de jager een vroegere, mislukte poging van de held voorstelt,
waarbij deze geprobeerd heeft om door roof en geweld in het
bezit van zijn ziel te komen. Het verwerven van de ziel is echter een werk van geduld, offervaardigheid en overgave. Hij neemt
ten slotte de plaats van de jager geheel in wanneer hij het vierbenige paard verovert en hierdoor de prinses vangt. Het viertal
bewijst in ons verhaal dat het de grootste macht heeft, want in
zijn totaliteit integreert het ook dat deel dat er nog aan ontbrak
om een geheel te vormen.

Het archetype van de geest is in dit − terloops opgemerkt −
zeker niet primitieve sprookje theriomorf afgebeeld als een systeem van drie functies dat ondergeschikt is aan een eenheid, de
boze geest, zoals ook een instantie die niet genoemd wordt, met
behulp van een drietal spijkers de raaf gekruisigd heeft. In beide
gevallen wordt dus de hoogste plaats door een eenheid ingenomen. In het eerste geval stemt deze eenheid overeen met de inferieure functie, dus met de jager, in het tweede geval stemt zij
overeen met de hoofdfunctie, dus met de held. De held is zelfs
al vanaf het begin van het verhaal in de jager aanwezig en maakt
dat deze met alle immorele middelen die hem ter beschikking
staan, de ziel rooft om haar als het ware tegen wil en dank de
held in handen te spelen. Aan de oppervlakte heerst tussen hen
beiden een verwoede strijd, op de achtergrond zorgt echter de
een voor de ander. De ontknoping van deze intrige vindt plaats
op het ogenblik waarop het de held lukt om het viertal te veroveren, psychologisch uitgedrukt: wanneer het hem lukt om de
inferieure functie in het systeem van het drietal op te nemen.
Hierdoor komt plotseling een einde aan het conflict en de jager

verdwijnt in het niet. Na deze overwinning zet de held de prinses op het driebenige paard en rijdt met haar naar het koninkrijk van haar vader. Zij heeft de leiding en verpersoonlijkt nu dat gebied van de geest dat vroeger in dienst van de jager stond. De anima is en blijft dus de vertegenwoordigster van dat deel van het onbewuste dat nooit opgenomen kan worden in een totaliteit die voor de mens bereikbaar is.

Toevoeging

Nadat dit manuscript al afgesloten was, werd ik van bevriende zijde opmerkzaam gemaakt op een Russische variant van ons sprookje. Deze variant heet 'Maria Moréwna'.[61] De held van het verhaal is geen varkenshoeder maar Iwán Zaréwitsch. Wij vinden hier een interessante verklaring voor de drie behulpzame dieren. Zij stemmen hier overeen met de drie zusters van Iwán en met hun mannen, die eigenlijk vogels zijn. Deze drie zusters stellen een triade van onbewuste functies voor die in verbinding staan met het rijk van het dier, respectievelijk van de geest. De vogelmensen zijn een soort engelen en wijzen op de auxiliaire aard van de onbewuste functies. Zij grijpen dan ook in het verhaal op het beslissende ogenblik in, namelijk wanneer de held (in afwijking van de Duitse variant) in de macht van de boze geest komt en door hem gedood en verscheurd wordt (het typische lot van de godmens).[62] De boze geest is een grijsaard, die dikwijls naakt wordt afgebeeld en die Koschtschéj Bessmértnoi (Koschtschéj[63] de onsterfelijke) genoemd wordt. De heks is de bekende Bába-Jagá. De drie behulpzame dieren zijn in dit verhaal verdubbeld, ten eerste de vogelmensen en verder de leeuw, de vreemde vogel en de bijen. De prinses is koningin Maria Moréwna, de grote legeraanvoerster (Maria, de Hemelkoningin, wordt in de Russisch-orthodoxe hymne als 'legeraanvoerster' geprezen) die de boze geest in een verboden kamer in haar kasteel met twaalf ketenen geboeid heeft. Als Iwán de dorst van de oude man lest, steelt deze de koningin. Het magische rijdier verandert aan het

287

einde van het sprookje niet in een mens. Het Russische sprookje heeft een veel primitiever karakter.

5 Aanhangsel

De volgende uiteenzettingen maken in zoverre geen aanspraak op algemene interesse dat zij voornamelijk technisch zijn. Ik was eerst van plan ze bij deze nieuwe uitgave weg te laten, maar ben hierop teruggekomen en heb ze er als aanhangsel bijgevoegd. De lezer die geen speciale psychologische belangstelling heeft, kan dit hoofdstuk zonder bezwaar overslaan. Ik bespreek hierin het schijnbaar duistere probleem van de drie- en vierbenigheid van de magische paarden. De wijze waarop ik mijn overwegingen weergeef, laat de methode die ik daarbij gevolgd heb, duidelijk uitkomen. Deze psychologische wijze van redeneren berust enerzijds op de irrationele gegevens van de stof, dat wil zeggen van het sprookje, de mythe of de droom, anderzijds op de bewustmaking van de 'latente' rationele verhoudingen waarin deze gegevens tot elkaar staan. De veronderstelling dat dergelijke verhoudingen werkelijk bestaan, is aanvankelijk slechts een hypothese, evenals de hypothese die beweert dat dromen zinvol zijn. De waarheid daarvan staat niet a priori vast. Alleen de toepassing ervan kan uitmaken of zij nuttig is of niet. Daarom moeten we in de eerste plaats afwachten of een methodische toepassing van deze hypothese een zinvolle interpretatie van het materiaal mogelijk maakt. Deze toepassing bestaat uit het benaderen van het materiaal alsof er een zinvolle innerlijke samenhang in aanwezig is. Bij de meeste gegevens is hiervoor een zekere amplificatie nodig, die overeenkomstig de cardanische regel voor de interpretatie bestaat uit het verduidelijken, generaliseren en benaderen van het gegeven, zodat dit met een min of meer algemeen begrip in verband wordt gebracht. Om te kunnen constateren wat het driebenige eigenlijk betekent, moet dit eerst geïsoleerd worden van het paard en in verband gebracht worden met het eigen principe ervan, namelijk met het drietal. Op dit hogere niveau van het

288

algemene begrip bestaat er ook een verband tussen het drietal en de vierbenigheid die in het sprookje vermeld wordt. Hieruit vloeit op zijn beurt weer het raadsel van *Timaeus* voort, met andere woorden het probleem van de drie en de vier. De triade en de tetrade zijn voorstellingen van archetypische structuren die in de algemene symboliek een grote rol spelen en zowel voor het wetenschappelijke onderzoek van de mythen als voor dat van de dromen zeer belangrijk zijn. Wanneer we het irrationele gegeven (namelijk de drie- en vierbenigheid) op het niveau van het algemene begrip brengen, wordt de universele betekenis van het motief duidelijk zichtbaar. Hierdoor wordt het verstand dat erover nadenkt, bemoedigd om dit argument ernstig onder ogen te zien. Deze opgave brengt een reeks overwegingen en conclusies van technische aard met zich mee, die ik de psychologisch geïnteresseerde lezer en vooral de vakman niet onthouden wil, omdat deze methode niet alleen kenmerkend is voor de opheldering van symbolen in het algemeen, maar ook onontbeerlijk is voor het begrijpen van de producten van het onbewuste. Alleen op deze wijze kan de zin van het onderlinge verband tussen de inhouden van het onbewuste vanuit het materiaal zelf gevonden worden. Deze werkwijze staat tegenover die deductieve duidingen die van een vooropgestelde theorie uitgaan, zoals de astrologische en meteorologische en – last but not least – de seksueeltheoretische interpretaties.

Het driebenige en het vierbenige paard hebben inderdaad iets geheimzinnigs en zijn zeker een nauwkeuriger onderzoek waard. De drie en de vier herinneren niet alleen aan het dilemma van de leer van de psychische functies, maar ook aan het axioma van Maria Prophetissa, dat een belangrijke rol in de alchemie speelt. Het zou dan ook de moeite kunnen lonen om wat dieper op deze beide wonderpaarden in te gaan.

In de eerste plaats valt mij hierbij op dat het driebenige paard aan de ene kant het rijdier van de prinses en aan de andere kant zelf een merrie en ook een betoverde prinses is. Het drietal wordt hier dus zeer duidelijk met het vrouwelijke verbonden, terwijl het volgens de meest voorkomende religieuze opvatting van het bewustzijn een typisch mannelijke zaak is, nog geheel afgezien van het feit dat het als oneven getal in ieder geval mannelijk is. Men zou het drietal dus linea recta met 'mannelijkheid' kunnen vertalen. We zien dit nog duidelijker in de Oudegyptische drie-eenheid van God, Ka-Mutef[64] en farao.

Het driebenige als eigenschap van een dier wijst op iets mannelijks dat in het onbewuste van het vrouwelijke wezen aanwezig is. Dit is bij de werkelijke vrouw de animus, die evenals het toverpaard een beeld van de 'geest' is. Bij de anima daarentegen valt het drietal echter niet samen met de christelijke voorstelling van de Drie-eenheid, maar met de 'lagere driehoek', de triade van de inferieure delen van de functies die de 'schaduw' vormen. Dit inferieure deel van de persoonlijkheid is meestal grotendeels onbewust. Het omvat niet het gehele onbewuste, maar alleen het persoonlijke deel ervan. Voorzover de anima van de schaduw onderscheiden kan worden, verpersoonlijkt zij het collectieve onbewuste. Wanneer het drietal als rijdier aan haar toegevoegd is, betekent dit dat zij de schaduw 'berijdt', dat wil zeggen dat zij zich als mare[65] tegenover hem gedraagt. In dit geval bezit zij de schaduw. Is zij echter zelf het paard, dan heeft zij haar dominerende plaats als personificatie van het onbewuste verloren en wordt zij als rijdier 'bereden', dat wil zeggen bezeten door prinses A, de gemalin van de held. Zij is als prinses B, zoals het sprookje terecht opmerkt, in het driebenige paard omgetoverd.

De enigszins verwarde zaak kan op de volgende wijze opgehelderd worden:

1. Prinses A is de anima van de held.[66] Zij berijdt, dat wil zeggen bezit het driebenige paard dat de schaduw (dus de triade van de inferieure delen van de functies) van haar toekomstige gemaal voorstelt. Eenvoudiger gezegd: zij heeft beslag gelegd op de inferieure helft van de persoonlijkheid van de held. Zoals dat in het dagelijks leven meer voorkomt, heeft zij hem aan zijn zwakke kant te pakken gekregen, want daar waar men zwak is, heeft men aanvulling en steun nodig. De zwakke kant van de man is zelfs de goede en zinvolle plaats van de vrouw. Deze definitie van de situatie zou juist zijn als men de held en de prinses als twee ge-

wone personen zou willen beschouwen. Het verhaal speelt zich echter voornamelijk in de wereld van het magische af en daarom is de duiding van prinses A als anima van de held waarschijnlijk beter. De held wordt dan door de ontmoeting met de anima aan de profane wereld ontrukt, zoals ook Merlijn hier door zijn fee aan ontrukt werd. Dit wil zeggen dat hij als gewoon mens de wereld alleen nog maar door een nevel kan zien, omdat hij in een wonderlijke droom gevangen is.

2. De situatie wordt echter veel gecompliceerder door de onverwachte omstandigheid dat het driebenige paard vrouwelijk is, dat wil zeggen in een bepaald opzicht met prinses A overeenstemt. Het is prinses B. Zij zou als schaduw aan prinses A moeten beantwoorden, dus aan de triade van het inferieure deel van haar functies. Er bestaat echter ook een verschil tussen prinses A en prinses B. Deze laatste zit niet op maar in het paard, respectievelijk B is erin veranderd en zo in de macht van het mannelijke drietal gekomen. Zij is dus bezeten door een schaduw.

3. De vraag is nu: wiens schaduw is de oorzaak van deze bezetenheid? De schaduw van de held kan het niet zijn, want deze is al in het bezit van de anima. Het sprookje geeft ons zelf het antwoord op deze vraag, want het vertelt dat de jager, respectievelijk de tovenaar haar behekst heeft. We hebben al gezien dat ereen bepaald verband bestaat tussen de jager en de held, omdat de laatste langzamerhand de plaats van de jager inneemt. Men zou daardoor op de gedachte kunnen komen dat de jager in laatste instantie de schaduw van de held is. Deze opvatting is in tegenspraak met het feit dat de jager een belangrijke macht vertegenwoordigt, die niet alleen de anima van de held, maar ook het koninklijke broeder-zusterpaar beïnvloedt. De held en zijn anima wisten niets van het bestaan van dit broeder-zusterpaar af en in het sprookje treden zij zeer onverwacht op! De macht die door de jager vertegenwoordigd wordt, reikt verder dan het gebied van het individuele en bezit een bovenindividueel karakter. Daarom kan hij niet met de schaduw geïdentificeerd worden, want volgens de definitie moeten we de schaduw als de donkere helft van het individuele deel van de psyche beschouwen. Als factor

die boven het individuele uitgaat, is het numen van de jager die dominant van het collectieve onbewuste die op grond van haar karakteristieken, bijvoorbeeld jager, tovenaar, raaf, wonderpaard, kruisiging respectievelijk suspensie in de top van de wereld-boom[67], vooral voor de Germaanse ziel van belang is. De weer-spiegeling van de christelijke wereldbeschouwing in de oceaan van het onbewuste neemt dan ook terecht de trekken van Wo-dan aan.[68] De gestalte van de jager representeert een imago Dei, een beeld van God, want Wodan is ook een god van de wind en van de geest, zodat hij door de Romeinen volkomen adequaat als Mercurius geduid werd.

4. Een heidense god heeft dus bezit genomen van de prins en zijn zuster prinses B. Hij heeft hen in paarden veranderd, dat wil zeggen naar de animale sfeer doen afdalen. Deze sfeer stemt over-een met het onbewuste. Beiden behoorden vroeger, in hun oor-spronkelijke gestalte, tot het gebied van het collectieve onbe-wuste. Wie zijn zij eigenlijk?

Om die vraag te kunnen beantwoorden moeten we uitgaan van het feit dat beiden ongetwijfeld in een bepaald opzicht met de held en met prinses A overeenstemmen. Zij staan met hen in verband, want zij zijn hun rijdieren en treden dus als hun lagere, animale helften op. Het dier is, omdat het bijna helemaal onbe-wust leeft, van oudsher een symbool geweest voor die psychi-sche sfeer die in het duister van het lichamelijke driftleven ver-borgen ligt. De held rijdt op de hengst, wiens kenmerk het even (vrouwelijke) getal (vier) is, de prinses op de merrie, die maar drie benen (dus een mannelijk getal) heeft. Uit deze getallen blijkt dat met de verandering in dieren ook een zekere verandering in de geslachtskenmerken van het karakter gepaard gaat. De hengst heeft een vrouwelijk attribuut, de merrie een mannelijk. Dit ver-schijnsel is door de psychologie bevestigd: naarmate een man door het (collectieve) onbewuste overmeesterd wordt, worden niet al-leen de uitingen van het driftleven ongeremder, maar gaat hij ook zekere vrouwelijke karaktertrekken vertonen, waarvoor ik de naam 'anima' voorgesteld heb. Wordt daarentegen een vrouw door het onbewuste beheerst, dan treedt de duistere kant van haar

vrouwelijke aard tezamen met typisch mannelijke trekken meer
op de voorgrond. Het begrip 'animus' omvat deze mannelijke
trekken in de psyche van de vrouw.[69]

5. Volgens het sprookje mogen we de dierlijke gestalte niet als
de werkelijke gestalte van het broeder-zusterpaar beschouwen,
want deze is ontstaan door de betovering door de heidense ja-
ger-god. Als zij alleen maar dieren waren, zouden we ons met
bovengenoemde duiding tevreden kunnen stellen. We zouden
dan stilzwijgend over de merkwaardige verandering in de geslachtskenmerken moeten heenstappen, iets waartoe we eigenlijk niet het recht hebben. De schimmel is echter geen gewoon
paard, maar een wonderdier met bovennatuurlijke eigenschappen. Daarom moet de menselijke gestalte waaruit het dier door
betovering ontstaan is, ook een bovennatuurlijke aard bezitten.
Het sprookje zegt hierover evenwel niets. Als onze veronderstelling juist is dat de animale gestalte van het broeder-zusterpaar
een deel van de psyche van de held en de heldin voorstelt dat beneden het niveau van de mens ligt, dan moet hun menselijke gestalte overeenstemmen met een deel dat boven het niveau van
de mens ligt. Het bovenmenselijke aspect van de varkenshoeder
treedt duidelijk aan het licht door het feit dat hij een held, dus
zoiets als een halfgod wordt, want hij blijft niet bij zijn varkens,
maar klimt in de wereldboom en raakt hierbij bijna in gevangenschap. Dit doet ons aan Wodan denken. Bovendien zou hij
onmogelijk een gelijkstelling met de jager kunnen bereiken als
hij niet, zoals we al gezien hebben, in zeker opzicht op hem lijkt.
De gevangenschap van prinses A in de wereldboom wijst erop
dat zij eveneens in een bepaald opzicht uitverkoren is en omdat
zij het bed van de jager deelt (zoals in het sprookje verteld wordt),
is zij zelfs de bruid van een god.

Twee gewone mensenkinderen raken in bovenmenselijke lot-
gevallen verwikkeld door de buitengewone, aan het bovenmenselijke grenzende krachten van het heldendom en het uitverkoren zijn. In het profane gebied wordt de varkenshoeder hierdoor
koning en krijgt de prinses een echtgenoot die haar bevalt. We
zijn echter nog niet klaar wanneer we alleen maar naar het men-

selijke lot kijken, want in het sprookje komt niet alleen een profane maar ook een magische wereld voor. Ook over datgene wat in de magische wereld gebeurt, wordt iets verteld. Hier zijn eveneens een prins en een prinses in de macht van de boze geest gekomen. Deze geest bevindt zich echter zelf in een zeer moeilijke situatie, waaruit hij zich niet zonder de hulp van een ander kan bevrijden. Dit is een parallel van het menselijke lot van de jongen en de prinses op het niveau van de magische wereld. Voorzover de jager echter als beeld van een heidense god nog boven de wereld van de mythische helden en de uitverkorenen van de goden staat, gaat het parallellisme nog verder dan de wereld van het magische en strekt het zich uit tot in het gebied van het goddelijke en het geestelijke. Hier wordt een boze geest, de duivel of op z'n minst *een* duivel, bezworen door een tegengesteld principe dat even machtig, zo niet machtiger is. Deze bezwering wordt door de drie spijkers aangeduid. De spanning tussen de tegenstellingen, die het uitgangspunt van dit hele drama is, is op dit hoogste niveau blijkbaar het conflict tussen de hogere en de lagere driehoek. In de terminologie van de wereldbeschouwing is dit het conflict tussen de christelijke God enerzijds en de duivel, die de trekken van Wodan[70] aangenomen heeft, anderzijds.

6. Het lijkt wel alsof wij van dit hoogste niveau moeten uitgaan als wij het sprookje op de juiste wijze willen begrijpen, want het vergrijp van de boze geest, dat aan het hele verhaal is voorafgegaan, is de primaire oorzaak van het hele drama. Het eerste gevolg hiervan is zijn kruisiging. In deze pijnlijke situatie heeft hij de hulp van een ander nodig en omdat deze hulp niet van boven komt, moet hij haar van beneden naar zich toe halen. Een jonge varkenshoeder bezit een even vermetele als jongensachtige ondernemingslust en nieuwsgierigheid, waardoor hij in de wereldboom klimt. Als hij eruit gevallen was en daarbij alle beenderen gebroken had, dan zouden de mensen waarschijnlijk gezegd hebben: welke boze geest heeft hem op deze dwaze gedachte gebracht om juist in zo'n reusachtige boom te klimmen! En zij zouden zelfs niet helemaal ongelijk gehad hebben, want het was juist dat-

gene wat de boze geest beslist nodig had. Het gevangen nemen van prinses A was een vergrijp in de profane wereld en de betovering van het vermoedelijk halfgoddelijke broeder-zusterpaar was een overtreding in de magische wereld. Wij weten het niet zeker, maar het is toch heel goed mogelijk dat het betoveren van prinses B het eerst plaatsvond en dat pas daarna de overtreding met prinses A kwam. In ieder geval wijzen deze beide incidenten erop dat het vergrijp van de boze geest zowel in de magische als in de profane wereld plaatsvond.

We mogen wel aannemen dat het feit dat de bevrijder of verlosser net als de Verloren Zoon een varkenshoeder is, een diepere betekenis heeft. Hij is afkomstig uit het laagste, wat ook het geval is bij de merkwaardige voorstelling van de verlosser die we bij de alchemisten vinden. Zijn eerste daad in het proces van de bevrijding is dat hij de boze geest verlost van de hem door de godheid opgelegde straf. Deze daad voert, als eerste niveau van de lysis, tot de oplossing van de dramatische verwikkeling.

7. De moraal van dit verhaal is werkelijk zeer merkwaardig. Voorzover we horen dat de varkenshoeder en de prinses met elkaar trouwen, bevredigt het einde van het sprookje ons. De prins en prinses B vieren ook hun bruiloft, maar doen dit op grond van een oeroud voorrecht van de koningen in de vorm van een incest. Dit zou aanstoot kunnen geven, maar wij moeten het als een eigenaardige gewoonte in de kringen van de halfgoden beschouwen.[71] Wat gebeurt er echter met de boze geest, met wiens bevrijding uit een rechtvaardige straf het hele drama begonnen is? Deze wordt door de paarden vertrapt, wat vermoedelijk de geest geen permanent letsel toebrengt. Hij is schijnbaar spoorloos verdwenen. Dit lijkt echter alleen maar zo, want hij laat toch zijn sporen achter in de vorm van een duur gekocht geluk, zowel in de profane als in de magische wereld. Het viertal, voorgesteld door de varkenshoeder en prinses A enerzijds en de prins en prinses B anderzijds, is tenminste voor de helft tot een geheel geworden en stevig met elkaar verbonden. Deze twee gehuwde paren staan nu tegenover elkaar. Zij zijn wel parallellen van elkaar, maar verder zijn ze van elkaar gescheiden, want het ene paar be-

hoort tot de profane en het andere paar tot de magische wereld. Niettegenstaande deze scheiding bestaan er toch verborgen psychologische verhoudingen tussen hen, die ons veroorloven om het ene paar van het andere af te leiden.

Het sprookje laat het drama op het hoogste niveau beginnen. Wanneer wij dan ook in de geest van het sprookje willen blijven, zouden we moeten zeggen dat de wereld van de halfgoden aan de profane wereld voorafgaat en deze als het ware uit zichzelf laat ontstaan, zoals ook de wereld van de halfgoden op haar beurt weer van de wereld van de goden afkomstig is. Volgens deze beschouwing zijn de varkenshoeder en prinses A alleen maar de aardse evenbeelden van de prins en prinses B, die op hun beurt weer de nakomelingen van voorbeelden uit de godenwereld zijn. We mogen niet vergeten dat de paardenfokkende heks als vrouwelijke tegenspeler bij de jager hoort en zoiets als een oude Epona (de Keltische godin van de paarden) is. Jammer genoeg wordt niet verteld hoe de betovering in de paarden plaatsgevonden heeft. De beide schimmels komen echter uit de stal van de heks en zijn daarom in zeker opzicht haar producten, waaruit blijkt dat de heks bij de betovering wel een hand in het spel gehad zal hebben. De jager en de heks vormen een paar dat de weerspiegeling is van een goddelijk paar ouders in het nachtelijk-chtonische deel van de magische wereld. Dit goddelijke paar is gemakkelijk te herkennen in de centrale christelijke voorstelling van sponsus en sponsa, Christus en de kerk als Zijn bruid.

Wanneer men het sprookje op personalistische wijze zou willen duiden, zou deze poging gedoemd zijn om te mislukken door het feit dat de archetypen geen willekeurige verzinsels zijn, maar autonome elementen van het onbewuste die al bestonden voordat er van verzinsels sprake kon zijn. Zij zijn voorstellingen van de onveranderlijke structuur van de psychische wereld en hun determinerende invloed op het bewustzijn toont aan dat zij 'werkelijk' zijn. Het is dan ook een belangrijke psychische werkelijkheid dat aan het menselijke paar[72] in het onbewuste een ander paar beantwoordt, dat alleen maar schijnbaar een weerspiegeling ervan is. In werkelijkheid is het koninklijke paar altijd en overal a priori aanwezig. Daarom moet het menselijke paar veeleer beschouwd worden als een individuele concretisering van het eeuwige oerbeeld in de tijd en de ruimte, tenminste wat de geestelijke structuur ervan betreft, die zijn stempel op de biologische continuïteit gezet heeft.

Men zou dus kunnen zeggen dat de varkenshoeder de animale mens voorstelt, die ergens in de bovenwereld een vrouwelijke partner bezit. Haar koninklijke geboorte bewijst dat zij met het a priori bestaande halfgoddelijke paar verbonden is. Vanuit dit standpunt beschouwd stelt het halfgoddelijke paar alles voor wat de mens nog kan worden, als hij maar ver genoeg in de wereldboom klimt.[73] De benadering van het halfgoddelijke paar en de verheffing in de sfeer van het koninklijke, dat wil zeggen van het algemeen geldende, houdt bij de jonge varkenshoeder ongeveer gelijke tred met de verovering van de hooggeboren vrouwelijke helft van zijn persoonlijkheid. Ditzelfde motief vinden we in het tussenspel in de *Chymische Hochzeit* van Christian Rosencreutz. Hier moet de koningszoon zijn koninklijke bruid eerst bevrijden uit de macht van een Moor bij wie zij zich vrijwillig als concubine aangesloten heeft. De Moor stelt hier de alchemistische nigredo voor die in de arcaansubstantie verborgen ligt. Deze gedachte is een andere parallel van ons mythologeem of, psychologisch uitgedrukt, een andere variant van het archetype.

Het sprookje beschrijft evenals de alchemie die onbewuste processen die de instelling van het christelijke bewustzijn compenseren. Het beschrijft de activiteit van een geest die de christelijke gedachte tot ver over de door de kerk gestelde grenzen uitspint en die op deze wijze een antwoord probeert te vinden op al die vragen waarop noch in de Middeleeuwen, noch in de moderne tijd een antwoord gevonden is. Het is niet zo heel moeilijk in te zien dat het tweede koninklijke paar beantwoordt aan de kerkelijke voorstelling van bruidegom en bruid en dat de christelijke gedachte in het beeld van de jager en de heks verwrongen wordt in de richting van een nog in het onbewuste bestaand wodanisme. Het feit dat we hier met een Duits sprookje te maken hebben, maakt het geval bijzonder interessant, omdat ditzelfde wodanisme, psychologisch gesproken, het nationaal-socialisme ten doop gehouden heeft.[74] Dit laatste heeft de wereld deze verwringing naar het lagere duidelijk onder het oog gebracht. Aan de andere kant wijst het sprookje erop dat de totaliteit in de zin van de individuatie van de mens alleen maar bereikt kan worden als het donkere aspect van de geest óók hierin betrokken wordt, en dat deze laatste zelfs de causa instrumentalis van het verlossende individuatieproces is. Het nationaal-socialisme, dat de zedelijke autonomie van de mens vernietigt en de ongerijmde totaliteit van de staat grondvest, verdraait hiermee volkomen het geprefigureerde doel waarnaar zowel de natuur als de christelijke leer streeft. Het sprookje laat ons daarentegen zien wat men moet doen als men de macht van de duistere geest wil overwinnen: men moet zijn eigen methoden op hem toepassen. Dit kan natuurlijk nooit gebeuren als de magische onderwereld van de duistere jager onbewust blijft en de besten in het land liever leerstellingen en dogma's verkondigen dan de menselijke ziel au sérieux te nemen.

6 Slot

Als wij de archetypische gestalte van de geest, zoals deze in de dromen en de sprookjes optreedt, beschouwen, dan ontstaat een beeld dat op een merkwaardige wijze verschilt van ons bewuste beeld van de geest, dat in zoveel verschillende betekenissen uiteenvalt. Geest is oorspronkelijk een geest in de gestalte van een mens of een dier, een daimonion dat zich tegen de mens verzet. In ons materiaal vinden we echter al duidelijke sporen van een verruiming van het bewustzijn, waardoor het langzamerhand dit oorspronkelijk onbewuste gebied in bezit neemt en de daimonia gedeeltelijk veranderd worden in daden die op de vrije verkiezing van de mens berusten. De mens verovert niet alleen de natuur, maar ook de geest, zonder zich daarbij rekenschap te geven van datgene wat hij eigenlijk doet. Het rationele verstand gelooft dat het een rectificatie is wanneer het inziet dat datgene wat het voor geesten hield, de menselijke geest en dus uiteindelijk zijn eigen geest is. Al het bovenmenselijke, zowel in het goede als in het kwade, dat vroeger aan de daimonia toegeschreven werd, wordt als overdrijving beschouwd en tot het 'redelijke' gereduceerd. Het lijkt alsof alles dan uitstekend in orde is. Maar waren de overtuigingen uit het verleden, die alle met elkaar in overeenstemming zijn, nu werkelijk alleen maar overdrijvingen? Mocht dit niet zo zijn, dan zou de integratie van de menselijke geest niets minder dan een demonisering ervan betekenen, want de bovenmenselijke geestelijke krachten die vroeger in de natuur gebonden waren, zouden nu in het menselijke wezen opgenomen worden. Dit zou hierdoor een macht verkrijgen waardoor de grenzen van het menszijn op zeer gevaarlijke wijze in het onbepaalde verschoven zouden worden. Ik moet de rationalist echter vragen of zijn herleiding tot het redelijke geleid heeft tot een weldadige beheersing van de materie en de geest. Hij zal vol trots wijzen op de vooruitgang in de fysica en de medische wetenschap, op de bevrijding van de geest uit de middeleeuwse dufheid en, als goed christen, op de verlossing van de angst voor de demonen. Wij vragen echter verder: waar hebben al deze veroveringen van de cultuur toe geleid? Het verschrikkelijke antwoord staat ons hierbij duidelijk voor ogen: men is niet verlost van de angst, de wereld lijdt onder een gruwelijke nachtmerrie. Het verstand is tot nu toe jammerlijk tekortgeschoten en juist datgene wat men had willen vermijden, gaat op huiveringwekkende wijze verder. Het nuttige dat de mens veroverd heeft, is enorm, maar hij heeft hierbij ook de afgrond van de wereld opengereten. Waar zal, waar kan hij nu nog halt houden? Men heeft na de laatste wereldoorlog op het verstand gehoopt, men hoopt nu weer. Maar men wordt alweer gefascineerd door de mogelijkheden die in de splijting van het uranium aanwezig zijn, en men verwacht het gouden tijdperk – de beste waarborg dat de gruwelijkheden van de verwoesting in het onmetelijke zullen groeien. En wie brengt dit alles tot stand? Het is de zogenaamd argeloze, begaafde, vindingrijke menselijke geest, die zich ongelukkigerwijs alleen maar niet bewust is van de demonie die hem aankleeft. Ja, deze geest doet al het mogelijke om zichzelf maar niet te hoeven zien en iedereen helpt hem daarbij naar zijn beste vermogen. Vooral geen psychologie, want deze buitensporigheid zou tot zelfkennis kunnen leiden! Dan nog liever oorlogen, waarbij de schuld altijd op de ander geschoven wordt en waarbij niemand inziet dat de hele wereld er onbewust op uit is om datgene te doen waarvoor men vlucht en waarvoor men bang is.

Het komt mij eerlijk gezegd voor alsof de mensen in vroeger tijden niet overdreven hebben, alsof de geest niet van zijn demonie ontdaan is en alsof de mensen door hun wetenschappelijke en technische ontwikkeling steeds sterker aan het gevaar van de bezetenheid blootgesteld zijn. Wel kan het archetype van de geest volgens de beschrijving van zijn kenmerken zowel ten goede als ten kwade werken, maar het hangt af van het vrije, dat wil zeggen bewuste besluit van de mens of dit goede niet uiteindelijk in het satanische zal omslaan. Het onbewustzijn is de ergste zonde, maar zelfs de mensen die als leermeester en voorbeeld zouden moeten dienen, geven zich er zonder meer met een absolute toewijding aan over. Wanneer breekt eindelijk de tijd aan waarin men niet langer zonder meer aanneemt dat de mens zichzelf bekend is, maar waarin men in volle ernst gaat zoeken naar middelen en wegen om hem te exorceren en aan zijn bezetenheid en onbewustheid te ontrukken en dit als de belangrijkste taak van de cultuur beschouwt? Kan men nu niet eens eindelijk begrijpen dat alle uiterlijke veranderingen en verbeteringen de innerlijke aard van de mens niet raken en dat alles toch uiteindelijk afhankelijk is van de vraag of de mens die de wetenschap en de techniek hanteert, toerekenbaar is of niet? Wel heeft het christendom de weg voor ons geopend, maar de feiten bewijzen dat het nog niet diep genoeg onder de oppervlakte doorgedrongen is. Welke vertwijfeling zal er nog nodig zijn om de ogen van de verantwoordelijke leiders van de mensheid zo ver te openen dat zij zich tenminste van misleiding kunnen onthouden?

Noten

De werken van Jung zijn in het Duits uitgegeven als *Gesammelte Werke* (*GW*) door Walter Verlag, Olten; in het Engels als *The Collected Works* (*CW*) door Routledge & Kegan Paul, Londen, en door Princeton University Press, Princeton, VS. De belangrijkste geschriften van Jung zijn in het Nederlands uitgegeven als *Verzameld Werk in tien delen*. Hiernaar wordt in de noten verwezen als *VW*.

1 Theoretische gedachten over het wezen van het psychische

1   H. Siebeck, *Geschichte der Psychologie*, Gotha 1880–1884.
2   Deze constatering geldt in feite alleen voor de oudere psychologie. Het standpunt is in later jaren aanzienlijk gewijzigd.
3   C.A. Wolff, *Psychologia empirica methodo scientifica pertractata*, Frankfurt/Leipzig 1732.
4   In Angelsaksische landen bestaat overigens de graad van 'doctor scientiae', en bovendien geniet de psychologie daar een grotere zelfstandigheid.
5   Onlangs is er een zekere verbetering in deze toestand opgetreden.
6   Cursivering van mijzelf.
7   W. Wundt, *Grundriss der Psychologie*, Leipzig 1902[5], p. 248.
8   In G. Villa, *Einleitung in die Psychologie der Gegenwart*, Leipzig 1902, p. 339.
9   Villa, a.w.
10 W. Wundt, *Grundzüge der physiologischen Psychologie*, Leipzig 1903[5], III, p. 327.
11 Wundt, a.w., p. 326[4].
12 P. Janet, *L'automatisme psychologique*, Parijs 1889, p. 238 e.v. en 243.
13 G.Th. Fechner, *Elemente der Psychophysik*, Leipzig 1889[2], II, p. 438 e.v. Fechner zegt dat 'het begrip van de psychofysische drempel [...] aan het begrip "onbewustzijn" een stevig fundament verleent. De psy-

chologie kan niet abstraheren van onbewuste gewaarwordingen, voorstellingen, zelfs niet van effecten van onbewuste gewaarwordingen en
voorstellingen'.

14 W. Wundt, *Grundzüge der physiologischen Psychologie* III, p. 328.

15 Wundt, *Grundzüge der physiologischen Psychologie* III, p. 326. C.A. Wolff,
Vernünfftige Gedancken von Gott, der Welt und der Seele des Menschen,
Halle 1725[3], par. 193.

16 A. Bastian, *Ethnische Elementargedanken in der Lehre vom Menschen,* Berlijn 1895, en *Der Mensch in der Geschichte,* Leipzig 1860, I, p. 166 e.v.,
203 e.v., en II, 24 e.v.

17 W. Wundt, *Völkerpsychologie,* Leipzig 1910-1923, V, dl. 2, p. 460.

18 Wundt, a.w., IV, dl. 1, p. 41.

19 Fechner zegt: 'Gewaarwordingen en voorstellingen houden weliswaar
in de toestand van onbewust-zijn op als werkelijk te bestaan, [...] maar
er gaat iets in ons verder, de psychofysische activiteit' enzovoort, *(Elemente der Psychophysik* II, p. 439 e.v.). Deze conclusie is enigszins on-
voorzichtig, aangezien het psychische proces min of meer hetzelfde
blijft, of het nu onbewust is of niet. Een 'voorstelling' bestaat niet alleen in haar 'voorgesteld-zijn', maar ook – en wel in hoofdzaak – in
haar psychische existentie.

20 Zie Th. Lipps, *Der Begriff des Unbewussten in der Psychologie,* München
1897, p. 146 e.v., en *Grundtatsachen des Seelenlebens,* Bonn 1912, p. 125
e.v.

21 Th. Lipps, *Leitfaden der Psychologie,* Leipzig 1906[2], p. 64.

22 Lipps, a.w., p. 65 e.v. Cursivering door mij.

23 Ik citeer hier wat William James over de betekenis van de ontdekking van een onbewuste ziel zegt *(The Varieties of Religious Experience,*
Londen 1919, p. 233): 'Ik moet wel denken dat de belangrijkste stap
voorwaarts in de psychologie, sinds ikzelf student was in dit vak, de
ontdekking is geweest – het eerst gedaan in 1886 – dat [...] er niet
alleen een bewustzijn van het gewone veld is, met zijn gebruikelijke
centrum en het gebied daaromheen, maar dat er daarnaast ook een
aanvulling bestaat in de vorm van een serie herinneringen, gedachten en gevoelens die buiten de marge vallen en die geheel buiten het
primaire bewustzijn staan, maar die toch geklassificeerd moeten worden als een bepaald soort bewuste feiten die hun aanwezigheid ken-

baar kunnen maken door onmiskenbare signalen. Ik noem dit de belangrijkste stap vooruit, omdat deze ontdekking, anders dan andere stappen voorwaarts van de psychologie, ons een volstrekt onverwachte merkwaardigheid in de opbouw van de menselijke aard heeft onthuld. Geen enkele andere stap voorwaarts van de psychologie kan een dergelijke aanspraak maken.' De ontdekking van 1886 waarnaar James verwijst, is de opstelling van het begrip 'subliminal consciousness' (een bewustzijn 'onder de drempel') door Frederic W.H. Myers. Zie ook hieronder.

24 Een wiskundige zei eens dat alles in de wetenschap door mensen gemaakt is, maar dat de getallen door God zelf geschapen waren.

25 Lewes (*The Physical Basis of Mind,* Londen 1877) hypostaseert als het ware deze veronderstelling. Hij zegt op p. 358: 'Het gewaarwordingsvermogen heeft verschillende werkwijzen en gradaties – zoals waarnemen, voorstellen, emoties, willen, die bewust, onderbewust of onbewust kunnen zijn.' Op p. 363: 'Bewustzijn en onbewuste zijn correlaten die beide tot het gebied van het gewaarwordingsvermogen behoren. Elk onbewust proces is werkzaam, verandert de algemene toestand van het organisme en kan in een afzonderlijke gewaarwording naar voren treden, wanneer de kracht die het evenwicht bewaart verstoord is.' En op p. 367 e.v.: 'Er zijn heel wat onwillekeurige handelingen waarvan we ons duidelijk bewust zijn, en heel wat willekeurige handelingen waarvan we ons soms onder- of onbewust zijn. [...] Precies zoals de gedachte die ons de ene keer onbewust, de andere keer bewust treft, op zichzelf dezelfde gedachte is [...] zo is ook de handeling die het ene moment willekeurig en het andere moment onwillekeurig is, op zichzelf dezelfde handeling.' Lewes gaat overigens iets te ver wanneer hij zegt (p. 373): 'Er bestaat geen werkelijk en essentieel onderscheid tussen willekeurige en onwillekeurige handelingen.' Soms ligt daar een wereld tussen.

26 Fechner, a.w., II, p. 483 e.v.

27 We zien hier af van 'slimme Hans' en van de hond die over de 'oerziel' spreekt.

28 W. James, *The Varieties of Religious Experience,* p. 232. (Punt van uitbarsting.)

29 H. Driesch, *Philosophie des Organischen,* Leipzig 1921^2, p. 357.

30 Driesch, a.w., p. 487.

31 E. Bleuler, *Die Psychoide als Prinzip der organischen Entwicklung*, Berlijn
1925, p. 11. Een vrouwelijk enkelvoud, kennelijk geconstrueerd naar
analogie van 'Psyche' (Psychoeides = zielsverwant).

32 Bleuler, a.w., p. 11.

33 Bleuler, a.w., p. 33.

34 Ik kan het woord 'psychoïde' des te gemakkelijker gebruiken aangezien mijn begrip weliswaar afkomstig is uit een andere manier van bekijken, maar toch ongeveer die groep fenomenen tracht te dekken die
ook E. Bleuler op het oog had. Dit niet gedifferentieerde psychische
noemt Adolf Busemann het 'micropsychische' (*Die Einheit der Psychologie und das Problem des Mikropsychischen*, Stuttgart 1948, p. 31).

35 Dit 'bovenbewustzijn' wordt me namelijk voorgehouden door mensen die beïnvloed zijn door de Indische filosofie. Ze merken gewoonlijk niet dat hun bezwaar slechts geldt voor de hypothese van een
'onderbewustzijn', een dubbelzinnige term die ik niet gebruik. Mijn
begrip 'onbewuste' laat de vraag van 'boven' of 'onder' helemaal open
en omvat beide aspecten van het psychische.

36 E. von Hartmann, *Philosophie des Unbewussten*, Leipzig 1869.

37 Een erkenning van zijn prestatie vinden we bij Jean Paulus, *Le problème
de l'hallucination et l'évolution de la psychologie d'Esquirol à Pierre Janet*,
Luik/Parijs 1941.

38 In dit verband moet ook gedacht worden aan de belangrijke Zwitser-
se psycholoog Théodore Flournoy en diens voornaamste werk, *Des
Indes à la planète Mars*, Parijs/Genève 1900[3]. Ander baanbrekend werk
is verricht door de Engelsen W.B. Carpenter (*Principles of Mental
Physiology*, Londen 1874) en G.H. Lewes (*Problems of Life and Mind*,
Londen 1874).

39 Er zou een onduidelijkheid en vervaging van de instincten kunnen bestaan die, zoals Marais (*The Soul of the White Ant*, Londen 1937, p. 42
e.v.) bij apen heeft aangetoond, ook bij de mens samenhangt met het
vermogen tot leren dat sterker is dan het instinct. Zie voor het probleem van de drift L. Szondi, *Experimentelle Triebdiagnostik*, Bonn 1947-
1949, en *Triebpathologie*, Bern 1952.

40 'Driften zijn fysiologische en psychische disposities, die [...] bewegin-
gen van het organisme ten gevolge hebben die een duidelijk bepaal-

de richting vertonen.' (W. Jerusalem, *Lehrbuch der Psychologie*, Wenen/ Leipzig 1902³, p. 192) Vanuit een ander gezichtspunt beschrijft Külpe de drift als 'een versmelting van gevoelens en organische gewaarwordingen' (O. Külpe, *Grundriss der Psychologie, auf experimenteller Grundlage dargestellt*, Leipzig 1893, p. 333).

41 P. Janet, *Les névroses*, Parijs 1909, p. 384 e.v.

42 Janet zegt (a.w., p. 384): 'Het lijkt me noodzakelijk bij elke functie een onderscheid te maken tussen een lager deel en een hoger deel. Wanneer een functie lange tijd wordt uitgeoefend, bevat ze gedeelten die heel oud zijn, heel gemakkelijk te hanteren zijn, en die vertegenwoordigd worden door heel speciale, uiterst gespecialiseerde organen [...] dat zijn de lagere delen van de functie. Ik geloof echter dat er in elke functie ook hogere delen aanwezig zijn, die bestaan uit de aanpassing van deze functie aan nieuwe, aanzienlijk ongewonere omstandigheden en die vertegenwoordigd worden door heel wat minder gedifferentieerde organen.' Het hoogste deel van de functie bestaat echter 'uit de aanpassing aan de speciale omstandigheid die op het huidige moment bestaat, op het moment dat we haar moeten gebruiken'.

43 W.H.R. Rivers, 'Instinct and the Unconscious', in: *British Journal of Psychology*, X, Cambridge 1919-1920, p. 1-7.

44 Deze formulering is uitsluitend psychologisch bedoeld en heeft niets te maken met het filosofische probleem van het indeterminisme.

45 H. Driesch, *Die 'Seele' als elementarer Naturfaktor*, Leipzig 1903, p. 80 en 82. 'Individuele prikkels delen [...] de "primair-wetende" de abnormale toestand mee, en dan "wil" deze "wetende" niet alleen een remedie, maar "weet" deze ook.'

46 Ik zou mijn lezer hier willen verwijzen naar par. 6 van dit werk, 'Het onbewuste als meervoudig bewustzijn.'

47 William James spreekt over een 'transmarginaal veld' van het bewustzijn, en identificeert dit met het 'subliminale bewustzijn' van Frederic W.H. Myers, één van de oprichters van de British Society for Psychical Research (zie de *Proceedings S.P.R.*, VII, p. 305, en W. James, 'Frederic Myers' Service to Psychology', in: *Proceedings S.P.R.*, XVII, mei 1901, p. 13-23). Over het 'bewustzijnsveld' zegt James *(Varieties of Religious Experience*, p. 232): 'Het belangrijke feit waaraan deze "veld"-

formule herinnert, is de ongedetermineerdheid van het randgebied. Zaken uit dit randgebied worden nauwelijks opgemerkt, maar ze zijn er toch, en ze helpen ons om zowel ons gedrag te sturen als de volgende beweging van onze opmerkzaamheid te bepalen. Het ligt om ons heen als een "magnetisch veld", waarbinnen ons energiecentrum als een kompasnaald draait, zodra de ene bewustzijnstoestand in een volgende overgaat. Onze hele voorraad aan herinneringen vloeit over deze rand, bij elke aanraking bereid om binnen te stromen, en de totale massa aan overige krachten, impulsen en kennis die ons empirisch zelf vormen, strekt zich hier voortdurend boven uit. De grenzen tussen datgene wat op een bepaald moment in ons bewuste leven actueel was en datgene wat slechts potentieel is, zijn zo vaag dat het altijd moeilijk is om van bepaalde psychische inhouden te zeggen of we ons ervan bewust zijn of niet.'

48 Deze uitspraak is ook bekend als 'het scheermes van Ockham'.

49 Bij een schizofrene dissociatie ontbreekt deze verandering in de bewuste toestand, omdat de complexen niet in een volledig, maar in een fragmentarisch bewustzijn opgevangen worden. Daarom verschijnen ze zo vaak in hun oorspronkelijke, dat wil zeggen archaïsche toestand.

50 Bij Goethe heeft rood overigens een geestelijke betekenis, maar in de zin van Goethes bekentenis tot het *gevoel*. Men mag hier alchemistische achtergronden of rozenkruisersachtergronden vermoeden, namelijk de rode tinctuur en de carbunculus (zie *Psychologie und Alchemie*, *GW* 12, par. 552; Ned.: *VW* 5 en 6).

51 Hierop heeft E. Bleuler reeds gewezen (*Naturgeschichte der Seele und ihres Bewusstwerdens*, Berlijn 1921, p. 300 e.v.).

52 Hiervan is het psychoïde onbewuste uitdrukkelijk uitgezonderd, omdat het ook datgene omvat wat niet tot bewustzijn in staat is en slechts zielsverwant is.

53 In dit verband moet ik opmerken dat C.A. Meier dit soort waarnemingen vergelijkt met soortgelijke natuurkundige opvattingen. Hij zegt: 'De complementaire relatie tussen bewustzijn en onbewuste brengt ons op nog een andere natuurkundige parallel, namelijk de noodzaak van een strenge toepassing van het "correspondentieprincipe". Dit zou de sleutel kunnen zijn tot datgene wat wij in de analytische psychologie zo vaak ervaren als de "strenge logica" (waarschijn-

lijkheidslogica) van het onbewuste en wat inderdaad herinnert aan een "verruimde bewustzijnstoestand".' ('Moderne Physik – moderne Psychologie', in: *Die kulturelle Bedeutung der komplexen Psychologie*, Berlijn 1935, p. 360.

54 *Psychologie und Alchemie*, par. 172 en elders.

55 (Wisse, dass die faulige Erde rasch weisse Fünklein erhält.) *Artis auriferae quam chemiam vocant...*, Basel 1593, I, p. 208, een zogenaamd Morienus-citaat (zie hierna). Hetzelfde herhaalt Mylius, *Philosophia reformata continens libros binos*, Frankfurt 1622, p. 146. Op p. 149 voegt hij er nog 'gouden vonken' aan toe.

56 'Haar verschillende stralen en vonken zijn verdeeld en verstrooid over de hele geweldige klomp van de oermaterie: de vonken van de ene Al-ziel, die thans deze afgesplitste delen van de wereld bevolken die naderhand gescheiden werden van de plaats en de massa van het lichaam en zelfs van diens omvang.' (H. Khunrath, *Amphitheatrum sapientiae aeternae solius verae*, Hanau 1604, p. 195 e.v.en 198.)

57 Khunrath, a.w., p. 197. Vergelijk hiermee de gnostische leer van de lichtzaadjes die de lichtmaagd verzamelt, en ook de manicheïsche leer van de lichtdeeltjes die men in zijn lichaam moest opnemen door de rituele voedingsmaaltijd, een soort eucharistie waarbij meloenen werden gegeten. Dit idee schijnt het eerst genoemd te zijn bij Irenaeus (*karmistes* = verzamelaars?), *Contra haereses*, I,2,4. (In: J.P. Migne, *Patrologia Graeca*, Parijs 1857-1866, VII, col. 433 e.v.) Over 'meloen' zie M.-L. von Franz, 'Der Traum des Descartes', in: *Zeitlose Dokumente der Seele*, Zürich 1952.

58 'Het verstand van de menselijke geest is een verheven en stralende vonk.' (Khunrath, *Amphitheatrum*, p. 63.)

59 Khunrath, *Von hylealischen... Chaos*, Maagdenburg 1597, p. 63. (*Weisheit Salomos*: '[...] denn der Weltkreis ist voll Geistes des Herrn'. Lutherbijbel.)

60 Als synoniemen noemt Khunrath 'waterige vorm, zeeachtige vorm, moeder van de aarde van Adam, Azoth, kwikzilver', enzovoort. (*Von hylealischen... Chaos*, p. 216.)

61 Khunrath, a.w., p. 216.

62 De 'vormen of vonken van de wereldziel' worden door Khunrath (a.w., p 189) ook 'zaadmodellen van de soortenverwekkende natuur'

genoemd, waarmee hij een gedachte uit de Oudheid herhaalt. Eveneens noemt hij de scintilla 'entelechia' (p. 65).

63 Paracelsus, *Erster(-Zehender) Theil der Bücher und Schrifften*, red. J. Huser, Basel 1589-1591, X, p. 206, of Paracelsus, *Sämtliche Werke*, red. K. Sudhoff, München/Berlijn 1922-1935, XII, p. 231.

64 Khunrath, *Von hylealischen... Chaos*, p. 94.

65 Khunrath, a.w., p. 249.

66 Khunrath, a.w., p. 54 [vollkommener Funke des Einen Mächtigen und Starken]. Dit in overeenstemming met Paracelsus, die het lumen naturae als een quintessens beschrijft, door God zelf uit de vier elementen geëxtraheerd (Sudhoff XII, p. 36 en 304).

67 Khunrath, a.w., XIX, p. 1 e.v.

68 G. Dorneus, *Theatrum chemicum*, Ursel/Straatsburg 1602, I, 'De speculativa philosophia', p. 275.

69 'De zon is in de mens onzichtbaar, maar op aarde zichtbaar, en toch stammen beide van één en dezelfde zon af.' ('De speculativa philosophia', p. 308)

70 Joh. 1:4 en 5: '[...] en het leven was het licht der mensen; en het licht schijnt in de duisternis [...].'

71 *Theatrum chemicum* I, 'De philosophia meditativa', p. 460. Cursivering door Jung.

72 Huser X, p. 19; Sudhoff XII, p. 23: '[...] wat in het licht der natuur is, is de werking van het gesternte.'

73 Paracelsus, *Philosophia sagax*, Huser X, p. 1; Sudhoff XII, p. 3.

74 Paracelsus, a.w., Huser X, p. 3 e.v.; Sudhoff XII, p. 5 e.v.

75 De apostelen zijn 'astrologen' (Paracelsus, a.w., Huser X, p. 23; Sudhoff XII, p. 27).

76 Paracelsus, a.w., Huser X, p. 54; Sudhoff XII, p. 62.

77 Paracelsus, a.w., Huser X, p. 344; Sudhoff XII, p. 386. De laatste zin heeft betrekking op Matteüs 5:14: 'Gij zijt het licht der wereld.'

78 Paracelsus, a.w., Huser X, p. 409; Sudhoff XII, p. 456 e.v.

79 '[...] zoals de hanen die met hun gekraai het weer voorspellen, en de pauwen de dood van hun meester [...] dit alles komt door de aangeboren geest en is het licht der natuur.' (*Fragmenta medica: De morbis somnii,* Huser V, p. 130; Sudhoff IX, p. 361)

80 *Liber de generatione hominis*, Huser VIII, p. 172; Sudhoff I, p. 300.

81 Paracelsus, *De vita longa*, red. Adam von Bodenstein, Basel 1562, lib. V, cap. II.

82 Zie *Philosophia sagax*, Huser X, p. 341; Sudhoff XII, p. 382: 'Nu is het duidelijk dat alle menselijke wijsheid over het aardse lichaam in het licht der natuur ligt.' Het is 'het licht der mensen van de eeuwige wijsheid' (Paracelsus, a.w., Huser X, p. 395; Sudhoff XII, p. 441).

83 *De generatione hominis*, Huser VIII, p. 171 e.v.; Sudhoff I, p. 299 e.v.(cursivering door Jung).

84 Lucas 12:49: 'Ik ben gekomen om een vuur op de aarde te brengen, en hoezeer wens ik dat het reeds ontbrand was.' (Citaat ontleend aan de Zürcher Bibel, vert.)

85 *Fragmenta cum libro de fundamento saptentiae*, Huser IX, p. 448; Sudhoff XIII, p. 325 e.v.

86 *Philosophia sagax*, Huser X, p. 46; Sudhoff XII, p. 53.

87 *Philosophia sagax*, a.w., Huser X, p. 79; Sudhoff XII, p. 94.

88 *Practica in scientiam divinationis*, Huser X, p. 434; Sudhoff XII, p. 488.

89 *Liber de caducis*, Huser IV, p. 274; Sudhoff VIII, p. 298.

90 In de *Hieroglyphica* van Horapollon betekent de sterrenhemel God als uiteindelijk noodlot, waarbij hij door een vijftal, wellicht een quincunx, gesymboliseerd is.

91 Zie *Paracelsus als geistige Erscheinung*, GW 13, par. 148.

92 H.C. Agrippa von Nettesheim, *De occulta philosophia libri tres*, Keulen 1533, p. LXVIII: 'Want volgens de leer van de platonici bevatten de lagere dingen een bepaalde kracht, waardoor ze verregaand met de hogere overeenstemmen. Daarom lijkt het dat de stilzwijgende overeenstemming van de levende wezens met de goddelijke lichamen in harmonie is en dat hun lichamen en emoties door deze krachten beïnvloed worden', enzovoort (a.w., p. LXIV).

93 Zie L. Thorndike, *A History of Magic and Experimental Science*, New York 1929-1941, II, p. 348 e.v.

94 F. Picavet, *Essais sur l'histoire générale et comparée des théologies et des philosophies médiévales*, Parijs 1913, p. 207.

95 Zie *Psychologie und Alchemie*, GW 12, par. 172, 266, 445, 505 en 517 (Ned.: VW 5 en 6).

96 *Artis auriferae* I, 'Liber de compositione alchemiae', p. 32. De 'vissenogen' worden door de auteurs zelf geïnterpreteerd als 'scintillae' (vonken).

97 G. Ripley, *Opera omnia chemica*, Kassel 1649, p. 159.

98 Hiertoe hoort ook *Zacharia* 3:9: 'Op die *ene* steen zijn zeven ogen.' (Cursivering door Jung.)

99 E. Orandus, *Nicolas Flammel: His Exposition of the Hieroglyphical Figures*, Londen 1624.

100 Dit mythologische motief is belangrijk voor de interpretatie van de 'pauwenstaart'.

101 Hippolytus, *Elenchos*, Leipzig 1916, IV, 47, 2 e.v.

102 F. Cumont, *Textes et monuments figurés relatifs aux mystères de Mithra*, Brussel 1899, I, p. 80.

103 J.-B.F. Pitra, *Analecta sacra*, V, p. 300, citaat bij Eisler, *Weltenmantel und Himmelszelt*, München 1910, II, p. 389, noot 5.

104 Eisler, a.w., II, p. 388: 'De alziende Chronos' en de 'op alles neerziende demon'.

105 Ludovicus Gonsalvus, *Acta antiquissima*.

106 Ignatius had eveneens het visioen van 'een zeker rond ding, groot en alsof het van goud was', dat voor hem zweefde. Hij interpreteerde het als Christus, die voor hem verscheen als een zon (Ph. Funk, *Ignatius von Loyola*, Berlijn 1913, p. 57, 65, 74 en 112).

107 A. Hillebrandt, red., *Lieder des Rgveda*, Göttingen 1913, p. 130.

108 *Elenchos*, VIII, 12,5.

109 *Elenchos*, a.w., VIII, 12,2.

110 Zoals in de alchemistische meesterspreuk: 'Zaai goud in de witte aarde, die bedekt is met bladeren.'

111 Zie hiervoor mijn uitspraken over het 'verenigende symbool' in *Psychologische typen*, GW 6 (Ned.: *Psychologische typen*, Rotterdam 2002).

112 Ook Freud kwam tot soortgelijke paradoxale conclusies. Zo zegt hij (*Zur Technik der Psychoanalyse und zur Metapsychologie*, p. 213 e.v.): 'Een drift kan nooit het object van het bewustzijn worden, alleen de voorstelling waardoor de drift gerepresenteerd wordt. Hij kan *echter ook in het onbewuste alleen maar door de voorstelling gerepresenteerd zijn*' (cursivering door mij). Aangezien in mijn bovenstaande uiteenzetting de vraag naar het subject van de onbewuste wil onbeantwoord blijft, moet men hier vragen: 'Aan *wie* wordt de drift in de onbewuste toestand voorgesteld?' Want een 'onbewuste' voorstelling is een contradictio in adiecto.

113 Zie ook C.L. Morgan, *Instinkt und Gewohnheit*, 1909.

114 Zie *Doeleinden van de psychotherapie*, *VW* 1, hst. 2, en *Die Beziehungen zwischen dem Ich und dem Unbewussten*, *GW* 7, par. 343 e.v. (Ned.: *Het ik en het onbewuste*, Katwijk aan Zee 1981[7]. Ook in: *VW* 3.)

115 Iets dergelijks is het geval met de pentadische structuren.

116 Voorzover de ontwikkeling op grond van objectief materiaal kan worden vastgesteld.

117 Zie *Psychologie und Alchemie*, *GW* 12, par. 329 (Ned.: *VW* 5 en 6).

118 *Über die Psychologie des Unbewussten*, *GW* 7, par. 151.

119 Soms zijn hiermee zelfs synchronistische, respectievelijk parapsychische effecten verbonden. Onder synchroniciteit versta ik, zoals ik al elders heb uiteengezet, het niet weinig voorkomende samenvallen van subjectieve en objectieve feiten, wat causaal, tenminste met onze huidige middelen, niet te verklaren is. Op deze veronderstelling zijn de astrologie en de methode van de *I Tjing* gebaseerd. Deze waarnemingen worden net als de astrologische resultaten niet algemeen erkend, wat zoals bekend nooit iets aan de feiten heeft afgedaan. Ik noem deze effecten slechts omwille van de volledigheid, en alleen voor die lezers die in de gelegenheid waren zichzelf te overtuigen van de werkelijkheid van parapsychologische fenomenen. Zie verder mijn boek *Synchroniciteit*, Rotterdam 1981[2].

120 De bewijzen hiervoor in: *Psychologie und Alchemie*, *GW* 12, deel 2 (Ned.: *VW* 5).

121 De klank 'th' wordt op de Engelse manier uitgesproken.

122 'Natuur' heeft hier de betekenis van datgene wat eenvoudig gegeven en aanwezig is.

123 Dit is gebaseerd op de ervaring dat blauw als kleur van lucht en hemel graag gebruikt wordt voor de weergave van geestelijke inhouden, en rood daarentegen als 'warme' kleur voor gevoelsmatige en emotionele inhouden.

124 J.W. von Goethe, *Faust*, Amsterdam 1982, dl. 1, 'Voor de poort'.

125 J. Jeans, *Physik und Philosophie*, Zürich 1944, p. 282v, benadrukt dat de schaduwen op de muur van de grot van Plato even reëel zijn als de onzichtbare figuren die de schaduw werpen. Tot de aanwezigheid van deze laatsten kan slechts op wiskundige wijze geconcludeerd worden.

126 *Synchroniciteit*.

127 'De geest in het sprookje', *VW* 2, hst. 7. Ook in: *Oerbeelden*, Rotterdam 1982.

128 Het is zeer waarschijnlijk dat de archetypen als instincten een specifieke energie bezitten die hen op den duur niet kan worden ontnomen. De bij het archetype behorende energie is normaal gesproken niet voldoende om dit bewust te laten worden. Hiertoe is een zekere hoeveelheid energie nodig die van de kant van het bewustzijn naar het onbewuste stroomt – energie die hetzij niet door het bewustzijn wordt gebruikt, hetzij door het archetype zelf wordt aangetrokken. Van deze toegevoegde lading kan het archetype wel beroofd worden, maar niet van zijn specifieke energie.

129 *Johannes* 12:31 en 16:11. In de vertaling van het Nederlands Bijbelgenootschap, Haarlem 1981[6]: 'overste dezer wereld'. Hoewel dit citaat aanduidt dat de duivel nog tijdens het leven van Jezus verslagen zal worden, is toch in de Apocalyps het eigenlijke onschadelijk maken een aangelegenheid van de toekomst en van het jongste gericht (*Openbaring* 20:2 e.v.).

130 Dit wordt treffend uitgedrukt in het door Origenes geciteerde logion (Origenes, *In Jeremiam homilia*, XX, 3. In: Migne, *Patrologia Graeca*, XIII, col. 255 e.v.): 'Wie mij nabij is, is het vuur nabij. Wie mij verre is, is ver van het rijk.' Dit 'meesterloze Woord van de Meester' heeft betrekking op *Jesaja* 33:14.

131 De bewuste totaliteit bestaat uit een geslaagde vereniging van ik en zelf, waarbij beide hun wezenlijke eigenschappen bewaren. Treedt in plaats van de vereniging een overweldiging van het ik door het zelf op, dan bereikt ook het zelf niet die vorm die het zou moeten hebben, maar blijft het op een primitiever niveau staan en kan dan slechts door archaïsche symbolen worden uitgedrukt.

132 Ik dank deze formulering aan de vriendelijke hulp van prof. W. Pauli.

133 Het zal mijn lezers wel interesseren de mening van een natuurkundige inzake dit punt te vernemen. Prof. W. Pauli, die zo vriendelijk was het manuscript van mijn nawoord door te lezen, schreef mij: 'De natuurkundige zal inderdaad op dit punt een overeenkomst in de psychologie verwachten, omdat de kennistheoretische situatie inzake de begrippen "bewustzijn" en "onbewust" een verregaande analogie lijkt te vertonen met de hieronder geschetste situatie van de "comple-

mentariteit" binnen de natuurkunde. Enerzijds immers kan het onbewuste slechts indirect geconstateerd worden door zijn (structurerende) effecten op bewustzijnsinhouden, anderzijds heeft iedere
"waarneming van het onbewuste", dat wil zeggen het bewustmaken
van onbewuste inhouden, een in eerste instantie oncontroleerbare
wisselwerking op deze onbewuste inhouden zelf (wat zoals bekend
een "uitputten" van het onbewuste door "bewustmaking" principieel
uitsluit). De natuurkundige zal dus naar analogie hiervan concluderen dat juist deze oncontroleerbare wisselwerking van het waarnemend subject met het onbewuste het objectieve karakter van zijn realiteit begrenst en hieraan tegelijk subjectiviteit verleent. Hoewel
verder de *situatie* van de "snede" tussen bewustzijn en onbewuste (tenminste tot op zekere hoogte) aan de vrije keus van de "psychologische experimentator" overgelaten is, blijft het *bestaan* van deze "snede" een onvermijdelijke noodzakelijkheid. Het "waargenomen
systeem" zou dienovereenkomstig vanuit het standpunt van de psychologie niet alleen uit fysieke objecten bestaan, maar mede het onbewuste omvatten, terwijl het bewustzijn de rol van het "waarne-
mingsmedium" zou hebben. Het is onmiskenbaar dat door de
ontwikkeling van de "microfysica" een verregaande toenadering van
de manier van natuurbeschrijving in deze wetenschap en die van de
moderne psychologie tot stand is gekomen: terwijl de eerste ten gevolge van de als "complementariteit" omschreven principiële situatie
voor de onmogelijkheid staat de effecten van de waarnemer te corrigeren door determineerbare correcties en daarom in principe moet
afzien van de objectieve beschrijving van alle natuurkundige fenomenen, kan de psychologie de slechts subjectieve bewustzijnspsy-
chologie fundamenteel aanvullen met het postulaat van het bestaan
van een onbewuste met een verregaande objectieve realiteit.'
134 Over het begrip 'synchroniciteit', zie C.G. Jung en W. Pauli, *Natur-
erklärung und Psyche*, Zürich 1952, of C.G. Jung, *Synchroniciteit*.
135 De natuurkundige P. Jordan ('Positivistische Bemerkungen über die
paraphysischen Erscheinungen', p. 14 e.v., in: *Zentralblatt für Psychotherapie*, IX, Leipzig 1936, p. 3-17) heeft reeds het idee van de relatieve ruimte geopperd ter verklaring van telephatische fenomenen.
136 Schriftelijke mededeling.

137 In: *Die kulturelle Bedeutung der Komplexen Psychologie*, p. 362.

138 Daarmee wil ik slechts zeggen dat de psychische verschijnselen een energetisch aspect bezitten, waardoor ze inderdaad 'verschijnselen' genoemd kunnen worden. Daarmee is echter geenszins gezegd dat het energetische aspect het geheel van de psyche omvat of zelfs verklaart.

139 In Kiswahili betekent mana 'betekenis' en moengoe 'God'.

140 Zie mijn werk *Über psychische Energetik und das Wesen der Träume* (*GW* 8: 1,11; *VW* 1, hst. 8,9,10; *Bewust en onbewust*, Rotterdam 1981, hst. 4).

2 Archetypen van het collectieve onbewuste

1 Freud heeft zijn hier aangeduide oorspronkelijke mening in later werk verder ontwikkeld: de instinctpsyche noemde hij het 'Es' (id), en zijn 'Über-Ich' (superego) betekent het collectieve bewustzijn waarvan het individu zich ten dele bewust, ten dele onbewust is (dat het verdrongen heeft).

2 Philo Iudaeus, 'De opificio mundi', in: *Opera*, dl. I, Lyon 1561.

3 Irenaeus, *Adversus omnes haereses*, Oxford/Londen 1702, 2, 6.

4 W. Scott, red., *Hermetica*, Oxford 1934-1936, p. 140.

5 II, 4, in: Migne, *Patrologiae Graeca-Latina*, Parijs 1844-66, III, col. 144.

6 II, 6, a.w., col. 595.

7 Augustinus, 'De diversis qaestionibus LXXXIII', in: *Opera omnia*, Parijs 1836-1838, dl. VI, XLVI, col. 49. 'Archetypus' wordt op eenzelfde manier bij de alchemisten gebruikt, bijvoorbeeld in het *Tractatus aureus* van Hermes Trismegistos (*Theatrum chemicum*, IV, Straatsburg 1613, p. 718): '[...] zoals God alle schatten van zijn godheid [...] in zichzelf verbergt als een archetype [...] zo draagt op dezelfde manier Saturnus heimelijk het spiegelbeeld van metaallichamen in zich.' Bij Vigenerus ('Tractatus de igne et sale', in: *Theatrum chemicum*, VI, 1661, hst. 4, p. 3) is de wereld 'naar het beeld van zijn archetype geschapen' en wordt daarom de 'magnus homo' (grote mens) ('homo maximus' bij Swedenborg) genoemd.

8 Om nauwkeurig te zijn moet men een onderscheid maken tussen 'archetype' en 'archetypische voorstellingen'. Het archetype op zich betekent een hypothetische, onaanschouwelijke aanleg, zoals het uit de

biologie bekende 'pattern of behaviour' (gedragspatroon). Zie ook Jung, 'Theoretische gedachten over het wezen van het psychische' (hoofdstuk 1 van dit boek).

9 Een allegorie is een parafrasering van een bewuste inhoud, een symbool daarentegen een zo goed mogelijke uitdrukking van een nog slechts vermoede, maar nog ongekende, onbewuste inhoud.

10 Zie Jung en Kerényi, *Einführung in das Wesen der Mythologie*, Zürich 1951. (Jungs bijdrage 'De psychologie van het kindarchetype': hoofdstuk 6 van dit boek; ook in *Oerbeelden*, Rotterdam 1982, hst. 2).

11 F. Schiller, 'Die Piccolomini', II, 6, p. 118 (dl. 2 van *Wallenstein*, Sämtliche Werke VI, Stuttgart/Tübingen 1823).

12 Zie Jung, 'Bruder Klaus', in: *Neue Schweizer Rundschau* 1/4, Zürich 1933, p. 223-229 (*GW* 11).

13 F. Blanke, *Bruder Klaus von Flüe*, Zürich 1948, p. 92v, en A. Stöckli, *Die Visionen des seligen Bruder Klaus*, Einsiedeln 1933, p. 34.

14 Blanke, a.w., p. 94.

15 Stöckli, a.w.

16 M.-B. Lavaud, *Vie profonde de Nicolas de Flue*, Fribourg 1942, maakt op een even treffende manier een vergelijking met een tekst van Heinrich Seuse, *Horologium sapientiae*, waarin de apocalyptische Christus als een woedende en toornige wreker verschijnt, zeer in tegenstelling tot de Jezus uit de Bergrede.

17 Blanke, *Ein nutzlicher und loblicher Traktat von Bruder Claus und einem Bilger*. Zie Stöckli, *Die Visionen des seligen Bruder Klaus*, p. 95.

18 Blanke, a.w., p. 95 e.v.

19 *Viertzig Fragen von der Seelen Vrstand, Essentz, Wesen, Natur und Eigenschafft*, enz., Amsterdam 1682.

20 Zie Jung, 'Het individuatieproces – een geval uit de praktijk', in: *Symboliek van de mandala*, Rotterdam 1982.

21 Zie 'Thomasakten' in E. Hennecke (red.), *Neutestamentliche Apokryphen*, Tübingen 1924[2].

22 Augustinus, 'Confessionum libri', in: *Opera omnia*, dl. I, XIII, XXI, col. 395, 29.

23 Dat dit ook een droom van een theoloog is, is niet verbazingwekkend, omdat een dominee alleen al zuiver professioneel met het motief van het omhooggaan bezig is. Hij moet hierover zo vaak spreken dat de

vraag voor de hand ligt hoe het eigenlijk met zijn eigen geestelijke tocht opwaarts is gesteld.

24 *Die Edda*, Leipzig, p. 149. Deze passage werd nota bene in 1934 geschreven.

25 *Märchen aus dem Unbewussten*, München 1932, p. 14 e.v.

26 Zie Paracelsus, *De vita longa*, red. Adam von Bodenstein, Basel 1562, en mijn commentaar hierop in 'Paracelsus als geistige Erscheinung' (*GW* 13).

27 J.W. von Goethe, *Der Fischer* (ballade).

28 Zie hiervoor de afbeelding van de adept in het *Mutus Liber* van 1677 (afb. 13 in *Psychologie van de overdracht*, Rotterdam 1984). Hij vist en vangt een nixe. Zijn soror mystica echter vangt met haar net vogels, die de anima verbeelden. Het idee van de anima komt regelmatig in de literatuur uit de zestiende en zeventiende eeuw voor, bijvoorbeeld bij Richardus Vitus, Aldrovandus en het commentaar op het *Tractatus aureus*. Zie mijn artikel over *Das Rätsel von Bologna* (*GW* 14/I).

29 E. Hennecke (red.) *Neutestamentliche Apokryphen*, p. 35.

30 F. de la Rochefoucauld, 'Maxime (supprimée) DCXXX', in: *Oeuvres complètes*, Parijs 1868, dl. I, p. 264. Zie Jung, *Symbole der Wandlung*, *GW* 5, par. 253 (Ned.: in *VW* 8).

31 Linda Fierz-David, *Der Liebestraum des Poliphilo*, Zürich 1947; H.R. Haggard, *She*, Londen 1887; P. Benoît, *L'Atlantide*, Parijs 1919.

32 A. Jaffé, 'Bilder und Symbole aus E.T.A. Hoffmanns Märchen "Der Goldne Topf"', in: Jung, *Gestaltungen des Unbewussten*, Zürich 1950.

33 Ik heb mijn standpunt uitvoerig weergegeven in *Psychologie van de overdracht*.

34 Ik doel hier op algemeen toegankelijke literaire voorbeelden in plaats van op klinisch materiaal. Voor onze doeleinden is het literaire voorbeeld ruim voldoende.

35 Bedoeld wordt de confrontatie met de inhouden van het onbewuste in het algemeen. Dit is de grote taak van het integratieproces.

36 Hiervoor vormt het kleine boek van Schmaltz, *Östliche Weisheit und westliche Psychotherapie*, Stuttgart 1951, een goed voorbeeld.

37 Apuleius, *Metamorphoses*, Altenburg 1778, XI, 23, p. 240.

38 Deze droom heb ik al eerder genoemd in 'De geest in het sprookje' (hoofdstuk 7 van dit boek; ook in: *Oerbeelden*, Rotterdam 1982, hst.

3) en in *Analytische Psychologie und Erziehung*, *GW* 17, par. 208, als voorbeeld van een 'grote' droom, zonder nader commentaar.

39 Zie ook het motief van de 'oude koning' in de alchemie (*Psychologie und Alchemie*, *GW* 12, par. 491 e.v. Ned.: in *VW* 6).

40 Zie ook M.R. James, *The Apocryphal New Testament*, Oxford 1924, p. 25 e.v.

41 'Sils-Maria', in: F. Nietzsche, *Lieder des Prinzen Vogelfrei*.

42 R. Reitzenstein, *Poimandres*, Leipzig 1904, vat de *Hirten des Hermas* op als een christelijke concurrent van de *Poimandres*.

43 Zie hoofdstuk 7 van dit boek.

44 A. Avalon (red.), *The Serpent Power*, Londen 1919.

45 E. Rousselle, 'Seelische Führung im lebenden Taoismus', in: *Eranos-Jahrbuch 1933*, Zürich 1934.

46 R. Bernoulli, 'Zur Symbolik geometrischer Figuren und Zahlen', in: *Eranos-Jahrbuch 1934*, Zürich 1935, p. 369-415.

47 D.P. Schreber, *Denkwürdigkeiten eines Nervenkranken*, Leipzig 1903.

48 J. Nelken, 'Analytische Beobachtungen über Phantasien eines Schizophrenen', in: *Jahrbuch für psychoanalytische und psychopathologische Forschungen*, IV, Leipzig/Wenen 1912, p. 504-562.

49 J. Custance, *Wisdom, Madness and Folly*, New York 1952.

50 M. Rulandus, *Lexicon alchemiae*, Frankfurt 1612, zie 'meditatie'.

51 Ik verwijs hier naar mijn bespreking in *Symbole der Wandlung*, *GW* 5 (Ned.: *VW* 7 en 8).

52 Jung, *Aion, Untersuchungen zur Symbolgeschichte*, *GW* 9/II (zie ook *Ik en zelf*; Rotterdam 1982).

53 Jung, *Psychologie und Alchemie*, *GW* 12 (Ned.: *VW* 5 en 6).

3 Het collectieve onbewuste

1 Sigmund Freud, *Eine Kindheitserinnerung des Leonardo da Vinci*, Leipzig/Wenen 1910.

2 Benvenuto Cellini, *Leben des Benvenuto Cellini*, vertaald door Goethe, Tübingen 1803.

3 Horus Apollo, *Selecta Hieroglyphica*, Rome 1597, I, II, p. 32; Freud, a.w., II, p. 24 e.v.

4   Zie hiervoor ook 'De transcendente functie', hoofdstuk 8 in *VW* 2.

5   Jung, *Symbole der Wandlung, GW* 5, par. 149 e.v. en par. 223 (Ned.: *VW* 7), en 'Die Struktur der Seele', *GW* 8, par. 317 (Ned.: in *Oerbeelden*, Rotterdam 1982, hst. 1).

6   Albrecht Dieterich, *Eine Mithrasliturgie,* Leipzig/Wenen 1910[2], p. 6-7. (Jung ontdekte naderhand dat het hier om een tweede druk ging. Het boek verscheen oorspronkelijk in 1903. Overigens was de patiënt al een paar jaar vóór 1903 in de inrichting opgenomen.)

7   Isis: voornaamste Egyptische godin, o.a. gemalin en zuster van de zonnegod Osiris (vert.).

8   'Psychotherapie in de praktijk', *VW* 1, hst. 1 (ook in: *Psychotherapie*, Rotterdam 1982, hst. 2); zie ook *Psychologie und Alchemie, GW* 12 (Ned.: *VW* 5 en 6).

4 Het archetype en het begrip 'anima'

1   G.Th. Fechner, *Elemente der Phychophysik,* Leipzig 1889[2].

2   W. Wundt, *Grundzüge der physiologischen Psychologie,* Leipzig 1902-1903[5].

3   Bijvoorbeeld de bundel van G.H. von Schubert, *Altes und Neues aus dem Gebiet der innren Seelenkunde,* Leipzig/Erlangen 1825-1844.

4   P. Janet, *L'automatisme psychologique,* Parijs 1889; *L'état mental des hystériques,* Parijs 1893; *Névroses et idées fixes,* Parijs 1898.

5   Th. Flournoy, *Des Indes à la planète Mars,* Parijs/Genève 1900[3], en 'Nouvelles observations sur un cas de somnambulisme avec glossolalie', in: *Archives de Psychologie,* 1, Genève 1902, p. 101-255.

6   Ik noem vooral het sjamanisme met zijn denkbeeld van de 'épouse céleste' ('hemelse echtgenote'), M. Eliade, *Le Chamanisme et les techniques archaïques de l'extase,* Parijs 1951, p. 80 e.v.

7   B. Spencer en F.J. Gillen, *The Northern Tribes of Central Australia,* Londen 1904, p. 331 en elders, of A.E. Crawley, *The Idea of the Soul,* Londen 1909, p. 87 e.v.

8   A.A.Th. Macrobius, *In somnium Scipionis,* Lyon 1556.

9   R. Wilhelm en C.G. Jung, *Het geheim van de gouden bloem,* Deventer 1975[3]; Chantepie de la Saussaye (red.), *Lehrbuch der Religionsgeschichte,* Tübingen 1925[4], 1, p. 193 e.v.

10 Dit standpunt berust op de kennistheoretische kritiek van Kant en heeft niets met materialisme te maken.

11 *Syzygos*: gepaard, verenigd; *syzygia*: conjugatie.

12 J. Winthuis, *Das Zweigeschlechterwesen bei den Zentralaustraliern und anderen Völkern*, Leipzig 1928.

13 Vooral in het systeem van de Valentinianers. Zie Irenaeus, *Adversus omnes haereses*, Oxford/Londen 1702.

14 *I Tjing: het boek der veranderingen*, Deventer 1983[11].

15 Leerzame voorbeelden vinden we in overvloed bij de zogenaamde hermetisch-alchemistische filosofie uit de veertiende tot de zeventiende eeuw. Michael Maier geeft een relatief voldoende inzicht in zijn *Symbola aureae mensae*, Frankfurt 1617.

16 Er bestaan overigens gevallen waarin ondanks een ogenschijnlijk toereikend inzicht toch het effect van de projectie op het subject niet ophoudt, dat wil zeggen waarin de verwachte bevrijding niet optreedt. In dit geval zijn, zoals ik vaak heb gezien, nog belangrijke, maar onbewuste inhouden verbonden met de projectiedrager. Hierdoor blijft de ogenschijnlijk doorziene projectie werkzaam.

17 Euhemeros leefde rond 300 v.Chr.; zie R. de Block, *Euhémère, son livre et sa doctrine*, Mons 1876.

18 Daarnaast moeten we vanzelfsprekend niet vergeten dat er vermoedelijk een veel groter aantal visioenen bestaat die overeenkomen met het dogma. Daarbij gaat het echter niet om spontane en autonome projecties in strenge zin, maar om *visualiseringen van bewuste inhouden*, opgeroepen door gebed, auto- en heterosuggestie. In deze richting werken vooral de spirituele oefeningen of de voorgeschreven meditatiepraktijken uit het Oosten. Bij een nauwkeuriger onderzoek van dit soort visioenen zou onder andere vastgesteld moeten worden wat het eigenlijke visioen is, en in hoeverre de bewerking in dogmatische zin heeft bijgedragen aan de vormgeving van het visioen.

19 A. Stöckli, *Die Visionen des seligen Bruder Klaus*, Einsiedeln 1933, en F. Blanke, *Bruder Klaus von Flüe*, Zürich 1948.

20 De eigenaardige liefdesgeschiedenis van dit jongste Aeoon kunnen we vinden bij Irenaeus, *Adversus omnes haereses*, I, 2, 2 e.v.

21 Jung, 'Bruder Klaus', in: *Neue Schweizer Rundschau*, I/4, Zürich 1933, p. 223-229 (*GW* 11).

22 Guillaume schreef drie *Pèlerinages* in de trant van de *Divina Commedia*, maar onafhankelijk van Dante, tussen 1330 en 1350. Hij was abt van het klooster van de cisterciënzers van Châlis in Normandië. Zie J. Delacotte, *Guillaume de Digulleville... Trois romans-poèmes du XIVe siècle*, Leipzig 1906/15. Verder *Psychologie und Alchemie, GW* 12, par. 315 e.v. (Ned.: *VW* 5, Mandalasymboliek).

23 E. Maitland, *Anna Kingsford: Her Life, Letters, Diary and Work*, Londen 1896, I, p. 130. Het visioen van Maitland komt qua vorm en betekenis overeen met dat in *Poimandres* (W. Scott, red., *Hermetica*, Oxford 1934-1936, I, 1, p. 114 e.v.), waar het geestelijk licht ook 'manvrouwelijk' wordt genoemd. Ik weet niet of Maitland de *Poimandres* heeft gekend; waarschijnlijk niet.

24 H. Hubert en M. Mauss (*Mélanges d'histoire des religions*, Parijs 1909, voorwoord p. XXIX) noemen deze a-priorische voorstellingsvormen 'categorieën', vermoedelijk in navolging van Kant: 'ze bestaan gewoonlijk eerder in de vorm van gewoonten die het bewustzijn sturen, maar die zelf onbewust zijn'. De auteurs nemen aan dat de oerbeelden door de taal gegeven zijn. Deze veronderstelling is weliswaar in afzonderlijke gevallen juist, maar in het algemeen wordt ze weerlegd door het feit dat zowel door de droompsychologie als door de psychopathologie een grote hoeveelheid archetypische beelden en relaties aan het licht worden gebracht, die door het historisch taalgebruik niet eens meegedeeld zouden kunnen worden.

25 Overeenkomstig de tweegeslachtelijke oermens van Plato, *Symposium*, XIV, en het hermafroditische oerwezen in het algemeen.

26 De 'dubbele geboorte' is het uit de mythologie van de held welbekende motief, dat de held laat afstammen van goddelijke én menselijke ouders. Het motief speelt een belangrijke rol in mysteriën en religies als doop- of wedergeboortemotief. Dit motief heeft ook Freud tot een misgreep verleid in zijn studie *Eine Kindheitserinnerung des Leonardo da Vinci*. Zonder zich er rekenschap van te geven dat Leonardo geenszins de enige is die het motief van Sint-Anna, Maria en het Christuskind heeft geschilderd, probeert hij Anna en Maria, namelijk grootmoeder en moeder, te reduceren tot de moeder en de stiefmoeder van Leonardo, dat wil zeggen dit beeld te assimileren aan zijn theorie. Hebben de andere schilders ook allemaal stiefmoeders gehad? Wat

Freud tot deze geforceerde interpretatie heeft verleid, was blijkbaar de fantasie van de tweevoudige afstamming, die door de biografie van Leonardo voor de hand lag. De fantasie overstemde de niet passende werkelijkheid dat Sint-Anna de grootmoeder is en verhinderde Freud zelf om de biografie van de andere kunstenaars, die zich met ditzelfde motief van Sint-Anna bezighielden, te bestuderen. De op p. 17 (uitg. Leipzig/Wenen 1910) genoemde 'religieuze remming van het denken' bleek voor de auteur zelf op te gaan. Eveneens is de incesttheorie waarop hij zozeer de nadruk legt, gebaseerd op een ander archetype, namelijk het welbekende incestmotief dat we vaak in heldenmythen tegenkomen. Het is logisch afgeleid van het oorspronkelijke type van de hermafrodiet, dat tot ver in de prehistorie lijkt terug te gaan. Altijd wanneer een psychologische theorie enigszins geforceerd te werk gaat, bestaat er een gefundeerde verdenking dat een archetypisch fantasiebeeld de werkelijkheid probeert te verdraaien. Dat zou dus overeenkomen met het freudiaanse begrip 'religieuze remming van het denken'. Maar om het ontstaan van de archetypen te verklaren door de incesttheorie, is ongeveer even nuttig als het overgieten van water uit een ketel in een vat dat er naast staat en dat met deze ketel via een buis is verbonden. Het ene archetype kunnen we niet met een ander verklaren, dat wil zeggen: we kunnen helemaal niet verklaren waar het archetype vandaan komt, omdat er geen archimedisch punt buiten deze archetypische voorwaarden a priori bestaat.

27 'Waarom gaf je ons die diepe blikken.' April 1776 (aan Frau von Stein).

28 A. Avalon (red.), *The Serpent Power*, Londen 1919. Zie ook *Shrì-Chakra-Sambhara Tantra* en J. Woodroffe, *Shakti and Shâkta*, Londen 1920[2].

29 W. Schultz, *Dokumente der Gnosis*, Jena 1910; vooral de lijsten bij Irenaeus, a.w.

30 Zie Jung, *Psychologie und Alchemie*, *GW* 12 (Ned.: *VW* 5 en 6).

31 In mijn boek *Die Beziehungen zwischen dem Ich und dem Unbewussten* (Ned.: *Het ik en het onbewuste*, Katwijk aan Zee 1981[7]; ook in *VW* 3) heb ik de problematiek die voor de therapie essentieel is, beschreven; eveneens in *Psychologie van de overdracht*, Rotterdam 1984 (ook in *VW* 3). Inzake het mythologische aspect van de anima zou ik de lezer willen verwijzen naar een gemeenschappelijke publicatie met Karl Kerényi, *Einführung in das Wesen der Mythologie*, Zürich 1951 (Jungs

bijdrage 'De psychologie van het kindarchetype': hoofdstuk 6 van dit boek; ook in: *Oerbeelden*, Rotterdam 1982, hst. 2).

5 Psychologische aspecten van het moederarchetype

1   Zie Jung, *Instinkt und Unbewusstes*, *GW* 8 (Ned.: *Bewust en onbewust*, Rotterdam 1981, hst. 4).

2   H. Usener, *Das Weihnachtsfest*, Bonn 1911[2], p. 3.

3   Dit is de etymologische betekenis van de drie Goena's. Zie A. Weckerling (red.), *Das Glück des Lebens. Medizinisches Drama von Anandarâya-makhi*, Greifswald 1937, p. 21 e.v., en R. Garbe, *Die Sâmkhya-Philosophie*, Leipzig 1917[2], p. 272 e.v.

4   Hiervoor levert de Amerikaanse psychologie ruimschoots voorbeelden. Een waar schotschrift, overigens pedagogisch bedoeld, is Philip Wylie's *Generation of Vipers*, New York/Toronto 1942.

5   Hier speelt echter ook het vadercomplex een aanzienlijke rol.

6   Jung, 'Die Erostherapie', in: *Über die Psychologie des Unbewussten*, Zürich 1943 (*GW* 7, par. 16 e.v.).

7   In dit hoofdstuk geef ik een reeks van typen van het moedercomplex, waarmee ik overigens geen therapeutische ervaringen formuleer. 'Typen' zijn geen afzonderlijke gevallen, wat ieder ontwikkeld mens zou moeten weten. Ook is 'type' geen bedacht schema waarin alle voorkomende gevallen geperst moeten worden. 'Typen' zijn ideale constructies, doorsneebeelden van de ervaring waarmee nooit een afzonderlijk geval geïdentificeerd kan worden. Mensen die hun ervaringen slechts uit boeken of het psychologisch laboratorium halen, kunnen zich overigens geen juist beeld vormen van de psychologische ervaring van een arts.

8   Deze uitspraak is gebaseerd op de veelvuldige ervaring dat waar liefde ontbreekt, macht de lege plaats inneemt.

9   De term die ik hiervoor in mijn Engelse seminars gebruikt heb, luidt 'natural mind' (natuurlijke geest).

10   In dit geval gaat het initiatief van de dochter uit. In andere gevallen veroorzaakt de psychologie van de vader (animaprojectie) een incestueuze binding bij de dochter.

11   Hierin onderscheidt dit type zich van zijn verwante typen, het vrou-

welijke vadercomplex, waar dan integendeel een bemoedering en uit-
broeden van de 'vader' optreedt.

12 Dat wil niet zeggen dat ze zich niet bewust zouden zijn van de zuivere feiten. Slechts de betekenis hiervan blijft hen onbewust.

13 Dit soort vrouw heeft een merkwaardig verlichtend effect op de echtgenoot, namelijk net zolang totdat hij ontdekt met *wie* hij getrouwd
is en met *wie* hij het huwelijksbed deelt, namelijk met zijn schoonmoeder.

14 J.W. von Goethe, *Faust* II.

15 *Faust* I.

16 Veroorzaakt door projectie van de instincten.

17 *Faust* II.

18 'Nichts ist drinnen, nichts is draussen; Denn was innen, das ist aussen.'
J.W. von Goethe, *Gott und Welt. Epirrhema.*

19 J. Warneck, *Die Religion der Batak*, Leipzig 1909.

20 *Faust* I.

21 Cursivering door mij.

22 Citaat van Bultman in F. Buri, 'Theologie und Philosophie', in: *Theo-
logische Zeitschrift*, VIII, Basel 1952, p. 117.

23 Vanzelfsprekend kan ook de dochter de moeder idealiseren, waarvoor
overigens speciale omstandigheden vereist zijn, terwijl bij de man de
idealisering als het ware binnen het normale kader plaatsvindt.

24 J. Ruska (red.), *Tabula smaragdina*, Heidelberg 1926, p. 2.

25 Apuleius, *Metamorphoses*, Altenburg 1778, lib. XI, p. 223 e.v.

26 Jung, *Synchroniciteit*, Rotterdam 1981[2].

6 De psychologie van het kindarchetype

1 A. Bastian, *Der Mensch in der Geschichte*, Leipzig 1860.

2 Zie: 'De structuur van de ziel', in: *Oerbeelden*, p. 19 e.v.

3 Freud (*Die Traumdeutung*, Leipzig/Wenen 1900, p. 185) trok een
parallel tussen bepaalde aspecten van de infantiele psychologie en de
Oedipuslegende, en merkte op dat de 'algemeen geldige werkzaam-
heden hiervan' te verklaren zou zijn vanuit dezelfde infantiele uitgangs-
punten. Een bewerking van het mythologische materiaal in eigenlijke

zin is daarna door mijn leerlingen uitgevoerd. (A. Maeder, 'Essai d'interprétation de quelques rêves', in: *Archives de psychologie* VI, Genève 1907, p. 354-375, en 'Die Symbolik in den Legenden, Märchen, Gebräuchen und Traumen', in: *Psychologisch-neurologische Wochenschrift* X, Halle 1908-1909, p. 45-55; F. Riklin, 'Über Gefängnispsychosen', in: *Psychologisch-neurologische Wochenschrift* IX, Halle 1907, p. 269-273, en *Wunscherfüllung und Symbolik in Märchen*, Leipzig/Wenen 1908; K. Abraham, *Traum und Mythus*, Leipzig/Wenen 1909.) Hierna volgt uit de Weense school O. Rank, *Der Mythus von der Geburt des Helden*, Leipzig/Wenen 1909. In *Wandlungen und Symbole der Libido* (1911) heb ik vervolgens een enigszins uitgebreider onderzoek van psychische en mythologische parallellen gepubliceerd. Zie ook 'Het archetype en het begrip "anima"' (hoofdstuk 4 van dit boek).

4   Het feit is bekend en de etnologische literatuur terzake is te uitgebreid om hier te worden aangehaald.

5   Zie: 'De structuur van de ziel', in: *Oerbeelden*, p. 23 e.v.

6   Een uitzondering vormen bepaalde gevallen van spontane visioenen, de 'automatismes téléologiques' van Flournoy en het verloop van de door mij beschreven methode der 'actieve imaginatie'. ('Het individuatieproces – een geval uit de praktijk'; in: *Symboliek van de Mandala*, R'dam 1982.)

7   Materiaal hierover is alleen aanwezig in de vorm van ongepubliceerde verslagen van de psychologische seminars aan de Eidgenössische Technische Hochschule te Zürich in 1936-1939.

8   Euhemerus (vierde eeuw v.Chr.) verkondigde dat de door de Grieken vereerde goden slechts bijzondere mensen waren geweest. Deze manier van verklaren werd populair en is later onder meer gebruikt door de kerkvaders tegen het heidendom. (Noot vert.)

9   M. Berthelot, *Collection des anciens alchimistes grecs*, Parijs 1887-88, III, XXXV, p. 201.

10   G. Agricola, *De animantibus subterraneis*, Basel 1549; A. Kircher, *Mundus subterraneus*, Amsterdam 1678, VIII, 4.

11   J.D. Mylius, *Philosophia reformata*, Frankfurt 1622.

12   'Allegoria super librum turbae', in: *Artis auriferae*, Basel 1593, I, p. 161.

13   A. Spamer (red.), *Texte aus der deutschen Mystik des 14. und 15. Jahrhunderts*, Jena 1912, p. 143 e.v.en p. 150 e.v.

14   J.H. Ingram, *The Haunted Homes and Family Traditions of Great Britain*, Londen 1897, p. 43 e.v.

15   Een oude alchemistische autoriteit wordt Morienes, Morienus of Marianus genoemd. ('De compositione alchemiae', in: J.J. Mangetus, *Bibliotheca chemica curiosa*, Genève 1702, 1, p. 509 e.v.) Gezien het duidelijk alchemistisch karakter van *Faust* II is dit verband niet geheel onverwacht.

16   D.P. Schreber, *Denkwürdigkeiten eines Nervenkranken*, Leipzig 1903.

17   Algemene beschrijving in *Bewust en onbewust*, Rotterdam 1981, p. 18 e.v. Bijzondere fenomenen onder meer in 'Traumsymbole des Individuationsprozesses' (*Psychologie und Alchemie*, GW 12; Ned.: *VW* 5) en 'Het individuatieproces – een geval uit de praktijk' (*Symboliek van de Mandala*).

18   Jung, *Het ik en het onbewuste*, Katwijk 1981[7] en in *VW* 3 (voorts: 'De transcendente functie', hoofdstuk 8 van dit boek).

19   Jung, *Symbole der Wandlung*, GW 5 (Ned.: *VW* 7 en 8).

20   Het is wellicht niet overbodig erop te wijzen dat het vooroordeel van de leek geneigd is het kindmotief te vereenzelvigen met de concrete ervaring 'kind', alsof het reële kind de oorzaak en voorwaarde zou zijn voor het bestaan van het kindmotief. In de psychologische werkelijkheid echter is de empirische voorstelling 'kind' slechts een middel (en niet eens het enige!) om een psychisch feit aan te geven dat niet nader kan worden geformuleerd. Daarom is ook de mythologische kindvoorstelling nadrukkelijk geen kopie van het empirische 'kind', maar een symbool dat als zodanig duidelijk kan worden herkend: het is een wonderkind, een goddelijk kind, en juist niet menselijk kind; verwekt, geboren en opgegroeid in zeer buitengewone omstandigheden. Zijn daden zijn even wonderbaarlijk of monsterlijk als zijn aard of zijn lichamelijke constitutie. Uitsluitend vanwege deze niet-empirische eigenschappen is het nodig van een 'kindmotief' te spreken. Bovendien neemt het mythologische kind vele vormen aan: een god, reus, dwerg, dier enzovoort, hetgeen allerminst op een rationele of concreet menselijke causaliteit wijst. Hetzelfde geldt voor de vader- en moederarchetypen die, mythologisch gezien, eveneens irrationele symbolen zijn.

21   Jung, *Psychologische typen*, Katwijk aan Zee 1979[8] ('Definities', onder: 'Ziel'), en *Het ik en het onbewuste*, 1, 3 (*VW* 3).

22 *Psychologische typen*, V, 3.

23 'Traumsymbole des Individuationsprozesses', in: *Psychologie und Alchemie*, *GW* 12 (Ned.: *VW* 5), en *Psychologie en religie*, Rotterdam 1982, hst. 3 (ook in *VW* 4).

24 *Het ik en het onbewuste*, II, 4 (*VW* 3), en 'Het zelf', in: *Ik en zelf*, Rotterdam 1982.

25 *Psychologie und Alchemie*, *GW* 12, par. 328 e.v. (Ned.: *VW* 5).

26 Hogere gewervelde dieren symboliseren vooral affecten.

27 Deze betekenis van de slang is reeds te vinden bij Hippolytus, *Refutatio omnium haeresium*, red. P. Wendland, Leipzig 1906, IV, 49-51. Zie ook H. Leisegang, *Die Gnosis*, Leipzig 1924, p. 146.

28 *Psychologische typen* ('Definities', onder: 'Symbool').

29 Zelfs Christus is nog van vurige aard ('hij die bij mij is, is bij het vuur' – Origenes, *In Ieremiam Homiliae*, XX, 3, geciteerd in E. Preuschen, *Antilegomena*, Giessen 1901, p. 44); eveneens de Heilige Geest.

30 Zie 'Traumsymbole des Individuationsprozesses' en 'Die Erlösungsvorstellungen in der Alchemie' in: *Psychologie und Alchemie*, *GW* 12 (Ned.: *VW* 5 en 6). Voor Mercurius als dienaar, zie de parabel van Eirenaeus Philalethes, *Erklärung der Hermetisch Poetischen Werke Herrn Georgii Riplaei*, Hamburg 1741, p. 131 e.v.

31 Zie de Katha-Upanishad, gedeeltelijk vertaald en van commentaar voorzien in *Psychologische typen*.

32 Koepgen, *Die Gnosis des Christentums*, Salzburg 1939, p. 315 e.v.

33 Voor de lapis als middelaar en medium, vgl. 'Tractatus aureus cum scholiis' in J.J. Mangetus, *Bibliotheca chemica curiosa*, Genève 1702, I, p. 408b, en *Artis auriferae*, Basel 1572, p. 641.

34 *Psychologische typen* ('Definities', onder: 'Ziel') en *Het ik en het onbewuste*, II, 2 (*VW* 3).

35 Hosea 1:2 e.v.

36 Vgl. L. Fendt, *Gnostische mysterien*, München 1922.

37 E. Hennecke (red.), *Neutestamentliche Apokryphen*, Tübingen 1924[2], p. 176, 12.

38 Clemens, *Stromata*, III, 13, 92 (en Hennecke, a.w., p. 23).

39 *Das fliessende Licht der Gottheit*, Berlijn 1909.

40 R. Salomon, *Opicinus de Canistris*, Londen 1936.

41 Zie de aanklacht van bisschop Asterius (bij P. Foucart, *Les Mystères*

d'Eleusis, Parijs 1914, xx). Hippolytus bericht dat de hiërofant zich door het drinken van een scheerlingdrank impotent had gemaakt. De zelfcastratie van priesters in dienst van de moedergodin heeft een soortgelijke betekenis.

42 Over de dialoog tussen het ik en het onbewuste, zie *Het ik en het onbewuste*, 1, 2 (*VW* 3).

43 Zie *Het ik en het onbewuste*, *VW* 3.

7 De geest in het sprookje

1 Zie o.a. W. Wundt, *Logik* III: *Logik der Geisteswissenschaften*.

2 Vergelijk hierbij mijn uiteenzettingen in 'Geist und Leben', *GW* 8.12.

3 Ziel, Oergerm. saiwalô, is misschien verwant met *aiolos* (bontgekleurd, bewogen, veranderlijk). Dit woord betekent ook listig en misleidend, waardoor de alchemistische definitie van de anima als Mercurius een zekere waarschijnlijkheid kreeg.

4 Zelfs als men de opvatting huldigt dat een zelfopenbaring van de geest, bijvoorbeeld een spookverschijning, alleen maar een hallucinatie is, dan is dit toch een spontaan (niet aan onze wil onderworpen) psychisch gebeuren. In ieder geval is het een autonoom complex, wat voor ons doel voldoende is.

5 Een dergelijk geval is beschreven in: *Psychologie und Alchemie*, *GW* 12, par. 52 e.v. (Ned.: *VW* 5).

6 Hiertoe behoort ook het visioen van de 'naakte jongen' bij Meister Eckhart.

7 Ik herinner de lezer aan de 'jongens' in de novelle van Bruno Goetz: *Das Reich ohne Raum*, Potsdam 1919.

8 Vgl. hierbij het 'göttliche Kind' in Jung en Kerényi, *Einführung in das Wesen der Mythologie*, Amsterdam/Leipzig 1941, en 'De psychologie van het kindarchetype', hoofdstuk 6 van dit boek.

9 We kunnen hierbij aan de vele verhalen over wonderen van rishis en mahatmas denken. Ik sprak eens met een ontwikkelde Indiër over het wezen van de goeroe en vroeg hem wie zijn goeroe geweest was. Hij antwoordde mij: 'Dat was Sankaracharya' (VIII-IXe eeuw). Verwonderd merkte ik op: 'Maar dat is de bekende commentator', waarop hij

zei: 'Ja, hij was het, maar natuurlijk zijn geest.' Mijn westerse verontrusting stoorde hem in het geheel niet.

10 Vgl. 'Analytische Psychologie und Erziehung', *GW* 17, par. 208 e.v.,
en *Het ik en het onbewuste*, Katwijk 1981[7], II, 1 (ook in: *VW* 3).

11 Het sprookjesmateriaal dat ik hier gebruik dank ik aan de vriendelijke hulp van Dr. M.-L. von Franz.

12 'Wie ein Waisenknabe unverhofft sein Glück fand', in *Finnische und
Estnische Volksmärchen*, red. August von Löwis of Menar, 1922. Nr. 68,
p. 208.

13 De berg stelt het doel van de reis en van de bestijging voor. Daarom
betekent de berg psychologisch dikwijls het zelf. De *I Tjing* geeft de
volgende beschrijving van het doel: 'De koning stelt hem voor aan de
Westelijke Berg.' (*I Tjing*, Deventer 1983[11], hexagram 17, Swéi, het
navolgen.) Honorius van Autun ('Speculum de mysteriis ecclesiae', in:
J.P. Migne, *Patrologia Latina*, Parijs 1844-64, CLXXII, p. 345) schrijft:
'De bergen zijn de patriarchen en de profeten.' Richard van St. Vic-
tor zegt: 'Wilt gij de verheerlijkte Christus zien? Beklim deze berg en
leer uzelf kennen.' ('Benjamin minor', in: Migne, *Patrologia Latina*,
CXCVI, col. 53-56.)

14 Hierbij moet vooral op de fenomenologie van de yoga gewezen
worden.

15 Hiervan bestaan talloze voorbeelden: *Spanische und Portugiesische
Volksmärchen* (red. Harri Meier, 1940): nr. 34, 'Der weisse Papagei', p.
158; nr. 45, 'Königin Rose oder der kleine Thomas', p. 199; *Russische
Volksmärchen* (red. August von Löwis of Menar, 1914): nr. 26, 'Das
Mädchen ohne Hände', p. 149; *Balkanmärchen* (red. A. Laskien, 1915):
nr. 15, 'Der Hirt und die drei Samovilen', p. 64; *Märchen aus Iran* (red.
Arthur Christensen, 1939): p. 151, 'Das Geheimnis des Bades Bâdgerd'; *Nordische Volksmärchen* (red. K. Stroebe, 1915-22), I, Zweden,
nr. 11, 'Der Werwolf', p. 231.

16 Hij geeft het meisje dat haar broeders zoekt, een kluwen dat naar hen
toerolt (*Finnische und Estnische Volksmärchen*, nr. 83, 'Die kämpfenden
Brüder', p. 280). De prins die het hemelrijk zoekt, krijgt een boot die
vanzelf vaart (*Deutsche Märchen seit Grimm*, red. Paul Zaunert, 1912, p.
381, 'Die eisernen Stiefel'). Een ander geschenk is een fluit die alles
laat dansen (*Balkanmärchen*, p. 173, 'Die zwölf Brocken'), of een ko-

gel die de weg wijst, of een stok die onzichtbaar maakt (*Nordische Volksmärchen*, I, Denemarken, nr. 18, 'Die Prinzessin mit den zwölf Paar Goldschuhen', p. 97), of een hond die bijzondere gaven bezit (a.w., Zweden, nr. 20, 'Die drei Hunde', p. 287), of een boek met verborgen wijsheid (*Chinesische Volkmärchen*, red. Richard Wilhelm, 1913, nr. 86, 'Dschang Liang', p. 248).

17 *Finnische und Estnische Volksmärchen*, nr. 83, 'Die kämpfenden Brüder', p. 280.

18 *Deutsche Märchen seit Grimm*, 'Die eisernen Stiefel', p. 382. In een Balkansprookje (*Balkanmärchen*, nr. 15, 'Der Hirt und die drei Samovilen', p. 65) is hij de 'Tsaar van alle Vogels'. Dan weet de ekster er alles van. Vergelijk ook de geheimzinnige 'Herr des Taubenschlags' in Meyrinks novelle *Der weisse Dominikaner*, Wenen 1921.

19 *Märchen aus Iran*, 'Das Geheimnis des Bades Bâdgerd', p. 152.

20 *Spanische und Portugiesische Märchen*, nr. 34, 'Der weisse Papagei', p. 158.

21 *Spanische und Portugiesische Märchen*, nr. 41, 'Königin Rose oder der kleine Thomas', p. 199.

22 *Nordische Volksmärchen*, I, Zweden, nr. 11, 'Der Werwolf', p. 231 e.v.

23 *Kaukasische Märchen,* red. A. Dirr, 1919, 'Der Sprosser und die Nachtigall', p. 35 e.v.; Balkan, nr. 51, 'Die Nachtigall Gisar', p. 35 e.v.

24 *Balkanmärchen*, nr. 49, 'Die Lubi und die Schöne der Erde', p. 217.

25 *Russische Volksmärchen*, nr. 6, 'Och', p. 30 e.v.

26 Het gaat hier over het sprookje 'Vogel Grijp' in Grimm, *Sprookjes voor kind en gezin*, Rotterdam 1981[5], nr. 165.

27 *Die neue Melusine.*

28 Zie hiervoor mijn lezing 'Einige Bemerkungen zu den Visionen des Zosimos', in: *Eranos-Jahrbuch* 1937, Zürich 1938. (Ned.: 'De visioenen van Zosimos', *VW* 9.)

29 In een Siberisch sprookje (*Märchen aus Siberien*, red. H. Künike, 1940, nr. 13, 'Der in Stein verwandelte Mann', p. 62) verschijnt de oude wijze als een witte, tot aan de hemel reikende gedaante.

30 Zie hst. 6, 'De psychologie van het kindarchetype' (de onoverwinnelijkheid van het kind).

31 *Faust* II. Vgl. *Psychologie und Alchemie*, *GW* 12, par. 203 (Ned.: *VW* 5).

32 *Indianermärchen aus Sudamerika*, red. Th. Koch-Grünberg, 1920, 'Das Ende der Welt und der Feuerdiebstahl', p. 285.

33 *Indianermärchen aus Nordamerika*, red. Walter Krickeberg, 1924, 'Geschichten von Mänäbusch: Der Feuerdiebstahl', p. 74.

34 *Finnische und Estnische Volksmärchen*, nr. 53, 'Der Lohn der Stieftochter und der Haustochter', p. 192 e.v.

35 *Deutsche Märchen seit Grimm*, p. 189 e.v.

36 'De oude der Dagen.'

37 *Balkanmärchen*, nr. 36, 'Der König und seine drei Söhne.'

38 Prudentius, 'Contra Symmachum'; zie H. Rahner, 'Die seelenheilende Blume', in: *Eranos-Jahrbuch* 1944, Zürich 1945.

39 *Märchen aus Siberien*, nr. 36, 'Die Hunde des Schöpfers.'

40 *Balkanmärchen*, nr. 9, 'Die Taten des Zarensohnes und seiner beiden Gefährten', p. 34 e.v.

41 *Balkanmärchen*, nr. 35, 'Der Schwiegersohn aus der Fremde', p. 177 e.v.

42 Een derde (keuze) is er niet.

43 *Deutsche Märchen seit Grimm*, 'Die Prinzessin auf den Baum', p. 1 e.v.

44 Wat de quaterniteit betreft verwijs ik de lezer naar mijn vroegere werken, vooral naar *Psychologie und Religion*, Zürich 1940 (Ned.: *Psychologie en religie*, Rotterdam 1982; ook in *VW* 4 en *Psychologie und Alchemie*, Zürich 1944 (*GW* 12; Ned.: *VW* 5 en 6).

45 Het oudste, mij bekende, beeld van dit probleem is dat van de vier zonen van Horus, van wie er soms drie met een dierenkop en één met een mensenhoofd afgebeeld worden. Chronologisch sluit dit aan bij het visioen van Ezechiël over de vier gestalten. Deze vinden we later terug in de attributen van de vier Evangelisten. Zoals bekend hebben drie van hen een dierenkop en één een mensenhoofd (de engel).

46 Volgens de stelling van de *Tabula smaragdina* (J. Ruska, Heidelberg 1926): 'Quod est inferius, est sicut quod est superius.' (Hetgeen beneden is, is als hetgeen boven is.)

47 Vergelijk *Psychologie und Alchemie*, *GW* 12, afb. 54 en par. 539 (Ned.: *VW* 5 en 6); uitvoeriger in 'Der Geist Mercurius', *GW* 13.

48 Plato, *Dialoge Timaios und Kritias*, Leipzig 1922², p. 29. Deze zin, die men niet verklaren kan, zou men willen toeschrijven aan een 'stemming om grapjes te maken' van Plato.

49 In een van de sprookjes van Grimm, 'Het kind van Maria', zit de Drie-eenheid in de verboden kamer, wat ik merkwaardig vind. (Grimm, *Sprookjes voor kind en gezin*, nr. 3.)

50 Reeds Aelianus (*De natura animalium*, Leipzig 1864-66, I, 47) vermeldt dat Apollo de raaf veroordeeld heeft om dorst te moeten lijden, omdat deze, toen hij uitgezonden werd om water te halen, te lang wegbleef. Volgens de Duitse folklore moet de raaf in juni of augustus dorst lijden. De reden hiervan zou zijn dat hij de enige geweest is die niet over de dood van Christus getreurd heeft, of dat hij niet teruggekomen is toen Noach hem uitgezonden heeft. (Fr. Panzer in *Zeitschrift für Deutsche Mythologie*, II, p. 171 en Reinhold Köhler: *Kleinere Schriften zur Märchenforschung*, Weimar 1898, I, 3). Voor de raaf als allegorie van het kwaad, zie Hugo Rahner ('Erdgeist und Himmelsgeist in der patristischen Theologie', in: *Eranos-Jahrbuch* 1945, Zürich 1946). Aan de andere kant bestaat er ook een nauwe band tussen Apollo en de raaf als aan hem gewijd dier. In de bijbel heeft de raaf eveneens een positieve betekenis. Psalm 147:9: 'Die het vee zijn voeder geeft, de jonge raven, als zij roepen.' Job, 39:3: 'Wie verschaft de raaf zijn buit, wanneer zijn jongen tot God roepen.' Zie ook Luc. 12:24. In 1 Kon. 17:6 treden zij als 'dienstbare geesten' op en brengen Elias zijn dagelijkse voedsel. (Vert.: Nederlands Bijbelgenootschap, Haarlem.)

51 Vgl. *Psychologie und Alchemie, GW* 12 (zie index: Maria Prophetissa); Ned.: *VW* 5 en 6 (Zie *VW* 10, *Aantekeningen en registers*).

52 In een Noors sprookje (*Nordische Volksmärchen*, Noorwegen, nr. 24, 'Die drei Prinzessinnen im Weissland') wordt dit voorgesteld door drie prinsessen, die tot aan hun hals in de aarde begraven zijn en verlost moeten worden.

53 Vgl. voor de leer van de functies: *Psychologische typen* (*VW* 1, hst. 11, 'Algemene beschrijving van de typen').

54 Voor de lezer die op dit gebied een leek is, zou ik hieraan willen toevoegen dat de leer van de structuur van de psyche niet afgeleid is uit de sprookjes en de mythen, maar berust op ervaringen en waarnemingen uit het gebied van het medisch-psychologische onderzoek en pas secundair bevestigd werd door het onderzoek van de symbolen in de gebieden waaraan de arts aanvankelijk niet gedacht had.

55 Het gaat hier om een typische enantiodromie. Men kan op deze weg niet hoger stijgen, maar moet de andere kant van zijn wezen realiseren. Hiervoor moet men afdalen.

56 Bij het zien van de grote boom vraagt de jongen zich af: 'Hoe zou het zijn wanneer je vanuit zijn top de wereld zou kunnen bezien?'

57 De alwetendheid van de onbewuste delen van de functies is natuurlijk een overdrijving. Zij beschikken echter over (of beter gezegd: worden beïnvloed door) de subliminale waarnemingen en herinneringen en de instinctieve, archetypische inhouden van het onbewuste. De subliminale en archetypische tendensen verschaffen hun informatie die een verrassende juistheid bezit.

58 De jager heeft, zoals meestal het geval is, buiten de waard gerekend. Men denkt bijna nooit aan de kosten die de activiteit van de geest met zich meebrengt.

59 Vergelijk de mythe van Heracles.

60 De alchemisten leggen de nadruk op de langdurigheid van het werk en spreken van 'longissima via', 'diuturnitas immensae meditationis' (zeer lange weg – duur van de geweldige meditatie). Het getal twaalf zou in verband kunnen staan met het kerkelijke jaar, waarin het verlossingswerk van Christus plaatsvindt. Het offer van het lam is waarschijnlijk ook uit deze bron afkomstig.

61 Dochter van de zee. (E.N. Afanas'ev, *Russian Fairy Tales*, New York, 1946, p. 553 e.v.)

62 De oude man doet het verscheurde lijk in een vat, dat hij in zee gooit. Dit herinnert aan het lot van Osiris (hoofd en fallus!).

63 Van kosth – beenderen en pakosth, kaposth – weerzinwekkend, smerig.

64 Ka-Mutef betekent 'Stier van zijn moeder'. Zie H. Jacobson, *Die dogmatische Stellung des Königs in der Theologie der alten Ägypter*, Glückstadt 1939, p. 17, 35 en 41 e.v.

65 Zie *Symbole der Wandlung*, GW 5, par. 370 e.v. en 658 e.v.(Ned.: *VW* 8, 'Symbolen van moeder en wedergeboorte' en 'Het offer').

66 Haar niet-menselijke, mythologische aard wordt bewezen door het feit dat zij geen gewoon meisje, maar een koninklijk persoon en zelfs de uitverkorene van de boze geest is. Ik moet ervan uitgaan dat het begrip anima bekend is.

67   'Ik weet hoe ik hing aan de winderige boom
          Negen eeuwige nachten,
          Door de speer gewond, aan Wodan gewijd:

332

Ikzelf gewijd aan mijzelf,
Aan de boom, die ieder verbergt
Waar hij aan de wortels ontspruit.'
(Hâvamâl, vers 139, in de *Edda*.)

68 Vergelijk hiermee de door Nietzsche in 'Klage der Ariadne' beschreven Godservaring:
'[...] – Uw wild slechts ben ik,
wreedste der jagers!
Uw fierste gevangene,
Gij rover achter wolken [...]'
(*Dichtungen: Dionysos-Dithyramben*, in: Werke, Leipzig 1899-1911, VIII, p. 423.)

69 Zie Emma Jung, 'Over de animus', in: *Animus en anima*, Rotterdam 1983².

70 Voor het drietal bij Wodan, zie: M. Ninck, *Wodan und germanischer Schicksalsglaube*, Jena 1935, p. 142 e.v. Van zijn paard wordt onder andere verteld dat het maar drie benen heeft.

71 De opvatting dat het hier om een broeder–zusterpaar gaat, wordt ondersteund door het feit dat de hengst de merrie als 'zustertje' aanspreekt. Dit kan aan de ene kant wel alleen maar een wijze van spreken zijn, maar aan de andere kan betekent 'zustertje' toch zuster, onverschillig of dit nu letterlijk of figuurlijk bedoeld is. Bovendien speelt de incest zowel in de mythologie als in de alchemie een belangrijke rol.

72 Voorzover de anima door een menselijke persoon vervangen wordt.

73 De grote boom stemt overeen met de arbor philosophica uit de alchemie. De ontmoeting van de aardse mens met de anima, die in de gestalte van een Mélusine uit de kroon afdaalt, wordt bijvoorbeeld in de Ripley Scroll beschreven. Zie: *Psychologie und Alchemie*, GW 12, afb. 257 (Ned.: *VW* 6).

74 Vergelijk mijn *Aufsätze zur Zeitgeschichte*, Zürich 1946, in het bijzonder 'Wotan' en 'Nach der Katastrophe'. (Ned.: 'Wodan' en 'Na de catastrofe', in: *Goed en kwaad*, Rotterdam 1984.)